阎宗临文集

卷 一

阎宗临 著

商务印书馆
The Commercial Press

2019年·北京

图书在版编目（CIP）数据

阎宗临文集：全四卷 / 阎宗临著. — 北京：商务印书馆，2019
　ISBN 978-7-100-16271-5

Ⅰ.①阎… Ⅱ.①阎… Ⅲ.①社会科学－文集 Ⅳ.①C53

中国版本图书馆CIP数据核字（2018）第136572号

权利保留，侵权必究。

阎宗临文集

全四卷

阎宗临　著

商　务　印　书　馆　出　版
（北京王府井大街36号　邮政编码 100710）
商　务　印　书　馆　发　行
三河市尚艺印装有限公司印刷
ISBN 978 - 7 - 100 - 16271 - 5

2019年9月第1版	开本 710×1000　1/16
2019年9月第1次印刷	印张 117　1/4

定价：468.00元

阎宗临
（1937年摄于英国剑桥）

编辑委员会

主编　刘新成（首都师范大学）

顾问　齐世荣（首都师范大学）
　　　　刘家和（北京师范大学）
　　　　马克垚（北京大学）

编委　阎守诚（首都师范大学）　郭　方（中国社会科学院）
　　　　郭小凌（北京师范大学）　刘北成（清华大学）
　　　　高　毅（北京大学）　　　杨共乐（北京师范大学）
　　　　晏绍祥（首都师范大学）　张西平（北京外国语大学）
　　　　黄春高（北京大学）　　　杨巨平（南开大学）
　　　　宋晓芹（山西大学）　　　梁占军（首都师范大学）
　　　　岳秀坤（首都师范大学）

编者说明

《阎宗临文集》收录了作者几乎全部著述，主要为学术论著，涉及中西交通史、希腊罗马史、欧洲史等，少部分为文艺作品。文集按内容性质大致归并为五个部分，即著作、讲义、学术论文、文献整理、文艺创作。每一部分按照发表（或撰写）时间先后排序。书后附录作者著述年表，由阎守诚、岳秀坤整理。

全书析为四卷，各卷校订者如下：

卷一为"著作四种"，包括（1）作者博士论文《杜赫德的著作及其研究》中译文，倪玉珍、石芳校订；（2）《近代欧洲文化之研究》，张炜校订；（3）《欧洲文化史论要》，张炜校订；（4）《巴斯加尔传略》，倪玉珍、石芳校订。

卷二为作者生前未刊的"讲义四种"，包括（1）《罗马史稿》；（2）《希腊罗马史稿》；（3）《欧洲史要义》；（4）《世界古代史参考资料》。由晏绍祥、崔丽娜、贾文言、岳秀坤校订。

卷三为"学术论文"，包括作者1931—1963年发表的论文31篇，生前未刊的论文3篇。由岳秀坤、倪玉珍、石芳、喻乐、田婧校订。

卷四包括两部分，"文献整理"与"文艺创作"。"文献整理"收入作者辑录的《清初中西交通史料汇集》，以及《身见录》、《北使记》、《西使记》、《佛国记》四种文献的笺注，由姜伊威、李磊宇、岳秀坤校订。"文艺创作"收入散文集《波动》、小说《大雾》及其他文艺作品共九种，由阎守诚校订。

此次校订以原稿或最初发表件为依据，基本保持原貌。外国人名、地名等专有名词的译法，以及标点、数字形式，一律保留作者当时写作习惯，不以今日标准改动。因限于发表时的排印条件，原文难免印刷错误，校订时径改不注。此外，作者论著（尤其是手写稿）涉及英、法、拉丁多种外文，编者虽尽量做了辨识和校正，但能力所限，遗漏之处仍恐不少，尚祈识者谅察。

《阎宗临文集》编辑委员会
2018 年 3 月

学者·文化·情怀
——写在《阎宗临文集》出版之际

刘新成

在不久前举行的"第二届海峡两岸学者共话·世界史"论坛上有人说，世界史在中国是个年轻的学科，海峡两岸许多学者的前辈都出于同门，而溯其学术源流盖出自美国。与闻者纷纷点头称是，但有一个声音突然冒了出来："不对，有一个'异类'，阎宗临。"阎宗临是怎样的人？不仅台湾学者愕然，就连有的大陆学者中也露出疑问的神色。

阎宗临先生，1904年6月18日生，山西省五台县中座村人，农家出身。幼承蒙学，稍长，下地种田，入沟背炭，助力家务。1924年半工半读中学毕业，借钱到北京追求梦想。次年在朋友帮助下赴法国勤工俭学，做过勤杂工、油漆工和实验室助理员，少有积蓄，便经法国友人推荐，入瑞士伏利堡大学文学院读书，主修古代中世纪欧洲历史与文化。1933年获瑞士国家文学硕士学位，并留校任教，一面主持中国文化讲座，一面攻读博士学位。1936年获博士学位。1937年全面抗战爆发，阎先生与妻子共赴国难。抗战时期先后在广西大学、无锡国专、昭平中学和桂林师院任教。抗战胜利后，受聘于中山大学，1948至1950年任该校历史系主任。1950年8月回家乡，任山西大学（山西师范学院）历史系教授，曾担任系主任、教务长等职，直至1978年10月5日逝世，终年75岁。

留学期间，阎宗临接受了系统的西方文科教育，掌握了多种外国语言，除精通法、英、拉丁等语言文字，还粗通德文和日语。他对西方的"史学技艺"有准确的把握，于历史文献学体会犹深，辅以自身国学功底，致真正兼通中西之境，既擅微观稽考，又长于宏观通论。

受学术旨趣驱使，更因客观条件限制，阎先生一生涉猎诸多研究领域，但不管在哪个领域，也不管学术环境如何，都能在力所能及的范围内取得独到的创获：治世界古代中世纪史，不仅在宏观上对欧洲史、希腊罗马史有独到的见解，而且，利用汉语文献，对西方学界长期忽略的欧亚交接处国家和地区进行了深入的研究；笺注中土文献则充分利用世界史知识来互证或校正；在中西交通史研究中，阎先生一展所长，广搜博采中西文资料，抉微索隐，发前人所未见。其博士论文《杜赫德的著作及其研究》，是在多次赴梵蒂冈等地查阅、核实资料的基础上完成的，在清廷与罗马教廷关系方面有许多重要发现，获得时人的高度评价。论述精辟，文笔优美是阎著的一大特色，不管是什么题目，在阎先生笔下都是娓娓道来，文字传神而富于激情，毫无平淡滞涩之感，更没有食洋不化的痕迹。

阎先生着力最多的是文化史，可以说他治欧洲史、中西交通史，对古代波斯、巴克特里亚等东西方"精神交流的枢纽"进行个案研究，笺注《佛国记》、《西使记》、《北使记》，发掘中国人撰写的第一部欧洲游记《身见录》，都旨在说明文化的流动性，以探讨人类文化的发展规律。

在阎宗临留学的年代，文化史并不是显学。在当时的欧洲，现代史学刚刚诞生，民族国家政治史几为唯一研究领域，兰克学派如日中天，政府档案被视为史学研究唯一的史料来源。既然如此，一个初涉西学的东方游子何以选择文化史为自己的主攻方向呢？这与阎先生的个人经历有关。

从乡村来到京城，一心向学的阎宗临置身于一个多重交叉的十字路口：这既是他人生选择的十字路口，也是中华民族从千年未遇的变局中寻求出路的十字路口；既是中国文化从孔孟之道向新文化转型的十字路口，也是第一次世界大战以后欧洲理性文化受到质疑的十字路

口。路途多歧，该向何方？青年阎宗临堕入"大雾"之中，"没有光，没有热，时时在阴暗中挣扎"。在鲁迅先生的亲自点拨之下，阎宗临决定以读"教人做事的洋书为理想"，而鲁迅先生对"国民性"的严肃批评，也使阎宗临深深意识到精神对一个民族乃至人类解放与发展的重要性。为了"给人类的生活"、"人类的生活态度""有一个归根结底的说明"，以实现"人类生活的进步"，阎宗临选择以探究人类精神发展史为毕生志向，在民族命运和人类命运的坐标系上确定了自己人生的位置。

19世纪下半叶，欧洲社会物欲膨胀，道德滑坡。面对伦理危机，有人主张回归传统，重建欧洲人的精神世界。他们高度重视精神生活，称没有精神生活的历史只是生物史，而不是人类史。在这样的背景之下，文化史登上欧洲史坛，并产生赫尔德（1744—1803）、布克哈特（1818—1897）、兰普莱斯特（1856—1915）、赫伊津哈（1872—1945）等一批先驱人物。这些史家"追问人性的本相"（布克哈特），探讨国民性的起源，视民族精神的提升为社会发展的原动力，认为文化乃是自然、经济、政治和社会等诸多因素的合成物，标志着人类心灵的觉醒，理应成为历史研究最重要的主题，相比之下，"无论政治有多么重要和不可避免，它总是人类生活中的次要功能，它们永远不会成为文化的实质或终极追求"（赫伊津哈）。

这样的文化史观念对阎宗临该有何等巨大的吸引力！何况他的求学之地正是有"欧洲文明病理学家"之称的布克哈特的家乡——瑞士。当时欧洲主流史学对文化史从业者十分不屑，称他们为"业余史学家"，并因其思想灵动、行文洒脱而讥之为"文学爱好者"，殊不知这种风格与文学青年出身的阎宗临正相契合。

阎先生在文化史方面的学术成就主要体现于以下三个方面。

首先是对欧洲文化张力的精练揭示。纵观阎先生的欧洲文化史论，有关个人—集体二元对立的议论一以贯之。两者都起源于古典时代：希腊文化重个人，张扬个性；罗马文化重国家，强调秩序。近代以后，文艺复兴再现了希腊精神，而法国大革命将罗马精神复活。论及当世，阎先生甚至认为俄国十月革命也不啻这种文化张力的现代表现形式。以笔者管见，在中外史作中将两千多年波澜壮阔、色彩斑斓的欧洲文化归纳得如此洗练者，实属罕见，非吃透西学者所不能。

其次是对中国传统文化的反省。阎先生是在与欧洲文化的对比中反思中国传统文化的，在这里他既不妄自菲薄，也不狂妄自大。他说，中华文化的优势是有"情"，而西方文化正是因为少了这一个"情"字，才在整合人际关系——个人与集体的关系——方面遇到梦魇般的难题。但同样是在与西方文化的对比中，阎先生也发现了中国文化"无人敢否认的缺点"，那就是"家族观念将个人与民族（国家。——笔者注）意识完全毁了"，"重家庭，爱自然，这是我们文化上能够表现出容忍与和平的优点，（但也是）不可救药的破绽，即卑劣的自私和怯弱的退缩"。

第三是对"现代性"的忧思。阎先生并没有全盘照搬欧式"文化史观"，而是从中国学者的角度对人类文化进行独立思考，在他的文化史观中融入许多中国元素。他是在中华传统"观乎人文以化成天下"的意义上来注解"文化"二字的，也就是说，与欧洲学者侧重于将文化视为自然环境、经济社会、宗教信仰等诸多因素的"综合产物"不同，阎先生强调文化的"涵养过程"和教化作用。基于这一点，阎先生指出：16世纪以降，欧洲进入一个"机械文化"时代，即"物质至上"文化时代，导致"价值颠倒，人为物役，心为形役"，不仅"人"失去了在文化中的中心位置，而且民族和国家也以利益争夺为目的，如此下去"欧洲文化将进入绝灭的阶段"。阎先生并不否认科技进步和物质文明，但也不回避这些进步对人类精神世界的冲击。他以米开朗琪罗作品《胜利者》的无奈表情来比喻欧洲现代发展的两面性，其眼光之敏锐，揭示之深刻，足以让阎先生跻身于"现代性"批判先驱之列。阎先生并没有给欧洲的"现代文化病"开出现成的药方，但他反复摘引帕斯卡（也称帕斯卡尔、巴斯加尔。——笔者注）语录一事是颇值得玩味的。集科学家与道德家于一身的帕斯卡是阎先生深为敬重的历史名人之一,帕斯卡从求"真"向求"爱"的转变过程给阎先生以十分深刻的启示。20世纪60年代初,阎先生曾出版《巴斯加尔传略》(商务印书馆1962年版)。阎先生最常引用的帕斯卡名言是:"心有它的理智;而理智是不会了解的。"什么是"心的理智"?按阎先生理解就是"情感";后半句里说的"理智"又指什么?指的是"功利计较"。全句的解释应该是:"人心自有情感,这不是能用利益来衡量的。"阎先生除指出欧洲文化缺少"情"之外,还以墨家的"交相利,兼相爱"对比欧洲的"机械文化",认为前者乃是后者断无可能达到的境界。这些中西对比展示了他关于通过东西方文化互补来克服现代性弊端的思考。在这里有必要说说阎先生对欧洲中心论的态度。后人在评价这一点时,往往将他对欧洲中心论的抵制局限于教学中给予亚洲部分更多的比重,这诚然是事实,但比较而言,我以为阎先生对欧洲发展道路的深刻反思和严肃批判更值得重视,因为这种反思和批判对欧洲中心论有更大的颠覆作用。

　　常言道,文如其人,套用于阎先生,也可以反过来说,"人如其文"。他一生研究文化,一生也努力做一个真正的文化人。陶冶性情,涵养精神,踏实做人,认真做事,是阎先生一生的写照。据近年来断续发表的回忆文章披露,阎先生生活简朴,为人低调,从不以留学生、洋学位炫耀,更不以结识罗曼·罗兰等文化名人相夸示,说到抗战之初放弃国外优渥待遇义赴国难的动机,他也仅以"国家有难,能不回来吗?!"一语带过;至于"文化大革命"遭遇的苦难,他以"一切向前看"的态度,宽以待人,"不计前嫌"。在子女面前他是从不疾言厉色的长者,在学生的眼中,他永远是循循善诱的先生。平和而恒定,印证着他对平衡——这一伟大的古希腊精神的理解与践行。

　　一个杰出的文化史学者,一个真正的文化人,后半生却因为客观条件限制始终没有得到展其才学的机会,以致晚年竟以"学无所成"自叹。这是个人的悲剧,更是时代的悲哀,避免这样的悲剧重演,悲哀再现,是本文集每一个读者应该承担的责任。

总目

卷一
著作四种

杜赫德的著作及其研究

近代欧洲文化之研究

欧洲文化史论要

巴斯加尔传略

卷二
讲义四种

罗马史稿

希腊罗马史稿

欧洲史要义

世界古代史参考资料

卷三
学术论文

卷四
文献整理
文艺创作

目录

著作四种

杜赫德的著作及其研究

第一章 引 言/5

第二章 康熙皇帝和耶稣会士们/21

第三章 17世纪末18世纪初耶稣会士对中国文化的研究及其影响/38

第四章 杜赫德的《中华帝国志》/54

第五章 中国对18世纪法国的影响/80

第六章 结 论/105

参考文献/110

近代欧洲文化之研究

自 序/119

欧洲思想之悲剧/121

近代德国的研究/136

意大利文化构成论/148

俄国革命与其文化/163

英国文化之特质/177

附录：抗战与文化/192

欧洲文化史论要

第一章　绪　论/201

第二章　研究欧洲文化史的出发点/207

第三章　埃及文化与自然/214

第四章　中亚文化略述/223

第五章　古代希腊文化之特点/233

第六章　古罗马帝国的精神/248

第七章　欧洲文化的转型期/260

第八章　中古文化及士林哲学之研究/272

第九章　16世纪新时代的分析/284

第十章　法国旧制度时代的家庭情况/295

第十一章　《民约论》与法国大革命/304

第十二章　论浪漫主义/311

第十三章　社会主义的发展/318

第十四章　近代欧洲文化与机械/325

第十五章　结　论/330

巴斯加尔传略

第一　巴斯加尔思想发生的历史条件/335

第二　少年时期的巴斯加尔/342

第三　巴斯加尔的科学工作/347

第四　巴斯加尔思想的转变/353

第五　巴斯加尔生活范围的扩大/359

第六　巴斯加尔艰苦的摸索/364

第七　《与乡人之书》/371

第八　巴斯加尔最后的生活/376

第九　余论——写在《思想集》之后/382

后　记/391

参考书举要/392

译名对照表/393

著作四种

杜赫德的著作及其研究

第一章
引　言

　　杜赫德（Du Halde）神甫的名字永远和《中华帝国志》、《耶稣会士书简集》联系在一起。他在法国文学史中的地位与《一千零一夜》的译者安托尼·加朗（Antoine Galland）的地位相差不远。他关于中国的知识并不是第一手的；这些知识来自于他的同行们。然而他却很善于选择整理这些知识，以致18世纪的作家们都援引他的作品。

　　杜赫德当时的工作，正如我们所料的一样，是18世纪前半个世纪的法国耶稣会士们对中国的研究。这个世纪的法国思想经受了一次深刻的变革；中国至少是间接地以它与希腊、拉丁、基督教迥异的文明加速了人们思想的转变，对于那些聪明、睿智的人们来说，这种文明不仅是令人佩服的，而且它尤其是理性主义和克己主义的。对于哲学家们来说，能够发掘这种文明该是多么大的意外收获啊！

　　18世纪初，在中国的耶稣会士们都是些科学家和道德家。继利玛窦之后，他们以高度的机智和坚韧的毅力来耕耘这块神圣的土地。他们方法上的基本点是：为使中国人民信教，首先他们自己须在文化和语言上成为中国人；而后，在掌握了孔子哲学的同时，他们以为便可以得心应手地把中国人置于福音的灵光之下；最后，像当时倾向于积极进取的中国人那样,他们企图用科学征服中国的人心。这种办法是值得称赞与令人钦佩的,它使得他们在各种情况下获得研究中国并深入到其文明中去的良机。

但是,这种办法也同样使耶稣会士们处于一种非常微妙的境况,在中国这样一个国家,如果把基督教作为绝对真理,中国人绝不会对它感兴趣。由于拉丁的严格性与中国人的中庸精神相抵触,如果天主教作为来自西方的某种哲学而出现,那它就会如同佛学一样,又存在着失去自身面目的危险。耶稣会士们体验到这种悲剧性的困境。礼仪之争仅仅是两种运动斗争的结果。不管是耶稣教士还是他们的对手,似乎都既不全错,也不全对。

在18世纪,耶稣教教士们以极端欧化的报道而成为拉丁世界追求异国情调的主要引路人。在这个总体思想趋向解放的世纪里,作家们不仅借鉴了他们的事实,而且向他们借鉴了某些与自己思想有关的论据,以致在写作中守旧的文人指责耶稣会士们是为异教徒服务的。假如这些人稍稍想到他们的真正目标,他们的指责或许就不那么激烈了。他们压倒一切的目标是传播福音。他们既没有在中国成为纯学者的打算,也没有取悦于他们在法国的同胞的意图。

可以肯定,耶稣会士们从文化的角度揭示了中国。任何人要谈论中国,即使在现在都必须求助于耶稣会士们写的东西,特别要借助于杜赫德神甫的《中华帝国志》。在这不朽的著作面前人们思忖着耶稣会士们是否真的了解了中国,依我们看来,他们介绍的知识值得相信,但也是些经验主义的知识。可以说耶稣会士们把中国拍摄下来,但不是画下来。这里有很大差别。维厄尔(Léon Wieger)保证说:"中国的过去,对于我们来说,再也没什么可取的了。"[①] 这纯粹是无知的傲慢。因为真实的中国,我是说它的灵魂与文化,还尚未被欧洲所认识。

当耶稣会士们到达中国时,在中国的知识界产生了什么样的反

---

① 戴遂良(Léon Wieger):《年代久远的中国》,1920年,第278页。

应？当他们传播他们对于中国所写的东西时，在法国的精神上又引起了什么反响？他们如何能获取那样多的知识？他们主要写些什么内容的东西？在这篇谨慎的微不足道的论文里，我想对这些问题做出回答。

每当我阅读关于18世纪以前研究中国的作品时，法国人存在的偏见总给我强烈的印象。对于我来说，盲目的赞赏就等于根本的否定。我依据中法两国的各种文献资料，像法官们伸张正义所做的那样，来恢复中国的庐山真面目。不是建立在最值得信赖的文献基础上的论点，我一个也不发表。

这部作品分为六章：叙述中国教外文人如何尊重耶稣会士，以及康熙皇帝和传教士之间的关系；由于皇帝的保护，耶稣会士在知识界展开了哪些活动。由于拥有传教士们的文字资料，杜赫德神甫写出了著名的作品《中华帝国志》，我试图衡量一下它的实际价值。杜赫德的作品在1735年发表之后对作家们产生了一种巨大的影响，我将以特殊方式研究其中的三位作家：孟德斯鸠（Montesquieu）、伏尔泰（Voltaire）、魁奈（Quesnay）。

这里要说明一下，我曾受益于很多先前的作品，特别是华诺（V. Pinot）先生、陈垣先生的著作。我无意写一部包罗万象的作品，只就有关问题表示自己的见解，这可以帮助西方人更好地深入了解耶稣会士们对18世纪法国文学所做的贡献。

一、1685年以前法国对中国的认识

在16世纪以前，多亏了马可·波罗（Marco Polo）、鄂多立克·德·波多诺纳（Odorie de Pordenone）的作品，契丹，这个对中国的古老称呼早已驰名欧洲。这个被人们叙述得那样美妙的神奇的国度，像惹人喜爱的魔术一样，影响着欧洲人的想象。她在哪里？确实存在吗？

作为世界地理中托勒密（Ptolémée）错误观念的受害者们，欧洲的学者不能解决这个问题。自从1245年英诺森四世（d'Innocent Ⅳ）和1249年、1253年路易九世（Louis Ⅸ）的使节到来以后，人们确信契丹的存在，但人们不知道她的确切位置在哪里。此外，很快流传欧洲的支那一词提示了另一个问题。契丹和支那是表示同一个国家还是两个不同的地区？传教士们通过寻找在契丹的基督教徒来消除这个难点。

罗耀拉（Ignace de Loyola）请沙勿略（François Xavier）确切测定他所经过的地区的"气候、温度"。后者于1552年4月9日写信给前者："从中国出发，我打算去耶路撒冷，当我知道了路程的距离时，我将写信告诉你。"① 但是八个月以后他死了。对中国的地理方面的情况，就没法知道更多的东西了。对于欧洲16世纪的人们来说，中国还是一个未知的世界，她与欧洲没有任何官方或其他的往来。

严格地说，认定契丹就是中国，应归功于利玛窦。以马可·波罗指示的迹象为基础，利玛窦在1595年访问了南京之后，写道："符合我的假设的是波罗说的人们到达这座城市（南京）是通过一条叫作'江'的河。在中国，人们的确是这样称呼这条河的，不过人们还加上了扬子江的称呼。另外，他说在这条河的南方有八个王国，这是该河这一边中国的八个省。而在河的北边有七个王国，这是中国十五个省份中的七个省。因此，依我之见，契丹不是不同于中国的一个王国；波罗说的大汗只不过就是中国的国王。"② 从这时起，人们最终使中国上了世界地图。

中国与欧洲之间变得来往很频繁了。从1610年利玛窦去世到1687年5名法国耶稣会士到达中国期间，有162位传教士的名字出现在《传教中国之耶稣会诸神父名录》③ 上，但是关于中国的认识仍然相当模糊。蒙田（Montaigne）在他的论文中出色地谈论了中国，他的话

---

① 裴化行（Henri Bernard）：《鄂本笃兄弟在上亚洲的穆斯林中》，天津，1934年，第11页。
② 裴化行，前引书，第38页。
③ 亨利·柯蒂埃（Henri Cordier）：《18世纪中国研究史片断》，巴黎，1895年，第6页。

已经描绘出为伏尔泰所清晰描述的中国之轮廓,然而他们缺乏准确性。他说道:"在中国,没有我们的商业性和知识性,但王国的管理和艺术之卓越绝伦,在若干方面超过了我们的典范,它的历史使我们觉得世界是如此广阔而且丰富多彩,这是无论我们的古人和今人所不能体会的……"① 但是,这仍使我们注意到蒙田的兴趣一直延伸到中国,他的兴趣开创了转向远东的异国情调的法国文学。

中国仅仅被很有学问的人所了解,而这种人的数量是很有限的。在 1685 年之前,为数众多的作家还在创造中国的传奇。在一本名为《中国和东京的偶像崇拜者之风俗记》的书中,我们读到这样天真的话:"此外,不应该忽略中国人的相当可笑和奇特的一种习俗:他们的妻子在生孩子之前,哪怕是在一两个小时之前还在从事家务劳动,好像什么事也没有似的(因为她们体格太健壮了)。而丈夫说上床就上床。如果妻子生了一个女儿,便可躺 11 天;如果生个男孩,可躺 18 天。即使在此期间,他也要由妻子来伺候和服侍,就像丈夫是产妇一样。"② 这纯粹是一个臆想中的叙述。我们绝对不知道这种稀奇古怪的习俗存在于中国的什么地方! 然而我们也知道法国人对于中国的看法,甚至到现在,仍是一个荒唐可笑的主题。因为在法国文学中有一个以旅游者叙述为基础的传统,而这些旅游者的目的不在于学习而在于消遣。

耶稣会士们怀疑这些可笑的故事,并且经常向学者们抱怨,巴多明(Parrenin)神甫写信给科学院领导人德·麦郎(Dortus de Mairan)说:"我看到过一些记述,其中,除了夹杂着些粗鲁以外,没有什么太引人注目的东西。"③

---

① 蒙田:《随笔》,第 3 册,第 3 篇,第 13 章,斯托夫斯基出版社,1919 年,第 369 页。
② 《中国与东京的偶像崇拜者之风俗记》(S. L. N. D.),第 11 页。
③ 《耶稣会士书简集》,第 34 卷,第 54 页。神甫还说道:"然而,假如这些稀有的篇章能逃脱时代的不公,而在千年之后在某个著名的图书馆的废纸堆里保留一二的话,可能会有某只慈悲之手把它们从灰尘中拨出来,一家出版社也会为公众服务并使他们懂得 17 世纪末的中国的实况。可是由于前前后后的优秀作家所写的东西没有这种机遇,所以人们才毫无根据地说时代变了。"

17世纪，在利玛窦神甫以后，中国变成了有闲作家的相当新鲜的主题。他们唯一的目的在于说些非同寻常的事物和能够取悦于读者的东西。然而我们也要指出，使一个国家了解一种外国的文明，这是一件非常艰难的任务。要确切地评价一些本国以外的观念和习俗，需要时间和开放的精神。

此外，欧洲人对茶叶的了解，也表明其在17世纪对中国的知识是多么不了解。1660年9月25日，普庇斯在他日记中叙述道："我派人去找一杯茶（一种中国的饮料），这东西过去我从未喝过。"① 亨利·柯蒂埃不无道理地说："只有在18世纪，茶叶才最终被欧洲所接受。"②

可以说，在1685年以前，对欧洲人来说中国仍是个神奇的国度。然而经过法国耶稣会士们研究之后，至少在某些方面中国变得"比欧洲的若干省份还出名"③。

二、耶稣会士到达时中国知识分子的状态

为了更好地理解18世纪中国在法国所获得的声望，有必要形成一种对这个国家知识分子所处的精神状态的正确看法，这种精神状态是在耶稣会士到达时的情况。人们过去经常想象中国是一成不变的，不论是在思想上，还是在教育上，都不会发生演变。这是一个误解。

从宋朝建立（960年）到明朝垮台（1644年），这期间，一种新哲学——新的儒学思想产生了。这种学说吸取了六百多年的中国思想观念。它的出现原因有二：

其一，在隋（581—618年）、唐（618—907年）两朝，经济发

---

① 转引自H. 柯蒂埃：《18世纪法国视野里的中国》，《法兰西文学院例会报告》，1908年，第761页。
② 同上。
③ 《中国驱逐耶稣会士记》，1769年，第1页。转引自P. 马尔蒂诺（P. Martino）：《17、18世纪法国文学中的东方》，阿歇特出版社，1906年，第107页。

展很快，由于生活变得不那么艰难了，人们开始寻求豪华与娱乐，在755年的天宝时期，安史之乱宣告了这种物质文明的末日来临，被战争与物质财富搞得疲惫不堪的知识分子转向一种更富于精神的、简朴好静的内心生活。

其二，在引进佛教之后，520年一位杰出的印度禅宗派人物菩提达摩（Bodhidharma）到了广东，以后一度定居在河南的嵩山。他创立了禅宗学派。文人们起先对佛教持冷漠态度，但到了唐朝中期，他们分成了两个营垒：以韩愈为首的反佛教派和支持佛教的佛教派。这时，禅宗改造了他们的理论，取消外部的矫饰，集中精力于内省，这恰好迎合了中国这一时期的精神需要。

新儒学只不过是儒学和佛学的一种混合。起先的儒学很少谈到本质，只谈人命与天命。为了置身道德实践中，可以说它几乎排除了所有玄学。创新者以他们的观念与佛学相悖为借口，创立了新的玄学。其形式仍是儒学形式，但是，它的实质是佛学。最杰出的代表人物是去世于1529年的哲学家王阳明，他的基本思想可以总结为：上天是存在的，绝对的，而且是人的归宿；对于人来说，意识就是上天；通过天生的本性，它向我们揭示善与恶、该做与不该做的事情。

当这种新玄学在社会上流传时，文人们处于麻木状态，为了捍卫王阳明的真理，终于产生了可悲的争论。新儒学风尚盛行，甚至将军们也想阐明他们关于本质与意识的见解。他们中最优秀者仅知道撰写一些伦理学的格言，其他人则只是寻找消遣。新儒学的蜕化是明朝覆灭的主要原因之一，它导致了1644年3月19日的灾难，皇帝自缢于煤山，明王朝就这样覆灭了。

因此，文人们在有了这种相当理想主义的哲学的同时，又受辱于明的后继者满洲人的统治，于是他们抛弃了这种思潮而趋向于积极的研究。

这种反映从好几个方面表现出来。首先，王阳明学派失去了威望。明朝的覆灭给它以致命的打击。明代伟大的哲学家刘宗周（蕺山）

死于 1644 年，他是第一位改革王氏理论的人。他的基本思想凝集于这样一句话："再好的理论也抵不上一次微小的行动。"从这时起，人们不为学习而学习，而为行动而学习。他严厉地攻击不符合实际的儒学，并创造了一种新的哲学气氛。不少杰出的作家追随这个运动。除刘宗周外，还有朱舜水（1600—1682）、黄梨洲（1619—1695）、顾炎武（1613—1683）、王船山（1619—1695）等。他们的行动扩展到两个领域：第一，为恢复汉族的统治而开展反满斗争；第二，恢复儒学的真正的论点与思想，使之不被错误的观念所歪曲，从而导致了一场复古运动。

随之，人们开始着手于本质哲学的研究。从新儒学的创立开始，知识分子倾其全力于人文哲学研究上，但他们跌入了陈规旧套。而一些人确信积极的研究是会有成果的。因为通过经验他们可以验证自己研究的对象。这里有两位作家特别值得我们注意：徐霞客和宋应星。

徐霞客（1585—1640）是一位伟大的地理学家，为了研究山脉与河流而周游各地，足迹遍布整个中国。他的著作《徐霞客游记》不仅具有文学价值，而且特别具有地理学价值。潘稼堂在前言中写道："霞客之游，在中州者，无大过人，其奇绝者，闽、粤、楚、蜀、滇、黔百蛮荒徼之区，皆往返再四，其行不从官道。……向来山经地志之误，厘正无遗。……然未尝有怪迂侈大之语，欺人以所不知。"

另一位作家是宋应星。他死于康熙皇帝执政初年，是一位伟大的博物学家，其代表作《天工开物》按科学方法论述食物、服装、家具、颜色。此外，这部著作中有为数众多的图画，这些图画简明扼要地说明了他的论点。M. W. K. 藤（Ting）这样评价这部著作："16 世纪以前在工业方面没有一本著作能超过它，即便是在全世界，这部著作也是无与伦比的。"

最后，是佛教的改革。这时，禅宗达到鼎盛时期，但是，由于它的玄奥晦涩，人们觉察到它的思辨与其说是照亮人类的智慧，不如说是使人的智慧受到蒙蔽。于是一种反对派出现了，一位南宗僧人袾宏

（Tchou Houng，死于 1615 年）成为这场改革运动的倡导者。他写了许多小作品，并建立了虔诚的法规。由于大朴大智的指引，他懂得滔滔不绝地谈悟性是危险的，应该强调的是实践的理性。

我们可以用两句话来描述 16 世纪末中国知识界的状态：由于它的主观主义的形而上学，新儒学再也不能保持自己的权威，知识分子为改变国家的文化和政治状况而不断地寻求积极的知识。这就说明了耶稣会士们的成绩，这些耶稣会士们在利玛窦之后，给中国带来基督教的同时，也带来了科学。

三、明末清初被中国知识分子所评价的耶稣会士

当明朝末年传教的耶稣会士到达中国时，他们带来的不仅是一种新的宗教，而且还有科学知识。在中国知识界，这两种东西的传入产生了怎样的反响呢？换言之，面对这种文化与信仰，中国的文人做出了何种反应呢？

随着利玛窦（P. Ricci）作品的发行①，为数众多的知识分子对传教士给予很大关注。尽管学术思想不同、传统不同，但他们之间的关系密切，结下了不解之缘。这些良好的关系与其说是宗教的，不如说是以科学为目的的。我们看到了倾向于正面学习的这时期一般的思想精神。耶稣会士们以其执行命令的天才的灵活性，很快明白了科学的重要性，于是科学后来成了他们传教的最好手段。

欧洲的科学为中国的知识分子打开了一个新世界。学者韩思昆（Han See Kun，1686—1772）写道："约在万历皇帝（1573—1620 年在位）统治中期，利玛窦到了中国。从点、线、面、体开始，他创立

---

① 利玛窦中文作品目录：1.《天主实义》；2.《几何原本》六卷；3.《交友论》；4.《同文算指》；5.《西国记法》；6.《测量法义》；7.《二十五言》；8.《勾股义》；9.《畸人十规》；10.《徐光启传》；11.《辩学遗牍》；12.《浑盖通宪图说》。

了几何学。他按照几何的方法构成的形与物是非常准确的。"耶稣会士们给中国学者们的礼物总是科学仪器。1719年10月14日卜文气（P. Porquet）神甫在写给他兄弟的信中有些很有趣的报道："可以使他们感到高兴的差不多是这样一些东西：表、望远镜、显微镜、眼镜和诸如平、凸、凹、聚光等类的镜，漂亮的风景画和版画，小而精致的艺术品，华丽的服饰、制图仪器盒、刻度盘、圆规、铅笔、细布、珐琅制品等。"①

这些物品受到中国文化人的高度评价，能使他们做出更深入的研究。但是，在思想狭隘的人中间，西方科学的优越性引起了不信任和怀疑。就像当人们第一次面临浩荡的大海，他们表现出一种恐惧。利玛窦1599年到达北京时，正值中日冲突，人们不相信他，当时的报道把他当成一个日本间谍。

这种对传教士们的不信任归因于他们的科学能力和两个并非不重要的原因：首先，在中国历史上，从军事上看，明朝是最软弱的朝代之一，它经历过众多的外部失利，例如，日本在沿海省份的掠夺，蒙古部落的专横。对于外国，明朝保持着一种防御态度，它表现出的态度如果说不是害怕的话至少也是不信任。其次，传教士们会制造大炮。1622年，应阁臣徐光启的要求，皇上命令神甫罗如望（J. de Rocha）、龙华民（N. Longobardi）和阳玛诺（E. Diaz）制造大炮用以抗击日本海盗。1639年毕方济（François Sambiaso，死于1649年）向崇祯皇帝（1628—1644年在位）建议："在这关键时候，为了强国利民、一统天下，必须改历；为了提供军费，应该开挖矿藏；为了自己，应向欧洲购买大炮；为了陛下同自己的敌人斗争，谨献四门大炮的区区薄礼，它们肯定能使您战绩卓著和获得意外的满意。"② 此外，毕方济和一些

---

① 《耶稣会士书简集》，第29卷，第205页。关于画像，我们有一个很有趣的材料：韩国英（P. Gibot）写道："至于画像，请只给我们寄来救世主、圣母和约瑟夫、罗耀拉、沙勿略等圣人，以及守护天使的画像。但除了脸和手以外，不要暴露出身体其他部分，否则它们对我们没有用处。"《耶稣会士书简集》，第37卷，第55页。

② 萧一山：《清代通史》，三卷本，第1卷，上海，1932年，第578页。

葡萄牙军队在 1644 年清军入关之后，还支援明朝王室反对满清。

当欧洲舰队带着大炮和装备到达中国时，人们以为他们是来征服中国的。学者全祖望（1705—1775）的诗是这种思想状态的见证：

> 五洲海外无稽语，奇技今为上国收。
> 别抱心情图狡逞，妄将教术酿横流。
> 天官浪诩庞熊历，地险深贻闽粤忧。
> 凤有哲人陈曲突，诸公幸早杜阴谋。

1784 年在陕甘总督福康安接到的圣旨上有这样的话："近闻西洋人与回人本属一教，今年甘省逆回滋事，而西洋人前往陕西传教者，又适逢其会。且陕甘两省，民回杂处，恐不无勾结煽惑情事。著传谕福康安、毕沅，务须不动声色，留心防范，严密访拿。"

经多次调查，福康安写了一份报告，我们用几句话概括如下：根据刘多明我（Dominique Liou）的供词，天主教完全不同于伊斯兰教，他们吃猪肉，七天中有两天斋戒，他们敬仰唯一的上帝，并遵守十诫。我的这些话是善意的。欧洲人不是伊斯兰教徒，因为他们不知道《古兰经》。

然而，不应认为所有的中国人都表现出对传教士的不信任和恐惧，很多非天主教的中国学者为修道士辩护。沈德符在其名为《万历野获编》的著作中指出：一般而论，天主教是佛教的一个分支，它的学说是非常诱人的。如果以为他们，如利玛窦、王丰肃（Alphonsus Vagnoni）是到我们国家来搞间谍活动并伺机应变，我们就从根本上大错特错了。

由耶稣会士带来的基督教同样引起了敌视，反天主教思想在很多著作中占统治地位。但这种不利于基督教的思想与其说出自敌意，不如说来自无知。将近明末，在《罪言》中，王朝式（Wang Tsao Che）写道：最初，入华欧洲人仅仅 13 位，现在多不胜数。过去仅仅在南京用天堂的诺言来吸引人民,现在,在好几个省流传。过去仅仅是地位低下的人接受圣油和圣水,现在文化人也这样做而且十分起劲。这些人甚至撰写序言和跋,以此而夸耀传教士们的美德,并跻入我们的圣人行列!假如过去的文人看到这种情况,他们会不禁失声恸哭,因为我们正在堕落。

1697年,另一位作者郁永河(Yu Yun Ho)谈到天主教时说:"诱人入其教中,中国人士被惑,多皈其教者。今各省郡县卫所皆有天主堂,扃门闭甚密,外人曾不得窥见,所有不耕不织,所用自饶。皆以诱人入教为务,谓之'化人'。"

其实这是在赞美。很遗憾,他们没有就这种吸引人的方法向我们提供更多的细节。只要看到传教士的热情得到的好结果就够了。在另一部名为《破邪集》的书中,我们看到给人印象更深刻的引证,黄贞写道:"迩来有天主教中人利玛窦、会友艾姓儒略名,到吾漳。而钝汉逐队皈依。深可痛惜。更有聪明者素称人杰,深感惑其说,坚为护卫,煽动风土,更为大患。"

如果我们仔细地探究不信任的原因,我们会觉察到基本的异议之一是基督教的排他的特性。由古希腊精神转化来的经院式哲学给了他们太多的思辨。传教士们忘记了中国知识分子的教养完全不同于西方。

此外,传教士中那些不是耶稣会士的人太强调教理,这种强调使他们失去了中国人的人心甚至精神[①],同时这种强调也引起礼仪之争。中国人对宗教不感兴趣,而这些宗教的代表者们却对一些教义和礼仪问题争执不休。此外,这些教徒不懂汉语,更不懂这个国家的历史,他们冒失地宣称,中国人是偶像崇拜者,因为他们还保存着对孔夫子和先辈的祭祀。在皇家档案的第十一部卷宗中,我们读到康熙皇帝如下的话:"因自多罗来时,误听教下阎当,不通文理,妄诞议论。若本人略通中国文章道理,亦为可恕。伊不但不知文理,即目不识丁,如

---

① 威廉·马丁(William Martin):《必须了解中国》,佩兰出版社,1935年,第184页。

何轻论中国理义之是非？"

同样，我们应强调人们该把反天主教运动归于宗教礼仪的纷争。康熙多次声称："中国的天主教徒应随从利玛窦规矩。否则，这种宗教信仰于中国有害。"这个证据使我们看到，如果说从一开始非天主教知识分子谈起天主教都摇头咂舌的话，可他们对利玛窦却还能保持着强烈的同情。这种赞扬性的评价显而易见应归于他的善行与科学，似乎应特别归于他对使命的机智和灵活性。

对天主教来说，佛教是个可怕的对手。如果我们浏览一下传教士们的著作，我们会读到对佛教徒的辛辣的批评，傅圣泽（Fouguet）对德拉福斯公爵（Duc de la Force）写道："和尚是我们所信仰的圣教理论的大敌，他们一般总是恶意中伤我们的首倡者，他们巧舌如簧地在人民中间散布流言蜚语。为了丑化我们，又用千奇百怪的没有半点信仰的故事来添油加醋。"①

但是，人们不应该对这种敌视过分渲染。我们知道利玛窦与和尚袾宏之间有友好的书信往来。此外，在《天说》中，袾宏为我们提供了这样生动的事实："一老宿言：'有异域人，为天主之教者，子何不辩？'予以为叫人敬天，善事也，奚辩焉！"

约在16世纪末，在徐光启的鼓励下，天主教传播很快。一位文人陈思淳有一本叫《天文学入门》的著作。在这本著作中，他攻击天主教。他把这部书的手稿寄给了济明和尚，济明和尚是知识界的名人，后者回信给他："我高兴地看到你的信和读了你的著作，由于我脱离了世俗生活，所以我不愿挑起争论。你说传教士极力攻击佛教，我可以告诉你佛是任何东西也毁不掉的。而且，目前佛教徒们不再恪守其本分了，他们保留的仅仅是形式而已。传教士们的攻击倒会使他们认识自己的真实处境，从而回到自己的真正使命上来。对于佛教来说，这是一种祝福。"这封信相当清楚地向我们表明了在天主教传入以后佛教的态度。

---

① 《耶稣会士书简集》，第26卷，第231页。

在中国现代文明史中，通过耶稣会士而引入的实验科学，对于我们似乎是一个举足轻重的事件。出于对科学的热爱，传教士们特别为中国文人所重视。在他们之间，存在着真诚的交往，但同时也存在着天真的误会。梅文鼎（1632—1721）的诗便是一个很好的例子。

梅文鼎是著名数学家，他认为，要和传教士们一起研究数学，必须成为基督教徒。他想保持自己思想的完好无损，因此，尽管他热爱科学，却不敢接近这些宗教。这使他感到痛苦。后来，当他得知学者薛仪甫（Si Y Fu，即薛凤祚）在没有成为基督教徒的情况下，由穆尼阁神甫（Nicholaus Smokoleuski）指导，达到了一种科学的高度，他感到非常吃惊。他的这首给薛仪甫的诗，表现了面对传教士的中国人心理上的有趣面貌之一。

大地一黍米，包举至圆中。
积候成精测，宁殊西与东。
三角御弧度，八线量虚空。
窃观欧罗言，度数为专功。
思之费寝食，奥义心神通。
简平及浑盖，臆制亦能工。
唯恨栖深山，奇书实罕逢。
我欲往从之，所学殊难同。
讵忍弃儒先，翻然西说攻。
或欲暂学历，论交患不忠。
立身天地内，谁能异初终。
晚始得君书，昭昭如发蒙。
曾不事耶稣，而能彼术穷。
乃知问郯者，不坠古人风。
安得相追随，面命开其曚。

总之，指出中国的天主教文人对基督教的赞颂是适当的，他们的评价是确切的，这些评价，能使我们对耶稣会士在中国的活动有一个全面的看法。

谢肇淛（Hia Chao Tsi）写道："天主国在佛国之西，其人通文理，儒雅与中国无别。有利玛窦者，自其国来，经佛国而东……其书有《天主实义》，往往与儒教互相发，而与佛老一切虚无若空之说，皆深诋之，是亦迷杨之类耳。……其说为近于儒，而劝世较为亲切，不似释氏动以恍惚支离之语愚骇庸俗也。与人言恂恂有礼，词辩叩之不竭。异域中亦有人也已！"

另一位作家张尔岐（Chang Erh Ti）（1611—1677）为我们描绘出利玛窦一幅惟妙惟肖的画像。这幅肖像是一个珍贵的明证，因为张尔岐不仅对经典著作很博学，而且是一位伟大的思想家，请看他是怎样描绘这位杰出的传教士的吧：

1581年利玛窦来到中国。皇帝命令官员冯琦（Fon Ti）了解这位新来者的能力。冯琦回答说："为严事天主，精器算耳。"他秃头，赤肩露臂，人们以为他是印度的僧人，把他领到一座寺庙时，他打手势说，他不信佛。之后，通过翻译，他说他是一位儒生。找到一个安身的处所以后，他开始和一位中国的先生研究经典著作。两年后，他大致地懂了这些经典的基本思想。他到了北京。他的言论远比佛教的说教有说服力，他至高无上的思想使他把对上帝的爱置于压倒一切的首位。他教导人们要审慎、积极，他不禁止杀生，他的活动宗旨是反对佛教。当他看到神明的偶像时，他建议把它们销毁。①

如此生动准确的肖像，不需要加以评论。时代的总精神趋向是积极的，基督教披着科学的外衣加以传播正是对中国当时的实际倾向的一种反应。人们以基督教的积极的特点来与佛教分庭抗礼。

1925年发现的皇家档案第十一部卷宗，使我们了解到康熙五十九

---

① 张尔岐的《蒿庵闲话》记："玛窦初至广州，下舶，髡首袒肩，人以为西僧，引至佛寺，摇首不肯拜，译言我儒也。遂僦馆延师读儒书，未一二年，'四子''五经'皆通大义。"

年（1720年）十一月十八日皇帝召见耶稣会士的情况。这个皇帝御笔修改过的文件谈到多罗来华后的礼仪之争。康熙对教士们说："自利玛窦到中国，二百余年，并无贪淫邪乱，无非修道，平安无事，未犯中国法度。""今尔教主，差使臣来京，请安谢恩。倘问及尔等行教之事，尔众人共同答应中国行教俱遵利玛窦规矩。"

"贪淫"二字是皇帝亲笔加的，原文只有"并无邪乱"的字样。皇帝的这个补充告诉了我们皇帝本人对耶稣会士的意见。

耶稣会士们受到了非天主教文人一致而友好的承认。康熙年间，天主教有很大发展，下一章，我们将阐述康熙与天主教的关系。《耶稣会士书简集》为我们提供了为数众多的证明，我们只需引证一位僧人玑山（Ki Shan）咏《澳门教堂》的两句诗就够了：

街口相逢者，皆是去教堂。

第二章
康熙皇帝和耶稣会士们

1661年，24岁的顺治皇帝驾崩，并指定其第三个儿子即后来有名的康熙，这位"中国的路易十四"[1]继位。在这位皇太子未成年之前，由皇家四位亲王摄政，但他们的决定须得到皇太后的批准。

妃嫔所生的康熙皇帝，从童年时代就表现出少有的聪明和智慧。在1667年处决他的大臣鳌拜之后，愈加显示出他的性格。[2]白晋（J. Bouvet）在自己的著作中说："他的威严构成中国皇帝的历史性的肖像。"他身材匀称，气宇非凡，面容端庄，双眼比他同族的人要大而且炯炯有神，鼻梁微弯，鼻尖圆润，天花在他脸上虽然留下了几个麻点，但丝毫没有使他焕发的风采减少分毫。[3]

康熙皇帝面色温和，显得有几分仁慈而温文尔雅。据当时的回忆录载，他的威仪不仅不会使人恐惧，而且会使人产生一种爱戴感。一

---

[1] 布吕凯尔（Bruker）神甫：《18世纪传教士关于制作中国地图的交流，据未出版档案整理》，巴黎，1890年，第387页。
[2] 萧一山：《清代通史》，三卷本，第1卷，上海，1932年，第396—399页。
[3] 白晋：《中国皇帝康熙传》，巴黎，1698年，第11页。

眼便使人看出，他是天朝大国的主宰。①《耶稣会士书简集》的序言中，对康熙皇帝的精神面貌有所描述："他襟怀磊落的精神，使他获得了尊敬，这是任何矫揉造作和虚伪掩饰者所绝不能获得的尊敬。他那幸运而忠实的记忆力，遇事胸有成竹的果决，三思而后行的审慎，都使他永远充满睿智，永远不动声色和泰然自若。"

耶稣会士们所做的这种褒扬性的描述是符合实际的。在皇帝与教士之间建立起一种和谐与默契的相互关系。从以上的叙述中可以看到，这种热情是出于不同的动机：皇帝一方是为了科学，另一方，传教士们是为了传播《圣经》。正是由于这个原因，当代人强烈地谴责传教士们是在寻求社交的荣耀和大人物们的庇护。请看下面的事实，传教士们的反对者在宗教和礼仪的探讨性的争论中表现出盲目的反对情绪，争论的双方被情感迷住了眼睛。当汤若望（Adam Schall）被任命为钦天监监正时，耶稣会士安文思（Gabriel de Magalhaens）于1649年初向他发难，并于该年年中，上书要求罢免汤若望。在罗马书院的教授们进行了长达十五年之久的一系列调查之后，耶稣会会长奥里瓦（Paul Oliva）才得出如下的结论："看来汤若望神甫像从前一样工作。为了基督教的繁荣、稳固和扩张，他负起如此重大之使命，并没有感到困难。"② 这是1664年1月13日的事了。

康熙皇帝与耶稣会士的关系自然而然地引出如下三个问题：

1. 为什么康熙如此器重这些宗教人士？

2. 他们的关系是怎样形成的？

3. 其结果又如何？

我们试着回答这些问题，这是很重要的，因为这些问题的答案，将有益于理解杜赫德的著作。

---

① 南怀仁（Verbiest）神甫在陪伴皇帝的旅行中，有一天陛下问他弗拉芒语中几种鸟的名字。几年以后，遇到同类的鸟时，陛下可以用南怀仁神甫的语言说出这种鸟的名字。参见白晋，前引书，第30—31页。

② J. 德·拉塞尔维耶尔（J. De la Servière）：《一部新作中的汤若望神甫》，《传教史杂志》，1934年，第519—521页。

一、为什么康熙重视耶稣会士

可以说康熙皇帝对传教士特别是耶稣会士的亲善是出于他的天性:"他生来就有一种博大、睿智和好奇的精神。"① 这三种品质足以证明他的开明治国的伟大。17、18 世纪的欧洲作家们把他的名字和路易十四的名字相提并论。拉盖特(Raquet)神甫在赞赏《中华帝国志》这部书时,以不容置疑的方式写道:"法国的耶稣会士们是些出类拔萃的人物,他们与生俱来的天才和在致力于福音书的推广中所焕发出的卓越精神,使与他们同时代的两位最伟大的帝王路易十四和康熙争先恐后地赐予他们恩惠。"②

康熙的博大精神体现在一切领域之中。为了持久的和平,他不仅想打破汉人与满人的隔阂,而且还想取消中国人与欧洲人的界限。1928 年 3 月,人们在北京的故宫档案里发现了十四件关于梵蒂冈教廷使团来华的文献资料。③ 康熙皇帝亲手用朱笔御批的第十一件文书显示着他博大的精神境界。我们把这个反映当时由于传教士们之间的看法分歧而使他们的使命处于危难境地的文件翻译一下,康熙的博大精神便可见一斑了。他写道:"前日曾有上谕,多罗好了陛见之际再谕。今闻多罗言'我未必等到皇上回来'的话④,朕甚怜悯。所以将欲下之旨晓谕。朕所欲言,近日自西洋所来者甚杂,亦有行道者,亦有白人借名为行道,难以分辨是非。如今尔来之际,若不定一规矩,唯恐后来惹出是非。也觉教化王处有关系,只得将定例,先明白晓谕,命后来之人谨守法度,不能稍违方好。以后,凡自西洋来者,再不回去的人,

---

① 《耶稣会士书简集》,1831 年,第 25 卷,第 16 页。
② 杜赫德:《中华帝国志》,四卷,第 1 卷,《赞赏》,海牙,亨利·舍尔勒尔出版,1736 年。
③ 《康熙与罗马使节关系文书》,影印版,北京,1932 年。这些文献是珍贵的,它们确定了康熙皇帝在礼仪之争中的态度。
④ 康熙四十五年二月初四,皇帝在北京周边巡查。

许他内地居住。若今年来明年去的人，不可叫他居住。此等人譬如立于大门之外，论人屋内之事，众人何以服之？况且多事。更有做生意、做买卖此等人益不可留住。凡各国各会皆以敬天主者，何得论彼此，一概同居同住，则永无争竞矣。为此晓喻。"

如果说这位皇帝眼界的开阔值得我们欣赏的话，那是因为他实践了如下的基本原则：作为一个君王，在他身上统一性和多向性应该是共存的，这种共存不是混合在一起，而是融合在一起的。在他的同代人眼里，康熙皇帝几乎像个超自然的人物。1743年著名画家王致诚（Attiret）神甫给达索（D'Assaut）先生写道："这里有一位盖世无双的人，这就是皇帝。"[①] 这种与绝对权威相得益彰的思想品质使他赢得了功德与光荣。"他的功德与光荣越过了辽阔的海域使整个欧洲都刮目相看和无比赞誉。"[②]

一种博大精神脱离了智慧，那将像一朵没有香味的花，不管它有多么美丽，总是一种缺憾。1704年，当中国学者撰写清朝的上一个朝代——明朝的历史时，康熙御笔写下了一个充满智慧的按语，他说："明史不可不成，公论不可不探，是非不可不明，人心不可不服。关系甚巨，条目甚繁，朕日理万机，精神有限，不能逐细批览，即敢轻定是非，后有公论者，必归因朕。朕不畏当时而畏后人，不重文章而重良心者也。"[③]

不论是在他的公务生活还是在他的私生活中，康熙皇帝的智慧都宛若一盏耸立于孤岛上的明灯，在充满暴风雨的沉沉黑夜里驱逐着黑暗，指引着大海的航船。正是由于这个原因，杜赫德神甫在谈及康熙皇帝的大治时，指出："中国享受着深沉的和平，沐浴在皇帝的荣光与智慧之下。"[④]

---

① 《耶稣会士书简集》，第35卷，1831年，第247页。
② 杜赫德：《中华帝国志》，第2卷，第6页。
③ 萧一山，前引书，第1卷，第632—633页。
④ 杜赫德，前引书，第1卷，第478页。

在宗教事务中，作为至尊的皇帝所表现出的谨慎是显而易见的。对天主教和对其他宗教一样，他总是表现出一种父亲般的亲情。不要忘记，在康熙皇帝眼里，基督教是一种外国宗教；也不要忘记，在耶稣会士们眼中，这位帝王，"生于偶像崇拜的氛围之中，从童年起就饱受民众的逢迎，受到迷信观念的哺育"[1]。然而马若瑟（Prémare）神甫1699年2月17日给拉谢兹（De la Chaise）神甫的信写道："使我感到最大的欣悦是，这位君王给天主教以从未有过的优待。"[2] 假如没有其他文件来证明皇帝这一优厚的恩惠，那么这封信的价值尚可值得怀疑，但在1925年7月发现的皇家档案中的第十一件文书中我们找到了与之相吻合的言论，皇帝写道："使尔等各献其长，出入禁中，曲赐优容致意。尔等所行之教，与中国毫无损益。"[3]

为了更好地理解康熙的关注精神，让我们读读白晋神甫下面这句话吧，皇帝一直对他格外厚待[4]："他（皇帝）询问得很多，并难得地首先袒露了他的感情，他倾听着人家对他讲的一切，以便从容地进行更改，一位对他所见所闻进行如此思考的帝王是很难得的。"[5] 下面，让我们试着进一步探讨一下皇帝的精神境界。

明末清初耶稣会教士们用西方文明对中国所做的启蒙是中国文明史上一件具有重大意义的事情。当白晋神甫论及耶稣会教士的科学对这个帝王产生的影响时，用有点自豪的口气说出下面的话是有道理的："耶稣会士们长期以来使他了解到关于欧洲所有的王国和世界其他民族，以及献给他的不同时代的外国优秀作品，尤其是他从我们的艺术和科学中获得的众多知识，使他认识到：尊重和擅长科学与艺术的

---

[1] 李明（Louis Le Comte）:《中国现状新志》，第1卷，书简，巴黎，J.阿尼松出版，1696年。
[2] 《耶稣会士书简集》，第26卷，1831年，第89页。
[3] 《康熙与罗马使节关系文书》，前引书，第十一。
[4] 同上书，第十三。康熙五十九年腊月二十二，教廷使节嘉乐被皇帝召见。皇帝对他说："在中国之众西洋人，并无一人通中国文理者，惟白晋一人稍知中国书义，亦尚未通。"
[5] 白晋，前引书，第28页。

人不仅中国有，外国也有。"①

谁不寻求好奇心的满足？但一位帝王如果为求知欲所驱使，则要比一般人更容易招来一种严重危险：新的爱好会使人几乎忘记自己的本能。但在康熙身上，他的求知精神总是保持着适度的分寸。他不仅能控制自己求知的激情，而且还懂得利用这种激情。杜赫德神甫在《中华帝国志》中对他这种禀赋讲得很透彻："这位日理万机的一代君王，却仍是偷闲去钻研科学，他对科学有着一种特殊的天才和嗜好……他想学习几何、代数、物理、天文、医学和解剖学。"②

他执政的时代是一个辉煌的时代。他的伟大应毫不含糊地归功于他的文化素养，这种素养能使他尊重大臣们的建议和珍惜学者们的劳动。他的私人房间里不像他的先辈们一样充满首饰和古代艺术品，而是以科学仪器作为装饰。下面是白晋神甫一句意味深长的话："在所有的仪器中，他最喜欢的是用于观察天体的双筒望远镜、两座挂钟、水平仪，这种仪器精确度很高，他让人把这些仪器摆在自己的房间里。"③这样的房间与其说是寝室倒不如说更像是个试验室。

必须指出，康熙皇帝对耶稣会士们的器重不只是由于他与生俱来的难能可贵的禀赋，而更重要的是一种传统的中国态度。在这种亲善中，可以看出他是在忠于孔夫子的思想。孔夫子说："父在观其志，父没观其行。三年无改于父之道，可谓孝矣。"④在中国，一位伟大的帝王的品质就是忠于父道。假如我们观察一下顺治和汤若望之间的关系，就明白了，为什么康熙对耶稣会士们充满好感。

1650年，在摄政的多尔衮死后，清朝的第一任皇帝顺治执政。这位年轻的帝王有着优秀的品质，尤其热爱正义，但他太沉湎于酒色。汤若望通过他的科学和品德很快得到了这位君王的恩宠。皇帝喜欢看到这

---

① 白晋，前引书，第31页。
② 杜赫德：《中华帝国志》，第1卷，第478—479页。
③ 白晋，前引书，第142—143页。
④ G. 普梯埃（G. Pauthier）：《东方经书》，巴黎，1840年。《论语》，第一篇第十一节，第178页。

位德高望重的老人①，并把他称作"通玄教师"②。如果德·拉塞尔维耶尔神甫关于汤若望的文章可靠的话，那么在皇帝和这位天文学家之间存在着一种确定的亲密关系。他说："有一天汤若望为满足这位年轻君王的好奇心，穿戴上神职服装，表演和解释弥撒仪式的主要程序。"③

此外顺治爱和他一起长时间聊天，或者一起在花园里一边摘花采果，一边散步。这种厚待也许在欧洲人看来是很自然的事，然而在中国人眼里，这简直是不可思议的事情。因为，不要忘记，正如杜赫德神甫所说："皇帝有绝对权威，他威严的仪表简直就像神。"④

无论如何，汤若望得到顺治皇帝的欢心这一点是确定无疑的。著名历史学家萧一山先生确认说："亘顺治之世，清廷对于若望等，始终优待，无中国菲薄夷狄种族之见。"⑤

康熙对利玛窦也是同样的态度：对中国人甚至对皇帝来说，首要的义务是谨守父道。

但是，我们刚才阐明的理由不是唯一的，应该强调指出的是，耶稣会士们掌握的优秀科学代表西方文明确实是当之无愧的。

"把科学和理性灌输给执政者"⑥，这是耶稣会士们在世界所有国家的办法，这种办法对中国不仅适用，而且是机灵而大受欢迎的。所谓机灵，是指其同中华民族在通过"长期科举制而形成的一种僵化精神相对而言的"⑦；所谓大受欢迎，是因为在实验科学方面中国没有欧洲那样教养有素。因此，耶稣会学者们在中国文人中重新唤起了对天文学、数学，特别是对实用科学的兴趣。梁启超先生死于 1928 年，但是

---

① 在 1656 年和 1657 年之间，中国皇帝顺治曾 24 次到汤若望寓所探望他。参见德·拉塞尔维耶尔，前引书，第 510 页。
② 萧若瑟：《天主教传行中国考》，1931 年，第 283 页。"神奇的神甫"中文为"通玄教师"。
③ J. 德·拉塞尔维耶尔，前引书，第 510 页。
④ 杜赫德：《中华帝国志》，第 2 卷，第 10 页。
⑤ 萧一山，前引书，第 1 卷，第 580 页。
⑥ G. S. 德莫朗（G. S. De Morant）：《法国耶稣会士在华业绩》，格拉塞出版社，1928 年，第 43 页。
⑦ 同上书，第 44 页。

他的影响至今还能感觉得到。他公正地说："明末有一场大公案，为中国学术史上应该大笔特书者，曰欧洲历算学之输入。中国知识线和外国知识线相接触，晋唐间的佛学为第一次，明末的历算学便是第二次，在这种新环境之下，学界空气，当然变换。"①

我们不能同意毕诺先生的观点。他说："耶稣会士们争相赞美中国精神，因为中国人喜爱和尊敬数学、天文学……然而事实并非如他们设想的那样美好。"②

为了对这种非议做出回答，我们不妨从康熙统治下的中国非天主教学者们所撰写的《明史》中寻找答案，从该书我们知道："当时中国非天主教学者们认为，来自西方的文人是些教养很高的人。他们不在乎名誉，而专心致志于自己的使命。他们著作中所论之事我们尚不知道。有些好奇的人爱和他们联系……相当多的人，除了皇亲以外，都和这些文人有了联系。"③

对传教士怀有好感的康熙皇帝首先是一位喜爱艺术与科学的朋友。这些"在中国宣传信仰的耶稣会士们，不仅对自己的宗教高度的虔诚，而且是些光辉无比、文学造诣甚高、熟悉几何的人，是些天才学者，即使在欧洲，他们也是杰出的天才的人物"④，因此，皇帝岂能无动于衷？中国的伟大帝王们都恪守这样的格言："利用天才乃是智慧的标志。"

洪若翰（De Fontaney）神甫在 1703 年 2 月 15 日写给拉谢兹神甫的信中说："11 月 2 日我们接到皇帝召我们去北京的充满善意的圣旨：'所有传教士们都到我的宫廷来，懂得数学的人留在我的身边服务，其

---

① 梁启超：《中国近三百年学术史》，上海，1927 年，第 13—14 页。
② V. 毕诺（V. Pinot）：《中国与法国哲学思想之形成》，1932 年，第 21 页。
③ 陈垣：《从教外典籍看明末清初的天主教》，《Pon Che 杂志》，第 3 卷，第 1、2、3 期。（陈垣此文原发表于《北平图书馆馆刊》第 8 卷第 2 号，1934 年。作者此处注引自《Pon Che 杂志》，文末参考文献中又作引自《Pan Che 杂志》，不能确定其中文名称。——校者注）
④ 《现代作品概观》，第 6 卷，1736 年，第 284 页。

他人可去外省或他们愿去的地方。'"①这已成了一个定规，耶稣会士们在离开自己的国家之前，就得使自己通晓科学。难道他们错了吗？这种方式能说明他们的目的吗？这个问题不属于我论述的范畴了。可以肯定的是，耶稣会士们在中国宣传科学的同时，他们也毫不隐瞒自己的计划，即在中国培植天主教信仰，并要消除异教的势力。②

二、皇帝与耶稣会士的关系

在进入问题的要害之前，先该做一个重要的提醒。从导致形成这种友好和有时双方彼此疑惑的关系来看双方的意图，如果他们不是根本对立的，起码他们也不是完全一致的。康熙皇帝对耶稣会士们的感情是以分享共同利益为标准的，谁有卓越的才能谁就受到君王的器重，这是这位皇帝的一个直接的原则。如果耶稣会士们在北京宫廷受过奖励，那是因为他们精明和能干。可以举出很多这样的例子。如刘应（P. de Visdelou）神甫曾"受皇帝之召到各省去治理泛滥全国的洪灾"③。至于耶稣会士们，他们是把宗教利益置于首位的，假如给他们机会教化皇上的话，他们能接受任何重任。毕诺先生用他带点讽刺的语调说："体力活，我说的是假如人们需要手艺的话——在神甫们的生活中占有比数学更重要的地位。"④果真如此的话，那么对耶稣会士们来说这是一种分外的光荣。

在像中国这样一个文化与宗教传统如此根深蒂固的国家里，实用目的和宗教目的很难达成协议。要使这两个截然不同的目的之间建立

---

① 《耶稣会士书简集》，1831年，第27卷，第76—77页。
② 参见白晋，前引书，第250—251页。"由于一个多世纪的经验，人们认识到科学是一切自然手段中最重要的手段，上帝想让传教士利用这种方式把信仰传入中国并在中国扎根。今天似乎还想让他们以大张旗鼓的方式利用它在中国铲除异教。"
③ 《耶稣会士书简集》，第26卷，1831年，第90页。
④ V. 毕诺，前引书，第23页。

起一种和谐，的确非得有像康熙皇帝这样一位英明的君主所拥有的权威才行。①

耶稣会士们利用了康熙皇帝的这种精神状态，把天主教信仰的根子在中国扎得如此之牢，以致尽管康熙的儿子和继承人雍正皇帝百般禁止，在他执政十年之后，据广东政府的报告，仅广州一城就有八座教堂，信徒达一万之众。②要达到这样的数字，耶稣会士们和皇帝之间的关系得达到一种多么友好和牢固的程度啊！下面我们愿意对这种关系进行一个清楚而准确的描述。

这种关系首先带有知识的特点。对康熙皇帝来说，耶稣会士们不是教徒，而是教授。众多的文献资料告诉我们，康熙皇帝以何等炽灼的热情来研究实用科学。洪若翰神甫1703年2月15日的信告诉我们，皇帝"把着直尺和圆规爱不释手"③。身居金銮宝殿，身穿龙袍蟒褂，头带珍珠皇冠的皇帝洗耳恭听身穿朝服的耶稣会士们的讲解。这是位神奇莫测的学生——"皇帝在短短的时间内竟变得那样通晓，以至于他竟写成了一本几何书"④。他的确热爱这门科学，他说他相信自己从头至尾把欧几里得的书的译本读了不止十二遍。⑤他不仅知道欧几里得，而且知道阿基米德。

这种热情自然引起亲近他的人的欣赏。白晋神甫向我们提供了关于这方面有趣的细节：安东（Antoine Thomas）用中文向他讲解南怀仁（Verbiest，1623—1688）神甫以前教过他的教学器具的使用方法及几何、算术的应用。他叫神甫们慢慢讲解他一直想知道的欧几里得的

---

① 戴遂良在一篇关于中国的文章中写道："仅仅由于耶稣会士在北京受到的恩宠，基督教才度过了几次危机。1692年康熙皇帝颁发宽容基督教的诏令，但由于文人们心怀恐惧，康熙皇帝实际上又禁止了它。"
② 陈垣，前引文，第一章。（此注释作者原文为Chun Yun，在前文中与此名最为相似的只有Chen Yun，从所引内容来看，也应为陈垣此文。——校者注）
③ 苏埃奥·戈铎（Soueo Got）：《远东与西方在近代的最初文化交流》，《比较文学杂志》，1928年，第407页。
④ 同上书，第407页。
⑤ 白晋，前引书，参见第128—131页。

原理之精髓，而且想对这些东西理解得和老师一样深刻。①

几何不能满足他求知的胃口。他还想知道其他的科学。在谈到杜赫德的著作时，《现代作品概观》的作者向我们提供了极有意义的情况，这些情况使我们准确地了解到这位伟人的科学知识是多么丰富："他们（耶稣会士们）教他有关光学的知识，并在好多试验中向他展示各种奇迹，同时还教他反射光学、透视、静力学以及流体静力学等。"②

要知道，在中国人的头脑中，老师的地位是和天地、人君、父母同等的。对他不仅应该尊敬而且必须崇拜。因为对中国人来说，老师是传播真理的人。这种近似宗教式的感情向我们说明了康熙皇帝对耶稣会士们厚待的程度。在白晋的《中国皇帝康熙传》中，我们读到这样的话："终于，他竟让我们和他并肩坐在他的宝座上，这使我们诚惶诚恐，因为除了对他的孩子而外，他对任何人也不曾这样做过。"③

在我们说康熙对耶稣会士们的高度器重不是由于宗教的原因时，这毫不意味着在他们的交谈中不涉及基督教的真谛。根据我们掌握的中国资料和欧洲文献，我们敢于肯定康熙皇帝不仅高度评价天主教，而且当着满朝文武赞扬过天主教。④

在南怀仁神甫逝世十天后，于1688年2月7日五位新的教士抵达北京。⑤ 3月31日，他们受到皇帝的召见，皇帝的淳朴使他们深有感触。

这些被路易十四授予数学家头衔的耶稣会士们，通过自己的科学和品德在中国取得了牢固而特殊的地位。作为对他们服务的报偿，

---

① 白晋，前引书，第126—127页。
② 《现代作品概观》，1736年，第7卷，第17页。
③ 白晋，前引书，第165页。
④ 《耶稣会士书简集》，1831年，第25卷，第21页。
⑤ 这五位法国耶稣会士是：居伊·塔夏尔（Guy Tachard）、张诚（Jean François Gerbillon）、白晋、李明和刘应（Claude de Visdelou）。(也可参考《耶稣会士书简集》，1831年，第27卷，第106页。)（居伊·塔夏尔并非此次来华五位耶稣会士之一，应该是洪若翰。——校者注）

1692年皇帝颁发一道对他们优惠的豁免诏书，这是一个明显的进步，因为国家首脑明确地承认了"天主教没有做任何不好或有失检点的事情"①。

1693年7月，皇帝怀着父亲般的善意为法国耶稣会士在皇城赐选一座寓所，神甫们在周围建造了一所小教堂。六年以后，康熙皇帝特许他们在这座房子附近一块广阔的场地上建造一座教堂。张诚和白晋两位神甫用四年时间经营，建成了一座外观十分漂亮的教堂。此外，康熙皇帝还想让他手下的一位大臣把那座寓所和教堂都管起来，以向全朝表明这是陛下特别关注的事情。②

在皇帝第二次（1689年）巡游南方诸省之前，他曾询问过洪若翰神甫，"在他的途中是否会找到几个我们的教堂"③。这表明，耶稣会士与皇帝始终保持着极好的宗教关系。郭弼恩神甫说："深谙基督教的康熙皇帝对教士们有求必应。"④他的话是有一定道理的。

此外，白晋神甫一直享受特殊的待遇。在给拉谢兹神甫的一封信中，他讲道："同一天晚上八点，陛下在他的书房第二次召见我们，而且比上午更亲近，谈的时间更长。"⑤但更使我们感到有点破格的是，皇帝向南京和杭州的教堂派去了一个人，"了解这些教堂的情况，以表示对那里真正的上帝的尊崇，并了解这些教堂的情况"⑥。

当然，我们也无需夸大皇帝的这些倾向。康熙之所以欢迎耶稣会士，更重要的原因不是他们的宗教，而是他们的科学。其证明是，当他们接到豁免诏书时，皇帝对他的执法长官说："须写给各省传教士，善用此种特许，毋使各地官吏有所控告。反之，朕即立

---

① 康熙三十一年正月三十，康熙皇帝诏书。参考郭弼恩（Le Gobien）神甫所著《中国皇帝就基督教颁发诏书史》。
② 《耶稣会士书简集》，1831年，第26卷，第127页。这个教堂毁于1827年。
③ 同上书，第27卷，第106页。
④ 郭弼恩：《中国皇帝就基督教颁发诏书史》，巴黎，J.阿尼松出版，1698年，第126页。
⑤ 《耶稣会士书简集》，1831年，第26卷，第105页。
⑥ 同上书，第26卷，第107页。

刻撤销。"①

耶稣会士们不知道康熙对他们的真实感情,他们把这些情况告诉了自己的同事和朋友,《耶稣会士书简集》反复证明了这一点。这里必须说明一下耶稣会士们所使用的方法。首先,通过科学实践,他们赢得康熙皇帝的厚遇,由于这种厚遇,他们才得以进行传教活动。其次,他们向中国人指出儒学与基督教义之间理论上的契合,用这种方法来开阔中国人的眼界。这种策略得到了教皇英诺森十一世(Innocent XI)的赞许,他在1681年12月3日给南怀仁神甫的信中写道:"但愿助人的上帝给你们保佑,我对你和像你一样在这个民族为宗教利益服务的人们别无他求……"②对于这第二步,毕诺先生讲得千真万确:"中国人看到基督教不违背自己的传统和历史,而只是自己的历史和传统的另一种表达方式,他们才会自发地亲近基督教。"③

通过这种机智、高尚而合法的手段,耶稣会士们取得了辉煌的成就。"看到皇帝如此公开地宣布自己是我们教会的庇护人,对于基督徒来说是莫大的喜悦。"④由于这位帝王对基督教亲善的举止,当时人希望"在一个世纪后出现一个全盘基督教化的中国"⑤。

中国的传教史是充满痛苦的,唯有康熙皇帝和耶稣会士们之间的纯洁灿烂的友谊之星在昔日苍凉的天空中大放光明。在康熙十分宠爱的一位汉族血统的王子死后,在他的长子、王位继承人被废黜以后,家庭纠纷使他陷入万分忧郁之中,并伴有剧烈的心悸病,人们开始担心他的健康。⑥疾病使他处于十分衰弱的境地,从中医的观点来看,他已没有任何希望了。⑦"罗德先(Bernard Rhodes)神甫服侍他恢复

---

① 《耶稣会士书简集》,第27卷,1831年,第125—126页。
② 布吕凯尔:《耶稣会》,1919年,第662页。
③ V. 毕诺,前引书,第92页。
④ 《耶稣会士书简集》,第26卷,1831年,第127页。
⑤ 白晋,前引书,参考第242—244页。
⑥ 《耶稣会士书简集》,第28卷,1831年,第52页。
⑦ 同上书,第56页。

33

了健康，耶稣会士们为恢复他精神上的健康比为了恢复他的身体的健康更为卖劲，他们满怀着希望的心情，"为了这位伟大帝王的康复"①而不断使自己的祈祷花样翻新。

三、皇帝与耶稣会士们亲密关系的结果

这些关系的第一个积极成果是基督教的发展。我们可以在《耶稣会士书简集》中找到有关在中国传教的不可胜数的细节。大历史学家万斯同总是误解基督教，他写了一首打油诗告诉我们基督教是怎样迅速传播的：

天主教设何怪妄，著书真欲欺愚昧。
流入中华未百年，骎骎势几遍海内。②

由于康熙皇帝的庇护，基督教才得以迅速传播。他的这种庇护甚至被写到打油诗里。这一事实引起了伏尔泰的嘲笑。基督教的迅速扩张引起了非基督教人士精神上的不安，人们简直怀疑这些传教士是些政客。首先，是他们的科学能力使人不安；其次，他们自由出入宫廷使人担心他们会有什么阴谋。③

第二个结果是，由于传教士对中华帝国的种种效力，他们被提到大臣的显要地位。需要说明一点，没有一个传教士接受正式官员的职务，比如一个省的总督之类，但他们的官品却使他们享有相当高的荣誉。

---

① 《耶稣会士书简集》，第28卷，1831年，第55页。
② 万斯同（1643—1702），出生于浙江省。《明史》的作者。我们翻译的诗出自《〈明史〉新乐府》。参阅陈垣，前引文，第六章。
③ 梁启超，前引书，第29—30页。根据口头传闻，耶稣会士们参与了皇太子胤礽反对由喇嘛所支持的胤禛的纠葛。后者在康熙皇帝死后成了皇帝，下令禁止基督教。

举例来说:"当白晋神甫外出时,他享有与钦差大臣同样高的礼遇,众人陪同,前边是乐队,接着是抬着'布道台'的呐喊者和马鞭队。其中有人举着红色木牌,上写'钦差'两个大字,'钦差'就是宫廷特使的意思。其他人执着龙杖,在两根粗方棍头上盘绕着两只金色的神龙。抬轿子的人们紧随其后,轿子两边几个人步行伴随,其他人则骑马步后,一个人打着一把大黄罗伞,伞高高地撑着,在空中飘荡。另一个人则持着一把类似大方扇的东西,上部向下弯着,每逢官员们乘露天轿子外出时,它总是为他遮着太阳。因为白晋神甫的轿子是封顶的,所以这把扇子只夹杂在队伍之中,但由于它是金色的而且体积很大,所以它总是一个很醒目的装饰品。"①

在康熙手下的,我们应首先提到南怀仁神甫,他是钦天监监正,工部右侍郎。"对南怀仁,康熙总是从心眼里器重,他给他以从未给别人的特殊待遇。"② 其次,我们应该提及戴进贤神甫(Koegler,1680—1746),康熙任命他为钦天监监正。这位神甫知识渊博,人们称赞他是一位"精神磊落的人并在天文学上是首屈一指的人物"③。后来,他的地位更加显赫了。这证实了毕诺先生的话:"一件朝服就像一种美德的合格证。"④ 这似乎是一种讽刺,实质上,这是千真万确的。因为,一位当时的人评述道:"这些欧洲人的操行是纯洁的。"⑤

我们同样应提到张诚(1654—1707)和徐日昇(Thomas Pereyra,1645—1780),他们在和俄国订《尼布楚条约》时(1689年)当过翻译。在会谈期间,这两位神甫表现得机智而忠诚,受到双方的高度评价。由于他们的斡旋,中俄之间终于达成和解。他们的竭诚服务由后

---

① 吉奥·吉拉尔蒂尼(Gio Ghirardini):《1698年乘昂菲特里特特号轮船漫游中国记》,巴黎,尼古拉·佩比出版,1700年,第73—75页。
② 白晋,前引书,第162页。
③ L.范赫(L. Van Hée):《在中国做官的耶稣会士》,《传教史杂志》,1931年,第39页。
④ V.毕诺,前引书,第73页。
⑤ 陈怀康的话。转引自陈垣,前引文,第7章。

来颁发的豁免诏书而得到了报偿。①

这些在中国锦衣朝服、出门乘轿的耶稣会士们引起了很多的批评。洪若翰预见到这种后果，他说："我可以保证，这并不是我们所追求的，而是我们尽量避免的。但是当我们接受王命而进出于皇宫时，我们是无权拒绝这种殊遇的。"②

第三个据我的看法是更为重要的结果，那是在知识范畴内所引起的后果。一方面是西方文明被引入中国，另一方面是欧洲人更加了解了中国。圣马丹（Vivien de Saint Martin）在他的《地理学史》中中肯确切地指出："中国地理学历史的伟大时代是 1687 年。这一年，法国布道团的到来具有划时代的意义，其中塔夏尔、张诚、刘应、李明和白晋形成了第一个核心。这个布道团一直因拥有众多的杰出人物而享有盛名。多亏了这个布道团，人们才会看到一大批关于东亚的历史、人文科学、地理学知识的珍贵文献。"③

中国对于以上结果显得更为严肃。它首先采取一种消极的态度，就事论事，为了避免可能会产生棘手的困难的两种文明间的冲突，它宁愿保持孤立。它没有看到文化的孤立与繁荣是背道而驰的。滚滚东去的大江是任何人力难以阻挡的，即使筑起了堤坝，所造成的灾难会更不可收拾。耶稣会士带来的西方文明就好比这样的大江。康熙死后，科学被丢弃了，但现实是，经过一段剧烈的奋争以后，它已吸引了所有学者们的注意。

中国现代文明的历史，应该有耶稣会士们的一份功劳，如果人们有时感到遗憾，耶稣会士们"用世俗的手段把机巧和科学推向极致，那么，他们的诚心诚意则肯定会使人给予谅解"④。

----

① 还有其他在清朝为官的耶稣会士，但是因为我们谈的是康熙与耶稣会士的关系，所以我们没有提到那些与康熙没有官方关系的耶稣会士们。
② 《耶稣会士书简集》，第 27 卷，1831 年，第 78 页。
③ 维维安·德·圣马丹（Vivien de St. Martin）:《地理学史》，巴黎，1873 年，第 404 页。
④ A. 杜密里（A. Dumeril）:《耶稣会士对 18 世纪思想运动的影响》，《第戎科学院论文集》，第三辑，第 2 卷，1874 年，第 3 页。

无论如何，在17世纪末18世纪初的中西文明之间，耶稣会士们起到了一种沟通的作用。这种作用有其重要意义，因为任何一种文明都不是完美无缺的，它需要由其他文明来加以充实，而且，任何文明缺少了宗教因素，都不会得以持续。

1722年11月康熙皇帝驾崩。这对天主教徒们是一个沉重打击。殷弘绪（d'Entrecolles）神甫在写给杜赫德神甫的信中，凄凉地说："幸运的时代一去不复返了，它随着这位君王的逝世而消失了。"[①]37年以后，谈及宋君荣（Antoine Gaubil）神甫逝世时，钱德明（Amiot）神甫在写给学者里斯勒（L'Isle）的信中，充满了对昔日光荣的缅怀和深沉的悲哀："这座皇城里的事物已经大变样了，甚至整个帝国都大变样了。传教士和他们所宣传的神圣宗教的庇护人——康熙皇帝，伟大的康熙不在了！……"[②]

[①] 《耶稣会士书简集》，第26卷，1831年，第121页。
[②] 同上书，第27卷，第12—13页。

第三章
17世纪末18世纪初耶稣会士对中国文化的研究及其影响

1658年，卫匡国（Martini）的《中国史》发表之后，对这部著作充满不倦好奇心的帕斯卡（Pascal）写道："中国是黑暗的，但也有可找到的光明，请探寻它吧！"[①] 的确，在17世纪，中国还是一个尚未被了解的国家，虽然人们已经开始品味中国的产品了。[②]

中国的被发现，严格地说不过是开始于17世纪末。这种发现起源于两种迥然不同而又平行存在的精神。一方面是唯利是图的精神，一种对财富疯狂追求的精神，它推动着人们来到中国的沿海；另一方面是一种企图向全人类传播福音的精神。这两种强有力的倾向在法国表现在两种具体的行动上：其一是1660年法国印度公司创立；其二是1685年路易十四（Louis XIV）派耶稣会士到中国。

如果查阅一下戴贝洛（D'Herbelot）的《东方文库》中《孔夫子》

[①] 帕斯卡：《思想录及其他小作品》，L. 布伦斯维格（L. Brunschvig）发表，巴黎，阿歇特出版社，第九篇，第593条。
[②] 参阅 H. 贝勒维奇-斯坦科维奇小姐（H. Belevitch-Stankevitch）的论文：《路易十四时期法国的中国情趣》，巴黎，1910年。

一文，人们会发现一种歪曲历史真实的情况。该文称："好像中国人从印度人那里吸收了大部分科学知识，这一事被孔夫子的生活所证实，这位中国的伟大理论家在哲学上受到了印度理论家的熏陶。"①

然而，孔夫子死于公元前479年，享年73岁。而佛教的传入则始于公元65年汉明帝时，按传说，汉明帝在梦里见到一位穿金衣的人对他说："到西方去寻找幸福吧。"为找到真神，他立即派出一个使团，这个使团找到了佛教。孔子逝世与佛教传入中国，其间相隔有五个世纪之久。

这个例子除了无知的成分以外，还使我们看到当时一种精神上的不良的习气，有很多作品的作者信口雌黄，1736年的《特雷武报》曾说道："由于人们喜爱海外奇谈和讲些稀奇古怪的事情，并用以哗众取宠，因此，当时的大部分思想平庸的人，不管是海外来的还是一般庸人，其论事的方式总是自然而然地带着一种添油加醋或夸张，甚至有点撒谎的特点。所以，使得历史和中国游记的真实性变得有些可疑了。"②

路易十四派来的耶稣会传教士们，他们的目光是远大的，在柯尔贝（Colbert）的启迪下，曾尽一切可能传授科学和艺术，并使之成为一个完善的事业，他们并没有沾染信口雌黄的习气。首先，路易十四和拉谢兹神甫一样"想的是法国的利益与宗教和科学的利益是一致的"③。其次，"柯尔贝以为欧洲人所知甚少的中国会给法国的手工业带来新的光明，提供一些借鉴"④。正是出于这双重意图，他们才把理智地认识中国的使命委托给耶稣会士们，而耶稣会士们在完成自己的使命时也的确表现出非凡的毅力。

在上一章我们已经提到，耶稣会士们由于向宫廷提供了详细、

---

① 巴泰勒米·戴贝洛（Barthellemi D'Herbelot）：《东方文库》或《东方知识百科辞典》，巴黎，1796年。
② 《特雷武报》，1736年，第529页。
③ 亨利·柯蒂埃：《18世纪中国研究史片断》，巴黎，1845年，第7页。
④ 转引自苏埃奥·戈铎：《远东和西方在近代的最初文化交流》，《比较文学杂志》，1928年，第414页。

充实、可靠的知识而获得特殊的地位。让我们听一听巴多明是怎么说的吧："当我谈到作家时，请不要以为这是些简单的抄书匠。他们是些机智的官宦子弟，企图能有朝一日被赏识，能在朝廷谋得高官显爵。"①

可以肯定，对耶稣会士们的文化行为做一番考核是极其重要的，不仅他们的著述成了杜赫德神甫著作的源泉（对此，我们马上会谈到），而且尤其是耶稣会士们发现了中国是一个"具有理性和道德的社会"②。这个中国受到18世纪哲学家们的赞誉。

这一章将包括三个部分：耶稣会士对中国历史、地理、哲学的研究及其影响。

一、耶稣会士的历史著作

1782年，傅圣泽在写给汉学家富尔蒙（Fourmont）的信中谈到他研究中国时说："我越是深入地研究，就越是从中发现了一座令人崇敬的古老宫殿，而至今欧洲对它尚全然无知。"③确实，研究中国的文明是一件艰巨的事情。对于当代人来说，一方面工具不足，缺少科学方法，必然有一些困难；另一方面，中国文献资料之丰富使他们望而生畏。这就是为什么在谈及中国历史时，富尔蒙有理由觉得："这里至少有150卷书，中国没有任何中断，它代表着二十二个皇族，每一个皇族，曾经统治了三个、四个、八个乃至十个世纪之久。"④

当传教士们处在像中国这样一个历史悠久的国家时，了解它的历史似乎是最迫切不过的事情了。但他们对这样一个伟大的国家的悠久历史全然无知，因此，不难理解出版关于中国历史的书以满足开化的

---

① 《耶稣会士书简集》，第30卷，1831年，第80页。
② 《特雷武报》，1736年，第1300页。
③ V. 毕诺：《与法国对中国的认识有关之未出版文献，1685—1740》，巴黎，1932年，第10页。
④ 富尔蒙：《关于古老民族的历史的批判反思》，1735年。

欧洲的意愿就成为耶稣会士们工作的第一个成果。

首先，我们应该指出卫匡国神甫用拉丁文写的《中国史》。此书的第一部分是1692年被佩雷梯埃（Peletier）神甫译成法文的，这部著作赢得了某种荣誉，因为它带有许多汉语的原文。同时，因为他大胆地把有关伏羲氏的传说编入其中，更引起了人们的重视。一位现代批评家说："直到冯秉正（Maillac）神甫时期还没有任何可以和卫匡国神甫的书相比肩的著作。"[①]

我认为，卫匡国神甫的功绩是双重的：首先，他的《中国史》不是对中国习俗一种走马看花式的材料汇集；其次，他大胆地接受了这样的结论："中国生活在诺亚洪水之前。"他是中国古老文明的最热情的捍卫者之一，他具有向被《圣经》肯定下来的记载进攻的勇气。

要弄清中国的编年史，必须经过一番专门的研究才行。这里，我们顺便提一提卫匡国神甫的著作所产生的意外结果：由于他的《中国史》，从此以后中国成为纯粹的无神论国家。我们从中找到了伏尔泰为什么不断谴责波舒哀（Bossuet），因为波舒哀在他的《世界通史讲话》里有意将中国排除在外。我们从中也找到了帕斯卡在扯碎的纸片上写上"摩西（犹太教的先知）和中国哪一个更可信"[②]时所表现的无法消除的不安的原因了。

其次，在众多关于中国的史书中，[③]我们要特别指出1732年由苏西埃（Souciet）神甫发表的宋君荣神甫的《中国天文学简史》，因为它具有相当重要的科学价值。确切地说，它不是纯粹的历史，它只是

---

① 转引自金绍清（Ting Tchao Ts'ing）的论文：《法国人对中国的描述（1650—1750年）》，巴黎，1928年，第40页。
② 帕斯卡，前引书，第九篇，第593条。
③ 我们这里指出关于中国历史的主要作品，米歇尔·鲍迪埃（Michel Baudier）：《中国王宫史》（1662年）；曾德昭（Alvarez Senudo）：《中国通史》（1667年）；米歇尔·鲍迪埃：《中国征战史》（1670年）；奥尔良（Orléans）神甫：《征服中国的鞑靼人的征战史》（1688年）；卫匡国神甫：《中国史》（1692年）（法文版由佩雷梯埃修道院长翻译）；白晋神甫：《中国皇帝康熙传》（1697年）；郭弼恩神甫：《中国皇帝就基督教颁发诏书史》（1698年）；李明神甫：《中国现状新志》；宋君荣：《中国史中蒙古族最初五位皇帝历史编年摘要》（1729年），《中国天文学简史》（1732年），《成吉思汗和蒙古帝王史》（1739年）；等等。

通过某些史实而构成的一个编年实录，例如有夏、商、周三代的存在。宋君荣是传教士中最资深的一位学者，但又是一位非常谨慎的人。① 他在自己的史著中对很多事情做了保留。他所下的每一个断语，都以对天文的实际观察为基础，都是为了评论《周易》上的某些记载，或是以对中国著作中的某些事实进行了一番慎重客观的研究为基础才得出来的。他清晰的智慧和博大的精神给史学研究带来了一种新的开拓。他在确定了《书经》上关于日食、月食的可靠性之后，写道："这是班固将夏、商、周时期断代的一个伟大的证据。"② 此外，宋君荣神甫于1739年发表了一部重要著作《成吉思汗和蒙古帝王史》，借助中文资料来使人们认识这位伟大的皇帝。谈到这本书时，雷慕沙（Abel-Rémusat）说："它足以使一位作家赢得声誉。"③ 确实，为了更好地介绍亚洲的历史，中国古代的编年史是至关重要的，在他之前，还没有人这样好地了解它们，还没有人以这样有益的方式来开掘它们。

被誉为"活图书馆"④的宋君荣神甫在撰写他的《中国史论集》⑤时，不是以一种整理的方式或走马看花的方式，而是以一种客观精神来真正地揭示中国。在谈到这些关于中国历史的著作时，钱德明神甫在1759年写给里斯勒的信中说："迄今我还没有看到过人们对这些历史著作有任何应用。"⑥ 他以不倦的精神致力于缜密的研究，他所拥有的中国知识之渊博是令人叹服的。⑦ 顺便说一下，"宋君荣神甫是唯一不认为自己比中国人更了解中国的传教士"⑧。我不知道金绍清先生是根据什么来下这一断语的，但可以肯定的是，他作为一个地道的汉学

————————
① 《学者报》，1757年。
② 宋君荣（Gaubil）：《中国天文学简史》，第41页。
③ 转引自布吕凯尔：《1723—1759年间在京传教士宋君荣神甫之历史著作中的中国与远东》，《历史问题杂志》，第37卷，第509页。
④ 《耶稣会士书简集》，第37卷，第10页。
⑤ 比如其中的《唐史》，1791年。
⑥ 《耶稣会士书简集》，第37卷，1831年，第14页。
⑦ 钱德明神甫宣称："中国学者自己从中找到了自我教育的东西。"同上书，第10页。
⑧ 金绍清，前引书，第49页。

家确实从没有过戴遂良著作中那种先入为主的精神。

尽管史学家不胜其数，其中大部分是耶稣会士，但真正的中国历史在17世纪末和18世纪初尚未被写出来，他们对中国的历史知识仍然是粗略而带有偏见的。但当时研究中国在欧洲又很时髦，这就是冯秉正神甫翻译《中国史》的基本原因。

1702年这位神甫动身来中国，并以非凡的毅力翻译根据宋代最杰出的历史学家司马光的著作编著的《通鉴纲目》①。这是一部最重要的中国编年史巨著，自开天辟地以来的中国古代的重大事件，它都有记载，同时也是一部儒家的代表作。它是以向行政官员们传授政治哲学和教育他们在上述事务中该做什么不该做什么为宗旨的。冯秉正神甫的翻译于1730年完成，译稿在1737年左右到达法国，寄存在里昂的耶稣会士们手中。当时的学者弗雷烈（Fréret）于1735年已收到这部译作的序言，1742年左右他想将它在卢浮宫发表。但是，由于经费的原因，"没有一家书店愿印这三十卷的《中国史》"②。然而，茹夫尔（Jouvre）对此种说法持否定态度，他以自己手中冯秉正的信为证，说明其真正的原因是，耶稣会士们像18世纪初的作家们一样，想迎合公众的口味。当时，宋君荣神甫已发出抱怨："人们不喜欢这样抽象、这样枯燥的东西，人们想要的是某些描绘，某些游记，尤其想要的是用以娱乐消遣的东西。"③另一个原因是耶稣会士们拖延了它的发表时间。因为冯秉正神甫的译作中所介绍的中国编年史同《圣经》的记载有着水火不容的冲突和矛盾④，只有这部译稿经过耶稣会的删节到了克罗西神甫（Grosier）手里，它才得到了发表的机会，出版工作从1777年延续到1783年，才仅仅出到四开本第13卷。

这些历史著作使中国在欧洲得到认识。然而由于这些著作是按中

---

① 《通鉴纲目》的意思即"中国通史编年"。这部珍贵著作于1084年完成，1476年完成续补，在明代经过审核，1707年又经康熙御批，成为中国历史的一种教材。
② V. 毕诺：《中国与法国哲学思想之形成》，第143页。
③ 同上书，第144—145页。
④ 参见亨利·柯蒂埃：《补充远东教会史之未出版文献》，《远东杂志》，第3卷，第79页。

国观点所撰写，它们又出于外国作者之手，特别是涉及现代内容的史著，更具有另一种重要的意义，它们可以使《中国史》更加完善。作为外国人和宗教人士的耶稣会士们，他们的作品不受审查，他们敢于讲出自己所要讲的事情，对此，中国人应该尊重他们。

无论如何，由于耶稣会士们的著述，法国才得以由此获得有关中国历史的比较可靠的知识。

二、耶稣会士们的地理学作品

耶稣会士们在编纂历史著作的同时，他们的文化知识活动在另一个领域——地理学领域里也产生了作用。这就进一步提高了他们的声誉，以致他们的名字永远写在了中国地理学的史册上。

可能恰恰是由于他们在地理学中所取得的重要成绩，致使某些作者无比天真地认为："中国人通过耶稣会士们绘制的地图来认识他们自己的国家。"好像在他们之前，中国的地理学根本不存在似的。这种偏见纯属无知，因为世界古老的地理学当然是《书经》中的《禹贡》[1]。宋君荣神甫在自己的天文学观察报告中说："在这一章里所提到的地方被确定的方位是那样精确，以致可以绘制出一幅包括大半个中国的地理图。"[2] 确实，大禹把中国分为九个部分，命名为州，该字表示"可居住的地方"。

此外，中国的地理学家收集和积累了有关中国的全部资料。因此，斯文·赫定（Sven Hedin）有理由指出："中国人受益于政治、贸易及地理学上的实际见闻，因此，在某些方面（如东方的一些大河的源流）所做的详尽描述，其准确性胜过19世纪末欧洲人的设想。"[3] 是

---

[1] 禹贡指"禹指定的贡品或佃租"。禹在位的时间大约是公元前2205—前2198年。
[2] G. 普梯埃：《东方经书》，巴黎，1860年。《书经》，第二部分，《夏书》，第60页。
[3] 转引自裴化行：《鄂本笃兄弟在上亚洲的穆斯林中（1603—1607）》，天津，1934年，第40页。

的，中国地理学不是始自于宋君荣神甫。

我们提出这样的看法，丝毫没有贬低耶稣会士们的功绩的意思。恰恰相反，我们的意图正是要突出这些优秀的智慧之作的客观价值。

大约在 1582 年，当利玛窦到达广东时，尽管他们掌握的地理知识十分丰富，他的脑海里还是出现了这样一个问题：是否中世纪的作家们所讲的"契丹"就是中国？经过大量的调查，特别是个人的经验之后，经过 16 年的时间，利玛窦得出下述结论："契丹"就是中国，"大汗"与中国皇帝没有区别，但是汗八里是北京而不是南京。① 在中国文人看来，利玛窦的成就主要是在地理学方面的。一方面是由于他撰写了《乾坤体义》②一书；另一方面，是他向皇帝提供了一本《万国舆图》。③ 从这时起，中国不再像以前那样被当作一个世界，而它只是世界的一部分了。这在中国人的观念中是一场重大的革命。

艾儒略（Jules Aleni，1582—1649）1623 年完成的《职方外记》至今尚不失为一部名著。说实在的，这部著作不是他独创的作品，正像他在序言里说的，它是庞迪我神甫（Didace de Pantoja，1571—1618）和熊三拔神甫（Sabbathin de Urris，1575—1620）著作的一个补充。这部著作标志着一个伟大的进步，它的意义在于：作者借助中国的原始资料标出了城市和山脉的距离。但是，由于中国地理学上的缺陷，导致了天文观测的忽视。在他们的描写中，中国地理学家们总是采用一种丈量地亩的尺度作为标准，而这种尺度在使用上又没有统一的标准，所以得到的数据很不可靠。

我们应该对卫匡国的功绩给以公正评价。他的著作《中国新地图集》④一书显示出他善良的愿望，他善于利用中国资料，但不善于避开它们的错误。南怀仁关于地理学的著作，以及 1672 年分为两卷的《坤

---

① 转引自裴化行：《鄂本笃兄弟在上亚洲的穆斯林中（1603—1607）》，天津，1934 年，第 39 页。
② 《论天与地》，用中文写成，冠以如下标题：《乾坤体义》，三卷。
③ 这是份地图，名为《万国舆图》。
④ 《中国新地图集》，1655 年由阿姆斯特丹的出版商让·博路出版。

舆图说》和1674年的《坤舆全图》都是按照老办法纂写的。它们有某种历史价值，但除了照搬中国已知的东西之外没有什么新的东西。

这里要加两点必要的说明：第一，自利玛窦来华以后，地理学一直是耶稣会士们极为关注的事，因为这门学科成了深入中国知识界最有效的手段之一；第二，下面我们即将要谈的法国耶稣会士们撰写的地理学著作的真正功绩并不意味着由他们创立了一个新学科，因为他们广泛地利用了中国的原始资料和他们前人——传教士们的著作。他们真正的功绩似乎在于他们的方法以及他们所做的坚持不懈的努力。

这项宏伟的工作是在康熙统治时期进行的。在《中国书目》中，亨利·柯蒂埃详细地引述宋君荣的信并指出产生这部巨著的根源："第一，这是巴多明想出的一个通过让康熙皇帝看长城的地图从而使皇帝产生一种对地理学的好奇心的办法；第二，这位皇帝对白晋、雷孝思（Regis）、杜德美（Jartoux）三位神甫所绘制的长城地图如此满意，以致他决心使他们绘制中国鞑靼统治下的所有辽阔国土的地图。"[①] 此外，还有另一个没有说出来的原因，但我们一想便知，那就是康熙统治初期，中国经常处于战乱之中，康熙愿有一个领土一览表，以便改革他的经济和军事形势。

耶稣会士们来中国之前本来就是学者，他们不仅拥有最新最好的科学仪器，而且他们还就地做些完全新颖的试验。张诚神甫曾陪同康熙八次巡视蒙古地区。他精心地通过天文观察测定纬度，通过罗盘测定经度。而后，除去以前传教士进行的观测，1699年黄河泛滥和1700年白河决堤给了耶稣会士们绘制地图的机会。因此，白晋、雷孝思和巴多明开始了一项使皇上颇为满意的工作。

康熙是一位充满智慧和求知精神的皇帝，1708年，他想要一幅长城地图，白晋、雷孝思和杜德美被授命试制。6月14日，他们离京西去。两个月后，白晋在陕西病倒，雷孝思和杜德美继续向前勘测，直

---

① 亨利·柯蒂埃：《中国书目》，第1卷，巴黎，1878年，第510页。

到西宁,以便通过长城内侧的地图来完善自己的工作。1709年1月10日,他们返回北京。地图绘制得相当精致,以致康熙很快决定让他们再制一幅全国地图。

下面是可以对这项不朽的工作略见一斑的图表①:

日期	省别	测绘者姓名
1709	蒙古	费隐（Fridelli）、白晋、雷孝思、杜德美
1709	直隶	费隐、杜德美、雷孝思
1710	黑龙江	费隐、杜德美、雷孝思
1711	山东	雷孝思、麦大成
1711	山西、陕西、甘肃	费隐、杜德美、汤尚贤、潘如
1712	河南、江南、浙江、福建	雷孝思、冯秉正、德玛诺
1713	江西、广东、广西	麦大成、汤尚贤
1713	四川	费隐、潘如
1714	云南、贵州、湖南、湖北	雷孝思、费隐
1715	中国全图	白晋

这一地理学上的壮举以其持续之久和工作的幅度之广令我们折服。从1709年5月8日开始,到1717年元旦结束。这些地图首先用中文出版,随后,在著名地理学家唐维尔（D'Anville）领导下,于1730—1734年间,在法国刻版印刷。② 从此以后,在欧洲人眼里,中国不再是一块"隐姓埋名的土地"了。

这部巨著的巨大声誉应归功于为使之成功而采取的方法。对于这个问题,宋君荣神甫是这样解释的:"他们（耶稣会士们）有几个大罗盘,一些其他仪器,一个水平仪和其他一些与执行皇帝旨意有关的物件。用一些标着精确尺码的绳子,准确地测量着从北京出来的路程……在路上,他们观测和记录太阳子午时的高度,随时观测罗盘经

---

① 参见杜赫德:《中华帝国志》,第1卷,前言。
② 参见《唐维尔中国回忆录》,巴黎,1776年。

纬方位，并精心地观察罗盘针的变化与倾斜。"①

从1717年以后，中国对自己领土的地图有了更精确的绘制。人们指责耶稣会士们的地图没有恰当处理物理地理学问题，然而，只要看一看他们当时完成这一任务所遇到的困难，对他们的评价或许会更公正一些了。宋君荣神甫还谈道："……陪同他们的中国和鞑靼官员们，对他们约束很紧，这些官员居然下令不让神甫们去他们应去的地方……"②他在1736年11月5日给苏西埃神甫的信中还写道："我们大家不能不感谢你写的关于地图方面的东西；是由于对我们法国布道团的荣誉的真正热忱，才使你讲出这些话的，因此，理所当然应让你满意……无论如何，公众将清楚地看到我们的神甫们已经做出了依靠自己的才智所能做到的一切……"③

康熙对这些地图非常满意。汤尚贤神甫指出："陛下在好几个省份巡察他亲自标示的地方。这位皇帝多次说：'画得一点也不错。'"④这就是说没有任何错误。当这些地图呈交皇帝时，皇帝对他的大臣、朝中的大学者蒋廷锡说："此朕费三十余年之心力，始得告成，山脉水道，亦合《禹贡》，尔可以此图并各省分图，使九卿细阅，倘有不合，九卿有所知者，可即面奏。"⑤由此可见，这部著作深得康熙皇帝赏识，而且他对它的作者们是怀着深深谢意的。

三、耶稣会士们的哲学作品

中国用她浩瀚的文籍来满足耶稣会士们来华求知的胃口，但是不

---

① 布吕凯尔：《18世纪传教士关于制作中国地图的交流，据未出版档案整理》，第三届国际地理科学大会，1889年在巴黎召开，第388—389页。
② 同上书，第369页。
③ 同上书，第395—396页。
④ 杜赫德：《中华帝国志》，第1卷，前言，第42页。
⑤ 萧一山：《清代通史》，第1卷，上海，1932年，第583页。

应该以为了解中国的地理和历史是他们唯一的目的。当路易十四派使团来中国时,柯尔贝对洪若翰神甫说:"神甫,科学不值得你远涉重洋,不值得你远离自己的祖国和朋友,而屈尊生活在另一个世界。然而用宗教去驯化人心,为耶稣基督去赢得灵魂的愿望则往往诱使你们去进行类似的远行……"①这些教徒的根本目的首先在于传播福音。

仅仅为了使中国人接受基督教这一学说,就会使耶稣会士们把深入了解中国的哲学视为必不可少的东西。哲学的中国,被视为作为宣传宗教信仰而研究的对象,这的确是欧洲人的伟大发现之一。李明神甫在他的《中国现状新志》中写道:"中国人民保存着两千年对上帝的真知,而且以其堪称楷模和足以使基督徒受到教益的方式使上帝感到荣耀……"②假如中国之思想智慧没有提供足够的、不可否认的证据的话,这位神甫是不会下这样的断语的。

中国的典籍就是这种断语的一个明证,没有一位传教士否认过它的价值。当然对它们可以进行各种争论,但人们绝对不能否认其对理性与道德进步方面所做出的巨大贡献。关于这些典籍的问题,曾引起过两种截然相反的意见:第一,深深为这些经书③的智慧之伟大所感动的耶稣会士们总是发表一种赞誉的评价,故而,刘应神甫回答中国皇帝说,孔子学说"不仅毫不与基督教相悖,而且与它的原则十分吻合"④。第二,耶稣会士的对手们则相反,他们猛烈地攻击这种学说,例如何努多神甫(Renaudot),出于其好斗的本性,不愿做出任何妥协,他想"把中国人贬低到美洲蛮人的水平"⑤。

因此,耶稣会士们有必要及时翻译中国的经典著作,更确切地

---

① 《耶稣会士书简集》,第 27 卷,1831 年,第 46—47 页。
② 李明:《中国现状新志》,第 2 卷,巴黎,阿尼松出版,1696 年,第 141 页。对这些话,审查官写道:"命题是虚伪、轻率、可耻、错误的,是对神圣的基督教的侮辱。"(审查官的话为拉丁文。——译者注)
③ "经"的大意是,一种确定无疑的、永恒不变的信条。
④ 白晋:《中国皇帝康熙传》,第 228—229 页。
⑤ V. 毕诺,前引书,第 239 页。

说，是改写这些著作。首先，为了使基督教牢固地扎根于中国，需要把基督教学说同中国文明和谐地结合起来，以提高中国人民所创造的这种文明。其次，传教士们在来中国之前需要吸取中国经典著作中所阐明的道德力量。再次，为了反对自己的对手，难道如实地指出中国的思想不是一个最机智的方法吗？然而如何把基督的本质与奠定书经基础的无神论协调起来呢？

按编年顺序，耶稣会士翻译和改编的中国经典著作如下：

一、《中国科学提要》，1662年，郭纳爵神甫（Ignace de Costa）译，这是一部《大学》和《论语》的合译本，在殷铎泽神甫（Prosper Intorcetta）的关怀下出版。

二、《中国政治道德科学》，巴黎，1672年出版，殷铎泽译，是一部《中庸》的译本。首先用拉丁文附有中文原文在1667年发表，1671年在印度果阿再版，1676年在南京再版。

三、《中国哲人孔子》，在1687年出版，由殷铎泽、恩理格（Herdtrich）、鲁日满（Rougemont）、柏应理（Couplet）四人合作编译，是一部引起很大争议的著作。毕诺曾指出书刊审订者对原文的变动。下面是一个例文：

手　　稿	出版的正文
相反地，对这样一位伟大祖先的纪念尤其被后人永远保留在氏族的祭礼里。	相反地，对这样一位伟大祖先的纪念尤其被后人永远保存在祭祖的宗教仪式之中。[①]

四、《中国六经》，由卫方济神甫（François Noël）编译，1711年发表于布拉格。这是《四书》的一部新的译本，《孝经》和《小学》的译文也收在其中。

五、《书经》，由宋君荣译，由德经（De Quignes）于1770年在巴黎发表，1740年宋君荣就将译文附上详细的注释寄给弗雷烈，然而这

---

① 转引自 V. 毕诺，前引书，第156页。

本书耽搁了三十年后才发表。《书经》是一部非常有名的著作，这是公元前 24 世纪至公元前 8 世纪政府的道德规范，智者传下的公理，成为中国古老文明的概括。

六、《易经》，由雷孝思译成拉丁文，这部译著在 1834 年才发表出来。雷孝思神甫死于 1738 年，是在他死后一个世纪才得以发表。雷孝思利用了冯秉正翻译的《易经》。[1] 与这部著作有关的作品有马若瑟的《易经理解》[2] 和刘应的《易经说》[3]。

此外，从 17 世纪以来，许多关于中国哲学的著作已经出版，这些著作只不过是些普及性和经过整理的书。甚至杜赫德在《中华帝国志》中，也仅仅援引了一些简要的摘录。这些著作具有不可否认的重要性。首先我们应该说明的是，这是天主教第一次面对中国典籍时，对它们重要性的一种近乎幼稚的夸奖。白晋神甫在给莱布尼茨（Leibniz）的信中，认为这些中国的"圣书"是带有预言性的著作："如果我有暇在这里谈谈其中细节的话，你将通过这封信高兴地了解到真正的宗教几乎全部蕴藏在中国的古籍之中，而且救世主的生与死和他的神职的基本功能，以一种预言的方式都包括在了中国古代这些不朽著作之中。"[4] 这是些相当卓越的观念。

孔子哲学进入西方哲学之中，这是不容忽视的另一种结果。从此之后，他的名字跻入了与希腊著名哲学家并驾齐驱的行列。因为孔夫子是"若干个世纪不曾有过的最伟大的人类导师"[5]。耶稣会士们的著作都十分推崇孔子精神。它的道德学说是那样自然，那样崇高，荟萃了人类理性最精纯的源泉，从而使人更加敬佩。在 1769 年的一份简介中，有这样奇特而意味深长的话："孔子总是和用线条代表源远流长哺育地球的大河、用圆点代表装点河山的大城市的地理学家们一样，用

---

[1] 《耶稣会书目》，1895 年，巴黎，皮卡尔出版社，"冯秉正（Maillac）"词条。
[2] 法国国家图书馆，中文部，27203。
[3] G. 普梯埃：《东方经书》，第 137—149 页。
[4] 《莱布尼茨论哲学、数学、历史等文集》，汉堡，1734 年，第 79 页。
[5] G. 普梯埃：《东方经书》，第 11 页。

简洁的笔触勾画自己的思想。"①

应不应该责备耶稣会士们对孔子的赞扬有点过分呢？肯定是不应该的。但是，使我们感到惊奇的是，在如此众多的中国哲学家中，耶稣会士们为何偏偏只赞颂孔子？因而，这些教士们的作品会给他们的读者们一种印象：中国的思想是个统一体。事实上，尽管孔子格外受到欧洲人的青睐，但他的学说已不再是纯粹的了，特别是佛教传入以后。其他学派，在这位伟大哲学家生前同样存在着。此外，18世纪作家们滥用中国文明达到了惊人的程度。孟德斯鸠和伏尔泰不认识一个中国字，但都敢于深信不疑地谈论中国。人们盲目地相信他们，因为他们是著名的作家。所以这种舆论不完全是由耶稣会士们造成的。对中国的发现导致了一种道德新观念的形成。这种观念不再是贵族式的，而变成大众化的东西了。以后我们将会看到，18世纪的哲学家们所宣扬的理性宗教和大众宗教完全是一码事。这种看法乍看起来似乎有点难以令人理解，但读一读杜赫德神甫下面这段话便会茅塞顿开了："通过这篇作品，人们将会看到，中国的圣贤们在道德上是大众化的，是致力于改造民俗的，如果说他们毫不像希腊、罗马的哲人们那样使自己的思想闪露光芒，那么，人们很容易发现他们是在力图使自己的学说适应民众的理解力。"② 哲学家们从而得出结论：学说与权威的结合是阻碍进步的错误根源。"让每一个人在自己的法律中去和平地寻找光明吧！"③ 这句话变成了一条百科全书派的格言。

如果说耶稣会士们在中国取得了不亚于他们在欧洲取得的如此众多的成就，那么是因为他们对中国没有采取像他们的对手一样的态度。在他们的同代人眼里，"那些开发中国和印度的人们，他们不想作为东方人来开发它们"④，而是以西方人的方式来开发，似乎全世界都应按

---

① 《大禹与孔子——中国故事》的简介，苏瓦松，1769年，第5—6页。
② 杜赫德：《中华帝国志》，第3卷，第158页。
③ 艾米尔·法盖（Emile Faguet）：《18世纪》，巴黎，前言，第16页。
④ G. 朗松（G. Lanson）：《18世纪哲学思想的形成与发展，东方和远东的影响》，《教学与讲座杂志》，1909年，第65页。

欧洲方式生活。① 利玛窦和他的继承者们以其远见卓识，始终站在中国人的立场上，无论是在科学工作中，还是在宣扬福音书中，他们不是只顾献身于教会的教育，而是始终尊重中国的传统和结构。

耶稣会士们在文化知识方面的活动是富有成果的。他们的科学和宗教的著作产生了巨大的影响。清朝在典籍研究中卓有成就的著名学者们，都至少间接地受到西方的研究方法即分析法的影响。

通过上述简要概括的说明，我们或许可理解到这些智慧的创造者的重要性。通过他们的历史、地理和哲学的著作，中国的轮廓被很好地勾画了出来。中国不再是传奇性和想象中的国家了。在一篇论"汉学"的文章中，爱德华·沙畹（Edouard Chavannes）不无道理地写道："当人们在查阅卷帙浩繁的4大卷对开本著作（指《中华帝国志》）时，会发现这里蕴藏着18世纪汉学的矿藏，他们不能不叹服法国某些宗教人士们所完成的巨大工作。面对一种多姿而壮阔的古老文明，这些先驱们懂得开辟一条康庄大道的重要意义。它能使后人们一起瞥见这个辽阔的领域并把自己探求的矛头指向这里。"②

---

① 本笃十四世在其 1755 年 7 月 26 日的教皇谕旨中，明确地说："让所有人都是天主教徒，而不要全变成拉丁人。"参见《新星与老手》（Nova et Vetera），第 2 期,1935 年，第 229 页。
② 爱德华·沙畹：《汉学，法国科学》，第 2 卷，巴黎，拉鲁斯出版社，第 137 页。

第四章
杜赫德的《中华帝国志》

耶稣会传教士们利用自己得天独厚的条件和不倦的活动开始系统地探索中国。尽管18世纪初,中国变得时髦起来,但是西方对它的认识,还是表面多于实质。雷孝思、宋君荣和冯秉正诸神甫的不朽巨著的发表是以后的事。宗教礼仪之争使得耶稣会士们格外谨慎,以避免被自己的对手抓住把柄,这是很自然的事情。因此,上述著作的手稿被埋没在图书馆的尘土之中不能发表,只能作为这些卓越作者所留下的珍贵纪念品而被保存。

在这种可悲的环境中,运气降临到杜赫德的头上。为了准备着手撰写著作,他批阅了生活在中国的同事们的回忆录和笔记。由于很多在北京的神甫不时地把自己的著作寄给外省的神甫,因此,杜赫德神甫没能读到它们。此外,我们应该说明一下,由于这些回忆录和注释的迟迟不能发表,杜赫德关于中国的著作的成就变得更加突出和持久。

要很好地使法国了解中国在18世纪的情况,研究杜赫德的著作是绝对必要的。这些作品不仅作为中国知识的"总和"而出现,而且它对18世纪的启蒙思想家来说是一座了解人类精神进步的宝库,他们就是到这里来寻找理性主义的论据的。杜赫德的著作的重要性是毋庸置疑的。下面，我们将对杜赫德其人、其作，特别是《中华帝国志》进行一番论述。

一、杜赫德神甫其人

温和、亲切、虔诚，对自己的责任兢兢业业，这就是杜赫德。人们不了解他的生平也可以研究他的《中华帝国志》，这是一部十分漂亮的辑录，是来自第二手资料的科学著作。此外，杜赫德是一位学者，不是艺术家；是一位书斋里的教徒，[①] 不是活动家。在这位杰出的汉学家的生平中，没有什么惊天动地的事。

我们在《耶稣会书目》的一篇文章《杜赫德》中，看到一段他的传记性的简介，照抄如下：

> 让·巴普蒂斯特·杜赫德，1674年2月1日生于巴黎，1692年9月8日进耶稣会；1708年，他在巴黎书院任教。随即被选为郭弼恩的继承人，郭氏是收集整理各国有关耶稣会士们信件的负责人，是国王的忏悔神甫勒特利（P. Le Tellier）的秘书。1729年脱落梧（P. Trevou）去世后，他成为摄政王之子奥尔良公爵（Duc d'Orléans）的忏悔神甫。1734年8月18日逝世于巴黎。[②]

尽管这是个很简单的介绍，但它可为我们绘出杜赫德的基本轮廓，并了解到他的著作成功的原因。"他是一个巴黎人，"日内瓦画家特普弗尔（Tœpffer）心怀叵测地写道，"无疑，杜赫德是所有人中最

[①] "杜赫德神甫，其思想是健康而纯洁的……"，《现代作品概观》，第5卷，第164页。
[②] 《耶稣会书目》，巴黎，皮卡尔出版社，1895年，"杜赫德"词条。

轻浮的一个。"① 这种指责是不公正的。然而，当人们对某些微妙之处做出自己的判断时，也难免会有所偏见。例如在宗教礼仪的争议中，杜赫德始终持谨慎态度，主持人布依埃（Bouhier）在一封信中肯定地说："我看不到他（杜赫德）在这篇文章中留下什么可攻击的把柄。"②

作为耶稣会教士，杜赫德很了解自己的处境。在这种关键时刻，他必须与耶稣会的对手们进行斗争，尤其是必须完成自己应尽的义务。在纠纷中，杜赫德保持着客观态度，在他的同事看来，也是如此。《学者报》写道："尽管他有点自负，但考虑到和传教士们的文字关系，杜赫德承认，由于传教士们把旅行当作自己的主要目标，并把注意力集中到这个目标上，因此，在充斥于他们作品中的事物的描写上没有能保持足够的谨慎，没有能使之准确可靠，他们有点太附会中国。作家对自己国家的事物所做的描写，往往出自敝帚自珍和自卖自夸的立场。"③ 杜赫德所采取的态度是客观而机智的。

当他的《中华帝国志》在 1735 年发表时，受到了人们的热烈欢迎。人们认为杜赫德不仅是一位学者和历史学家，而且是一位古典作家。《现代作品概观》中谈到《中华帝国志》时这样写道："总之，他是一个文笔简朴、严谨，有判别力和韧性的人，始终受着理性和真理的支配。"确实，杜赫德首先是一位古典作家，但我们要讲清楚，他的古典主义已不是 17 世纪的古典主义了。几乎可以这样说，他是蜕变了的古典主义。人们可以感受到，伏尔泰的悲剧接替了拉辛的悲剧。

在杜赫德的著作中，我们要指出两个基本的特征：一方面，他的丰富的感情使他能想象得到除他自己的观点以外的其他观点；另一方面，他在使公众认识中国的同时，与这个遥远的国度息息相通。他密切注视着读者的趣味，以便不伤害他们的细腻的情感。皮诺特在谈到

---

① R. 特普弗尔（R. Tœpffer）：《一个日内瓦画家的思考与琐语》，1865 年，巴黎，阿歇特出版社，第 35 页。
② 转引自维吉尔·毕诺：《中国与法国哲学思想之形成》，1932 年，第 173 页，注 81。
③ 《学者报》，1735 年，第 617 页。

他的一篇作品时不无道理地说："显然，他（杜赫德）精炼了这篇作品，纯化了这篇作品。因为传教士们的作品太古色古香和太具有中国式的风格，而这会使法国人感到刺耳。"①

作为《耶稣会士书简集》的编辑、《中华帝国志》的作者，杜赫德在公众面前成了耶稣会士们关于中国事物的发言人和专家。他热爱他从未见过的中国。"杜赫德在对中国人形象的描述上，也竭尽奉承之能事。"② 一位传教士这样说。

耶稣会士们的意图是通过一般方法来使人们认识中国思想，保持人们对中国的敬重，尤其是振奋起"那些对这样一个如此礼貌、如此通情达理的民族感兴趣的人们的热情"③。圣西门（St-Simon）把《耶稣会士书简集》叫作"狡猾的叙述"④，不是没有道理的。故而，我们应该考察一下《中华帝国志》是否也是一种编造的历史或者其编造的痕迹达到何种程度。

杜赫德神甫在中国思想的传播上起了重要的作用。在18世纪，经常把中国作为榜样而加以引述的有两类作家，"自然神论者和经济学家。这两类人都将某些耶稣会士奉为大师"⑤。在这些具有深刻影响的大师中，德高望重的当首推杜赫德。

这种断言不是轻率的，而是有充分道理的。在论及杜赫德的文章中，高田毫不犹豫地写道："尽管杜赫德神甫从未到过中国，他的法文著作仍是关于这个大帝国著作中最上乘的作品。"⑥

在考察《中华帝国志》之前，我们应先考察一下《耶稣会士书简集》，因为实际上这些信件是《中华帝国志》的主要素材。

---

① 维吉尔·毕诺：《中国与法国哲学思想之形成》，1932年，第174页。
② 《耶稣会士书简集》，第37卷，第128页。
③ 《耶稣会士书简集》，第35卷，第92页。
④ 圣西蒙：《回忆录》，第25卷，第184页。
⑤ A. 杜密里：《耶稣会士对18世纪思想运动的影响》，《第戎科学院论文集》，第三辑，第2卷，1874年，第15页。
⑥ 亨利·柯蒂埃：《大百科全书》，"杜赫德"条。

57

二、《耶稣会士书简集》

17世纪末，文化生活的面貌可以概括在这样一句话里："如果你好奇的话，那就去旅行吧……"① 这种精神状态同样也感染了传教士们，致使他们的书信集也冠以一种莫名其妙的名字——《有益而有趣的书简》。

这些信件采自传教团所在的不同国度，自1702年起有规律地发表，1—8卷由郭弼恩主编，1711年6月18日至1743年4月25日的9—26卷由杜赫德主编，1746—1776的第27—34卷② 由帕杜耶神甫（P. Patouillet）和马赛尔神甫（P. Marchal）主编。这部书简集是该世纪一部扛鼎之作。"它们是一个宝库，为18世纪的政治与宗教的对立提供了最得力的武器，是当时哲学家和政治家们广泛开采的宝藏。"③

对这部多卷本的书简集有两种评价：一种评价声称这些信件是由耶稣会士们用"审视的剪刀"④ 裁剪而成的，"以招揽虔诚的顾客"⑤。另一种评价保证说，"传教士们努力想讲真话，但他们却时而抹杀一部分，时而又表现得仿佛害怕自己的作品寄回中国或被翻译成中文"⑥。然而，我们赞同这样一点：《耶稣会士书简集》没有被如实按原来写的样子发表，它们的改动主要由杜赫德神甫负责。

杜赫德修饰、加工、整理过《耶稣会士书简集》的原文是确定无疑的。假如我们赞同毕诺先生关于"我们怀疑杜赫德"⑦ 的结论，那我

---

① 保罗·阿扎尔（Paul Hazard）：《欧洲意识的危机》，第1卷，1935年，第6页。
② 亨利·柯蒂埃：《中国书目》，1878年，第415—417页。
③ A. 杜密里，前引书，第5页。
④ V. 毕诺，前引书，第165页。
⑤ V. 毕诺，前引书，第165页。
⑥ 约翰·巴洛（John Barrow）：《中国游记》。转引自耶稣会士 A. 布鲁（A. Brou）的文章《北京的耶稣会士汉学家与其巴黎出版商》，《传教史杂志》，第11卷，1934年，第557页。
⑦ V. 毕诺，前引书，第161页。

们也只有怀疑了。我们知道，耶稣会传教士们写过两类信件，一类是秘密的，始终掌握在会长手里；另一类像《书简集》中的信件一样，是公开发表的。只要第一类信件不全部公开发表，我们就很难了解耶稣会士们对中国问题的真实思想。同样，在第一类中，我们可以采取"同样完全可靠"①而赞同耶稣会士们的结论或反对他们的结论两种不同的态度。因此，对《耶稣会士书简集》的研究，往往成了作者表示对中国或对耶稣会士们同情与反感的一种方式。

这些信件所表现出的首要的品质是简朴。皮埃尔·马尔蒂诺（Pierre Martino）在他的论著《17、18世纪法国文学中的东方》中正确地指出："诸君打开的这部书，将会给人一种这样的印象：对近乎愚蠢的善良、幼稚的信仰表现出一种天真烂漫。"②在三十四卷《书简集》中所保持的朴素特征应归功于杜赫德的润色加工。至于这种润色加工是为了中国还是为了他的同事，我们尚难以做出结论。

不要忘记，这些信是给公众看的，是新闻报道式的实录，因此，需要有雅俗共赏的特点。

此外，"这些信件发表的宗旨在于吸引公众对传教团的注意"③。同时也要维护那些了解传教使团内情的人们的利益。汤尚贤神甫（P. de Tartre）在给他父亲的一封信中写道："可你要我怎么写呢？这又不是一本小说，可以自由地演绎一些冒险故事来取悦读者。我写的是那些上帝愿意给予我们的那些东西，我也只能写这些东西，因为我知道你希望从我笔下赏心悦目地了解到发生在远离你的儿子身上的最细微的事情。"④

在《耶稣会士书简集》的序言中，作者宣布："我们将向读者奉献的不再是野蛮人和处于被奴役悲惨境地的民族的景象。他们是久已

---

① A. 布鲁，前引文，第556页。
② P. 马尔蒂诺：《17、18世纪法国文学中的东方》，巴黎，阿歇特出版社，1906年，第114页。
③ A. 布鲁，前引文，第557页。
④ 《耶稣会士书简集》，第26卷，1831年，第180页。

组成社会的民族，享受着政府开明立法和维持治安秩序的优越性。"①因此，《书简集》仿佛是耶稣会士们为中国利益而炮制的夸张的辩护词。换言之，耶稣会士们想把中国人民的高尚思想介绍给人们。但这些宗教人士并没有掩饰中国人的缺陷。

不要忘记，中国人和法国人一样，"既不是神，也不是兽，而是人"②，就是说，他们有自己的优点和不足。至于耶稣会士们的肯定，他们所写的有关中国风俗方面的东西不是绝对的，但它与法国风俗迥然不同。至于杜赫德神甫，尽管他的剪刀无情，但无论如何，他还是"保留了来自我们神甫的资料"③。照我的看法，这些信应被看作是一家报纸的特殊通讯。真正的问题是：是否耶稣会士们对中国人有点过分的恭维？他们把中国塑造成了一个什么样的形象？

耶稣会士们没有以布瓦维（Poivre）的方式谈论中国。他说："如果这个帝国的法律成为所有人民的法律，那么整个地球将出现像中国这样令人陶醉的局面。"④他们也没有以安松（Anson）和何努多（Renaudot）的方式谈论它，上面两位，一个认为，中国人的麻木不仁是"相当低下和可鄙的性格标记，这与众多作家对这个民族的天性的赞扬大相径庭，我有理由认为这些赞扬是太过分了"⑤。另一个认为，中国人是滑稽可笑的，"他们不注意卫生，他们不用水洗脸洗澡，在他们认为有必要时，仅仅用纸擦擦而已"⑥。从《耶稣会士书简集》来看，耶稣会士们谈论中国的态度是比较公正的，至少他们力图保持这种态度。例如，中国人几次问传教士们欧洲是否有很坏的基督教徒。罗班神甫（P. Loppin）写道："怎么回答他们呢？应该不应该对他们说也许只有当

---

① 《耶稣会士书简集》，第 25 卷，1831 年，前言，第 1 页。
② 帕斯卡：《思想录》，阿歇特出版社，第二篇，第 140 节。
③ 唐维尔：《中国回忆录》，巴黎，1776 年，第 15 页。
④ 布瓦维（Poivre）：《一位哲学家的旅行》，1769 年，第 148 页。
⑤ G. 安松（G. Anson）：《环球旅行记》，阿姆斯特丹，理查德·瓦戴尔出版，1749 年，第 276 页。
⑥ 奥塞伯·何努多（Eusèbe Renaudot）：《两位穆斯林旅行者对印度和中国的古老记述》，巴黎，1718 年，第 17 页，也请参阅第 16 页。

一个教徒犯了教规而不知道是罪恶时，说他是坏的才是正确的，尽管有大量而持续不断的灵魂拯救，但时刻想着自己的欧洲人常常比一位可怜的中国人更不相信宗教，他在一年中，只能有一次接近圣礼。"①

实际上，在中国和在其他地方一样，缺陷与道德永远并存。如果说 18 世纪哲人使中国理想化了，那么错误不仅仅来源于耶稣会士们对这个帝国的赞扬，更重要的是在于这些哲学家本身。对于他们来说，进步的理论不仅仅适用于物质领域也适用于精神领域。这种思想本身是如此错误，却在指导着他们的评论。在《耶稣会士书简集》中，耶稣会士们对中国人"周密"而"规范"的②法律与精神准则给予大力赞扬是确实的，但是他们同样以严厉甚至不公正的方式谈论中国人的缺陷。布尔热瓦（P. François Bourgeois）写道："这些人有着各种各样的大毛病而且相当夜郎自大……他们是伟大的模仿者，但不具备某种创造的天资。"③如果我们把这些话再放到他的时代（1767 年）的话，人们很可能责怪中国人是傲慢的，但绝不是模仿者。

让我们多少详细一点地考察一下耶稣会士们是如何谈论中国人缺陷的吧。我们会看到他们所描绘的中国人的形象不仅仅是出于吹捧。

我们从有关皇帝的记载说起，在对苏努家族的迫害中，我们悲哀地感受到雍正皇帝的凶狠残忍。皇帝九弟允禟的岳父和女儿一起被流放，死于道途之上。两个月后，皇帝"下令掘墓焚尸扬灰"④。

在巴多明的所有信件中，雍正都被看作是尼禄（Nero）的同类。他残忍到不放过这个家族的一个孩子，连哺乳的婴儿也要戴锁。"将军们预订的锁链制成了，他们给这个家族的亲王们每个人上九道锁链，甚至连最小的孩子也照此办理，孩子有与他们的年龄相配的锁链。"⑤

---

① 《耶稣会士书简集》，第 35 卷，第 187 页。
② 同上书，第 32 卷，第 253 页。
③ 同上书，第 37 卷，第 128—129 页。
④ 同上书，第 31 卷，第 68 页。
⑤ 同上书，第 31 卷，第 71—72 页，参阅第 31 卷全卷。

谈到官员们，冯秉正神甫这样写道："中国人民对这些官员的辱骂与谎言已经习以为常了。"① 他还写道："这些大老爷们用美妙的词语来解脱自己的罪责，对他们来说，谎言是不在话下的。"② 作为贪官污吏的牺牲品的中国人民受尽痛苦和折磨。我们并不认为耶稣会士们是用美丽的画图来掩盖真相。

对于异教的人民，耶稣会士们有时用一种相当苛刻的语言："当他们闭着眼睛不看那些显而易见的真理和一切能引导他们认识上帝的东西时，魔鬼就会这样嘲弄这个不相信上帝的不幸民族。"③ 不用谈杀婴和偶像崇拜，仅就这些例子，就可看出耶稣会士不是只奉承中国的道德了！

在1703年2月10日的一封信中，沙守信神甫（P. de Chavagnac）写道："要使那些重要人物，尤其是官员们改变高利盘剥的宗旨更是困难的，因为他们大部分人以勒索不义之财为生，加之，他们能养活多少个女人，身边就有多少个妻妾，这就像一条条难以挣脱的锁链缠锁在他们的身上。"④ 谈到改变宗旨的困难，他还写道："笼罩在中国人中间的颓败气氛是他们难以克服的障碍。"⑤ 在这封信的后面，他写道："在他们心灵的腐败和混乱之中仍然有一种对基督教的敌意，他们表面上道貌岸然，而暗中却津津乐道于最卑鄙无耻的罪恶。"⑥ 说这是传教士们对中国过分吹捧⑦，我看结论下得有点为时过早了。

中国文人的头等大事是阅读典籍，阅读典籍带来一种不容置疑的可喜的结果。然而，巴多明神甫在给当时学者麦郎（Mairan）的信中写道："因此，欧洲人应该阅读大量这些典籍以外的中国书籍，以免上

---

① 《耶稣会士书简集》，第34卷，第93—94页。
② 同上书，第34卷，第103页。
③ 同上书，第26卷，第232—233页。
④ 同上书，第27卷，第30页。
⑤ 同上书，第27卷，第31页。
⑥ 同上书，第27卷，第32—33页。
⑦ 乔治·安松：《1740—1744年环球旅行记》，阿姆斯特丹，理查德·瓦戴尔出版，1749年，第288页。

当受骗……"①

我想上述例子已回答了我们提出的问题。耶稣会士说了中国的好话，但也说了中国的坏话。归根结底，中国像其他国家一样，它既不应该被全盘赞扬，也不应该遭全盘谴责。尽管安松对中国反感，但他说得不无道理："这些老爷们和其他人一样也是些泥捏的东西，他们利用法律所赋予的权威，不是阻止犯罪，而是为了从那些犯罪的人身上榨取财富以自肥。"②

读一读《耶稣会士书简集》，置身于曾受到这些信件启发的精神状态之中，我们可能会更好地理解《中华帝国志》了，因为该书作者杜赫德神甫不仅是《耶稣会士书简集》的编辑，而且这些信件是他创作的直接源泉。

三、《中华帝国志》

"先生，几天以来，我在埋头阅读一本书，它不仅优秀、新鲜，而且广博重要。这本书叫《中华帝国志》。"③ 这是在这部名著发表不久出现于《现代作品概观》上的一段话。

《中华帝国志》是一部华美的辑录，一部百科全书，是耶稣会士们在中国所得知识的大全。虽然包罗万象，但它不可能使好奇的公众的广泛要求得到满足。确实，"在好多方面没能充分满足人们的好奇，然而什么都谈，对什么问题都未卜先知，这对一个历史学家来说是可能的吗？"④

在认识中国的发展史上，《中华帝国志》这部光辉著作标志着一

---

① 《耶稣会士书简集》，第35卷，第61页。
② 乔治·安松：《1740—1744年环球旅行记》，第288页。
③ 《现代作品概观》，第3卷，1735年，第3页。
④ 《现代作品概观》，第7卷，1736年，第24页。

个新的阶段。它的无所不包的标题《中华帝国及其鞑靼地区的地理、历史、编年、政治、物理之记述》使我们想象到这部作品内容的丰富性，并了解到作者的伟大抱负。

《中华帝国志》于1735年以对开四卷本出版，附有石版画、插图、地图和献给路易十五的题辞。杜赫德的这部书获得了非同凡响的成功。仅仅几年的工夫，法文本出版了三次，英文本出版了两次，并有一个德译本和一个俄译本，其声名显赫，非比寻常。

这部著作成功的原因之一是它的科学价值。直到今天杜赫德的这部著作仍值得参考。不求助于这部著作，人们就很难得体地谈论中国。因此，加尔加松（M. E. Carcasonne）断言："这部概括了许多传教士研究成果的宏伟巨著，既不是颂扬，也不是挖苦，而是一部至今仍值得权威鉴赏家高度评价的科学著作。"[1]

杜赫德通过他掌握的来自中国的地图和回忆录，占有了当时人一无所知的珍贵资料。他不但是《耶稣会士书简集》的编者，而且在24年中与在华的传教士们保持着联系。可以说他集他在中国的同事们作品的大成[2]，他不仅有第一手的文献资料，而且还有活的原始资料。例如，当龚当信神甫（P. Contancin）在中国生活了32年之后，来到巴黎，杜赫德趁机向他求教，并请求允许阅读他的手稿。如果没有歪曲事实的话，我们敢断言，至少杜赫德想写出一部科学性的作品，尽管宗教礼仪问题掀起了狂风骤雨般的斗争[3]，杜赫德却一劳永逸地把中国原原本本地介绍给了公众。在布鲁神甫（P. Brou）说《中华帝国志》是"在构写豪华、开明、大治的中华帝国的传奇方面写得最好的一部

---

[1] E. 加尔加松（E. Carcasonne）：《〈法意〉中的中国》，《法国文学史杂志》，1924年，第194页。

[2] 下边是杜赫德神甫在《中华帝国志》中所提到的作者的姓名：卫匡国、南怀仁、柏应理、安文思、白晋、张诚、卫方济、李明、刘应、雷孝思、马若瑟、殷弘绪（d'Entrecolles）、赫苍璧（J. P. Hervieu）、龚当信、夏德修（J. A. Nyel）、戈维里（P. de Goville）、杜德美、巴多明、汤尚贤、冯秉正、郭中传（J. A. Gollet）、彭加德（C. Jacquemin）、沙守信、宋君荣、杨嘉禄（J. B. Jacques）。

[3] 宗教礼仪问题不与我们直接相关。因为我们常常提及这种纷争，所以最好知道主要事实，以便了解它的严重性并很好说明我们在作品中所谈到的形势（详细情况见本节后的备注）。

书"时，①我觉得他似乎有点背叛了杜赫德的思想。首先，像《耶稣会士书简集》一样，《中华帝国志》既从好的方面也从坏的方面对中国加以介绍；其次，更为重要的是，杜赫德在他的序言里清楚地讲道："尽管人们在其中没有找到我们神圣的格言、有益的思想和值得称颂的人道范例，但人们仍足以从中感受到自己行动中的罪恶和瑕疵，自己的思想和恪守的格言中的虚假和过分的东西。"②

我们从不吹嘘他对中国道德和国家事务的管理做出了总的评断。杜赫德的著作和其他耶稣会士们的著作一样，是以比较特殊的方式来描写中国的，但我们需要指出的是，杜赫德神甫并没有创造一部传奇。道理很简单，中国不是一个既无法律又无信仰的国度。她有着自己的文明。人们不能把中国与非洲或美洲相比。当时到过非洲、美洲的人的确有过一些异想天开的描写。然而，也不应得出结论说，尽管耶稣会士们赞赏中国，却否定自己的信念。杜赫德明确地说："我不是想把中国的学者引到欧洲来上道德课。"③

因此，为了理解《中华帝国志》，必须始终想到杜赫德所坚持的首先是基督教的观点。如果说他颂扬了中国，那是因为他认为中国如果不是一个基督教的国家，至少也带有基督教的倾向。

由于他的文笔优美，以及他的呕心沥血，杜赫德的著作吸引着好奇的读者而不是睡在书库里无人问津。据可靠的情报说，人们对这部著作爱不释手。下面就是一例："我可以向你担保，假如世界上存在一种值得有头脑的人去探索、关注，去尝试的事物的话，那么，就请读一读这部伟大的著作吧，它会把你愉快地带到一个新的世界。"④下面是另一例子："……全书充满一种高尚、淳朴的气氛，它随处都使人感

---

① A. 布鲁：《北京的耶稣会士汉学家与其巴黎出版商》，《传教史杂志》，第 11 卷，1934 年，第 561 页。
② 杜赫德：《中华帝国志》，第 1 卷，前言，第 31—32 页。
③ 同上书，第 1 卷，第 32 页。
④ 《现代作品概观》，1735 年，第 169 页。

受到作者真挚而善良的意见和评断……"①

《中华帝国志》成了一部了解中国头等重要的著作。对于传教士之间的争论,杜赫德宣称保持绝对中立的态度。他罕见而渊博的学识,使他在未到中国的情况下,就赢得了一个"真正的历史学家"的称号。② 1733年,《中华帝国志》的内容简介中写道:"迄今为止,人们发现的关于中国的知识是十分不完善的,而且这些东西,与其说是唤醒公众的探索精神,不如说是投其所好。正是由于这种原因,杜赫德神甫才通过多年不懈的工作致力于对这个大帝国进行描述……"③他所说的都是真实的,但他的意图是想指出中国是一个天然的基督教国家。

然而,《中华帝国志》是用第二手资料写成的一部著作,不仅涉及中国的东西是如此,即使序言也不例外。例如:

> 李明在《中国现状新志》中道:有许多人到达一个新的国度时,想象能够通过一时的所见而受到教益,他们下车伊始,像一个饥不择食的人,东奔西跑,贪婪地收集他们碰到的一切,而且不加区别地将一些道听途说的东西通通塞进自己的作品中去。④

杜赫德的《中华帝国志》是这样用上述资料的:当一只欧洲轮船在中国港口靠岸时,船上的人们便立即贪婪地收集材料,不仅把他们亲眼在这个如此辽阔的国家看到的一切奇事记录下来,而且把他们同毫无教养的人的谈话通通记下来。⑤

18世纪的公众不像今天的读者那样苛求。某些借来的材料是允许的。尽管这是一部汇编,但杜赫德还是成了他同时代人眼里"一位在

---

① 《学者报》,1735年,第622页。
② 《现代作品概观》,1735年,第170页。"我向你们描绘的这个人无疑是一位真正的史学家。"
③ 《〈中华帝国志〉内容简介》,刊于《特雷武报》,1733年,第497页。
④ 李明:《中华帝国新志》,巴黎,J.阿尼松出版,1696年,《告读者书》。
⑤ 杜赫德:《中华帝国志》,前言。

忠实程度上可以和一切古今的世俗历史学家相媲美的作家"①。

1747年，一位不知名的作者写道："伏尔泰追随杜赫德，这几乎是他唯一可以追随的人，而且是没有比之更好的向导了。以耶稣会传教士们的回忆录为基础写出的《中华帝国志》，是这类著作中最好的作品之一。"②他的影响是极其广泛的，对此，我们将在另一章中加以探讨。现在我们要就这部名著提出如下问题：一、它新在何处？二、它介绍的关于中国的知识是确切的吗？

杜赫德著作中表现的兴趣是双重的，有地理学方面的，也有哲学方面的。

《中华帝国志》地理学方面的兴趣是不可否认的，确实，一方面，由达维尔（D'Aville）刻版的地图精确地体现了这个未被认识的国家的新奇性；另一方面，一些未出版过的回忆录被插入书中，如《游记三篇》③和《鞑靼地理略览》④等。甚至那些不完全认同这部书的人们，也不否认其地理部分的价值。例如冯秉正，他说："据说杜赫德的这部书被公众接受了，如果你们看过我寄去的著作，你将和我们一样确认，如果他把地图放在他的书里，那它会获得比分开出版更高的荣誉。"⑤

介绍中国的地理是杜赫德写作《中华帝国志》的一个原因，正如他在给路易十五的献辞中所写的那样："陛下，您屈尊赐予这部著作中的地图的厚爱使我斗胆在您尊贵的名誉下将它公之于世，并愿陛下阅读它时能产生某种愉悦之感。"⑥事实上，北京的耶稣会士们知道葡萄牙国王正在准备中国地图的一种版本。他们不希望自己的功绩埋没在

---

① 《现代作品概观》，1735年，第170页。
② 转引自V. 毕诺：《中国与法国哲学思想之形成》，1932年，第168页。
③ 这是这些游记的全名：《神甫白晋、洪若翰、张诚、李明、刘应从宁波港至北京对一路所经过的省份进行准确详细的描述》，载《中华帝国志》第1卷，第73—79页。《神甫洪若翰（Fontaney）从北京至绛州（在山西省），从杭州至江南省南京所经之路》，载《中华帝国志》第1卷，第97—113页。《1693年白晋神甫被康熙皇帝派往欧洲时从北京至广东所经之路》，载《中华帝国志》第1卷，第113—130页。
④ 《中华帝国志》，第4卷，第1—21页。
⑤ 冯秉正：《中国史》，第1卷，第191页。
⑥ 杜赫德：《中华帝国志》，第1卷，书简。

沉默之中。冯秉正说："杜赫德如果知道《中国和鞑靼地图》实质仅是法国耶稣会士们的作品，可能会更好些。"①

哲学的功绩也并非不重要。自从中国经典作品被改编以来，西方知识分子懂得这些作品的价值。但由于宗教礼仪之争，这些人中很多人的才华被埋没了。杜赫德曾产生过一种非常光辉的思想：把中国的经书介绍给读者。这些经书按传统划分法可以分为两类：第一流的典籍，即《五经》；第二流的典籍，即《四书》。

从语言的用法上说，"经"字有三个意思：（1）"经"是指纺织，由此演变出"线"的含义；（2）"经"意味着"法"的意思，皇帝用它统治国家；（3）"经"还意味着"道路"，借助于它，人们可以互相沟通。杜赫德的注释本中所说的"经"不是这个意思，而是基督教意义上的。例如："经，意味着一种崇高而牢固的学说，而且它建立在一种不可动摇的原则之上，一点也不可改变。"② 在《耶稣会士书简集》中，还有这样的话："它们（经书）教人认识和敬仰至高无上者的存在。"③ 对《诗经》（"颂"），杜赫德写过一个简短的引言，其中有这样的话："这部作品（指《诗经》）被混在里面的几首坏诗搞糟了，因为这些诗有点荒唐和大逆不道，所以给人们伪造的印象。"④

然而，杜赫德还是敢于承认："他们（中国的圣贤）追随着理性之光，因而，他们具有真理的某些萌芽和对真理的一种初始的参与。"⑤ 此外，杜赫德以"历史学家的胆略"⑥，发表了中国经典摘要，并宣称如实地介绍了中国思想。"天"这个字眼，向他提供了一个卓越的范例。杜赫德写道："他们崇拜的首要对象是一个至上者的存在，万物的主宰和君王，他们崇拜拥有上帝名义的人，即至高无上的皇帝，或者叫天，

---

① 亨利·柯蒂埃：《补充远东教会史之未出版文献》，《远东杂志》，第3卷，第652—653页。
② 杜赫德：《中华帝国志》，第2卷，第343页。
③ 《耶稣会士书简集》，第33卷，第38页。
④ 杜赫德：《中华帝国志》，第2卷，第369页。
⑤ 同上书，第1卷，前言，第32页。往后："中国的贤哲们确实曾认识了某些真理。"
⑥ 杜赫德：《中华帝国志》，第1卷，前言，第31页。

照中国人看来，这是一码事。翻译们说，天，就是主宰上苍的精神，因为天是一切之本原。"①

杜赫德深为这种纯正的学说所打动，他有理由和他很多的同事一样认为"中国不是一个有神论的国家"。但恰恰相反，"真正上帝的观念，在这个帝国里从未像希腊和拉丁人一样被诗人千奇百怪的想象所歪曲。"②贝尼埃（Bernier）在给德·拉·萨布利埃（de la Sabliere）夫人的信中写道："您会永远有兴致看到这个世界里没有人抛弃道德、智慧、谨慎、信仰、诚挚、怜悯、慈善、温存、忠诚、礼仪、严肃、谦虚和服从天命。对于这些只有自然之光而没有任何其他光辉的人们你还能要求些什么呢？"③

贝尼埃的这番话可能有值得商榷的地方。但"服从天命"这句话是讲对了。那就让我们来指出相信有天的中国人的真正思想吧。这样，一方面我们可以理解杜赫德作品的价值，另一方面，我们认为尽管耶稣会士们的观点是基督教的，但他们在谈及中国的经典作品时是很有道理的，所以给他们以肯定是完全正确的。

《书经》中有好多地方谈到天：

> （尧）乃命羲和，钦若昊天。
>
> 天亦哀于四方民。
>
> 天叙有典，敕我五典五惇哉……
>
> 天秩有礼。
>
> 天有显道，厥类惟彰。
>
> 天讨有罪……④

---

① 杜赫德：《中华帝国志》，第 3 卷，第 3 页。1706 年 8 月 2 日康熙皇帝就"天"字之义宣布了他的见解。他的看法可以用一句话来概括："中国人的天，也就是中国所崇拜的天，就是基督教徒的上帝。"
② 《现代作品概观》，1736 年，第 6 卷，第 273 页。
③ 《学者报》，1688 年 6 月 7 日。
④ G. 普梯埃：《东方经书》，巴黎，1860 年，第 46、49、53、57 页。

"天"字在旧的文字中有四种完全不同的意思。天，首先，它意味着是相对地的宇宙；其次，它意味着上帝，它不依赖其他而存在着，它是完全独立的；它同样意味着自然之神，对于它，人们只知其然而不知其所以然；最后，它意味着最高的本原，它和谐地主宰着万物生灵。①

1737年8月8日弗雷烈写给宋君荣的信里说："我确信古时中国人曾是有神论者和上帝的崇拜者，而远不是以后诸世纪中的无神论者。"②

综上所述，我们可以说《中华帝国志》的新颖之处在于它的地理与哲学两方面的内容。

在这些耶稣会士中，最大胆的无疑要数李明了。在他眼里，中国人的道德是很纯洁的，因为在古代，中国不仅保存了真正上帝的知识，而且崇拜它并为之献身。杜赫德则更为谨慎些，他总怕因此而受到连累。如果他在古典著作中遇到某种困难，他懂得如何摆脱困境。在对《易经》进行了一番赞扬之后，他补充说："这些中国古代的不朽之作，落入了盲人学者之手，这些人的思想已被流行的偶像崇拜和牵强附会的风气所败坏，他们把《易经》的含义曲解为徒然无益的卜卦。"③这种对古文化又赞成又反对的模棱两可的态度使杜赫德无论是在朋友中还是在敌人中都赢得了名声。他在日常事务中，也采取同样的态度。杜赫德说："善良的愿望并不是他们所推崇的道德，尤其是当他们（中国人）和外国人打交道时，如果可能的话，他们常常欺骗外国人……"④

当杜赫德谈到佛教时，他失去了自己四平八稳的谨慎。我们不想批判什么样的宗教才是真正的宗教，我们只是想说既然他言称要写一

---

① 参考《学者报》，1735年，第22页："杜赫德神甫仅仅从历史学的角度来谈中国人的信仰问题，并没有深入到关于'天'的真实含义的众说纷纭的争论之中去，他只是援引了一些典型作品中的说法，而由读者自己去加以判断，而当他谈及那些作品使他得到崇拜天的观念时，'天'这个词就意味最高存在，天主，或者就是简单的显而易见又具体的天。"

② V. 毕诺：《与法国对中国的认识有关之未出版文献，1685—1740》，巴黎，1932年，第170页。

③ 《中华帝国志》，第2卷，第350页。其实，这种态度已经体现在《耶稣会士书简集》中了。神甫回答说，我们的信仰可以和古书的记载相一致，但不能要求翻译者们都写一致的东西。第27卷，第132页。

④ 杜赫德：《中华帝国志》，第2卷，第91页。

部公正的历史著作，那他这种陈述方式已表明了一种成见。这里我们读到这样的话："这都是些骗人的鬼话，讲这些鬼话的伪君子们愚弄着人民的轻信。"① 他还说："这是一堆迷信、玩弄魔术、偶像崇拜和无神论的不可思议的群氓。"②

这种思想不禁使我们对他作品的底细产生一种怀疑：杜赫德真的了解中国吗？

为了回答这个问题，必须留神一下由他的同事们供给的，他所使用的文献资料。其中有些学者如宋君荣、冯秉正等，学识是很渊博的，但有些人与其说是汉学家，倒不如说是传教士。杜赫德所使用的资料价值是参差不齐的。在杜赫德开始写他的《中华帝国志》时，宗教礼仪之争达到了顶点。我们不敢说他是要捍卫耶稣会士的事业，但我们可以认为他是不愿给对手留下把柄。在其他传教士们的眼里，中国是一个充满崇拜的国度，中国人没有半点耶稣会士们常教育的那种道德。这些足以解释《中华帝国志》作者研究的态度。当时汉学尚没有成为一门学科，但耶稣会士们的著作却促使它诞生了。归根结底，杜赫德是通过书和记录来了解中国的，而不是通过直接接触了解中国的。

由于《中华帝国志》是中国知识的大全，我们的研究不能不局限在为数不多的几个方面。我们仅以《诗经》和《书经》的片段为例，把它们和中文原文对照一下，便可很好地看出杜赫德对他的材料是如何处理的了。

杜赫德对《书经》内容按照自己的方式进行了一番整理，下面是一个例子。

宋君荣译，普梯埃校文③　禹答道："我的道德不足以治天下，人民会不服我。皋陶不同，他的才智在其他人之上，人们知道他，皇帝应该考虑到他。不管我多么想你能给我以重任，不管我是否拒绝，不

---

① 杜赫德：《中华帝国志》，第30页。
② 同上书，第2卷，第35页。
③ 由 G. 普梯埃过目和校对的、宋君荣神甫翻译的《书经》译文相当好。为了同杜赫德的文章进行比较，我们读读译文。

管我怎样坦率而真诚地讲出我自己的思想，我总是忘不了皋陶，而且我一直在说应该选择他。你身居皇位，应想着每个人的功绩。"①

杜赫德文 "唉！"禹答道："德微使我难负此任，而人民很了解我，他们不同意一种这样的选择。但是你有皋陶：这是一种真正的智慧，他具有一切必备的条件，他向全体人民唤起明智之爱，而且人民感到他的作用，他们从内心拥戴他。注意这些吧！想着他的功绩，我对他望尘莫及，提升他吧，既然是他值得提升，让我像一个无用之人一样留在这里吧。在这样一件举足轻重的事情中，唯有德行才是第一重要的。"②

总之，杜赫德是想维护《中华帝国志》风格的优美。他避免陈旧的语法结构，从而使人喜欢读它。但是，因为他不懂中文，而悄悄地把自己的观念塞进了他的叙述之中："这是一个真正的圣贤"，或者"这是值得重视的一种道德"。此外，他给《书经》加了一个相当古怪的标题：《古代帝王之格言》。不用说他的遗漏之处，但从总体看，他已把两章混淆在一起了。他引述的是第四章《大禹谟》，却把同一章的《皋陶谟》加了进去。严格说，杜赫德在《中华帝国志》中所介绍的《书经》是经过一番加工的作品。

对《诗经》也一样，杜赫德写道："为了介绍这部作品的若干思想，我将引证几首颂歌，它们已被马若瑟神甫（P. de Prémare）忠实地译了出来。"③然而引文完全被歪曲了。

杜赫德引文 是天造就了这座高山，而大王却把他变成荒芜，这个损失唯一的原因是他的错误。然而文王使其第一次放出光辉。前者所选的道路充满了危险，但文王的道路是笔直而容易走的。一位如此智慧的国王的后代珍贵地保留着他给你们所带来的幸福。④

---

① G. 普梯埃，前引书，第 54 页。
② 杜赫德：《中华帝国志》，第 2 卷，第 358 页。杜赫德说这些文本是由马若瑟（prémare）神甫翻译的。同上书，第 356—357 页。
③ 杜赫德：《中华帝国志》，第 2 卷，第 370 页。
④ 同上书，第 2 卷，第 370—371 页。

原文 维天之命，于穆不已。于乎不显，文王之德之纯！假以溢我，我其收之，骏惠我文王，曾孙笃之。①

这首颂歌是一首圣歌，它是在周代祭祀祖先时唱的。颂词中，显然杜赫德译文中的"荒芜"、"他的错误"、"危险"诸词不符合原意，而且，在原文中根本就没有这些词！

每当人们把一种文字或哲学翻译为另一种不同的语言时，很难使之保留原来的风格，特别对来自于在 18 世纪如此陌生的中国的作品更是如此。

在杜赫德发表他的《中华帝国志》时，汉学刚刚诞生。在 1727 年之后，马若瑟神甫和富尔蒙进行联系，尽管后者是一位骄傲而爱虚荣的人，神甫还是以大公无私的方式给予他支持。在 1728 年马若瑟神甫给他寄去了《中国语言志略》（*Nōtitia*）的手稿，这肯定对 1742 年出版的《中文语法》的编纂有所裨益。正是他第一次介绍了 214 个"中文词根"，至今它们仍是中文教学的基础。

我们对杜赫德神甫不能过分苛求。尽管这样一部作品存在着不可避免的讹误，我们仍不掩饰对这位如此可亲、如此机智的作者的敬佩之情。

我们在关于《中华帝国志》的阐述上提出了一个问题。究竟杜赫德神甫的这部著作给了我们一个怎样的中国形象？我们曾说过，这位汉学家不想为我们制造一个传奇式的中国，因为他声称自己是历史学家。宁可说，杜赫德给我们的中国形象是合适的。中国的历史、制度、风尚，特别是中国的精神，在他的著作中都得到了赞美性的描述。在他眼里，古代中国是基督教式的。② 如果它今天还是原来的那种状况，

---

① 《诗经·周颂·维天之命》。
② 最使杜赫德神甫惊讶的是向天祈雨的"天坛"，下面是他在《中华帝国志》里的一段描述："老天爷，我曾向您献上这所有的贡品，以祈求您的恩典，但却没有结果。无疑是我给我的人民带来这不幸。请允许我大胆发问，是我的人品使您不高兴了吗？还是我的宫殿的豪华使您看着不快吗？是我的几案太讲究了？是法律所允许我的嫔妃太多了吗？我要用我的谦卑、勤俭和节制来改掉这些错误，而如果这还不够，那就请您审判，请您惩罚我吧，但宽赦我的人民。让霹雳落在我的头上，但要把甘霖普降田里，以免除这人世的苦难。"

那就没什么可向往的了。与杜赫德相反，对于哲人来说，中国之所以是一个人间乐园，恰恰是因为它不是基督教式的国度，因此，耶稣会士们所描写的中国的赞赏者们的精神境界，与它的描写者们的精神境界是迥然不同的。

在古代，中国文明所赞扬的与其说是物质价值不如说是精神价值。传教士们怀着巨大的惊奇，发现了这个极大地发展着人类理性的国度。"……在希伯来人中，有一位特殊的天使保管着信仰的宝库，同样，在中国人中也有一位特殊的天使保管着理性的宝库。"①

在政治上也同样如此。"在中国，政府的要职只委任给那些学问最好的人。"②因而中国没有什么高贵之说，没有什么遗传的高贵。德·希鲁埃（M. de Silhouette）先生写道："中国人不承认除了道德的以外还有什么高贵的阶层。他们通过开明的政治，而使由于贵族的游手好闲所毁灭的商业大加繁荣。"③这种政治为自己带来一种奇特的力量。它走向一种高度的完善。甚至在今天，每当人们谈起侵略中国的侵略者时，某些批评还在遵循着很久以来形成的那种观念："征服者没有找到除了采用被征服人民的法律以外的更好的事情要做。因此，尽管中国的主宰在更替，但其政体始终如一。"④

首先，"中国具有延续了四千年之久的优于世界其他各国的文明：它几乎始终由国家天生的帝王所统治，采用相同的服装、风俗、法律、习惯和方式，从不改变其帝国诞生时最初的立法者明智地建立起的规矩"⑤。其次，中国的政治"是一种朴实、通情达理和纯理性的政治"⑥。

---

① 《特雷武报》，1736年，第1300页。
② 亨利·德·费奈斯（Henri de Feynes）：《从巴黎到中国的路上旅行》，巴黎，P. 若克莱出版，1630年，第169页。
③ 德·希鲁埃（M. de Silhouette）：《中国人关于政府和道德的普遍观念》，1729年，第19—20页。
④ 钱德明：《关于中国人的历史、科学、艺术等的回忆录》，第5卷，第35页。
⑤ 杜赫德：《中华帝国志》，第2卷，第1页。
⑥ 《特雷武回忆录》，第1371页。"我毫不想做什么文字游戏，但我可以断言我们欧洲的政策是理性化和理性式的政策，它和中国人的政策是背道而驰的……"

这种理性文明的研究，使我们推导出三种结果：第一，中国人民的道德不是教条主义的，而是建立在经验基础之上的。杜赫德很好地定义了中国人的精神："一般说，中国人是性格温柔、可通融和人道的。他们的表情和举止显得十分和蔼可亲，而且没有任何严厉、尖刻和暴躁。"① 第二，如果说中国皇帝拥有绝对的权力，那只是一种慈父般的人所应有的权力。"人们用尊敬来服从，用慈善来统帅，当必须做一种果断决定时，那也只是一种慈父般的决断，而不是暴君式的专横。"② 正是由于这个原因，中国的制度为伏尔泰所赞赏。对此，我们将在下一章论及。第三，在社会范围内，中国总是高度重视农业。每年，皇帝去耕种一块地，以此为人民做榜样。因此，"居民们在自己家里享受着所有生活应有的方便和乐趣。他们有自给自足的信心……"③ 实际上，在18世纪时，中国是幸福的。工商业都很繁荣。杜赫德说："运河贯穿南北，难以数计的船只和画舫航行其上。"④ 一句话，中国，在西方人眼里是一个"魅力之国"⑤。

中国这幅喜气洋洋的图画，正好反映了18世纪的精神世界。霍尔巴赫（Holbach）说："做有道德的人，也就是做易于交往的人，就是致力于使那些和我们自己的命运紧密相联的人，生活得幸福，反过来又使他们对我们尽忠效力。"⑥ 然而，杜赫德神甫毫无单纯从这方面介

---

① 《中华帝国志》，第2卷，第88页。
② 《耶稣会士书简集》，第25卷，第10页。
③ 《中华帝国志》，第2卷，第1页。
④ 《中华帝国志》，第1卷，第18页。
⑤ 乔·吉拉尔迪尼（Gio Ghirardini）：《1698年乘昂弗特利特（Amphitrite）号船在中国旅行纪实》，巴黎，尼古拉·佩比（Nicolas Pepie），1700年。"这里一切都是那样多彩多姿，一切是那样整齐有序，喜气洋洋和令人耳目一新。这是绿意盎然一望无际的草原，这是柔媚和绿柳成荫的原野，这是层次分明、妙手点缀的小山坡，这里生满绿苔的山岩，它们有着无穷的妙用，这是掩映在小树林里的村落，这里时而像几片小岛，时而又与大地融合露出自然生机之变的河岸的运河，还有那来自五湖四海的一只只小舟，更使这风景令人叹为观止，人们仿佛就在草上滑行着，怡然往返于这绿色的草原中央。但我却认为，我是浸沉在这仙境般的宁静之中，我相信这些船只、草地、山谷、树林，我们所看到的一切如此令人神往，我说这话一点不错：因为，中国到处都是这么美丽，人们可以叫它魅力之国。"
⑥ V. 毕诺：《重农主义者和18世纪的中国》，《现当代史杂志》第8卷，1907年，第212页。

绍中国的意图。在他看来，中华帝国是光明的，但也同样是烟雾缭绕的。可以说，关于中国的所有坏东西在《耶稣会士书简集》中都存在，同样，在《中华帝国志》中也并不鲜见。他赞扬文人们，但也对他们严厉批评。下面就是一例："他们的谦虚令人惊叹，文人们总是一副道貌岸然的神气。"① 实际上，这句话是说，这些文人有点虚伪。而下面这句话是："中国文人们像人们所见到的其他文人一样，附庸于现代评论，企图用自然原因来解释一切，而陷入无神论之中。"②

如果关于中国的形象总是介绍得不太忠实或有点过分地吹捧，其原因不在杜赫德而在书简撰写者们。只要中国自给自足，来宣传福音书的传教士们就形成另外一个等级。他们可以进入康熙的宫廷，但是不能深入知识分子中间。他们所认识的所有中国人都是些能力知识平常的人。真正有活泼而独立思想的学者不能够接受天主教的绝对的最高权力的思想。当教皇克莱芒十一于1704年10月20日发表他的关于宗教仪式的禁令时，耶稣会士们的朋友——康熙皇帝写道："览此告示，只可说得西洋人等小人，如何言得中国之大理。况西洋人等，无一人通汉书者，说言议论，令人可笑者多。……以后不必西洋人在中国传教。禁止可也，免得多事。"③ 从一开始，具有灵敏的天才和很少偏见的耶稣会士们都被当作例外来看待，但是宗教礼仪之争强迫他们放弃了他们原来的举止，以便符合罗马教皇的决定。在他们的作品中，找不到康熙时代一个学者的名字；相反，在中国文人的作品中，基督教总是被称作"夷教"。这一精神状态被《耶稣会士书简集》所证实。下面是其中一例："你们的宗教（基督教）都不在我们的书中，因为它

---

① 《中华帝国志》，第2卷，第90页。
② 杜赫德：《中华帝国志》，第3卷，第59页。也可参阅第3卷，第38页。"他们以极为复杂和难以理喻的方式对'太极'和'礼'争论以后，必然坠入无神论，在他们对这种超自然的原因进行归纳的过程中，他们只遵从一种统一的与物质合而为一的道德，他们把这种道德称为'礼'或'太极'。"
③ 《康熙与罗马使节关系文书》，文献第十四。

是夷教。"①

传教士们的生活远离知识界，他们仅认识宫廷官员。1795年吉尼（De Guignes）说："传教士们只依靠一位官员，他负责他们的事务。他们相当自由，在城里和乡村有房子……他们有骡子和车辆，他们很会做面包，但不会做酒。"②由于这个原因，如果我们用中国人的观点，可以得出下面的结论，耶稣会士们了解中国某种事物，但不了解整个中国。

尽管杜赫德的《中华帝国志》不够完善，我们还是应该感谢他，钱德明神甫对他的这些话是他当之无愧的："在所有写中国的作家中，杜赫德是这样一个无可辩驳的人，他对有些回忆录做了比较精心的加工，内容更丰富而且比较可靠。尽管他总是在自己的书房中看中国，但他的观点却相当正确，以致仿佛他不是从回忆录中得来的这些认识，他的思想不是出于像他这样一种处境的人的头脑，他给读者的精确认识，使他超出了一切偏见的虚伪时代。因此，他的著作历时愈久，声誉就愈隆。因为他将无愧于自己的身价，而且甚至使孟德斯鸠、伏尔泰和当代作家们对他惊讶不已，使他们不敢明显地小看中国，因为他们反对杜赫德关于中国的思想，就是企图使人相信谎言和梦想所要求的那样再现中国……"③

备注：

1610年：利玛窦神甫逝世，龙华民神甫接替他。

1633年：多明我会士到达福建。

1633年：西班牙多明我会的修士黎玉范（J. B. Moralez）和圣玛

---

① 《耶稣会士书简集》，第27卷，第28页。参阅这段话："雍正皇帝又说了许多不太重要的话，但他反复强调的是，我们不信教，我们不对我们的父辈加以崇信，我们还要把这种蔑视传示子孙。他的语调斩钉截铁，似乎他对我们的指责俨然是不容辩驳的真理；使我们无言以对。"
② 转引自亨利·柯蒂埃：《耶稣会被取缔与北京传教团》，莱顿（Leyde），1918年，第139页。
③ 《关于中国人的历史、科学和艺术等的回忆》，第2卷，巴黎，1777年，第564—565页。

利方济各会的修士到达中国。

1637年：多明我会士和方济各会士被赶出中国。

1639年：黎玉范神甫向耶稣会视察员阳玛诺神甫（P. Diaz）交了12个文件。未及时答复。黎玉范去罗马。

1643年：黎玉范到达罗马。

1645年：黎玉范得到英诺森十世9月12日的教谕。

1649年：黎玉范把教谕通知在华耶稣会副省会长等。

1651年：耶稣会士们派遣卫匡国神甫去罗马。

1656年：3月23日卫匡国神甫得到亚历山大（d'Alexandre）七世一道矛盾的旨意。

1661年：黎玉范将《圣教回忆录新编》寄给罗马。

1662年：康熙皇帝登基。

1664年：闵明我（Navarette）接替黎玉范为驻中国多明我教会的督察。

1669年：11月13日神甫让·德·普拉姆（Jean de Polamo）收到一道旨意确认同年11月20日由克莱芒（Clément）九世发出的旨意。

1673年：闵明我去罗马。

1676年：闵明我发表《鞑靼人》（Tratados）的第一卷。

1687年：作为对闵明我的回答，戴里埃神甫（P. le Tellier）发表了《保卫新基督徒》。

1690年：外方传教士路易斯·德·盖莫纳（Louis de Quemener）被派往罗马。

1693年：3月26日，主教阎当（Maigrot）训谕。神甫德·盖莫纳（Quemener）呈递训谕。

1694年：神甫戴里埃《保卫新基督徒》在罗马被查禁。

1697年：1月15日英诺森十二（Innocent XII）的敕书。3月19日，由阎当派驻罗马的尼古拉·沙尔莫（Nicolas Charmot）递呈他的第一份陈情书给教廷。7月3日教廷诏书。8月6日，呈递沙尔莫的《伪造的事实》（Vaitas facti）。

1699 年：耶稣会士向康熙皇帝申诉。4 月 18 日英诺森十二委任负责检查的红衣主教第一次会议。

1700 年：外方传教团的文件。5 月 8 日，巴黎神学院的声明。10 月 18 日李明神甫《中国现状新志》、郭弼恩神甫（S. Golien）的《诏书史》被禁。

1702 年：7 月 2 日，多罗（Tournon）被命为教皇特使。

1704 年：11 月 20 日，教廷发表一项诏书，教皇特使负责执行。

1705 年：多罗到达广东（4 月 8 日）。康熙四十四年（1705 年）阴历十月十六日受第一次召见。

1706 年：8 月 7 日，康熙阐明"天"的意义。8 月 22 日阁当离开北京。2 月 17 日康熙皇帝诏书。

1707 年：多罗主教在南京训谕。

1710 年：6 月 8 日红衣主教多罗逝世。9 月 25 日克莱芒十一诏书。

1711 年：10 月 14 日克莱芒十一颂扬红衣主教多罗。

1715 年：3 月 19 日教皇谕旨《自登极之日》。

1720 年：9 月 26 日，嘉乐（Mezzabarba）到达澳门。

1721 年：3 月 4 日嘉乐被召见。11 月 4 日，教皇特使在澳门公开行使职务。

1722 年：康熙逝世。他第四个儿子继位，年号为雍正。

1723 年：在中国正式禁止基督教。

1735 年：雍正皇帝去世。其四子继位，年号为乾隆。9 月 26 日克莱芒十二诏书。

1742 年：7 月 11 日，本笃十四世（Benoît XIV）谕旨：《自上主圣意》（Ex quo singulari）。

第五章
中国对18世纪法国的影响

耶稣会士们对中国的发现产生了若干重大后果。对于欧洲世界，中国是一线光明。18世纪的思想就像一团闪着熠熠之光的蕴藏的火[①]，它突然在1750年左右爆发成炽盛的烈焰。然而事实上，这个形象的比喻并不确切。朗松在一篇见解深刻的文章中说："在供我们研究1760—1770年间伟大的战役的著作中，不少1750年以后发表的最大胆最强烈的作品实际把上面所说的日子确定在18世纪初，至少是它的前半叶。"[②]

在这个世纪里，人们的道德行为越来越趋向于理性与无神论的方向。人们追求的首先是一种道德理论和道德经验之间的平衡；而后，在进步的思想观念影响下，人们满足于幸运的道德感。

在这场震撼西方的运动中，中国，至少是耶稣会士们看到的中国，有它的责任。希鲁埃（M. de Silhouette）写道："当人们听从其建议时，中国的哲学书籍使我们看到了那些自然本身能够做到的事，中国的这类作品使我们对自然法则的认识要比现代法学家们带给我们的

---

① G. 朗松：《1750年以前法国哲学思想史的各种问题》，《法国文学史杂志》，1912年，第2页。
② G. 朗松：《1750年以前法国哲学思想史的各种问题》，《法国文学史杂志》，1912年，第3页。

认识好得多。"①

然而，作为生命的哲学不仅不能被局限于人文科学，而且更不能被地理学所限制。人们自然而然地要建立成"一种适合于所有时代、所有国家和所有人的学说"②。其实，孟德斯鸠和伏尔泰一样，建议自己研究不同处境中的人类，但不是用帕斯卡的方式。对于帕氏来说，人只是一根芦苇，但是是一根会思想的芦苇；而孟德斯鸠和伏尔泰接受了芦苇的说法，却去掉了"会思想"这个条件。道德不再建立在抽象的原则之上，而是建立在经验基础之上。道德要有理论基础，可以说，这种理论基础是恰当的，是契合的。"这是一种实践的人的道德，而不是形而上学的道德。"③

在这关键的过渡时期，耶稣会士们分为两派："在旧的天主教君主政体中，出于它处境的必然，耶稣会和一种注定要灭亡的体制相联系。在这种体制里，把它的成员造化成英雄的同一种思想，同样也可以使这些成员为了成为当代的强者而采用卑鄙的诡计，最终成为放任的罪犯。他们的传教活动则又是另一番迥然不同的景色。如果说有时他们把一种机敏和世俗科学从一个极端推向另一个极端的话，那么他们的忠诚倒是使人谅解。"④但是对于一些涉及中国的事情，耶稣会士们声称采取中立的态度。巴多明神甫在 1730 年 8 月 11 日给麦兰（Mairan）的信中写道："必须承认，如果说沃修斯（Vossius）关于中国人的话讲得不错的话⑤，那么 R 神甫关于中国的话就讲得太糟了⑥，R 神甫没有保持中庸之道，而中庸之道是如此强烈地为所有的人，尤其

---

① M. 德·希鲁埃（M. de Sihouette）：《中国人关于政府和道德的普遍观念》，1729 年，第 2 页。
② G. 朗松：《法国文学史》，第 19 版，阿歇特出版社，第 672 页。
③ V. 毕诺：《中国与法国哲学思想之形成》，第 375 页。
④ A. 杜密里：《耶稣会士对 18 世纪思想运动的影响》，《第戎科学院论文集》，第 2 卷，1874 年，第 2—3 页。
⑤ 参阅 G. 朗松：《18 世纪哲学思想的形成与发展》，《教学与讲座杂志》，1909 年，第 68 页。"中国引起一时的好奇，其中一位自由主义者依扎克·沃修斯（Isaac Vossius）在其《博览群书》（1685 年）中搜集了欣赏中国人的智慧与道德的各种理由。"
⑥ 这指的是何努多神甫。其著作的题目为：《两位 9 世纪到过印度和中国的穆斯林旅行者对它们的古老记述》，由阿拉伯语翻译而来，巴黎，1718 年。

是中国人所接受。"①但这种中庸是如此脆弱，以致常常有被损害的危险。对于公众来说，中国尚是一个好奇的人们向往继耶稣会士们之后而进行探索的神秘国度。但由于缺乏可靠的资料，这才导致了对它的夸张。在奥尔良（Orléans）公爵夫人的信里有"莱布尼茨"这个词："我同耶稣会士们一样，是中国人信仰的学说的信徒②，对此问题，我有机会和欧仁·维也纳亲王做过短时间的交谈，他对我这个新教徒，既赞同罗马观点，却又表现得不偏不倚而感到惊讶。"③狄德罗也说："假如我有空，我会和你好好地谈一谈。关键是中国人的问题，豪普神甫（P. Hoop）和男爵对此充满热情，而且有相当多的人都是如此，假如人们所谈的这个民族的智慧是真的话，那我也对'贤明之邦'的说法有点不信。"④因此，在 18 世纪的文化人精神之中，中国具有双重的面貌：中国沾染着专制主义和充满迷信，但它是开明的象征并为理性智慧所主宰。

如果说 18 世纪人们对中国有点偏爱的话，其功劳完全归于耶稣会士们。尽管他们持中立的态度，但这个世纪中叶与他们对立的理论却始终和他们相冲突。1746 年，本笃十四在他《论虔诚》的训令中宣布：耶稣会"帮了教会最大的忙，而且始终保持着成绩越大越谨慎的态度"⑤。另一方面，人们谴责他们。1762 年，国王的诏书用 84 点指出耶稣会士们教育人们像牲畜一样生活，教育基督徒像非基督教徒一样行事。⑥

耶稣会士们不自觉地对哲学思想的传播做出了贡献。千真万确，"通过耶稣会神甫们进行的教育，哲学家们学会在东方文明中找到适

---

① 《耶稣会士书简集》，第 34 卷，第 57 页。
② 中国人民"保存近两千年对真正上帝的认识，并以使基督教尊为楷模和受到教育的方式尊重它"。见李明：《中国现状新志》，第 2 卷，J. 阿尼松出版社，1696 年，第 141 页。
③ 转引自 V. 毕诺，前引书，第 336—337 页。
④ 狄德罗：《致沃朗小姐的信》，1760 年 9 月。
⑤ G. S. 德莫朗（G. S. De Morant）：《法国耶稣会士在华业绩》，1928 年，第 224 页。
⑥ 同上书，第 224 页。

当论据以摧毁专制主义观念，抨击启示宗教的原则，宣扬宽容的道德"①。然而做出下述补充是公正的，18世纪这种精神形式起源于一种缓慢的演变，而且有它比一般人认为的更远的根源。

我们继续谈论18世纪。这个世纪的作家们通过利用耶稣会士们的资料批评基督教而赢得了公众的同情。他们依靠实际的真理，去攻击启示性的真理，例如《圣经》的真理。皮诺特先生说："1740年左右，普遍承认的依据已经过时了，中国的无神论给了它致命的一击。"②耶稣会士们感到了这种危险，并企图避开。在他们关于中国的作品中，这样的断言比比皆是："我对你坦率地说，先生，我还从未在实际中看到过无神论的中国人。"③但公众们对此充耳不闻，而且倾向于孟德斯鸠和伏尔泰的理论，并以此反对帕斯卡和波舒哀（Bossuet）的理论。

在这种思想的演变过程中，我们感到在谈论中国时，耶稣会士们总是停留在自然的范畴内，但这个世纪的作家们却认为这如果不是一种超自然的道德的低下，至少也是一种衰弱。哲人们从中引出一种大胆的结论：一方面是世界与进步的永久性；另一方面，来自原始无神论的独立道德可以给人类以幸福并使人操守德行。

朗松关于18世纪远东影响的话讲得很有道理：而这恪守自然道德做出如此更好的榜样的民族，不仅不是基督教的，甚至不是自然神论的，它是无神论的。真正有见识的意见实际是：中国文人们最经常的是无神论者。这是伏尔泰前半生在没有通过文献资料深入认识中国之前的意见，是培尔（Bayle）在他的《思想百家》和《答一位外省人问》④中一贯的意见。

但让我们说明一下，不管中国这种影响有多大，也不该被夸大。当一种全新的文化被引入一个对它完全陌生的国家时，总是会出现一

---

① 皮埃尔·马尔蒂诺：《17、18世纪法国文学中的东方》，阿歇特出版社，1906年，第310页。
② V. 毕诺，前引书，第365页。
③ 《耶稣会士书简集》，第34卷，第35页。
④ G. 朗松：《18世纪哲学思想的形成与发展》，《教学与讲座杂志》，1909年，第71页。

个对它充满狂热赞赏的时代，继之而来的，便是一种强烈的反对，这是一个普遍的文化现象。对这种文化的热爱与厌恶，往往不是建立在它的正确价值的基础上，而是建立在对一种意见或学说在自我辩护中所提供的实用价值的基础之上的。如果说中国受到如伏尔泰一样的自由主义者的热爱，那么它同样受到一些死抱着僵硬的原则不放的人的谴责。

不管怎样，必须注意的是中国对18世纪思想家们产生了真正的影响。下面我们研究三位利用中国来宣传自己思想的最有特点的作家：孟德斯鸠、伏尔泰和魁奈。

一、孟德斯鸠与中国

在18世纪的作家中，孟德斯鸠是最活跃、最具有探索精神的一位。在他的不同的研究中，特别在《法意》中，他不断提到中国，中国在他的精神上表现出一种深刻而神秘的魅力。

在1721年发表的与《外省人信札》一样成功的《波斯人信札》中，孟德斯鸠已谈到中国。为了证实他的一个民族的繁殖力的理论，他利用了先辈们的信仰；照这位波尔多的高等法院推事看来，中国人以为在天上的祖先亡灵可以回到人间同他们一起生活。他由此得出一个关于人类繁殖的论据。[①] 的确，这些异想天开的做法是没什么意义的，但它们可以使我们看到孟德斯鸠的精神倾向。

在杜赫德的《中华帝国志》发表13年之后，孟德斯鸠在他的名著《法意》中，给中国留有一个可观的地位。法盖说："这部伟大的著作，

[①] 孟德斯鸠：《波斯人信札》，第2卷，巴黎，A. 勒麦尔出版社，1873年，第65—66页，第120封信。"中国内部有着非常奇特的人民，其奇特之处在于他们的思维方式：他们自从一生下来就像尊敬上帝一样尊敬他们的父辈，而父辈死后，他们又以贡品来孝敬他们，他们认为父辈们在天上的亡灵又获得了新生，每个家庭成员不仅应该这样做，而且在死后的阴间这样做也是必要的。"

与其说是一本书，毋宁说是一种生活方式……那里不仅仅有 20 年工作之结晶，而且它是一部地道的文化生活全史……"① 因此，孟德斯鸠关于中国的研究给我们带来了双重裨益：一方面它给我们指出在 18 世纪中国影响的一个侧面，另一方面，它使我们理解了这位伟大作家的文化作用。

谈及法国文学中东方的影响，皮埃尔·马尔蒂诺先生写道："孟德斯鸠想对什么都解释；他寻根究底，判断，批评，并从中得出简单而概括的见解。"② 我们不能同意这种意见，因为从简单观念出发，孟德斯鸠首先提出了一些先验的原则。在《法意》的前言中写道："我提出了原则，我看到它适用于所有的特殊情况。"③

孟德斯鸠区分了三种不同政府的形式：共和制、君主制和独裁制。每一种形式都有它的原动力。共和制政府以道德为条件，君主制以荣誉为条件，独裁制建立在恐惧的基础之上。他把中国归入独裁制范畴。

然而，当他定义共和制的原则时认为，共和就是道德，由此，他得出共和就是"祖国之爱"的推论。④ 然而为了达到这种道德，人们应该知道"热爱平等、清廉和朴素"⑤，一个民族应该是智慧和道德的。但是，自从耶稣会士们关于中国的著作出版之后，大多数公众表现出有利于中国政府的倾向。很多出自无可争辩的权威之口的断言毫不含糊地证明这个政府不是独裁制而是君主制，下面就是例子：

　　中国政府完全是君主制的……⑥

---

① G. 朗松：《法国文学史》，阿歇特出版社，第 714—715 页。
② 皮埃尔·马尔蒂诺：《17、18 世纪法国文学中的东方》，阿歇特出版社，1906 年，第 316 页。
③ 孟德斯鸠：《法意》，新版，巴黎，卡尔尼埃出版社，前言。
④ 孟德斯鸠：《法意·告读者》："在共和国中，我们所称之为的道德，是对祖国的爱，也就是对平等的热爱。"
⑤ E. 法盖（E. Faguet）：《读古书精华心得》，第 15 版，1911 年，第 179 页。
⑥ 《耶稣会士书简集》，第 33 卷，第 50 页。

确实，中国的政府是地道的君主制，一切决断全靠一人……①

但是如果说他们（中国人）疏远了共和政府，那是因为他们尚处在对暴政的更强烈的对抗中。②

被孟德斯鸠所描绘的所谓中华帝国政府是不符合实际的。在他看来，专制国家基于恐惧，"皇帝天生是懒惰、无知和好娱乐的"③。但是当你浏览一下他同时代的作品之后，便会看到中国没有被描绘成独裁制的样子。其制度在自然法律中找到了基础。它的卓越的形式确保了这两种权力：自由与廉洁。此外皇帝是绝对的，但更重要的是在权力方面，而不是在事实方面。"当他有某种缺点和错误时，大臣们毫不畏惧地指出并加以谴责。"④按照孟子的思想，杀死一位使人类蒙受耻辱的皇帝不是一种罪恶。因为，他说："民为贵，社稷次之，君为轻。"⑤

在"论中华帝国"一章里，孟德斯鸠竭力验证他的理论。作为一个机智的辩论家，他非常巧妙地摆脱了困境。如果中国人数过多的话，原因在于气候，"中国的气候是如此惊人地利于人类的繁殖……最残忍的暴政却一点也不妨碍人类的繁殖"⑥。况且，"中国是一个独裁制国家，其原则就是恐惧。可是在最初的朝代，因为帝国不像现在这样辽阔，政府对上述精神有点相悖"⑦。这使它避开了一切异议。最后，"错误本身中往往有某种正确的东西"⑧。以这种极为灵活的辩解能力，孟德斯鸠不仅仅巩固了他的理论，而且在某种程度上，甚至有点欣赏这个帝国。例如："在一些建立起政体的独裁国家里，人民更是无限地幸

---

① 白晋：《中国皇帝康熙传》，1698年，第62页。
② 李明：《中国现状新志》，第2卷，阿尼松出版，1696年，第4页。
③ 孟德斯鸠：《法意》，第三章，第五节。
④ 《孟子》，第二篇，第八章，第十四节。
⑤ 《现代作品概观》，第3卷，1735年，第176页。
⑥ 孟德斯鸠：《法意》，第八章，第二十一节。
⑦ 同上。
⑧ 同上。

福的，波斯和中国就是证明。"①

为了通过《法意》了解中国，应该考察一下它所采用的文献资料。但要知道，孟德斯鸠在如此之多的资料中所寻找的首先是自己原则的论据和信息。他的方法是纯粹实验性的，但他把自己的方法服务于自己的原则，而这些原则确是预先想出来的。孟德斯鸠"对他的材料不加批判：他利用一切文字材料，并把它们以同等价值来对待"②。

这些材料大部分是从杜赫德的《中华帝国志》中得来的。只有杜赫德才用如此赞赏的字眼谈论中国。这种正确的意思很刺激孟德斯鸠，因为《中华帝国志》使他不能把中国归入到独裁国家之列。因此，他拼命在杜赫德的著作中寻找不正确的词语。例如，当孟德斯鸠引述"这是统治中国的棍子"③这句话时，意在反对耶稣会士们关于中国的谎言。孟德斯鸠不是不知道杜赫德是高度评价这个国家的，他觉得只有自己的论据是来自世俗的原始资料时，似乎才靠得住。他读的书很多，并进行了旁征博引："人们可以在中国官员的敲诈勒索中去查询这些，我还请来安松这位大人物作证。"④让我们来看看这些人物吧。

洛朗·德·朗格（de Lange）是一位给俄国沙皇服务的瑞典大夫。1719年他被任命驻节北京，以陪同全权大使伊斯马伊洛夫先生（M. d'Ismailof）。后者的使命是获得中俄自由贸易权。1721年大使离任后，朗格又在中国待了一年半，没有取得任何成功。首先，俄国商人到中国不愿意服从中国的法律；其次，俄国人不交还逃到他们领土上的蒙古人；最后，耶稣会士们不喜欢这些俄国人待在北京。⑤朗格受到很不信任的对待。他像囚徒一样待在自己家里；所以他的叙述缺乏公正

---

① 孟德斯鸠：《法意》，第十三章，第十九节。
② G. 朗松：《法国文学史》，第722页。参阅 E. 加尔加松：《〈法意〉中的中国》，《法国文学史杂志》，1924年，第205页，"他（孟德斯鸠）特别注重在文献中寻找证实自己的思想的东西。"
③ 孟德斯鸠：《法意》，第八章，第二十一节。"杜赫德神甫说：'是棍子在统治中国。'"
④ 同上书，注2."比如，参阅朗格（Lange）的记述。"
⑤ 萧一山：《清代通史》，第1卷，上海，第624—625页。

是无疑的。他旅行的目的之一就是要讨论经商问题，而对其余的则不感兴趣。他了解中国，但那是通过其房间的窗口了解的。他没有评价中国哲学学说的能力，更不能判断孟德斯鸠在《法意》中加给中国的"独裁制"的对错。

安松的《环球旅行记》是据一些关于中国的更奇妙的篇章写成的。他率领英国的"百员"（Centurion）号战船于1740年出发攻打西班牙在南美洲的海港。1742年到达澳门时，他想修理自己的船但又拒绝付入港费。因此纠纷突然而至。首先中国不愿在西班牙与英国之间表态，而保持着中立；继而，安松不遵守中国的法律，因为他的舰船装备着"四百条枪和三四百桶火药"[①]。在危险的形势下，安松相信"单单'百员'号就足以摧毁广东河里的所有船只，即使是在中国的相似的另外的港口，对所有的武力他也不畏惧"[②]。因为他不懂中国话，他关于中国的知识极不全面而且包含着个人恩怨。此外，他不喜欢耶稣会士们。他的关于中国的作品的最后一章是对传教士们的断言的一种否定。安松对中国表现得很苛刻。照他的说法，"买过食品之后，回来一看，原来所谓的鱼，只不过是石子和沙砾而已"[③]。中国人都是贼，他们很贪婪。"因为中国人以对财富和富人的崇拜而著称。"[④] 即使这些话是真的，难道可以由此得出结论说中国政府的腐败是由于来自独裁吗？显然，结论和根据是脱离的。

孟德斯鸠的基本见解概括为一句话：专制主义是令人憎恶的。孟德斯鸠不赞成人是服从于另一种造物者的说法。[⑤] "谈到这些可怕的政府使人不寒而栗。"[⑥] 因为他想要中国是一个专制的国家，它的政府理所当然就是极坏的，对此，他正需要朗格和安松的资料来加以证

---

① 乔治·安松：《环球旅行记》，1749年，第306页。
② G. 安松，前引书，第286页。
③ G. 安松，前引书，第315页。
④ 同上书，第308页。
⑤ 参阅孟德斯鸠：《法意》，第三章，第十节。
⑥ 同上书，第三章，第九节。

明。"如果传教士的说明不符合这个命题,这是因为他们的说明是错误的。"① 相反,我们引用杜赫德的这些话使他很高兴:"这些人高举着皮鞭,那些人拖着长棍和铁锹,这些器械的撞击声,使一个生来怯懦的民族发抖,他知道如果他公开反抗官员们的命令,他就逃不脱对自己的惩罚。"②

然而,在为他的三个原则的理论进行了一番辩解之后,孟德斯鸠开始研究法律与道德风尚之间的关系。他放弃了他预先构想的意见,并广泛地利用《中华帝国志》。下面便是一例:"中国的立法者以帝国的安宁为政府主要目标。隶属对他们似乎是保持安宁的一种纯粹手段。"③ 然而这些思想确实来自于《中华帝国志》。杜赫德说:"先生,您将从中看到,世界最古老的君主政体把它的时期长短,它的光辉和它的安宁仅归功于完善的从属关系,这种关系经常在支配着一个如此辽阔的国家的全部不同成员。"④

在他研究中国的过程中,孟德斯鸠确定了一种法律与道德风尚之间的原则。他的一种批评精神,证明中国的立法者制定了法律并以此而形成道德⑤,人们称之为礼仪。这种见解是很深刻的。因为,"中国立法者以使他们的人民生活安宁为主要目的"⑥,正是由于对礼仪问题的正确看法,中国政府才赢得了胜利。由此,产生了两个重要的结果:一方面,中国两次被外族征服,但它既没有失去自己的法律,也没有失去道德风尚,然而是那些征服者改变了自己的法律和风尚。另一方面,"人们见到乡野村夫之间遵守着一种和有教养的人们一样的

---

① 慕里耶尔·多兹(Murier Dodds):《游记——孟德斯鸠〈法意〉的资料来源》,巴黎,1929年,第97页。
② 杜赫德:《中华帝国志》,第2卷,第35页。对于"是棍子在统治中国"这句话,加尔加松说:"我没有在杜赫德《中华帝国志》中找到这句话,它(指《中华帝国志》)远没有反映出这种思想。"第197页注2。但我们猜想孟德斯鸠对我们所引的这段话做了联想。
③ 孟德斯鸠:《法意》,第十九章,第十九节。
④ 杜赫德:《中华帝国志》,第1卷,信简。
⑤ 参阅孟德斯鸠:《法意》,第十九章,第十七节。
⑥ 同上书,第十九章,第十六节。

仪式"①。因为,通过礼仪,人们"克服着一切来自于严刻精神的缺陷"②。正如雍正皇帝所说:"安宁和政府的完美建立在开明习俗的基础上,其最基本的有效的办法是教化人心。理性是它的准则。"③

其实,孟德斯鸠掩盖不住他对中国的赞赏。中国是"家族专制观念基础上形成的"④。皇帝对臣民应该像父亲对孩子那样,反过来,"对父亲的尊重,应该必须和所有代表父亲、老人、教师、行政官员和皇帝的人联系在一起"⑤。所以这一切都在倡导着礼仪,而"礼仪是这个民族的总精神"⑥。

孟德斯鸠对中国进行的研究在我们看来似乎是矛盾的和缺乏理智的。他悄悄地改变了自己的中国是专制主义的观点。他没有意识到他已导致了这样的结论:中国在父权上创立了它的体制,它即使不是最好的,也至少是可赞扬的。从那个时代起,专制的中国不再是抽象的,而是有法制的,如魁奈所宣称的那样。它并不像他在《法意》卷八中所描写的那样可憎。

二、伏尔泰与中国

伏尔泰有两个基本特点:精神与乐趣。道德、幸福、快乐,是对他自己的写照。"一个没有任何偏见,能自由思想和行动的人的品质,终归会使自己在生活的交往中无比快乐。"⑦由于他有广泛的兴趣,他的性格也必然是复杂的。在他浩瀚的书籍、诗词、信件和小册子的海洋中,伏尔泰的确表现出是一位雄心勃勃的人,但他更是一位不知疲

---

① 孟德斯鸠:《法意》,第十九章,第十六节。
② 孟德斯鸠:《法意》,第十九章,第十六节。
③ 《耶稣会士书简集》,第33卷,第173页。
④ 孟德斯鸠:《法意》,第十九章,第十九节。
⑤ 同上。
⑥ 同上。
⑦ 珀蒂·德·于利维尔(Petit de Julleville):《法国文学史》,第6卷,第160页。

倦的探索者。法盖说："伏尔泰有一种探索的天资。他想做的，不管是已经为人所知的还是未知的，他都要全部了解。"①

因此，伏尔泰被中国所吸引是自然而然的。在18世纪上半叶，由于旅行者和传教士的文章，在文学、哲学和绘画方面，中国是一个激励人的重要源泉。②格里姆说："曾有一个时期，所有的壁炉上都摆满中国的瓷人，而且我们的家具也大部分是中国韵味的。"③

费尔奈族长（伏尔泰的别号，Patriarche de Ferney）的作品证明了他对中国的嗜好："我们可以说这个国家对他的精神产生了一种神秘的影响。是他普及了18世纪的法国人所塑造的关于中国的道德和智慧的观念。是他把中国放进了世界的框架里，也还是他以令人赞叹的明智在哲学论争中保卫了中国。""我们诋毁过中国，完全是因为他们的玄学和我们的不一样。"④

他关于中国的知识是广博而且丰富的。和当时的作家一样，他的大部分知识来自于耶稣会士们的作品。他读过《耶稣会士书简集》和一些回忆录，尤其是杜赫德的《中华帝国志》。

伏尔泰对中国的好奇从青年时期就表现了出来。"这孩子渴望获得名声。"⑤他的精神倾向于世界的奇迹。在路易大帝中学时，最有威望的教师中，修辞学教授图尔诺米纳神甫（P. Tournemine）对他有很大影响。这位具有卓越精神的宗教人士曾倾心于中国科学。他和耶稣会

---

① 艾米尔·法盖：《18世纪》，第207页。
② 参阅亨利·柯蒂埃：《18世纪法国视野里的中国》，《法兰西文学院例会报告》，1908年。"1742年画展沙龙上，布歇展示了八幅以中国为题材的绘画……"（第764页）爱德蒙·德·龚古尔（E. de Goncourt）写道：关于这方面的问题，维也纳的阿尔贝蒂娜（Albertina）在《华托（Watteau）作品里论及的书目》中给我们提供了一个有趣的材料。华托有一幅刻在黑色石头上的中国人的画像，这是他的一幅研究性巨作，画中的这位中国人是他研究的一个典型，他的衣服、鞋都被画得惟妙惟肖，其特征俨然是天朝风范，甚至连这个人的姓名也被华托用铅笔写在了石头的左边：F. 赵（转引自高田书，第763页）。
③ 格里姆（Grimm）：《文学通信》，1785年11月。
④ 伏尔泰：《全集》，第11卷，《风俗论》，伽尔尼埃出版社，1878年，第178页。
⑤ 弗朗德兰（Flandriu）：《伏尔泰选集》，阿梯埃出版社，第3页。

士学者白晋神甫有信件交流。白晋得到康熙皇帝的厚遇之后，成了一位著名的汉学家。后来，伏尔泰个人认识了傅圣泽神甫（P. Fouguet），后者是一个很有趣的人，他曾力图改编中国编年史。他的理论是：中国古代历史停留在语言上，这种语言由可以用两种方式来体现的象形文字组成：一方面，具有中国人约定俗成的含义；另一方面，它具有一种基督徒为了寻求宗教真理所孕育出来的象征意义。傅圣泽神甫的思想实质是要证明希伯来的原始宗教和中国的宗教同出一源。这种理论使伏尔泰颇为欣赏。在《风俗论》中我们读到这样的话："很多人真的陷入了物质主义，但他们的道德没有变质。他们认为道德对人是那么必需而且可爱，以致不需要去认识一个上帝便可以遵循它。"① 伏尔泰鲜明地提出了宗教与道德的离异。为了验证他的推理，他干脆拿傅圣泽来作为证明："在中国生活过25年最后成了耶稣会士的敌人的傅圣泽曾多次对我说：在中国很少有无神论哲学，即使是在我们中间也是如此。"②

在写于1729年的《哲学通信》中，伏尔泰第一次明确地谈到中国，谈到中国的牛痘。他说："我知道，一百年来中国人已经种牛痘了。这应被看作宇宙间最智慧、最有修养的民族具有先见的例子。"③ 这是一种疫苗种植的应用。

伏尔泰赞扬中国的宗教和政府。这两者不仅向他提供了抨击基督教的论据，而且尤其向他提供了为自己的哲学进行辩护的论据。伏尔泰哲学首先是实践的哲学，他说："人生的头等大事是生活得幸福。"④ 这是伏尔泰奠定自己道德和行为理论的基础。

伏尔泰把中国宗教当成一种没有教条、没有神秘性的自然宗教。"文人之宗教，是值得再次赞赏的。它没有迷信，没有荒诞传说，没有

---

① 伏尔泰：《全集》，第11卷，《风俗论》，第179页。
② 同上书，第180页。
③ 同上书，第22卷，《哲学通信》，第十一封信。
④ 同上书，第23卷，第62页。

亵渎理性和自然的教条。"① 伏尔泰是一个自然神论者，但是一个实践的自然神论者。教条主义的宗教与他的怀疑论精神是格格不入的。在费尔奈族长的眼中，理性与自然是至高无上的财富，是人类可以接受并最益于他们的幸福的最高财富。实际上，18世纪创造了一个理想化的中国，伏尔泰就是创造这个杰作的最积极、最富特色的一位艺术家。

在《中华帝国志》中，杜赫德写道："自然情感被中国人推到了一个高度完美的程度。"② 谈及宗教，另一位作家也同样说："因为他们没有从基督教世界里获得过那样纯粹、那样卓越的关于神祇的知识，而指责这些遵守着从父辈传下来的对自然规律有着深厚感情的中国先民不信宗教是不公正的。"③

在礼仪之争中，伏尔泰以自然的名义捍卫中国的无神论。"人们多次考察这种旨在用西方神学意识来反对世界另一端的中国政府的对无神论的指控，这无疑是我们疯狂的、充满学究气的矛盾行为。"④

这些话是诚恳的。因为，伏尔泰的宗教所要求的，不是像帕斯卡所要求的那样，去治愈人类的苦难，也不是像波舒哀所要求的那样，向我们指出永远统治着世界的上帝，伏尔泰是想宣传一种理性主义的宗教。应该说，伏尔泰的哲学著作里很少有实证哲学。他的著作，与其说产生于理性不如说产生于感情，是一种具有毁灭力的武器。他确认上帝存在，但并没有那么强大，他指责充满了理性不能容忍的事实的《圣经》。终于，他厌憎了教派之争，即使是在中国进行的这种争论。

对于伏尔泰，孔夫子代表着绝对权威。他不是一位受神启示的预言者，而是一位贤哲和官员。他很欣赏这些品质。我们知道伏尔泰的政治抱负是很大的。他对东方哲学的赞扬是他自己灵魂的回声。"我

---

① 伏尔泰：《全集》，第18卷，《哲学辞典》，第158页。
② 杜赫德：《中华帝国志》，第3卷，第155页。
③ 《学者报》，1736年1月，第22页。
④ 伏尔泰：《全集》，第18卷，《哲学辞典》，第154—155页。

们称作孔夫子的孔子既不构想新的意见,也不构想新的礼仪;他既不是受神启的人,也不是预言者,他是一位从事古法教育的睿智的官员"①。另一种理由使他这样地明确肯定孔夫子:在他看来,孔子理论可以与基督教分庭抗礼。我们应该从这个意义上去理解他下面的四句诗:

> 只用有益的理智做解释,
> 光耀精神而不炫耀世界。
> 孔子不是先知却是圣人,
> 谁知到处为人们所相信。②

当伏尔泰同样把中国理想化时,人们不禁会思考他是否知道耶稣会士们的著作。正如我们在前一章所指出的那样,耶稣会士们没有掩盖中国的缺陷,特别是关于中国的宗教信仰问题,例如关于死者在世俗生活中的影响问题。伏尔泰认识到这实际是迷信,但他却把这种迷信归咎于和尚而不是文人。他巧妙地区分中国的两种宗教:一种为学者的宗教,另一种是为平民的宗教。在谈及道士和佛教徒时,他说:"这些教派在中国受到宽容的对待,以便把它们应用于平民,就像用粗制食品来养活他们一样,而至于那些脱离人民的官员和文人们则食用的是最精纯的补品。似乎,平民百姓实际上不配有一种理性的宗教。"③

伏尔泰所感兴趣的是学者的宗教。"这种帝王、将相和所有文人的宗教没有沾染任何迷信。"④伏尔泰是资产者,他瞧不起地位低下的人。关于孔子,他写道:"他死后,他的弟子是皇帝、官员,也就是说是些贵人和文人,而不是老百姓。"⑤

---

① 伏尔泰:《全集》,第11卷,《风俗论》,第57页。
② 同上书,第18卷,《哲学辞典》,第151页。
③ 同上书,第11卷,《风俗论》,第179页。
④ 同上书,第27卷,《杂集》,第2页。
⑤ 同上书,第11卷,《风俗论》,第176页。

为了巩固他的理论，伏尔泰求助于耶稣会士们的作品，这些作品指出，中国宗教和基督教同出一源。正是基于此，李明神甫和其他传教士们写下：当其他民族还在崇拜偶像时，中国人已经熟悉真正的上帝，并将它供奉在宇宙间最古老的庙堂里。①

伏尔泰欣赏中国的第三个原因是它的政府。他要在这里发展他自己的思想。与孟德斯鸠看问题的方式相反，他认为中国实质上不是专制主义的国家，而是建立在父权制基础之上的绝对君权制的国家。"这个大帝国的法律与安宁是以最自然、最神圣的权利为基础的：孩子尊敬老人。"②

在那里我们碰到一种伏尔泰特别喜欢的意见：理想的政府应该是绝对的和立宪的政府。中国政府，至少是耶稣会士们作品中的中国政府恰好符合了伏尔泰的要求。一方面，中国的皇帝，像康熙和他的继承者们，是绝对无上的君主；另一方面，由学者、哲学家和文人领导的执法机构，可说是代表人民的精英。"人们都得像膜拜上帝一样膜拜皇帝，对他个人稍有不敬，就要受到法律的制裁，像犯亵渎神圣罪的人受到制裁一样，这并不一定说明这就是专制和横暴的政府。专制政府是这样一种政府：君主可以不受法律的约束，并按照他个人的意志剥夺公民的财产与生命。然而，假如有这样一种见所未见，闻所未闻的情况，即人们的生命、幸福和财产受着法律的保护，这就是中华帝国。"③

当伏尔泰写下面这两句诗时：

我常给中国皇帝去信，
直到而今，他没有给我一点回声。④

---

① 伏尔泰：《全集》，第 8 卷，《风俗论》，第 177 页。
② 同上书，第 15 卷，《路易十四时代》，第 76 页。
③ 同上书，第 8 卷，《风俗论》，第 162—163 页。
④ 同上书，第 10 卷，第 421 页。书简第 109，《致丹麦国王克里斯蒂安七世》。

这并不是为了开玩笑，而是为了表达他由衷的赞赏。伏尔泰赞扬康熙的孙子乾隆皇帝说，他不仅是一个绝对君权制的代表，而且尤其是一个诗人皇帝。谈到《盛京赋》①时，伏尔泰写道："我承认我被这位皇帝的诗迷住了，那诗中处处充溢了温柔的道德和乐善好施的德行。我禁不住追问，像皇帝那样忙的人，统治着那么大的帝国，如何还有时间来写诗呢？"②在同一封信的稍后的地方，他写道："乾隆尝试了这种伟大的事业，他成功了，然而，他说及此事时却非常谦虚，使我们的小诗人们显得都高傲而无礼了……"③

使伏尔泰感到喜欢的中国政府的另一面是：它的执行机构，是值得赞扬的，特别是主持它们的官员都是一些一丝不苟地遵循着儒学思想的文人。从那时起，一方面，司法在人民中得到很好的贯彻，人民从来不是牺牲品；另一方面，这些文人官员们的脑袋里没有半点迷信。因此，伏尔泰说："人们的头脑肯定想象不出比这更好的一个政府，在这个政府里，所有决定都是由上下执法机构做出来的，这些机构中的成员都是经过好几次严格考试才接收进来的，中国的一切都由这些机构安排。"④

这个政府还有使帝国得以休养与安宁的另外两个好处：第一，中国贵族完全不是世袭的，人们只承认功勋，名门子弟也得自己有超凡才能才行。⑤第二，一位官员有权力处罪犯死刑，但如果这个宣判不是皇帝亲手批准的话，他也无权执行。由此可见，庶民的生命和财产是受保护的，但是，令人吃惊的是，正是法律使人民走上道德之路。"在别的国家，"伏尔泰说，"法律惩罚罪恶；在中国，不只如此，法律还要褒奖德行。"⑥

伏尔泰对中国的热爱是无限的。他热爱这个由哲人制定法律、由

---

① 《盛京赋》，乾隆皇帝所作中国诗，耶稣会士钱德明译为法文，1770年，八开本。
② 伏尔泰：《全集》，第29卷，《杂集》，第452—453页。
③ 同上书，第454页。
④ 同上书，第8卷，《风俗论》，第162页。
⑤ 同上。
⑥ 同上书，第11卷，《风俗论》，第175页。

文人执行法律的国家。照伏尔泰看来，中国是最幸福的国家之一，因为儒学和政府合为一体，哲学家和诗人们有施展自己本领的场所。

但是如果人们向伏尔泰提出这样的意见："自从克洛维（Clovis）以来，基督教和君主政体在法国政府中是一码事，故而，人们不必嘲笑这个国家而赞颂另一个除了在书本上读到过而从未见过的国家。"作为对这种反对意见的回答，伏尔泰将肯定把法国和中国来加以区分，中国具有古老和宽容的双重优点。

为了抨击天主教，伏尔泰巧妙地利用了中国的编年史。中国的古老发现最终改变了世界起源的观念。一方面，它有助于对作为历史文献的《圣经》价值信仰的削弱；另一方面，它加强了批评精神，也就是说加强了唯一理性的裁决。对于伏尔泰来说，这是他热爱古老中国的另一个理由："为何我们的敌人无情地反对中国呢？为何要反对中国与欧洲主张正义的人们呢？无知之徒始敢说对中国历史估计过久，将《圣经》的真实性摧毁了。"①

由于中国的古老，伏尔泰把中国放在了他的《风俗论》的第一章，以便指出人类的发展。这构成他这部毫无历史价值的著作的独特性，毕诺先生理智地注意到："他（伏尔泰）向耶稣会士求教能证明中国的古老的事实和日期，并求助于不信教的人的论述，以将这种古老性提升到比耶稣会士们所做的评价更高的程度。"②

关于中国政府形式的问题，伏尔泰不能不嘲笑孟德斯鸠的观点。在他阐述汉文帝执政时（前179—前156）的法律时，写道："这个重要的意见推翻了《法意》中反对这个世界上最古老的政府的含糊其辞的非难。"③尽管这两位作家之间存在着分歧，但却都对中国的宽容精神表示赞赏。

对于这两人来说，宽容具有无限价值，因为特别是它具有"舆

---

① 伏尔泰：《全集》，第26卷，《杂集》，第389页。
② V. 毕诺：《中国与法国哲学思想之形成》，1932年，第279页。
③ 伏尔泰：《全集》，第11卷，《风俗论》，第174页。

论、觉悟、信仰的自由"①。人们不应该仅仅模仿中国的宽容，而应该首先摧毁欧洲的不宽容。中国没有宗教战争，"不是因为它（中国）想宽容，而是因为它的宗教不是像基督教一样的不宽容"②。

这两位作家的思想也是当时那个世纪的思想。中国被援引只是为了提供不同的论据。孟德斯鸠说："我不掩盖，在中国有不同教派的争论。在基督教中有很多这样的争论，因我们有这样的口头禅，除了我们的宗教以外，所有宗教都是坏的。"③伏尔泰在他的《论宽容》中，勾画出这样一幅漫画："最后，他们（耶稣会士们、荷兰人和丹麦人）三者一齐讲话了，他们互相用粗俗的语言进行辱骂。老实的中国官员很难制止，就对他们说：假如你们想在这里（中国）叫人家宽容你们的宗教，那就从自己既不被宽容，也不宽容自己做起吧。"④

对伏尔泰来说，雍正皇帝是一位宽容的倡导者。皇帝说："宽容，始终是我和人民之间的第一纽带，是君主们的第一义务。"⑤他还对巴多明神甫说："你们和其他欧洲人进行的关于中国礼仪无休止的争论，使你们感到了不尽的烦恼。假如我们在欧洲，采取和你们在这里一样的行为，那你们会说些什么呢？凭良心说，你们不会感到难受吗？"⑥如果我们多深入一点去探究伏尔泰的思想，我们就不再为《路易十四时代》里这古怪的一章"关于中国仪式的争论"而感到惊讶了。在歌颂了这黄金时代之后，他甚至表露出一种深深的遗憾：就是这个世纪不知道宽容。这一章仿佛是全书的总结。

因此，伏尔泰致力于创造一部关于中国的传奇。这位道德的倡导者，要求恢复人类的权利，然而他却支持一夫多妻制。他说："尤其请

---

① 伏尔泰：《全集》，第25卷，《杂集》，第15页。
② V. 毕诺：《中国与法国哲学思想之形成》，1932年，第411页。
③ 孟德斯鸠：《未出版的思想与片断》，第2卷，第511页。
④ 伏尔泰：《全集》，第25卷，《杂集》，第99页。
⑤ 同上书，第27卷，《杂集》，第15页。在中国历史上，雍正皇帝更加专制。在其统治时期，好多文人被认为有罪，即亵渎君主罪。
⑥ 同上书，第15卷，《路易十四时代》，第83页。

你注意，通奸在东方很少见，在被太监看守的宫娥中更是不可能的。相反，读者，通奸在我们欧洲几乎成了家常便饭……由此看出，是承认一夫多妻制好还是任其伤风败俗好。"①

在他对中国的研究中，伏尔泰显得很有头脑，但太片面。他没有谈任何新的东西，他重复的是耶稣会士们的著作，但他用自己的哲学观和政治观来阐明它们，然而人们应该承认他使中国进入世界历史的功绩。在国际政治方面，他的观念比旧欧洲的观念更先进了一个多世纪。

中国人的缺点是很多的，为了维持他关于中国观念的一致性，伏尔泰没有提到这一点。当他不能找到借口时，他便提出这是人的本性：为使社会达到完善，需要好多个世纪才行，如果它把中国当作榜样的话，理性将获得胜利。他不是实事求是地描绘中国，而是按照他对自己所处时代进行评判的需要来谈论中国。伏尔泰是一位卓越的历史学家，但他在自己这些关于中国的著作里却缺乏批评精神。他怀着幼稚的轻信全部接受了耶稣会士们的对他的论点似乎有用的材料。

"必须以怀疑的精神来阅读几乎所有这些来自遥远国度的报道。一种特殊的情况，往往被它们当作普遍现象加以报道。"②《风俗论》中的这些话也完全适用于作者本人对中国的判断。

三、魁奈与中国

和孟德斯鸠、伏尔泰一样，魁奈这位重农学派的创始人也从杜赫德的《中华帝国志》里吸取了关于中国的情况。这位蓬巴杜夫人（Mme de Pompadour）的医生，其思想之高甚至使路易十五肃然起敬，

---

① 伏尔泰：《全集》，第 24 卷，《杂集》，第 231 页。伏尔泰还说："一夫多妻，不能被视为不利于人口增长，因为事实上，在印度、中国、日本多配偶制被接受，而这些国家是世界上人口最密的。如果允许我在这里引述《圣经》的话，我们将说上帝自己允许犹太人多妻，向他们许诺'他们的子孙如同海沙一样众多'。"《创世记》二十二，17，伏尔泰注）

② 伏尔泰：《全集》，《风俗论》，第 113 章。

他对《中华帝国志》这部书给予了很高的评价。"杜赫德神甫精心收集了不同的回忆录,并刻意把它们改写成历史讲义。这部著作的功绩是相当卓著的,我正是依靠这位作家的材料来论中国的……"①

让魁奈对中国感兴趣的不是中国本身,而是为他自己的经济理论找依据。大国天朝的历史、风俗、体制给了魁奈意想不到的启迪。从此,他的理论原则建立在无可争论的事实基础之上。下面让我们研究一下魁奈赞赏中国的一些什么东西。

还在他生活在自己故乡的时候,他便"很早就开始了对农业问题的思考"②。魁奈构筑自己重农主义的体系是在私人财产没有以绝对形式给予保证的时代进行的。圣西门(Saint Simon)说:"路易十四不再怀疑他的臣僚们的财产是他自己的财产了,他给他们留下的那点财产也纯粹是对他们的恩典。"③

魁奈的理论简单而明确,因为它不是建立在形而上学的思辨基础之上,而是建立在明确观点的基础之上。这就是:一个民族的繁荣完全依靠财富。然而魁奈声称:"土地是财富的唯一源泉,而且正是农业才使财富倍增。"④只有耕种者在生产着,正是这个阶级构成了民族的实体。人们必须生活,农业成了生活的必不可少的条件。此外,人不是一个奴隶。而是一个自由的人。为了能生产,首先,他应自由地占有劳动手段,也就是说他的人身和土地。因而自由和所有制是政府必须保证的基本权利。

对于18世纪的重农主义者来说,人类的幸福不在将来的生活中,而是在人间,即在自然之中。为了使这种人类幸福成为可能,社会体制应建立在自然法之上。在1767年发表的《中国专制主义》中,魁奈明确地肯定:构成最有益于人类的自然秩序,明确确认人类的自然权利的

---

① F. 魁奈:《经济与哲学著作》,奥古斯特·翁康(Auguste Oncken)出版,巴黎,于利·普勒芒出版社,1888年,第592页。
② 《杜胡塞夫人回忆录》,附魁奈前引书中,第115—116页,注2。
③ 伊夫·居约(Yves Guyot):《魁奈与重农学说》,巴黎,吉约曼出版社,前言,第14页。
④ 魁奈:《经济与哲学著作》,《箴言集》,三,第331页。

物理学的法则，是永恒不变的法则，也是带决定性的最佳可能的法则。①

魁奈学说的新颖之处大体可归纳为以下三点：

一、国家应该真正重视农业；

二、应该保障个人财产和财产的自由；

三、必须在自然法则的基础上建立一种行之有效的立法机构。

这些新颖之处带来的重要结果是它们有益于人类的进步，有益于产生革命。在为魁奈的著作所写的导论中，翁康（Oncken）写道："托克维尔（Tocqueville）使人们认识到：这场历史性的伟大事变（法国大革命）的真正特点，可从经济学家，也就是重农主义者们的著作中很容易找到。"②

对魁奈来说，中国是一个模范国家，因为它符合他的理论。尽管许多历史学家断言它是专制主义的，但魁奈依然奋力地捍卫它。他的捍卫体现在对两种专制主义的区分上：一种是合法的，另一种是随心所欲的。中国可能是专制主义的，假如人们想这样说的话，但它是合乎法律的而不是任意的。因为"中国政府的体制是以一种不可置疑和占绝对优势的方式建立在自然法则之上的"③。他抱怨他的对手们的偏见太深："我觉得在欧洲人们相当普遍地具有一种对这个帝国的政府不大有好感的思想。"④

自古以来，中国高度重视农业。在亚伯拉罕时代（Abraham），农人出身的舜被选中为尧帝的继承人，他是一位贤明的君主。"这位帝王所专注的重要内容之一就是繁荣农业。"⑤

更令人吃惊的是，从远古到雍正时期的中国政府始终高度重视农

---

① 魁奈：《中国专制主义》，第645页。
② A. 翁康编：《魁奈集》，引言。
③ 魁奈：《中国专制主义》，第613页。
④ 同上书，第564页。
⑤ 同上书，第574页。

业的发展。可以说中国的皇帝，首先是农耕者的领袖。"康熙皇帝的继承者，"魁奈说，"制订了一些很有利的规章以激发农耕者的竞争。除了他亲自参加播种做出榜样而外，他还命令所有城市的长官每年都去寻访一次在耕种艺术中最卓越的人……"①

这一点是极其重要的。一方面，中国政府建立在能促进人类不断进步的自然法则上；另一方面，财富成倍地增长，自然导致了人口的增加。魁奈也正是在这种意义上写下这句格言："但愿人们重视收入的增加，多于重视人口的增长。"②

如果说中国政府是建立在理性基础之上的话，这是因为它的内政是最好的。在荣誉上，首先是文人阶层，其次就是农耕者了。"中国的农人的地位在商人和手工业者之上。"③但这种政策的最重要的一点是对私有制财产的保障，这是魁奈的一个主要论点。关于财产的所有制问题，在《中国专制主义》中，魁奈在谈到中国的体制时赞赏地说："在中国，所有权是非常安全的，就是那些雇员与佃工，都受到法律的保障。"④中国政府的这个例子符合他那句宝贵的格言："但愿资产与动产的所有制保障拥有者的权利，因为所有制的保证是社会经济秩序的根本基础。"⑤

不仅如此，在必要的促进下，中国政府还对商业采取优惠政策。交通事业的发展，使运输速度更快，并建立起了更为便利的公共事业。魁奈说："中国的所有运河，被管理得非常好，人们对河流的航运给予极大的关注。"⑥照他看来，这是好政府的一种优点。

按照重农主义者的观点，评判一个国家依靠这样一个简单标准：

---

① 魁奈：《中国专制主义》，第601页。
② 魁奈：《箴言集》，二十六，第336页。
③ 魁奈：《中国专制主义》，第601页。
④ 同上书，第599—600页。
⑤ 魁奈：《箴言集》，四，第331页。
⑥ 魁奈：《中国专制主义》，第579页。参考这段话："这里，人们旅行走水路远多于陆路。因为江、河、运河众多，它们极大地便于商业。这些河流上有无数在外观上各有特异的各种船只……"《耶稣会士书简集》，第25卷，第176页。

到农村去。如果土地耕耘得好，如果道路管理得好，人民幸福，这样的政府就是合乎理性的。[1] 魁奈的另一句与交通道路有关的格言是："要通过道路的分离和河运与海运，使积压农产品和手工业产品的，能得到方便的运输与疏散。"[2]

《中国专制主义》是18世纪关于中国的一个有趣的研究。它的确像皮诺特先生所论："是一个农业君主国的历史。"[3] 但魁奈并不是它的发明者。我们在耶稣会士们的作品中，找到了许多对中国这个农业国的描写。那些美丽、动人、有时近乎仙境的画面吸引着重农主义者们的想象。例如，人们在杜赫德的作品里可以读到："这些农村的土地被一种只有中国人才能做到的精心和劳动所经营，它们是那样的肥沃，以致在不少地方每年可以产两季水稻……"[4]

耶稣会士们大约于17世纪末到达中国，他们是这个国家农业状况的目击者和证明人，马若瑟神甫（P. de Prémare）下面的话确实对魁奈的头脑产生了巨大的影响："沿珠江而上，始看出中国真正的面目。两岸都是稻田，有如草地。在这无边的田间，交织着无数的河渠，帆船往来如梭，正像在草地上泛游。更远处，山峦林立，树木丛生，山腰间有人工开垦的田地，正像是伊勒里宫的花园。这中间有许多村庄，充满了田园风味，悦目怡情，只恨所乘的船太快地驶过去了。"[5]

此外，中国有四千多年的历史，在各个时代，它都把农业置于首位。它知道："没有农业的社会只能造就不优秀的民族。"[6] 从一开始，

---

[1] 这里我们遵循V. 毕诺这样的思想：《18世纪的重农主义者和中国》，《现当代史杂志》第八卷（1906—1907），第200—214页。在这里我们仅提及皮诺特的原话中的一句："哲学家（Poivre）说：如要形成对他所去的国家有一个整体观念，最简捷的方法莫过于去看看它的市场和农村，如果它的市场上食品丰富，地里庄稼种得好，到处是丰收的景象，人们便可以确认他所去的国家是一个人丁兴旺、人民安居乐业的风俗淳厚的国家，而它的政府是顺应理性原则的。这时他可以从心里说，他是在人类之中。"

[2] 魁奈：《箴言集》，十七，第335页。

[3] V. 毕诺：《18世纪的重农主义者与中国》，《现当代史杂志》，第8卷，第207页。

[4] 杜赫德：《中华帝国志》，第1卷，第15页。

[5] 《耶稣会士书简集》，第26卷，第84页。

[6] 魁奈：《中国专制主义》，第647页。

中华民族就有一个重农主义的政府。它善于延长自己的生命,直至目前。政府的这种持续性是其优越性的证据之一。比埃费尔(Biefield)说:"一个国家体制的最大完美表现在于它的延续性。"[1] 因此,中国政府的古老性和恒定性是重农主义者理论的卓越之处的明显证据。

魁奈研究了中国政府这种恒定性的原因,他发现,中国受益于对自然法则的遵从。他写道:"中华帝国的绵延和伸展,以及它的持续的繁荣,难道不是由于它遵从自然法则的缘故吗?"[2]

确实,在所有的城市里都有些官方机构在从事道德科学的研究。一个繁荣与持久的政府的最重要的目标应该是,像中华帝国一样,对构成出色的社会秩序的自然法则进行深入研究和持续而普遍的教育。[3]

我觉得魁奈对中国的研究不仅仅是由于对中国的倾心,而完全是把中国作为他重农主义原则的依据。他关于中国的知识,是表面的、第二手和第三手的。18 世纪,人们对中国形成了种种约定俗成的观念。忽而它是开明、道德和繁荣之邦,忽而它又是一个专制、怪诞和悲惨的世界。魁奈怀着善意对它采取各取所需的态度。像孟德斯鸠一样,他使事实服从于自己的原则。

此外,像伏尔泰所认为的那样,如果说他把中国放在心上,那是因为中国给他提供了一个批判法国体制的更好良机。1692 年的法令庄严地宣布:"国王的至高而全面的财产是天下的所有土地。"[4] 在魁奈看来,那正是专横的专制主义,他用中国合法的专制主义来反对上述的专制主义。

---

[1] 转引自 V. 毕诺:《18 世纪的重农主义者与中国》,《现当代史杂志》,第 8 卷,第 207 页。
[2] 魁奈:《中国专制主义》,第 660 页。
[3] 同上书,第 646 页。
[4] 伊夫·居约:《魁奈与重农学说》,巴黎,吉约曼出版社,前言,第 14 页。

第六章
结　论

　　因此，耶稣会士们作品的出版引起了无神论者和自然神论者们对中国的广泛兴趣。他们对中国的兴趣，与其说像他们声称的那样是为了功利和人类的进步，不如说是出于好奇。18世纪是哲学的世纪，在这个意义上说，哲学是当时的作家们最为关注的科学，人们给予它一种巨大的关注。一个国家的人民，如果不精心发展这些科学，难道不是野蛮粗俗的民族吗？

　　一部出于耶稣会士们之手关于中国的最光辉的著作证明：在那里找到了一种道德和完满无缺的法律。感谢那样合乎理性和自然的儒家哲学，由于它，中国人，即使是无知的中国人，"都是公正无私和互相帮助的"[1]。这种毫不含糊的断言引起了反响：哈雷大学的教授、数学家沃尔夫（Wolf）在科学论的一次仪式上发表了赞扬孔子的演说后，受到他同事朗若的批判，而后被判罪。[2]

　　这种对中国强烈的兴趣不是唯一地归因于中国自身的品质。它同样是17世纪思想演变的一种结果，这个世纪首先是一个智慧、理性和

---

[1]　《耶稣会士书简集》，第29卷，第94页。
[2]　伏尔泰：《全集》，第18卷，《哲学辞典》，第156—157页。

心理分析的世纪。这个世纪尤其对人感兴趣而对自然有所忽视。如果说作家们提到了后者,那也还是根据人和人类灵魂的需要。相反,18世纪的作家们拒绝把自己限制在抽象的研究之中,他们想从中挣脱出来,以便突出人与自然的差别。在他们所做的多少有点正确的描述中,企图把中国作为立论的范例。于是人们才唱出这样的诗句:

中国是一个迷人的国家,
它一定会使你喜欢。①

对中国的理想化,是这个时代普遍精神状态的一种结果。在法国,有名望的人们不断宣称:那里不是一切皆好,就连太太们的发式也是如此。李明神甫说:"但是,我相信,如果人们在法国看到这样的模特,他马上会被吸引,并甘愿放弃这种惯用的充满杂七杂八的饰品的发式,而去梳中国妇女的发式。"②

在格里姆(Grimm)的《文学通讯集》中,他讲了一件很有教育意义的佚事:一天,路易十五和他的大臣贝尔坦(Bertin)一起策划革除国家的流弊,并请他寻找行之有效的良策。几天之后,贝尔坦向国王阐述他对普遍精神改造的方案。路易十五问:"你有何打算?"贝尔坦答道:"陛下,就是为法国人灌输中国精神。"

对于18世纪的启蒙哲人们来说,中国精神的特点重于一切宗教。中国文人承认一个至高无上的天,但并不崇拜它。他们既没有牧师,也没有宗教大臣;在孔子身上,他们颂扬的不是奇迹,而是他的哲学:知识分子不向他做任何祈祷,也不向他要求什么。然而,中国实践着道德,特别是18世纪法国哲人所称的宽容。谈及儒家哲学,雷孝思神甫说:"除了动机以外,我看不出中国人的慈悲与基督徒的慈悲有什么不同,尽管上帝是千真万确的,他甚至存在于那些被智慧之光引

---

① 皮埃尔·马尔蒂诺,前引书,第121页。
② 李明:《中国现状新志》,巴黎,阿尼松出版,1696年,第269页。

向道德之路的不信教的人们的精神之中，他们的这些道德在行动上与基督徒的道德毫无差别。"① 依照同样的理由：哲人们得出如下结论：要建立一种道德，不需要任何宗教。他们嘲笑"信仰的物质"，宣扬宽容与人道。他们断言，为了过一种有规律的生活，只要顺乎自然就够了。基督主义作为反自然性而应该被抛弃，基督徒的教条与道德是人类进步与发展的羁绊，因此必须把它们摧毁。必须培养一种不是对上帝之法律的服从所体现的精神，而是满足社会需要所要求的道德。哲学家们倾向于用一种简单的社会规律来改造基督教的道德，在这方面，中国提供了一个卓越的范例。

政治独立于宗教之外的要求所引起的后果，比道德独立的要求所引起的后果更要严重。

在中国，管理的艺术被他们描绘得仿佛有点令人赞赏，当作家们讲到《耶稣会士书简集》中的这些话时，他们不需要批判自己的政府的弊端。这些话是这样写的："尽管中国皇帝的权力和财富几乎是无限的，但他的膳食相当简朴，他本人毫不奢侈，然而当用之于民和国家需要时，他在为国家开销上却变得很慷慨，并且大方到有些过分的地步。"② 神权至上、政教合一是中世纪的旧传统。但愿国王降低到与庶民平等的水平，变成人民的奴仆，人民独立自主起来！

以中国为榜样，18 世纪哲人们相信：一种完全合乎理性的政治能使个人、家庭和社会获得幸福。中国的贤者、智者们成功地使普通的人也具有很高的道德，但是，"人们愉快地发现，他们在尽力适应人民的需要"③。因此，实质上，中国的政治方向不是出于人对上帝义务的考虑，而是由于人民的需要。换言之，中国的政治吸取了集体所需的思想。这个结论启发哲人们要求自己的国家在体制上做根本的改革。

---

① 转引自 G. 朗松：《18 世纪哲学思想的形成与发展》，《教学与讲座杂志》，1909 年，第 71—72 页。
② 《耶稣会士书简集》，第 25 卷，第 19—20 页。
③ 杜赫德：《中华帝国志》，第 3 卷，第 158 页。

君主制的三大支柱——专制主义、贵族制和世袭制应该取消。众所周知革命就是这样来的。

能否由此得出结论说耶稣会士们有助于法国革命的来临呢？肯定不能这样说。他们揭开了中国的帷幕，这对他们来说，是一种光荣。一位1685年以前的作家曾为搜集这个国家的资料而感到为难。《耶稣会士书简集》、《中华帝国志》以及耶稣会士们的其他作品的发表，给予许多人了解这个国家的希望和可能性，而且这种愿望是很容易实现的。这类作品满足了充满求知欲和好奇心的人们。哲人们以此作为自己的原则和学说的依据和注解。如果人们想要暗示耶稣会士们为翻天覆地的革命做出了贡献的话，那么应该说这是他们很不情愿的。

所有的权威人士都承认导致法国革命的原因是很复杂的。人们曾多次认为可以在诸多的因素中，列举出耶稣会士们向法国人提出的关于中国的见解。目前的研究指出：耶稣会士们首先想在辽阔的亚洲帝国推广基督教，为达此目的，他们利用了中国人表现出的对科学，特别是对数学、天文学的渴求。同时，他们尽力使欧洲对他们的作品产生兴趣，在使人们了解中国的文明的同时，创立了汉学。杜赫德神甫的著作，在这方面是典型的，由于它成了可以说是第一部关于中国的百科全书，借此，欧洲人可以查阅中国的情况，查阅它的过去和当代的政府，查阅它的文化，所以这部著作具有独创和特殊的重要性。

耶稣会士们首先是作为学者而出现的。因此，耶稣会在北京被取消时，德经写道："抛弃传教团体是一种不幸：可能目前情况使它们的重要性尚未得到足够而明显的表现，然而一旦它们被毁灭或抛弃，人们会感到造成巨大损失的时刻即将到来。"[①] 腓特烈二世（Frédéric Ⅱ）也写信给濒于死亡的伏尔泰说："请相信我，请你与修会（耶稣会）言归于好，在上个世纪，它造就了法国最伟大的人物。"[②] 在这些伟大人

---

① 亨利·柯蒂埃：《耶稣会被取缔与北京传教团》，1918年，第140—141页。
② G. S. 德莫朗：《法国耶稣会士在华业绩》，1928年，第226页。

物中，国王确实把汉学家杜赫德计算在内了。

在这些章节中，我们曾想概述中国文人对耶稣会士们的印象，并指出耶稣会士们与康熙皇帝之间是什么关系，我们阐述了耶稣会士们为什么和怎样专心致力于科学，我们曾特别介绍了杜赫德的著作，而且强调指出了它的价值和对 18 世纪作家的影响，并把孟德斯鸠、伏尔泰和魁奈作为典型加以阐述。我们试图以此为 17 世纪末和 18 世纪初中法知识分子的合作史的研究做些绵薄的贡献。尽管我们的能力有限，资料不足，但我们的读者会肯定这样一点：我们没有离题太远。

参考文献

Anson（George）: Voyage autour du monde, fait dans les années MDCCXL, I II III IV Amsterdam et Leipzig, 1749 Publié par Richard Waltter.

d'Anville: Mémoire de M d'Anville sur la Chine. Paris, 1776.

Atkinson（Geoffroy）: Les relations de voyages du XVIIe siècle et l'évolution des idées, contribution à l'étude de la formation de l'esprit du XVIIIe siècle Libiairie Aneienne, E Champion, Paris.

Backer（Les Pères Augustin et Aloys de）: Bibliothèque de la Compagnie de Jésus, 1895 Paris, A Piccard.

Baudier（Miehel）: Histoire de la cour du Roy de la Chine. Paris, Etienne Limoysin, 1668.

Biographie universelle, ancienne et moderne. Paris, Chez Michaud Frères, 1813.

Brou（A）: De cerlains conflits entre missionnaires au XVIIe siècle. Revue d'histoire des missions. T. XI 1934, pp. 187-202.

——Les jésuites sinologues de Pékin et leurs éditeurs de Paris. Revue d'histoire des missions T. XI 1934, pp. 551-566.

Bouvet（Joachim）: Portrait historique de l'Empereur de la Chine, présenté au Roy Paris, 1698.

Bruker（Joseph）: La Chine et l'Extrême-Orient d'après les travaux historiques du P. An. Gaubil, Missionnaire à Pékin（1723-1759）.Revue des questions historiques. T. XXXVII,1885,pp.489-539.

Burker（Abbé）:Communication sur l'exécution des cartes de la Chine parles missionnaires du XVIIIe siècle d'après documents inédits. IVe Congrès international des sciences géographiques tenu à Paris en 1889. T. I, pp. 378-396, Paris.

Carcassonne（E.）: La Chine dans «L'esprit des Lois», Revue d'histoire littéraire de la France, 1924.

Chen Yun: le christianisme vu par les non catholiques à la fin de la dynastie des Ming et au début de celle des Tsing. Revue de Pan Che. T. III,n° 1,2,3, Pékin.

Gordier（Henri）: La Chine en France au XVIIIe siècle.（Bibliothèque des curieux et des amateurs）,1910. Paris, Henri Lansen.

——La suppression de la Compagnie de Jésus et la mission de Pékin. Leyde,1918.

——Fragments d'une histoire des études chinoises au XVIIIe siècle. Paris, Imprimerie nationale,1895.

——Bibliotheca Sinica. Paris E. Leroux, 1878.

——Essai d'une Bibliographie des ouvrages publiés en Chine par les Européens au XVIIe siècle et au XVIIIe siècle. Paris, E. Leroux, 1883.

——La Chine en France au XVIIIe siècle. Comptes rendus des séances de l'Académie des Inscriptions, 1908.

Dictionnaire apologétique de la foi catholique. Paris, 1911. Art:Chine.

Descamps（Le baron）: Histoire générale comparée des Missions. Plon, Paris, 1932.

Dodds（Muriel）: Les Récits de voyages, sources de l'Esprit des

Lois de Montesquieu. Champion, Paris, 1929.

Documents inédits relatifs aux délégués apostoliques du Vatican en Chine, sous le règne de l'empereur Kang-si. Ed. photographique, 1932, Pékin.

Du Halde: Description géographique, historique, chronologique, politique, et physique de l'Empire de la Chine et de la Tartarie chinoise enrichie des cartes générales et particulières de ces pays, de la carte générale et des cartes particulières du Thibet, et de Corée; et ornée d'un grand nombre de figures et de vignettes gravées en tailledouce. Chez Henri Scheurleer, à La Haye, 1736.

Dumeril: L'influence des Jésuites considérés comme missionnaires sur le mouvement des idées au XVIIIe siècle, Mémoires do l'Académie de Dijon, 1874, 3e série, t. II.

Faguet (Emile) : Dix-huitième siècle. Boivin, Paris.

Farjenel (Fernand) :Voltaire et les Chinois. Revue hebdomadaire, 1910.

Feynes (Henri de) :Voyages faicts par terre depuis Paris jusques à la Chine. P. Rocolet, Pairs, 1630.

Ghirardini (Gio) :Relation du voyage fait à la Chine sur le vaisseau l'Amphitrite, en L'année 1698. Paris, chez Nicolas Pepie, 1700.

Gotô (Soueo) : Les premiers échanges de civilisation entre l'Extrême-Orient et l'Occident dans les temps modernes. Revue de littérature comparée, 1928.

Guyot (Yves) : Quesnay et la physiocratie. Guillaumin, Paris.

Hazard (Paul) : La crise de la conscience européenne (1680-1715). Boivin, Paris, 1935.

Journal des Sçavans, 1735, 1736.

Lange: Journal de la résidence du Sieur Lange agent de Sa Majesté impériale de la Grande Russie à la cour de la Chine, dans les années 1721 et 1722. A Leyde, 1726.

Lanson (Gustave) : Formation at développement de l'esprit philosophique au XVIIIe siècle. Revue des cours et conférences, 1909.

——Questions diverses sur L'historie de l'esprit philosophique en France avant 1750. Revue d'histoire littéraire de France, 1912.

——Histoire de la littérature française. Hachette, Paris.

——Voltaire (Les grands écrivains français) .Hachette, Paris.

Leibniz: Recueil de diverses pièces sur la philosophie, les mathématiques, l'histoire, etc... Publiées par Chretien Kortholt. Hambourg, 1734.

Le Comte (Le P. Louis) : Nouveaux mémoires sur l'état présent de la Chine. Paris, J. Anisson, 1696.

Le Gobien (Charles) : Histoire de L'édit de l'empereur de la Chine, en faveur de la religion chrétienne: avec un éclaircissement sur les honneurs que les Chinois rendent à Confucius et aux morts. Paris, Jean Anisson, 1698.

La Servière (J. de) : Le père Adam Schall d'après un ouvrage nouveau. Revue d'histoire des missions, 1934.

Lettres Edifiantes et Curieuses écrites par des missionnaires de la Compagnie de Jésus. Mémoire de la Chine, de t. XXV à XL. Chez Gaume Frères, 1831-1832.

Martino (Pierre) : L'Orient dans la littérature française au XVIIe et au XVIIIe siècle. Hachette, 1906.

Mémoires de Trevoux, 1733 et 1736.

Montesquieu: De l'Esprit des Lois. Paris, Garnier.

——Lettres Persanes. Lemerre, Paris, 1873.

Morant (Georges Soulié de) : L'Epopée des Jésuites français en Chine. Grasset, 1928.

Observation sur les écrits modernes, t. III, V, VI, VII, XI,1735-1737.

Pauthier: Les Livres Sacrés de l'Orient. Paris, 1840.

Pinot (Virgile) : La Chine et la formation de l'esprit philosophique en France (1640-1740). Librairie orientale Paul Geuthner, Paris, 1932.

——Documents inédits relatifs à la connaissance de la Chine en France de 1685 à 1740,1932.

Pinot (Virgile) : Les physiocrates et la Chine au XVIIIe siècle. Revue d'histoire moderne et contemporaine, t. VIII,1907.

——Les Sources de «L'orphelin de la Chine», Revue d'histoire littéraire de la France, 1907.

Prospectus d'un ouvrage qui a pour titre: Yu le Grand et Confucius, histoire chinoise. A Soissons, 1769.

Quesnay (François) : Œuvres économiques et philosophiques. Publiées par Auguste Oncken. Paris, Jules Peelman, 1888.

Relations des mœurs, inclinations et coutumes des Idolâtres de la Chine et de Tunquin. (S.L.N.D.)

Renaudot (Eusèbe) :Anciennes relations des Indes et de la Chine de deux voyageurs mahométans, qui y allèrent dans le neuvième siècle. Traduites de l'Arabe, 1718.

Silhouette (M. de) : Idée générale du gouvernement et de la morale des Chinois. 1729.

Ting Tchao Tsing: Les descriptions de la Chine par les Français (1650-1750).

Librairie orientale Paul Geuthner.1928.

Tœpffer: Badinage sur le P. Du Halde. Réflexions et menus propos, 1788.

Van Heé (L.): Les Jésuites mandarins. Revue d'histoire des missions, 1931.

Voltaire: Œuvres Complètes. Nouvelle édition, 52 vol. Garnier.

Bernard（Henri）: Le Frère Bento de Gœs chez les musulmans de la haute Asie（1603-1607）. Tientsion, 1934.

Grimm: Correspondance, 1785.

N.-B.– Nous omettons tous les ouvrages écrits en langue chinoise sur lesquels nous avons pu mettre la main, à Genève et à Paris.

《杜赫德的著作及其研究》系阎宗临先生1937年在瑞士弗莱堡完成的法文版博士论文。法文版信息如下：Yian Tsouan-Lin, *Essai sur le P. Du Halde et sa Description de la Chine*, Fraguière frères, 1937. 本书由葛雷（北京大学）译为中文。译文经阎守和、计翔翔校订。

近代欧洲文化之研究

自 序

近代欧洲文化的变动，始于 16 世纪，其可注意者有三：个人意识的觉醒，国家思想的发展，追求无穷的进步。

这三种精神，相因相成，有时难以分辨的；辗转推进，形成所谓"机械文化"，充分表现出欧人思想的特征：于复杂中求"统一"，施以强有力的"组织"。

此种文化，使"自然"脱掉神秘的衣服，同时也使"人"失掉正常的概念，即是说：人非万物之灵，只不过万物中之一"物"。于是"物竞天择"的理论，遂成为不易的铁则。这是很残酷的。

我们看到许多醉人的名词，如自由与繁荣，流为一种虚幻的术语，实质上只是一种自私的卫护，激乱了人与人、人与物的平衡，其结果便是否认人类原有的理性。我们静心观察，近代欧洲昌荣的国家，受机械文化的支配，将"人"解体，形成阴暗的悲剧，这不是科学的错过，这是文化不以人为基调必有的现象。对此，我们应有一种新的认识。

我根据这种平凡的见解，累承万仲文兄鼓励，在《建设研究》发表了这几篇文字，现在收集起来，题为《近代欧洲文化之研究》，那不是有系统的著述，那只是我平日研究的一部分，而且非常幼稚的。

当我写这些文字时，我常想到瑞士伏利堡大学教授岱梧（Prof. E. Dévaud）先生，他教我做人，导我治学，我受了先生天高的恩谊，使我这个苦学生，得以完结自己的学业。古人说："大德不言谢"，我只盼不太辜负先生的希望，这本书权当我遥寄恩师的微物。

民国三十年二月二十日阎宗临谨识

欧洲思想之悲剧

一

近代欧洲思想的悲剧，是文化失掉重心的象征，其结果产出不安与不定。生活是思想的反映，而欧洲人的生活上，逐渐减少了智慧与意志的成分，因为最初他们失掉了人与人的和谐，继后又失掉了人与物的和谐，这是非常可怕的。

欧战后，国际联盟的成立，似乎是一转机。从那种惨痛的教训内，希望战争永逝，给人类生活一种新的意义。谁想，为时未及二十年，被发现这是一座蜃楼，只有他的躯壳，留在寂寞的列芒湖畔，供游人嗟叹而已。

欧洲的战争是无法避免的。不是欧人好战，乃是战争因素日见增加，使他们必走此艰辛的路途。英法讲和平，德苏又何尝不讲和平呢？现在未卷入战争的国家，哪一个敢保证他的和平呢？试看苏联和芬兰，现在也走入那种艰苦的境遇，将来的历史会给他一个正确的说明。

我们不敢预测未来，但是，我们可以探讨它的过去，将近代欧洲促成战争的原因，特别是思想上，给它一个简略的说明。笔者见闻有限，学浅识短，这只是一种观察和感想而已。

我们想要说明的：

（一）近代欧洲的几种思想，为人憧憬，它给人带来许多福利，亦带来许多痛苦，两相比较，恐怕痛苦超过福利。

（二）我们想说明欧洲思想的错误，在失掉"人"的正确的观念，从此演出另一个错误，即价值颠倒，人为物役，心为形役。

（三）从国家的立场上，我们非常需要机械文明，但它不能替代我们自己的文化。这次抗战便是一个有力的证明。

当经济恐慌到极点时，瑞士政府领袖米锐（Muzet）先生说："再三反思，经济恐慌，仍是一个思想问题，哲学问题。"

二

近代欧洲的悲剧，始于16世纪的文艺复兴。多少人醉心过这个伟大的时代，把他当作黎明的曙光。米失勒（Jules Michelet）在他的文艺复兴的引言内，指出这个时代的特点有二：人的发现与世界的发现。

米失勒的意思，认往日的欧洲，整个地沉在噩梦内，所有的生活，停止了他的行动，笼罩着阴暗的浓雾。人只是抽象的缩影，世界便是地中海的别名，我们只看当时讨论印度女子有无灵魂的问题，便知欧人的知识幼稚到何种地步。于是颖出之流，需要冲击，冲击中世纪封建的堡垒；需要解放，解放中古教会的镣链。远如沙文那好（Savona role）、爱哈斯母（Erasme），近代如哈伯莱（Rabelais）、宏沙（Ronsard）等，都是这种运动的代表，这种精神，现在仍然盛行，所以吴塞尔（H. Hauser）将他对于文艺复兴的研究，题为"16世纪近代化"，寓意是非常深长的。

文艺复兴的灵魂是人文主义。莫尼野（P. Monier）说："人文主义，不只是爱好古代，而且是崇拜古代；不只是了解古代，而且是模仿古代。……这种运动的极点，便是改变'人'的观念。"这里，莫尼野所指的改变人的观念，系精神与肉体的分离，思想与行为的分离，其结果产生出两种特别的现象：一种是智慧纪律的崩溃，另一种是灵与肉价值的颠倒。

当时文艺复兴的人文主义者，是绝对预想不到这种结果的，他们开始只是一种批评，结果却是一种破坏；他们开始只是一种改造，却结果是一种革命。

在这个大时代的前夕，西方人士的情绪，反映出荒凉、阴暗与悲惨的景象。百年战争，政教冲突，天灾与瘟疫的流行，人人感到失望与悲观，生活变成一副可怕的刑具。试看那时的艺术，其重心交集在"死"上，比萨（Pisa）公墓的骷髅舞（Danse macabre），诺曼底（Normandie）以枯骨与头颅装饰门楣，形成一种变态的心理，正像光绪时代，许多王公装扮乞丐，到什刹海乘凉一样的。马落（E. Malet）在中古艺术史中，竭力推重这种爱死的精神。不，这不是爱死，这实是恶死，"天地之大德曰生"，欧洲人何能例外？这只是走到时代崩溃的地步，变态的反映而已。

三

几乎这是文化史上的一条定律：当一个时代到崩溃时，有一种特性，使弱者变为更弱，强者变为更强，前者是群众，后者是少数人，文艺复兴时代，亦是如此。

欧洲的历史上，没有再比文艺复兴更蓬勃的。我们看到当时许多杰出的人物，正像兵燹后的宫殿，在破瓦颓垣中，耸立着不可撼摇的石柱，支撑着沉默的苍穹。

这些特殊底人物，如米盖郎（Michel-Ange）具有海似的心情，晶明的智慧，然而不能见容于当时的社会。当他看自己的周围，充满荒凉、寂寞的社会使之窒息。于是反退回来，只好寻找自身，逃避在内心深处，因为人的自身，究竟是无法可走时最后避难的山洞。也是为这个原因，米盖郎题默地谢士（Médicis）坟墓《夜》的塑像时，他说：

> 看不见，听不着，
> 于我是莫大的幸福！
> 低声点吧，不要唤醒他。

我们明白米盖郎的生活，完全在奋斗中。这不是消极，这是一种孤独。

此种爱死与孤独，推动人文主义，于是人文主义提出人为宇宙中心的原则。人不只为万物之灵，且为万能，到哥白尼（Copernicus）与加利雷（Galilée）出，给予有力的佐证，成为不易的定则。雷纳（G. Reynold）先生说："人文主义的哲学，不是来自沉思与理智，乃是来自对新发现的一种热情，一种憧憬。"

这实是一个大时代，新航路与新大陆的发现，希腊罗马思想的传播，印刷机的应用，在当时前进者的想象上，搅起了狂激的波涛。也便在这个时候，智慧的"轴心"移动了，即是说：由深度移至平面。

这样，构成欧洲中古文化唯一的要素：讲求灵魂的完美，逐渐为人蔑视，到十八世纪，便成了讥笑的资料，服尔德（Voltaire）便是好的证例。

四

文艺复兴的新时代，给人带来两种强烈的动向：需要自由，需要控制物质。这两种需要，可说是人性的，原不当视为文艺复兴的特产。但是，我之所以特别提出的原因，为着自16世纪以后，历史上从未见过，如此的需要，如彼的白热化。

需要自由，即是说要斩断束缚人的镣链，他的范围非常广泛，思想、宗教、政治、社会皆在斩绝之内。

最初寻找自由的人，还相信理智的力量，笛卡儿（R. Descartes）的"我思，故我在"，即是相信理智得到的结论。继后，理智也发生问题，追问理智是否也是一条镣链？因为构成人性的要素，如本能、情欲、感觉等当为理智所涉及范围。为怀疑而分析，因分析而更怀疑，结果，人的整个性，横遭残杀，此所谓"个体的自杀"。

个体分解是失掉信心的证明，其心理必为病态的，因为孤独、失望、不安等情绪，每日腐蚀自认为万能的动物。但是，人不能不生，生不能脱离团体，结果个人成了集体的牺牲，而沉溺在人海里面。需要自由所得到的是变形的专制。在法国大革命时，多少做自由梦者，反失掉他那点不满意的自由。现在，德意那种制度下，有几个可曾达到他们的理想？

另一种倾向是需要控制物质。从南美洲的金子、印度洋的财富运往欧洲后，欧人生活与思想集聚在征服自然与物质进步上。他们认幸福与繁荣是相同的，富庶与奢侈是一样的。物质影响到精神，由外形影响到内心，将一切放置在"新"的上面。因为他们看进步便是"新"的别名，然而他们却忘掉"新"没有"真"是绝对无价值的。

也像罗马帝国一样，版图扩大，财富增加，同时也带来很坏的结果：平民与贵族的斗争，经济中心转移在少数人的手中。欧人醉心新奇，时时要服役物质，揭破自然之谜，其结果我们看到享受的欲望扩大，生产过剩使生活迟滞，而最重要的一点，是物质的发达，反使物质变得更为贫乏。

农村破产，经济恐慌，至少为一部分物质过剩的反映。雷纳先生说："在丰富的金银与产物中，我们有饿死的危险。"我们并非反对科学，诅咒生产，我们是说明需要控制物质，人反为物质所控制，这种现象，实在可怜，实在矛盾。

近代的人，特别感到这种苦痛。德国龚代尔（Gunther Grundel）说："从文艺复兴到欧战，也许会被人命为吕西佛尔（Lucifer）时代，这不是一个可怕的魔鬼，而是一个落魄的天使，艳丽的妖魔……他在西方人士的心上，有种特殊的力量，似乎永远登上胜利的征途，其结果，必将有一个剧烈的颠覆。"

五

近代欧人思想上，人文主义是一朵怒放的春花，好奇、探讨、分析、经验都是最可赞美的果实。它特别树立起一种风格，与希腊、罗马，中世纪的文化截然不同。它既不像希腊狂爱肉体的完美，产生出文学与艺术；又不能像罗马追求社会的完美，产生出法律与组织；更不像中世纪，寻觅灵魂的完美，遗留下哲学与建筑。它的重心，几乎交集在所有的工具上，使之实用，同时又特别经济，其结果产生出"机械"。

机械是近代文化的特征，它给人类一种强有力的工具，同时也给人类减轻许多苦痛。在1809年瓦尔齐伦（Walcheren）远征中，三万九千人的军队内，有两万三千左右的人病死，而战死的仅只二百一十七人。现代的战争内，无论设备如何简陋的国家，其死亡率的比例，绝对没有如此相差太远。

将战争的罪恶归诸科学的发达，那完全是错误的。谁也不能否认科学的价值，否认是枉然的！但是问题并不在此。

科学可以把人放在生物学内，却不能将人看作是机械的一部分。事实上，机械每天扩大它的伟力，逐渐支配到人心。不特个体与群众无分别，便是生理和心理也搅成一团，法西斯的理论，苏联文化的特征，都十足地反映这种现象。他们拼命争取本能的要求，但是却甩不脱机械的压力，因为他们看政治、经济、文化以至个人的情感都是一副机械，每天在那边规律地运动。

这种状态下的生活，表现出无可奈何的神气，因为失掉了生的信仰。近二百年来，欧洲大多数人士判断问题，总是脱离不了这三个阶段：起初是相对的，无绝对的是非；继后，任问题随本能来冲动与颠荡；最后只是官感的逸乐。所以欧洲最时髦的问题是以性为中心，借科学与卫生的美名，如道克道尔（Doktor）、西尔斯非尔（Hirschfeld）

等教授，专门设计如何增进爱情的幸福，结果那点爱情自然的美妙，完全摧毁了。雷纳先生说："现代人如果对自己严肃时，便感到道德孤独的可怕。"

往深处着眼，在人文主义到极点时，便造成人与人的敌视，互相戒惧，互相仇恨，提心吊胆，时时都在防御中。因而个性为集体所淹没。这是人与人类的斗争，分外艰难，较之人与自然的斗争，更为激烈。

倘如我们看日本的行为，更明白他们所自豪的文化，不过是欧人的一点余泽：他们没有接受欧洲真正的思想与学术，如宗教与艺术，却只一点小规模的机械，便要发动人与人类的斗争，其结果为什么不失败哩？

欧洲虽然遭受人文主义过度的荼毒，但因为久远的传统力量，尚可补救，而敌人却不同了。他既缺乏历史的潜势力，又没有欧人那种分析的精神，结果只是盲目的乱动。我们知道一个国家到盲动时，那是智慧、纪律、意志的总崩溃。我们要记住：机械是人用的，不是用人的。这虽是极浅的理论，却值得铭刻在心头。

六

从文艺复兴到法国大革命的前夕，经过光荣灿烂的古典主义，外表上显露出壮丽与雄伟的姿态，反映出和平的神色，内部却是不安与不定，正像桥上的一所建筑物，上面虽说庄静，下面的桥孔内，却有着奔腾澎湃的洪流。

近百年世界的大变更，无论从哪一方面看，都是受了法国十八世纪的影响促成的。十六世纪确实提出种种改革，那只是一种意见，未曾深入到群众的生活与意识里面。到十八世纪，包括新旧两个时代，对于各项问题，也没有具体的办法，却主张彻底的破坏，用一种神秘的思想，刺激群众的情绪。他们思想上要求自由，智识上发展科学，政治上拥护民众，原是无可批评的，但他们的骨子内，如服尔德、多尔巴黑（D'Holbach）、孟德斯鸠（Montesguieu）等，却是充满了失意、不愉快，有时还夹着仇恨。这只看《波斯人之信》、《风俗论》，便可佐证我们的意见。（参看拙著：《论丢哈尔德》[Essai sur le P. Du Hald]）

再进一步，十八世纪的哲人们，有一种共同的精神，即摧毁旧制度的唯一方法，需要大胆的革命，然而他们只能从旁鼓吹，却不敢去实行，真正法国大革命的主角，没有一个比较伟大的思想家与文学家。所以大革命发动后，莫海来（Morellet）说："那些鼓吹革命的哲人们，并不愿采取激烈的手段，如此去做，更不愿在这样短的时候，便结束了。"等于儿童戏火，只觉好看，却不晓得它的重要。及至将房屋烧着后，他们在追悔，便是"神也没有办法了"。

七

在这个被人称为哲学的世纪，理智、情感与经验，构成基本的重心，它们交相对流，交相冲突。情感与经验要校正理智的枯涩，因为笛卡儿的思想，逐渐演变，已失掉它原来的面目。我们知道笛卡儿的重要工作，在他对人性的解释，但是十八世纪的哲人们，却由个人问题移到社会问题了。

另外，经验尚未发达到极点，却在进步的路上迈进，它排斥情感，因为情感憧憬着大自然，呈现出一种缥缈幻变的状态。这便是为什么人们不会了解哲人巴斯加尔（B. Pascal）的原故。因为巴斯加尔主张"心有它的理智，而理智是不会了解的"。他们不只不会了解，反而憎恶他。服尔德注解巴斯加尔《思想录》时，字里行间，完全充满了敌视的态度。

实际上，十八世纪哲人们所讲的人道、宽容、自然、民众等，却另有一种含义。

这种思想的变更，基于社会的要求。殖民地的扩展，重商主义的发达，公然宣布"一国应牺牲他国以增加本国之财富"，从亚当·斯密（Adam Smith）《原富》出（1776 年），始坚信工业亦是一种富源。因此，十八世纪后半期之政治元首，亦与新思潮以一种深厚的同情，如若瑟第二（Joseph Ⅱ），里奥波德（Leopold），喀脱邻第二（Cathrine Ⅱ），葡国之若瑟第五（Joseph Ⅴ），西班牙之查理第二（Charles Ⅱ）等，想实行一种"理性"的政府，即是说一种"智慧的统治"。

这比文艺复兴时的思想，更前进了一步。不只是量，而且是质，因为人的观念改变，原初到世界末日，人须受神的裁判，现在神须受人的裁判了。

八

想象丰富的哲人，受了社会变更的刺激，幻想柏拉图的乌托邦，耶稣会传教士描写的中国，亚士特（Astré）小说中的牧羊人，他们看清楚所要走的路线，一致地要求：

（一）平等，比自由更为重要；
（二）与人类以同情，不分任何阶级；
（三）斩绝抽象，一切讲求实用；
（四）以原始的自然与历史文化对峙，求最后的大解放。

代表这个思想转变的人物，恐怕谁也不及卢骚（J. J. Rousseau）更恰当的。这位不安、聪明与病态的思想家，给近代一种特殊的力量，每个人直接间接，都受到他的《民约论》（Contrat Social）的影响。

《民约论》中开首便提出这个棘手的问题："人生来是自由的，但是他却在铁链中。"卢骚对这个问题的解答是："社会的秩序是神圣的，不是来自自然，乃是来自契约。"所以，人的第一条定律是保卫自己。"只要还在需要的时候，孩子可以同父母在一起"，一到成年，便当有绝对个体的自由。

为什么要如此呢？因为要生活在原始自然状态之中。然而原始自然状态，有许多阻碍，有许多威胁，为了防御，须要大家团集在一起，即是说个人有他自己的意志，同时又须服从整个团体的意志。这样，自由始可产生，谁要不服从团体的意志，团体可以制裁他，"即是说强迫他自由"（卢骚的话）。

九

卢骚的思想，一方面表现出个人化，同时又表现出集体化。查本纪（John charpentier）写《卢骚传》说："当卢骚从原始状态论人时，他是一位个人主义者；当他从文化方面论人时，他又成了一个社会主义者。"这可说最中肯的批评。但是，我们在此所要注意的，集体化的影响，既非社会化，又非民族化，乃是法西斯的国家论。自1789年后，《民约论》成为革命志士的圣经，然而这些志士们的做法，比沙皇更为武断。

《民约论》的骨子里是矛盾的，它主张国家有绝对的自由，它又诅咒人民为国家而失掉自由，他不觉着这是矛盾，因为他相信斯巴达的吕高克（Lycurgue），一切都是平等，没有贫富的阶级。其实近代的改革家，如墨索里尼、希腊拉、史大林等，谁能否认不是卢骚的嫡系呢？1791年6月14日，法国革命政府公布："只有个人的利益，或者只有国家的利益。"

但是，最奇怪的却是当时崇拜卢骚者，无人感到《民约论》的矛盾，他们认卢骚是新的，所以是进步的，《民约论》是他的代表作品，只有无条件接受了。我们不当惊奇这种推理，他们已失掉分析的作用，另有成见存在脑中。因为那时的智识阶级，一切都可接受，只除去古典的思想与理论，因为古典便是野蛮的别名。他们否认历史，同时也否定了人。

十

卢骚而后，情感与理智的冲突，个人与社会的冲突，日见强烈，形成浪漫主义。普通论浪漫主义者，都觉着只限于文学，一个海耐（René）与一个维特（Welter）便够了。其实浪漫主义的范围非常广泛，影响也非常深远，它深入人心与社会，它沉醉了多少学者与青年。

浪漫主义的出发点是个体，表现个体的是情感，然而，宇宙中最易变的是个体，个体中最易变的又是情感，所以浪漫主义者，无论从哪一方面看，都感到空虚与不安，追求一种幻觉的满足。因此，他们酷爱自然。

在此，自然的含义完全改变了，这不是人性，也不是客观的山川，乃是要人摆脱社会，归真返璞。便是说：人是自然中的一部分，自然既好，人亦当好，而人之所以不好，其错误乃在社会。这儿，我们看到《民约论》的影响，同时也明白浪漫主义不能确定，而只能描写，即是说，这不仅是一种思想，而且还是一种变幻的情绪。

于是，浪漫主义者表现出两种态度：从空间方面说，须逃脱社会，回到自然的怀抱，从时间方面说，现在是可咒的，须返到原始的时代，为什么？

从法国大革命后，政治、经济与文化都起了一种本质的变化，人受了环境的支配，不是人来支配时代，而是时代支配人。在这种反常的状态中，每个感觉敏锐者，仅只感到一种空虚。他们深信大自然与原始时代，至少可以减轻人与物的冲突，及人与人的冲突，这样，他们可以溶化在大自然内。

这确是一场美丽的梦，在1848年的革命中，波得莱尔（Ch. Baudelaire）不是抓住枪也想闻一点火药味吗？假使我们看这是冲动，则我们不会了解浪漫主义的心理，他们追逐理想的自然，过一种与众不同的生活，对自己是极端的个人化，对社会要强烈的革命化。

131

有时，在一个人的生活上，表现出这两种要求，如拜伦、拉马尔丁（Lamartine）都是这类典型的人物。可是这些英雄式的人物，与现实脱离，不特将自己的内心生活撕破，而且将宇宙的统一性也根本否认了，不如是，不足以言天才，更不足以谈文化。哥德毕竟是一个特出者，他是一个浪漫主义者，却没有中了浪漫主义的毒。他写给池尔德（Zelter）说："每个人有他的聪明与和谐，应当研究他的全体，否则变为死亡的东西。"哥德是针对浪漫主义的错误下此批评的。

欧洲的 19 世纪是一个过渡时代，它的政治与社会表现出不定。因而这个时代的思想具有许多不安。新近史学家毛豪（P. Moreau），论到浪漫主义时说："两种矛盾的倾向占据了这五十年（指 19 世纪前半期），孤独的高傲与行动的需要，他们连续在一起，表现出个性的特殊，世界的统一，这种矛盾在整个 19 世纪没有停止过……。"岂只 19 世纪？我们现在仍可以看到这种矛盾。

我们要记着：拿破仑是浪漫主义初期的人物，现在多少欧洲的英雄们，仍做拿破仑的残梦？只要欧洲跳不出浪漫主义的思想，统一与和平永远是空的。欧洲人受了机械文化的陶冶，将别人看的太低，有色人种的理论，日尔曼民族独尊的高调，都是文艺复兴以后的回声。

十一

从这种环境内产生出的思想，有两种特征：一种是快，另一种是狭。

无论从哪一方面，欧洲人过着一种竞赛的生活，在时间方面，将百年视为一日，个个有能力者，都有超过时代的野心；在空间方面，每个国家视自己是整个的宇宙，不承认别的国家的存在。快与狭是互为因果的。从机械的发展，欧洲人深信人生、社会等问题也是一种机械。这种机械的名字：我。

从这个"我"的崇拜中，欧洲人想万古变为一日，囊括四海。拿破仑说："两年之后，我始生存。"因为如有一事未做成，一地未征服时，他是不承认自己的存在的！

这样，欧洲人常在有限与无限中争斗，时时刻刻寻觅客观的真理，结果是一种主观的认识，他们深感到这种苦痛，但是无可奈何。罗丹（A. Rodin）雕刻夏娃，很可形容出这幕悲剧。许多欧洲人也很明白，但是他们摆不脱快和狭的追求，只好任其矛盾与冲突。冲突具体的表现，便是战争。

十二

我们也在战争中，但是，我们的战争与欧洲的战争性质不同，我们是革命的、自卫的、反侵略的，可是这些解释，似乎仍道不出它的深度。

支持这次抗战最伟大的力量是我们祖先遗留下的文化：人文主义。我们的人文主义和欧洲文艺复兴所产生的完全两样。我们的内心含有真"情"，而欧洲的"情"，便有等级与条件了。这个"情"是孟子所说的"赤子之心"，它是我们文化的大动脉。为什么我们那样疯狂地爱山川草木鸟兽呢？为什么我们会有梅妻鹤子的故事哩？为什么我们会有艳丽白蛇的传说哩？狮为百兽之雄，但雕刻在门前，为什么又说他非常可爱哩？我们每天吃肉，但是要"远庖厨"，欧洲的人文主义者是绝对不会了解这个的。

我们讲"情"，不是理论，而是生活，特别是行为。因之，我们说"我"时，"他"必然存在着，我们视四海为一家，"己所不欲，勿施于人"的训言，宋襄公的"不鼓不成列"，明太祖的遗诏"非夷狄来侵，不得用兵"，清圣祖谕西洋人，常言"轸念远人，俯垂矜恤"，这又是欧洲的人文主义者所不会了解的。——欧洲基督教的博爱，原与我们的文化相近，但是自文艺复兴以后，欧洲是反基督教的。

我们毕竟是农业文化的国家，她是慢的，却是坚固的；她很深，

133

却不狭；他着重在养，而忽略了知。所以，我们有指南针，不去探险，却当作堪舆用；我们发明火药，不制造枪炮，却放烟火，这更是欧洲人不会了解的。

欧洲在18世纪时，许多杰出者曾想了解中国，做一种较深刻的研究，他们爱好中国的人文主义，没有绝对专制的宗教，没有特殊阶级的贵族，更没有好勇斗狠的战争。他们憧憬着这种富丽的外形，却不明白何以精神会受意志的限制，何以尊君如神的国家，会说"民为贵，社稷次之，君为轻"？但是，他们却觉着可爱，偏重复不已的唱：

中国是一块可爱的地方，
她一定会使你喜欢！

辜鸿铭在《中国人的精神》一书中，指出我们精神上的特点有三：纯朴、深沉、宽大。德国人有深沉与宽大的而缺乏纯朴；英国人有纯朴与深沉而缺乏宽大；美国人有纯朴与宽大而缺乏深沉。比较与中国民族精神相近者，在昔为希腊，在今为法国。但是，他们仍不会了解，为着没有我们对"情"的深度。

十三

蒋百里先生指出：我们的文化有两种特点，武力取守势，文化取攻势。在我们的历史上，每到一个大转变的时代，我们牺牲一切卫护民族、礼乐、宗庙、社稷的生命，使之耸立，不至中辍。因为这些都是我们文化的象征，亦即我们真情的对象，而这个"情"有其使人头昏的深度。所以，在政治上，我们有兴亡鼎革，在文化上却永远是一贯的。

这种文化的深度，来自历史的训练和实际生活的纪律。当我们提出"持久"战争时，国际间同情我们的朋友，有几个真能相信呢？不是不肯相信，乃是不解我们的深度。现在，三年抵抗暴力的事实，给全世界一个证明。

不妥协，便是我们文化深度的表现，亦即我们的民族意识。这是我们应付世界幻变唯一的武器。从这儿，我们可看出欧战和我们抗战性质的不同。

民国二十九年一月

近代德国的研究

一

现代希脱拉①的做法，有的人惊赞他，有的人恐惧他，有的人又诅咒他。他像是一个超自然的怪物，将世界的公理与契约，完全变作自己的意志。果真希脱拉是神吗？这个谁能相信！我们对他并无点滴同情，我们只想在这篇陋文中，说明德国何以会如此演变，为何会形成这种情势？从他的结论内，我们可看到中国的将来。希脱拉登台后所演的事实，有许多事虽然尚难下一断定，但有一句话是可以肯定的：以力服人，必定是失败的。

二

世界上的历史，没有再比德国的更复杂。因为它的历史复杂性，常时将观察者的眼睛蒙蔽了。对于别的国家，一般观察者的判断，通常不会错误。独对德国，谁也不敢保证，似乎德国人的行为，别有理

---

① 希脱拉，即希特勒。——校者注

智作为根据。

当我们想了解德国民族，首先要记住：这是一个文化发展较迟的民族。原始民族的特征，仍然活动在德人血管内。相对地说，日尔曼民族文化与拉丁民族相较，至少落后五百年，即是说前者少了五个世纪的历史经验与智慧纪律的训练。

一个国家的急激的转变，常表示其中心的意识尚未形成。历史的经验，创造一种生力，以防御内在与外来的袭击。文化久远的国家，到那紧要关头，它的眼光放在深度，而不在广度，它的思想移在法律而不在武力。德国并非如此。从表面上看，德国并不年轻，它像到了选择的时期，心理上有许多矛盾，他所表现的是失望、不幸、不安与冲动。

德国人的思想，常时孤独着，不断地自己创造天地，否认客观的真理。外形上，却是每天集会，一切要纪律化，他们将精神与实际的生活分离，永远过着矛盾与二重生活。

三

德国所以难了解，因为它是浪漫的，每个思想到它的脑中，便突然演为一种神话。由此而沉入梦内，由梦而变为奇幻的情感。在这种情感上，德国人不会解决任何问题，因为问题层出不穷，辗转演变，欧战后，别人形容德国不是一个"问题的"国家吗？实在说，德国不是一个哲学民族，乃是玄学民族，可是它有特长应用科学、机器、化学品，一切都是坚固实用。然而，人们只是怕它，却不与以同情。

这种状态，反映着原始遗留的特质。德国人特别爱森林，正像他们是永居在森林内的先民。时而他们感到一种孤独，自己创造生活与美梦，不断地徘徊，睁眼所见者，只是神秘的自然，自己逐渐融化在里面。时而集队成群，调整步伐，他们共同去侵略。因为他们所留恋的，不是土地，而是种族。他们演变为民族、部落，忽然感到一种强烈的欲望，他们也要建立一个帝国。

为了实现这种欲望，他们从文化较古的国家，抢夺进攻，他们深信必须用武力，而这种武力还带着几分粗暴与残酷。

四

我们并不敢说德国人是一种蛮人，因为这样观察，正与希脱拉犯了同样错误。我们记着，当日本人在南京残杀千千万万人时，希脱拉不是赞扬日本文化吗？希脱拉是一个个体，个体的判断与批评，我们是不介意的。

我们所要说的，乃是德国人接近原始状态，在每个民族所感到的冲突中，德国人尚未寻找到他的平衡，即是说他尚未完成民族心理的统一，使他的智慧有进展。

正如德人自觉很强，不只是身体，而且在物质，他们想借用强力，作为民族生活的基本条件；但是，同时他们感觉着别人瞧不起他们，讥笑他们的笨重。因而，在德国人的心理上，起了一种强烈的反应，即是不如人。他们的高傲，他们的强力、他们的组织、他们的近代化，一切的一切，都是从怕人讥笑出发。

因之，德人的一切，交集在"动"上。他们发疯地侵略，要在直冲的"动"上，以表现自己的伟大。

五

在德国人的面前，每件事实的发生，都成为一种经验。爱经验，是因为爱内心的冲动。对于德国人，思想与概念，都是内心冲动的条件，他们要的是力，只有力才能满足一切活动。

在宗教上，德人所要的，不是教律与教义，乃是神秘的经验；在哲学上，不是体系的理论，乃是直观的世界，如果抒情诗在德国文学中特别发达，其原因仍在个人化，使力有所排泄。尼采（Nietzsche）哲学中的意志，希脱拉的政治行动，可说基点完全在此。

德国人意识中的"我"，特别含有重量，那里面除自我而外，尚有上帝、自然、国家、民族、世界各种的成分。这一个"我"是一切的总汇，因而行为成了他们人生的目的。

因为"我"，所以要不断的工作，这方面产生出许多技术人才、组织家与侵略者；因为"我"，所以要寻找根源，一切要超绝，这方面产生了多少哲人、音乐家与诗人。这两种外形与内心的动态，最足以看的，便是他们军事与政治组织，即是黑智尔（Hegel）与俾斯麦（Bismarck）的混合，亦即德国人夸耀于世界的科学方法。

德国人具有这种精神，无论是在哪一方面，必然要一做到底，他们既不管别人的威胁，也不管别人的批评，正如尼采所说：一件事错到底，便找出对来了。

我们这种观察，并不损伤德国民族的伟大。自从两世纪以来，德国人卓绝耐劳的努力，引起其他民族多少的恐惧、羡慕与赞叹。假如没有德国。近代文化将有多少的缺陷？

六

何处是德人的故乡？
到处说德文的地方便是他的故乡。

这个歌曲说明德国人的爱国思想，一方面是种族，另一方面是语言。我们是中国人，因为我们生在祖先遗留的土地上，土地的观念，在我们的意识内，真是到了根深蒂固的地步。德国人，便不如此，因为他们血管内有日尔曼民族的成分。

为什么德国人会将血统观念予以如此重要的价值呢？因为德人所居的地方，既不肥沃，又无自然的边疆，这个只消打开地图，便可看出德国自然地理的缺陷。

只要我们看法国的历史发展，就更容易明白德国地理的缺点。法国从惠实里岳（Richelieu）大臣起，经路易十四（Louis XIV）与拿破仑，他们对外的政策，在求边疆的安宁与边界的安固，而德国，无确定的边界，在东西南北，都感到向外发展的必要。自从普法战争之后，德国人竭力在海外寻找殖民地，使自己强到无以复加的地步，利用这种力量，将不如人的情感确定，以便加强向外的防线，这样的方式，形成了1914年的悲剧。

七

德国还有一种地理的缺点，即没有中心的地方以促成国家的统一。我们看德国的河流，每条都是平行。他们的城市，没有重要的分别，正像各个都平等。这只看德国京都的历史，时常随着政治变更，便可看出它的缺点。时而在维也纳（Vienne），时而在佛朗克付尔（Francfort），时而又在柏林。他们的京都，是以政治为条件，而地理是无足轻重的。这便是为什么变更首都常要引起不小的内部纠纷。

除语言与种族外，德国人渴望统一，而没有统一的条件。在他的历史上，德国不是自相残杀，使外人得利，便是与外人战争，使统一暂时的形成。奥地利与普鲁士的斗争，便是好的说明。

德国的历史是很苦痛的，他们不明白升平，因为它没有和谐。我们有尧舜时代，我们有汉唐时代，我们有康乾时代，但德国有什么？他们不是忙于内乱，便是忙于外征，这种不断波动的民族，一切便交集在武术上面。

到16世纪，在德国固有的不幸上，更加了一层不幸，即是宗教统一性完全破坏了。宗教将德国截然分成两半，试问普鲁士和奥地利的冲突，还不是新旧教的冲突吗？

宗教改革，在德国历史上，是最重要的事实，希脱拉很明白，因为这是第一次革命，也是第一种国家主义的形式。

八

在 962 年，奥东第一（Otton Ⅰ）从罗马取得皇冠，承继君士但丁（Constantin）和查理曼（Charlemagne）两位大帝，于是有神圣罗马日尔曼帝国。这个帝国是一堆沙做成的，既是流动，又是柔弱，它的名称虽是漂亮，实际上却是名不副实。它既不神圣，又不罗马，更不帝国。便是日尔曼一名，亦须加以考虑，因为哈卜斯堡（Habsbourg），这个帝国反表现出斯拉夫和匈牙利的特色。

这个帝国没有确定的世系，只要是公民，谁也可以做皇帝的。这个帝国没有确定的边界，却想向外发展，到他国侵来时，它又无力来抵抗。到三十年战争后，普鲁士出，始给德国一较确定的形式。

九

德国的强，由于普鲁士，普鲁士的形成，虽不敢说由于法国，却至少是法国赞助成功的。这是历史的讽刺，也可说是实利政策上必有的结果。当三十年战争时，法国政治领袖，如惠实里岳与马扎郎（Mazarin），完全赞助奥恒曹隆（Hohenzollern），以反抗哈卜斯堡。于是，费尔地南第二（Ferdinand Ⅱ），只好停止他的工作，缔结成《外斯脱发里（Westphalie）条约》（1648）。

这个条约保证普鲁士，从此德国北部有了强有力的国家。不论如何困难，普鲁士第一着眼处，便是他的军队。纪律、军械与人数都是这个国家基本的命脉，为着要实现这个"从山到海"的幻梦。因此这个国家，纵使地瘠民贫，忽然变为一强国，而这种致强的原因，完全基建在"意志"。国家是意志的组织，普鲁士便是具体的说明，以领导全德国为己任。我们知道黑智尔的思想，亦逃不脱这个范围。

"何处有意志，何处有出路。"这是普鲁士的历史，亦即现代德国整个的历史。

由铁的意志与纪律，普鲁士将它的人民改变了。在一世纪前，德国人唱这个高傲的歌曲：

我是普鲁士人，
你晓得我的颜色吗？
白黑的旗飘荡在我的面前；
不论是多事或有快乐的太阳，
我是一个普鲁士人，
我要做一个普鲁士人……
雷可破山裂石，
我吗，我一点也不恐惧，
因为我是一个普鲁士人，
我要做一个普鲁士人。

现在德国复兴了，并奥吞捷。恐怕唱的这歌分外起劲。德国是水门汀，普鲁士是铁丝，他们因意志而结在一起了。

十

普鲁士是近代德国的制造者。从弗来得利克第二（Frédéric Ⅱ）起，一方面要瓦解神圣罗马帝国，另一方面排除奥国，使新德国长成。从此德国走向新的方面，1866 年的战争，便是北部统制南部的成功。这是一种革命。

当德国大转变的时候，他整个的灵魂交集在俾斯麦的身上。这个普鲁士气十足的青年，梦想着实现哲人费希脱（Fichte）的名言："没有一个人格高尚者，不想用他的思想与行为，使他的种族达到不可破坏与无穷完美的地步。"俾斯麦整个的理想，归纳在这句话内，而他一生的工作，即向这两方面走：憎恨法国，建设统一的德国。这两层目的，我们知道，俾斯麦都做到了。普法战争，虽予以光荣，但更足称赞的，却是他对德国的统一。从1848年起，因为经济的关系，德国需要统一。那时候，德国有两种倾向：一面是自由党，反神圣同盟的；另一面是保守党，忠于神圣同盟。俾斯麦的天才，在将这两种倾向配合，而使普鲁士得利。他要使普鲁士脱离神圣同盟，排开奥国，而领导全德国前进。

俾斯麦明白普鲁士的重要，只有普鲁士领导着德国，统一始可坚固。俾斯麦的工作，希脱拉继续推进，只不过希脱拉更进一步。

十一

德国统一的基础，究竟建设在什么上面？宗教、地理、历史、政治都不是德国统一的基础，它的基础，只有种族与经济。

德国真正意识的觉醒，是在18世纪的后半期，到现在只一百五十多年。近代史中最重要的时期，没有再比得上18世纪的。它给人一种新的情感与新的思想，便是今日认为最进步者，也跳不出它的范围。当德国人看他自己的文化时，他不得不承认是外来的。他自己没有英国想象的文学，也没有法国精密的思想。他从英国方面，因为同种与同文，他发现了自己。但在法国方面，因为拉丁精神与日耳曼精神的不同，它只学到法国哲学批评的精神。

当德国演进的时候，它竭力吸收古代希腊的文化。这种倾向，不是偶然的，因为它感到与希腊有如许的相同处。希腊从未组成一个国家，他们只有种族与语言的观念。德国正在找出路时，利用法国批评的精神，它让希腊憧憬住了。德国爱希腊的原因，别有所在，它取斯巴达军队的纪律，它取雅典美爱的观念，而这两种精神又都建立在"动"上。

143

德人下意识内，有了希腊的成分，他整个民族的动向，便走到种族与语言上面。种族是本体，语言是外形，他们要从这上面找自己的文化，以与拉丁民族来对抗，特别是与法国对抗。因而，德国人找他自己纯粹的种族，没有受过拉丁文化的熏染，这只有德国的北部了。

当法国学者戈伯纳（Gobineau）、英国学者张伯伦（Chamberlain），他们主张北方民族的优秀时，德国人感到一种狂喜，即刻将之演为一种神话。不如人的情感，从此亦有抬头的一日。希脱拉对民族的理论，仍是这种情绪的余波。

十二

我们知道德国的统一，是由经济统一促成的。从 1834 年到 1866 年，德国的工业正式建设起来。从此后，德国有三种力量，交相推进，使德国有了经济帝国主义，结果产生了大战的悲剧。第一种是俾斯麦利用的国家自由党，他们深信物质的进步，建设起经济帝国主义。其次是社会党，借用德国的繁荣，使自己的利益与国家的利益连接起来。最后，国家赞助经济的发展，建设起强大的海陆军，寻求殖民地。国家在那边组织，从 1871 年后，德国的工商业，有特殊惊人的发展，他们将思想与工作、科学与技术，整个地融合在一起，这个动的民族，要以自己的意志，来统制世界。

十三

1914 年的战争，在德国是一急迫与恐惧的表现。因为在短的时间里，它有一种畸形经济的发展，它想超过时代，而时代反而把它摔下台去。德国变的穷了，德国沉沦在苦痛里面。

现在我们可看出：在凡尔赛和会中的巨头们，毕竟没有了解德国的历史。克鲁满沙（Clemenceau）是要将德国置之死地，可是他忘掉普鲁士的重要，使之永远做德国的灵魂。他们只管割地赔款，他们想德国改成共和政体后，逐渐左倾，跟在他们背后游行，他们却忘掉普鲁士是没有一败涂地的，过去狂傲唯力的历史，永远活在他的心中。在这次战后，德国确然处在不定的状态中，他的人民曾经感到不安与彷徨。但是，在剩余的微力下，德国人仍然保守他的自信。我们只看他的国家主义与社会主义的演变，即知道两种力量，虽说如此薄弱，但他们在那儿寻找一种配合，做成他国家未来的趋向。希脱拉创造的国社党是看清楚了这一点的。

欧战给予德国人精神上的打击，是一种精神麻木，一方面与过去的历史断绝，另一方面失掉理智作用。1918年到1933年之间，德国整个的精神，便是建设这两种损失。冲动的爱国主义，想要使战败的德国，重新找到它的历史的重心，但是德国人不能眷恋过去，因为过去给它以不幸，于是，他转望将来。他们对将来起了许多幻梦，因为他们觉着将来的一切，都是新的与动的，我们知道德国人的特质，即在新与动。所以在希脱拉未上台前，德国人确有种阴暗的悲观。

另外，在欧战后，德国人在整个的冲动中，所以冲动的原因，是因为它否认智慧作用。当智慧失掉作用，意志必然毁灭，为着意志须有清明的目的，始能发挥它的效能。这样一来，在他们的思想与生活上，几乎都是两可的，除了取消《凡尔赛条约》。也是为此，我们看到英雄思想的进展，团结力量的要求，希脱拉是这个时代的幸运儿，多少希脱拉隐埋在时代命运的里边！

十四

从兴登堡（Hindenburg）手内，希脱拉接受了领导德国的命运，已经六年了。我们看他所做的事实：如恢复军备，破坏《洛迦诺条约》（*Locarno*），并奥吞捷，没有不是承继普鲁士传统的精神。他决不相信和平，因为他看和平是弱者的表现；他也不相信正义，因为他看正义是一个抽象名词！他相信的是武力，是投机，是民族，是为他自己的民族残杀其他民族。到德国在东欧、中欧满足后，那便是殖民地、西欧，最后便是世界。

但是，希脱拉有两个致命伤：一方面是投机，另一方面是想超过时代。因为投机是一种虚弱的表现，必然要遭遇到失败的。另外，时代是客观的，有必守的法则，拔苗助长，也必然会遭遇失败。我们深信有一日会看到事实的证明，希脱拉会倒在他的计算中。

十五

我们是弱国，但不羡慕做德意志。因为它是外强中干，更因为我们具备的条件，实在不是德国梦想所及。

首先从地理方面看，我们有自然的边界，包含着许多自然区域，每个区域有它的特殊性，却又有密切连锁的关系，它是不能分割的。我们建都，首重地形，政治是其次的，德国并非如此。如以北平地形言：辽左云中为夹辅，漠南为外障，而后俯瞰中原，有鞭策万里之势，非德国无界、无定都所可比较的。

其次我们永远是个农业国家，我们祖先择这条路时，正因为土地肥沃，气候温和，宜于我们民族的生成。我们的乡土观念、爱地的情感，是我们立国的重要成分。我们举两件事实：任何中国人无论侨居外国多久，他永远不会忘掉家庭。我们不妨这样说，他是为了家庭，始远适异乡的。另一种事实，没有一个有知识的中国人肯改变他的国籍的，但是德国人改变国籍却是一件很平常的事情。这些，都是地理条件的给予，亦即我们立国的因素。

大家都知道我们的历史，它的长久性，它的独立性，世界上没有任何国家能够比较的。我们并不以此自夸，但是它的潜力很深，给予我们多少经验。我们的统一，便是我们历史宝贵的赐予。当我们遇到内乱外患，我们本能的要求，是那赓续历史的统一性。我们这次抗战，正如蒋百里先生所说："是三千年以前种下的种子，经过了种种培养，到现在才正当地发了芽、开了花。而将来还要结着世界上未曾有的美果。"这点，绝非德国人所及，他们历史上没有文景，又何尝有贞观呢？

我们的物质落后，我们有汉奸与妥协者，可是这不足认为是我们文化的破绽。因为这不是我们文化的本身，又何况物质落后是相对的，败类是有限的。我们的文化是什么？这是另一问题，但自近百年来，凡是有心的中国人，没有不求自力更生，补救这两个缺点。因之，我们时时忘不掉物质建设，利用天然丰富资源，科学发明，以增进我们物质的生活。我们也没有忘掉心理建设，革除那些陈腐不正确的思想。我们要从苦痛中滋养成坚强民族意识，这是我们的武器，亦是我们的光明。

民国二十八年五月

意大利文化构成论

一

　　初到意大利的人，必然体验到两种强烈的情绪：一种是快愉，来自各种声色的刺激，深蓝的天，晚风送来的钟声，如波涛怒号的橄榄树叶，正像永远过着假期旅行的生活。别一种是矛盾，这个古老的国家却像方入世的青年，凋零遗忘的荒村内却有耸入云霄美丽的教堂，新旧并存，丑美相兼，正像多少不相关的东西堆砌在一起。倘使再往下分析，即这两种情绪，逐渐消逝，而发现了一种富有刺激性的诱惑，似乎我们甩脱自己走入另一境地，从此另一境地内，又发现自己的存在。便是为此，西方谚语中，有"一切道路总汇罗马"之语。

　　根据这种心理现象，我们想讨论这个问题：意大利的文化是什么？如何构成这种文化？我们深知这个问题的广泛与困难，我们只想写出自己的观察与感想，就正于有学的先进，其余分外的奢望，丝毫没有的。

二

当我们谈意大利时，首先要注意的，即意大利是一个半岛的国家，将地中海截为两半，既便吸收古代的文明，又便取得支配海上的权利，杜义利斯（Duilius）击溃迦太基的海军，庞培（Pompée）于四十日内，扫荡地中海的海寇，便是好的证例。墨索里尼在米兰演讲时（1936）说："地中海对别人是一条道路，对我们却是生命。"

但是，从意大利北部看，陆地亦有同样的重要性，意大利不只是农业国家，它在北部有龙巴尔地（Lombardie）与多斯干纳（Toscane）肥沃的平原，在历史上，凡侵略意大利者，皆自北来，沿亚尔普斯山山谷，趋波罗尼（Bologne），顺地索尔（Tibre）河而下，直捣罗马。因此，罗马历史受海陆两地理情势支配，构成商业与农业文化，其影响远非想象所及。

海为意大利文明的基础，陆为意大利实力的依据，这两种力量兼相用，交相利，凝结在拉西姆（Latium）的七座山头，形成罗马城领导政治、文化、宗教的地位。这是了解意大利文化的一把钥匙，没有它，我们是进不去的。为什么？

罗马历史的起源，便从这七座山头出发。在交通比较便利的拉西姆，七座山构成天然防御的堡垒。由地形的险要，逐渐养育成合作的精神，即罗马对敌人唯一有效的防御，乃在克制个人的意志，服从集体的契约。于是，他们开始树立的是公平的法律，开始需要的是强有力的政府。我们不是说罗马人轻视个性，我们乃是说，受到许多经验教训后，罗马人明白首先要服从，服从国家的纪律。

三

罗马成为海陆两种文化的交点，促成集权政治，这是罗马帝国强盛的一种原因。倘如人民习于安乐，政治权力衰落，意大利必然为一种割据的局势，自476年起至1871年定都罗马止，意大利没有统一的历史，永远各自对抗，构成一种复杂的局面。

最初，罗马民族的动向，是集聚所有的力量，寻觅统一，然后给予一种强的统治。这种精神，在现行的法西斯制度下，更充分地表现出来。因为古代罗马传统的精神潜力，深入到意大利人的心内，无意识地受它支配。

做一个好公民，做一个好士兵，这便是罗马传统的精神。代表这种精神的名人，没有比客东（M. P. Cato, 234B.C.—149B.C.）更恰当的。他自认是一个自由人，每天要准备战争，处理大小公务，灌溉家中的田园。因为他强壮的身体，需要动；他认空闲是病人特有的权利，不能充实一日的时间，便是一种不可补救的失败。所以，凡事要有兴趣，克服困难，换取许多实用的经验。这便是为何客东反对希腊的文化，他怕希腊文化侵入后，罗马人失掉质朴的美德，破坏公共的纪律，减少作战的力量。因此，罗马人第一着眼处，不是真，而是用，不是义，而是利。

"对现在有用"，这是罗马人思想与行动的说明。拜耳教授（Prof. H. Beer）解释希腊与罗马不同处，一为"用是美"，一为"美是用"。实在说，罗马人不明白什么是纯知，什么是纯美，只看构成罗马文化中心的宗教，便可捉住它的神髓。

四

假如以崇拜的神数做标准，罗马人是最宗教化的。在罗马帝政时代，庙堂内的神数约在三万以上。罗马怀疑派的哲人柏脱洛纳（Petrone）说："我们有如是多的神灵，碰见神比街上碰见的人更为容易。"因为罗马人的信仰，树立在各个个人或单位的需要上。

在最初，罗马便成了各种神灵的收容所。这些神来自希腊或埃脱里斯（Etrusque），没有故事，也没有诗意，正像是一群失业的医生，来医治罗马人的苦痛。这说明罗马人需要宗教，对神的观念却非常单纯，他是实用的，完全失掉想象作用。他们看至尊的尤彼得（Jupiter）不过是一块石头，至强的马尔斯（Mars）不过是一把宝剑而已。

　　罗马人对神没有"敬重"的情绪，他们以为只"相信"便够了。倘如神没有绝对的威力，握着命运的全权，那罗马人视"相信"也是一种多余。为此，他们并不探讨神的本体，或灵魂的归宿，他们也没有教义或伦理的法则。他们所有的仪式，乃是介乎人和神中间的契约，即是说，每次献祭，便是互订合同，祈祷经便是契约上的条文。所以加米尔（Camille）攻陷外伊斯（Véies）后，将十分之一的胜利品献给亚波罗（Apollon），其意不是申谢，乃是履行所定的合同。

五

　　当人和神订契约时，可以讨价还价，也可以应用诡诈的手腕，纽马（Numa）王与尤彼得的对话，使人看出罗马人的精神：

　　　　尤：你要给我一颗头。

　　　　纽：很好，我给你园中的一颗蒜头！

　　　　尤：不，我要人的。

　　　　纽：那么，给你加添些头发好了。

　　　　尤：我是要动的！

　　　　纽：那么再给你加一条小鱼罢。

　　尤彼得没有办法，只好接受这种条件。

　　假使神不如人所请，便是神没有履行契约，如是，不只契约失效，而且神还得受人诅咒！我们知道日耳曼尼古斯（Germanicus）病时，遍祷诸神，及至死后，凡所受祷祝者，一律加以虚待。在罗马人眼中，这不是渎神，这是执行法律，要从此以后，神必须尽他的职务。

　　这种实际应用，便是罗马人的精神，一方面训练出精确的观察，

151

另一种是坚强的意志。因此，他们的文艺是一种质朴的写实，讴歌过去的英雄，以刺激现在的群众。其次，他们着眼处，以社会为前提，道路、水道无一不以福利民众为原则。他们利用民族的特征，发明一种很新式的武器：组织。他们永远是胜利的，他们创造出一种新的文化：意志的文化。

六

意志文化养成有纪律的民众，集权的政府，同时也失掉他们的创造性，形成一种拙笨的模仿。罗马统一，先北而后南；罗马文化的发展，却是先南而后北。它的文化，虽含有埃脱里斯的成分，但与希腊相较，其差真不可计了。所以马来（A. Malet）说："在武力上，罗马征服了希腊，在文化上，希腊却征服了罗马。"

相对来说，罗马是粗陋与拙笨的，他们据有山民的特质：顽强，保守，爱好刺激。当罗马人无意识地接受了希腊文化时，不在希腊求真的精神，也不在希腊爱美的情绪，乃是在使官感痹麻的游戏，即他们不了解希腊人晶明的智慧，却沉醉于希腊人天马无羁的想象。

罗马人在艺术上所找的是眼睛的舒适，是想象的快乐。所以他们最爱的是神话，是色调，是线条。因为在这些上面，可以任意构造事实，自由地去想象。在罗马黄金时代，加杜尔（Catulle）、地白落（Tibulle）、奥维德（Ovide）等作品中所表现的，是欢愉的酒神与爱神，是枯树下的祭台，是牧羊人爱情的对话，是和着芦笛的歌舞。我们要记着，一个字落脱（Plaute）使人发笑，一个味吉尔（Virgile）要人回到田间，那儿有更美丽的彩色。

这种精神说明罗马人为什么爱哑剧、滑稽剧、斗兽，同时拒绝了希腊的悲剧。罗马人视游戏为生活之必需，同时给文化起了激烈的变更。到帝国时代，一年内有一百七十五日过节，充满了强烈的情欲，粗野的横蛮，继后到奈宏（Nero）统治时，游戏腐化为一种残酷，我们知道在某种情形下，残酷也是一种快乐。那些无尽野心的政客与武人，视游戏为德政，为夺取民众的工具。当时罗马流行的标语："要和平，须要面包与游戏"（Panum et circus），而奥古斯脱（Auguste）的遗嘱上，斗兽场中杀死三千五百野兽，被引为无上的光荣。

拜耳教授论到希腊与罗马文化时，这样说："希腊教罗马人生的快乐，借艺术、文学与思维刺激起一种快感，因此，娱乐变为生活的需要，而忘掉自己应尽的责任。"为什么？因为罗马帝国版图扩大，得到和平、繁荣与财富，他们要享受，满足感官的刺激。

七

游戏腐蚀了罗马人好公民与好士兵的特质，他感到一种阴暗的烦闷，要求内心的生活，解脱外形契约的束缚。因此，对人生、命运、责任等使人头晕的问题，他们要求一种新的解释，他们求之于物质，而物质所赐予的只是一种刺激，一种疲倦，他们求之于宗教，而罗马宗教是一种商业行为。

希腊的哲人们，如比达高（Pythagore）、苏格拉底、柏拉图等确定了真理的存在，良心为判别善恶的标准。及至希腊变为罗马属地后，罗马人在烦闷之余，有机会在研究、玩味，从此精神生活为之一变。西塞豪（Cicero）介绍希腊思想的著述，不是标奇立异，实是基于社会深刻的要求。我们再看塞耐克（Sénèque）的著作，便知道仅靠法律与警察维持人心与社会是不够的，需要有更永久更坚强的伦理力量。所以他教人轻视财富与姿色，他教人忍受苦痛，卫护人类的尊严。虽说他犯高傲与自私的病，而树立良心的权威，却是不可磨灭的功绩。埃比克特（Epictète）说："如果不讴歌真理，老而且跛的我又有什么用处哩？假如我是一只黄莺，我做黄莺所能做的，既然我是一个理性动物，我只好讴歌绝对的真理。"这种理论，指出罗马文化的新动向，只有少数的智识阶级可以了解，可以接受，因为他的出发点是理智，

153

不是情感，他的根据是意味，不是信仰，如以我们流行的术语来解释，他不"大众化"！

就在此时，巴列斯坦出了一位穷人，教人不用高深的学术，便可接近真理，他又教人爱物主在一切以上，爱人如爱自己。因为凡是人都是兄弟，没有贫富、贵贱、智愚、主仆、种族等分别，他教人要淡泊、安贫、谦虚、温和、博爱与纯洁，这种理论，前此的哲人们从未具体的发挥过，非常简明与确实，正迎合罗马帝国所需要的新精神。所以，耶稣死了十二年后，罗马已有基督教的踪迹。

基督教给罗马帝国带来一种新的文化，补救了那些逸乐、奢侈与肉感的堕落，但是，他与罗马基本的精神，激起一种强烈的冲突：一方面，罗马的帝王，不只是政治领袖，而且还是宗教的领袖。基督教却教人"是恺撒的还给恺撒，是上帝的还给上帝"，便是说不能用敬神的礼以敬人。另一方面，罗马是法治的国家，就是说要牺牲个人而为团体，基督教却教人按着自己的良心，要牺牲现在而换取将来。因此，基督教传至罗马后，不断地发生流血的惨案，这是两种不同的文化冲突必有的现象，证据是那些屠杀基督教徒的帝王们，除少数人外，多半贤仁，如图拉真（Trajan）、马古洛（Marcus Aurelius）。结果，罗马帝国苍老的枯枝上，忽然抽出新鲜的嫩芽，而基督教的发展，有一泻千里之势。2世纪的哲人尤斯定（Justin）说："人家愈摧残我们，压迫我们，我们的同志便愈多。"

八

凡是两种不同的文化相遇时，有如火石相碰，必然迸出美丽的火花。从476年起，西罗马虽然灭亡，罗马帝国伟大的统一，牺牲与公平的精神，仍然萦绕在西方人士的心头，查理曼帝国的建立（800年），神圣罗马日耳曼帝国的成立（962年），都是从这种思想出发的。其次，新兴的基督教，自313年起，取得合法地位，对社会服务，保护弱者，逐渐取得领导文化、政治与经济的实权。

当基督教与罗马文化寻觅调和时，从北部涌进一大批文化较低的蛮人，特别是日耳曼民族。它给古代罗马一种威胁，也带进一种新的活力，使那荒芜的田园逐渐耕种，欧洲又趋重农业，意大利便成了农业文化的中心。

古罗马、基督教、日耳曼民族，这便是构成中古文化的基本因素，他们重权力、守秩序、崇阶级；他们的理想，要团体内不得毁灭个性，为将来不能放过现在，即是说，他们的目的，在"灵魂的完美"。这种文化是伟大的，蒋百里先生说得好："近代的人称中古时代为黑暗时代，这真是商人的瞎说，中古时代有高尚的文化，不过是农业罢了。"

当教皇若望第十二（Jean XII）亲手造成神圣罗马日耳曼帝国时，德意志与意大利最感到不幸，因为统一虽说完成，似乎赓续罗马帝国，但是统治却不甚容易，唯一的原故，即构成这个帝国的三种原素，不能维持他们的平衡。所以，致卫教冲突、灵肉轻重的斗争、民族间的仇怨，不断地排演出来，产生出多少不必要的牺牲。

不只如此，德国人憧憬罗马的光荣，时时图谋向外发展，结果忽略了自己内部的组织，加强封建制度，不得完成统一。在意大利，据有较高的文化，受了历史的训练，而反臣属于日耳曼旗帜之下，失掉自己的独立，更谈不到统一了！意大利的人深感到侮辱与苦痛，莱尼纳（Legnano）之战（1176年），将伏来得利克（Frederic）击溃，便是意大利雪耻的先声。

为了赓续罗马的统一，德意两国反失掉自己的统一，这种历史的讽刺，至今两国的英雄们仍然是不会了解的。

九

中世纪后半期，塞柱克（Turcs Seldjoukides）勃兴，引起十字军的战争，久已抛弃的地中海，又恢复了往昔的腓尼斯、希腊与迦太基的繁荣，当时的经济生活，由农业转为商业，而文化逐渐脱离了中世纪的模型。

这种新趋势，意大利较欧洲任何国家相比，都更感到一种急迫的需求，于是，那些富于冒险的意大利人，开始向海外发展，构成经济的中心。当时意大利较大的市府，取得一种特殊的地位，如威尼斯、米兰、佛罗郎斯、日纳瓦、比沙、那列等，勾心斗角，竞赛他们的武力，夸耀它们的富有，在14、15两世纪，多少惊心动魄的事情排演在意大利蓝天之下：威尼斯的公侯（Doge），米兰的维斯贡地（Visconti）与斯伏尔查（Sforza），佛罗郎斯的默地谢士（Medici），教皇鲍尔锐亚（Borgia），多少流血、阴谋、残杀表现出他们疯狂的情欲。在此，意大利处于急变的时期，我们所注意的有二：第一，意大利过去的纪律，几乎完全崩溃，此辈市府领袖，几乎完全是外人，以残酷使人畏惧，以豪华使人歆羡；他们尊崇马桂瓦理（Machiavelli，1469—1527）的学术，可以为目的不择手段，"如果诺言与自己无利或作用已失，则不必践此诺言也"。鲍尔锐亚射杀犯人以取乐，敌人既赦，又复屠杀，当时认为是常事，即是说，如果诡诈可以强盛，诡诈亦是对的。第二，个人意识之觉醒，构成文艺复兴，自东罗马灭亡后（1453年），意大利经济上感到一种危机，他们失掉许多市场，但是古代的文化却以另一种方式侵入西方，由好古而变为崇拜，由卫道而变为探讨与批评。人文主义的代表者柏脱拉克（Pétraque，1304—1374）胆敢批评亚里士多德："无疑的我承认亚氏是一个伟人，是一位学者，但是，他仍然是一个人，有许多不了解的东西，而且还多哩！"中世纪特殊地敬仰这位希腊大师，借以佐证基督教的理论，现在不肯盲从，知道他也不过是一个"人"而已。

个人意识的觉醒，是近代文化基本因素之一，意大利出了几位文艺大师，如鲍伽琪（Boccace，1313—1375），达斯（Tasse，1544—1595），文西（L. di Vinci，1452—1519），米盖郎（Michel-Ange，1475—1564），

拉飞儿（Raphaël，1483—1520），但是却没有形成国家意识，我们竟可说意大利受了文艺复兴之毒，将罗马与基督教推重的意志与行为毒化了。假如研究意大利自 15 世纪至 19 世纪中叶的历史，我们看到他们所讲求者，是空虚的美；他们所希图者，是贪婪的财富；他们所争取者，是狡猾的外交。因此，在太平时意大利成为"欧人度蜜月的地方"，在紊乱时，它便是欧洲最重要的战场，而这时代的文化，我们可说是一种感官的刺激，是一种外形的装饰。

十

机械文明与法国大革命发生的大时代，意大利也曾参加过的，但是，人们看它不起，嘲笑他们过于浮华、柔弱、取巧以至贪污。然而，这些弱点还可以用政治上的原因作解释，最不能原宥的地方，是意大利人没有国家与民族的意识。尽管意大利富有艺术化，研究他的人只推重过去的伟大，20 世纪初英国人批评意大利便是一个证例。

从欧洲方面看，19 世纪是争取政治自由与民族独立的时代，法国 1848 年革命之火，燃烧到意大利半岛，产生出大政治家加富尔（Cavour）。他很明白意大利怯弱的爱国心绪，他也明白意大利过去文化的遗留：在意志与权威。他利用这种精神，要在那些破瓦颓垣中，建设新的意大利，他的步骤是拥护沙丁王，推进意大利统一的工作。

从 1852 年到 1859 年，加富尔有计划地准备着：一方面加强沙丁王国的权威；另一方面与法国缔结同盟。当时意大利青年爱国分子们鹊起蜂拥；热情的马南（Manin）由巴黎写信说："我是一个共和党人，我要第一个树立统一的旌旗：意大利与沙丁王。"我们知道当时流行的口号是"独立、统一、沙丁王室"。沙丁王不只是权威的象征，而且是罗马与基督教正统文化的代表。

加富尔明白法国的重要，他知道拿破仑三世的手中，握着未来意大利的命运，他把法国看作是他的第二故乡，他要求与拿破仑三世会

157

面，结果在博仑彼（Plombières）小旅店中会见后（1858年），加富尔得到基本的东西：军队。从此，沙丁王国取得马进答（Magenta）与索非利纳（Solférino）的胜利，而奥国只好退出伦巴地外。在1861年3月，第一次举行成立意大利政府的典礼。

意大利统一了，但是它的统一却不像英法，即赶不上时代，它的统一是外形的。它的一只足踏在18世纪的观念论内，仍然迷恋英雄式的个人主义，如加里波得（Garibaldi），另一只足要踢开意大利传统的精神，如加富尔虽拥戴一个君主，却要说："假如意大利实行国家外交，对内不采用社会主义是不可能的……"

意大利没有真正统一，不是加富尔的过错。自从18世纪以来，意大利永远在分割、紊乱、屈服与侮辱中，加富尔所做，在意大利已是空前的了。在1860年9月，意大利军队经过教皇领地，向那不里（Naples）进发时，普鲁士代表抗议，加富尔说："或许我先做一个榜样，不久普鲁士便会很幸福地来模仿。"这证明加富尔对自己工作的认识，他了解他工作的价值。可是意大利没有真正统一，这一部分工作留给墨索里尼，同时意大利的文化走入另一种境地。

十一

整个意大利的历史，是为统一长期的奋斗，但是充满了无政府的状态，表现一种使人发晕的紊乱。德意志的统一，既没有罗马与基督教正统的遗传，又没有海陆兼有天然的地理，但是德意志的统一却很坚固，因为它以普鲁士做中心，俾斯麦开始就着重在权威与纪律上。意大利却不然，加富尔、加里波得等皆感到统一的重要，却没有握住意大利民族的中心：强有力的政府，能够领导民众，能够使民众敬重，赓续意大利传统的精神。

从文艺复兴后，意大利民族的精神上，引起一种本质的变化，即对美术陶冶的感觉变得分外敏锐。所以在他们的思想与行为上，逐渐失掉那种秩序、平衡、调和、质朴等要素，他们寻找的是刺激、好奇、徘徊、逸乐与修饰。所以，从好的方面看，个个都是天才，我们知道天才永远是不能合作的，特别是在政治方面。从坏的方面看，个个又都是病人，我们知道病人的心绪，永远是悲观的。为此，意大利永远沉沦在苦痛中，他们并不是不爱国，不了解自己的伟大，只是他们取消不了那种"不如人"的心绪，结果，各持己见，反增加意大利统一的困难。

在19世纪中叶，意大利深感到统一的需要，可是他没有德国的魄力，跳出时代以外，他们追逐着法国大革命的观念论，建设一个自由的国家，他们自己历史的背景却没有郑重地考虑过，加富尔的失败，可说便在这一点，他想意大利需要统一，统一后的政治自然也便上轨道了。他拥护沙丁国王，做他吸引铁屑的磁石，他交欢法国，不只可以得到军队，并且要将法国整个政治神髓移转过来。不仅如是，加富尔的时代正是浪漫主义极盛的时候，他们幻想人可给人以满足的幸福，物质进步便是幸福的保证。他们忘掉人性基本的问题，并非像卢骚那种奇突生动的主张：生来本是善的，只是社会把人弄坏了！

法国大革命和浪漫主义给予意大利政治与文化的影响太大了，他们处处与意大利传统精神对峙，产生出一种矛盾的现象：求统一而趋于崩溃，求富强而反贫弱，求自由而反束缚。我们要记住，意大利历史上升平的时候，时时又满了凶残专制的魔王。

墨索里尼很明白意大利的实况，他常说："意大利的政治，也是民主化的，只是不同于其他国家所流行的民主政治罢了。"他之所以说此，因为他看选举与议会，在英国、法国、瑞士可以实行，在意大利却遭遇到许多的困难，以缺乏历史的条件故。所以，在法西斯主义初期实行时，曾经宣布："法西斯主义是意大利的，纯粹意大利的，绝对意大利的。"

无论如何批评，意大利现行的政治有二特点：它要建立集权的政府；它不愿流为空泛的国际化。

十二

　　墨索里尼的思想与行为，虽说尚未到评论的时候，但是有大家公认的几点，可以帮助我们去了解的。

　　第一，这是一个艺术家，他很会写文章，有狂烈的语调与生动的想象。一个政治家是十分需要想象的，其需要有时超过他的学识与经验，因为可以利用想象作用，应付剧烈与突变的事实。谁曾见过一个真的艺人不梦想他的作品呢？不只要梦想，而且要建设，他要在过去许多历史的失败上，建设他民众的宫殿。

　　第二，墨索里尼的生活，表现一种简单与复杂的混合。简单即是说他来自民间，含有农人的质朴风度，比较接近自然；复杂，即是说他有许多人生的经验，如小学教员、泥水匠、记者以及士兵。这种简单与复杂的混合，其缺点是没有旷廓的思想，其优点却在接近现实，知道自己的取舍。

　　第三，这是一个十足的意大利人，他的血液内，含有拉丁民族的优点：纪律、线条、对称。拉丁民族天才的象征是大理石，不只是壮丽，而是坚固，正如罗马的伟人墓一样的。他没有希脱拉那样神秘与冲动，所以墨索里尼也没有希脱拉闪电式的做法，却比他能够持久。

　　墨索里尼唯一的梦，志在恢复罗马帝国的光荣，罗马城帝国路旁的地图，法西斯的徽章，以至那些纪念罗马史与拉丁文学上名人的邮票，无处不表现出他的幻梦。1928年冬，鲍尔道（H. Bordeaux）从罗马回来，叙述他和墨索里尼的会见，这位善于心理分析的作家问：

　　——在罗马所有的古迹中，最使先生眷恋的是哪种古迹？

　　墨索里尼沉默了许久，从威尼斯宫窗内，遥指着巴拉但（Palatin）古代罗马的故宫。

十三

当巴黎和会完结后，意大利没有得到满足的要求，前此协约国的允许，完全变成了一幅幻影。意大利原本被人瞧不起，而今似乎走到被人宰割的时候了。俄国革命给意大利一种强烈的刺激，意大利了解俄国革命后，自己禁不住说："人家的革命完成了，我们好开始来做自己的。"因此，便产生了1922年10月进攻罗马的史实。

墨索里尼领导着的法西斯是一种革命，他脱离了社会主义，想握住意大利传统的意识，建设真正的意大利。他要将消极的国家意识变为积极，他要将爱国的情绪转成一种行为，他要将那种直觉的冲动变为纪律化，当时邓南遮（D'Annunzio）是不会了解的，因为他是个诗人，他的想象为古希腊迷恋住了。司徒曹（Sturzo）也是不会了解的，因为他相信议会制度，只要开会与投票便可解决一切问题。

法西斯是20世纪的新组织，它不是凭空创造的，它是劳资冲突后产生出的新机构。它反对两种流行的观念论：一种是反对法国革命的自由，另一种反对俄国革命的共产。从意大利人的观点出发，这不是反动，因为他们所做的，不是社会革命，乃是国家革命。

法西斯视国家为一切最后的目的，国际关系是一种竞争、奋斗，竟可说是一种战争。为此，意大利内部稍微稳定后，他对国际的态度，采取一种侵略的作风，使别人戒惧。当多若来（R. Dorgelès）会见墨索里尼，问他关于西班牙的战争，墨索里尼很简单地回答："我们等着吧，军队会告你说将来的结果！"

有一点不能忽视的，即意大利的法西斯主义，无论从文化与政治，经济与社会，它有它的历史性。罗马与基督教的重权威与纪律，文艺复兴时的艺人与君主，曾给予法西斯一种有力的支持，至少在意大利人的想象上。墨索里尼很重视加富尔与加里波得，他对前者只是一种惋惜，他对后者，将他的衬衫顺便染成黑色便够了。这儿，我们看到他的重要性。

十四

　　最后，我们提几个问题：第一，国家是否是人民唯一的最后归宿？若"是"，意大利创造的能力必然降低。几年来，意大利要建设法西斯文化与文艺，至今没有看到它的成绩！第二，我们指出法西斯是绝对意大利的"土产"，它没有国际性，不只没有，而且还有反国际的。但是，从意大利近几年的做法看，是否墨索里尼要将法西斯主义国际化？若然，即取决的方法必是武力。我们要记住：罗马征服世界是武力，但是统治世界却是它法律公平的精神。第三，墨索里尼抓住意大利人爱国心理，集权在一人身上，无疑的这是一个大政治家，但是墨索里尼不是万能的，也不是长生的，来日方长，谁敢预料？他死后，谁来承继他的工作？承继者是否同他有相同的眼光？

　　这些，可说都是意大利的弱点，文化上的破绽。

　　我们生在伟大急变的时代，一礼拜所见的事实较古人一世纪为多。这种奇幻速变的现象，常使我们失掉普通常识的判断。柏格森（H. Bergson）说："伟大思想的暗潮，常由一二人领导着的群众发动。这一二人明白在做什么，却不明白将来的结果。"现在，我以此语批评指甲内藏过水门汀的墨索里尼。

民国二十九年七月

俄国革命与其文化

一

  无论从哪一方面看，我们须承认1917年的俄国革命是近代历史上最重要事实之一。它的重要性，不只是政治与社会的各项问题，此后得到一种解决的方式；也不只是复杂的国际关系，从此受到使人发晕的震荡；它的重要性，自我们幼稚的见解言，乃是给文艺复兴以来新思想一个总结束，倘使将法国大革命与之相较，真有东山与泰山的差别了！为什么？

  俄国大革命是近三百年革命思潮的总结束。假如说文艺复兴的革命着重在思想——人文主义，法国革命着重在政治——推倒君主，那么俄国1917年的革命，除思想与政治外，最标新立异的是经济与社会，即它的理论与事实，不只是较前者极端，而且较前者剧烈，有如西北利亚起了的一股飓风似的。但是，我们所要研究的并不在此。

  当我们读近代史时，禁不住追问：俄国革命的基本神髓，发轫于文艺复兴，孕育于法国18世纪的思想，德人马克斯与以一种完整体系的哲学，何以空前未有的革命，不生于别的国家，而独降临于帝俄？换言之，假如同一种革命，不发生在帝俄，而发生在其他的国家，其结果又是不是必然不同？我们在这篇文章内，纯粹以研究的立场，试与以一种说明，笔者识短，错误自多，深望识者与通人给以一种恳切的指正。

二

雷纳（G. de Reynold）教授论到俄国革命时，给共产主义下一界说："共产主义是马克斯的观念论与俄国民族性的混合。"假使这个解释正确，有其成立的价值，即我们很容易看出：马克斯的观念论是普遍的、国际的，因为它是抽象的；俄国的国民性却是民族的、个别的，因为它是具体的。

民族性的构成，有很复杂的因素，巴克（E. Barker）有精确的专论，毋庸我们赘言。但是，我们要指出，在某种意义下，一国民族性是一国文化的结晶，至少是一国文化的反映。所以，研究 1917 年俄国革命的形成，无异研究俄国文化所反映的国民性，便是说，这个问题的探讨，仍然归结到文化上。

历史上能过完成革命任务的原因，都是以民族性为基础，发展它最高的效率；历史上重要革命可否普遍化，那便要看民族性所含的成分而定；中国民族性内含的"情"的成分很重，如"至情"、"人情"、"交情"等，所以法国 18 世纪可以接受中国的思想；拉丁民族性内含"理"的成分很重，表现在法治与组织上，所以文艺复兴与法国大革命，能够引起近三百年各种的变更。我们不敢说这是一种定论，但是我们觉着这是一种颇有根据的意见。准此，我们对上面所提出的问题，试加一种解释。

三

当我们读俄国历史时，我们觉着它的历史很短，这是一个年轻的国家,在862年(唐咸通三年),罗列克(Rurik)由斯堪得纳维亚半岛来,占领俄国中部和西部,定都于诺夫哥罗得(Novgorod);在879年(唐乾符六年),奥来克(Oleg)承继乃兄罗列克位,为通商便利起见,迁都基发(Kiev)。继后瓦拉地米尔第一(Valadimir Ⅰ)出,在980年(宋太宗太平兴国五年),戡定内乱,奉希腊教为国教。此后蒙古侵入,失掉自由,但是俄国历史建立起来了。

一个国家的历史短,是很值得注意的。俄国和近代欧洲列强相比,是后起之秀,却有不可弥补的损失,一方面,它不能与希腊罗马文化有较深的接触;另一方面,它少了几乎近六百年的历史的训练,即是说,人生的经验很浅,内心的纪律很脆弱。

但是,在此我们应当注意处有二:第一,因为历史发展较迟,缺少传统的潜势力,其优点在不为过去积习所蔽;其缺点在徘徊,不知所从,常在选择之中。第二,因为前述的心理状态,俄国正像方才入世的青年,好奇,爱新,憎恶过去,幻想未来,永远在冲动之中。唯其如此,一切较易走极端,常抱着"宁为玉碎,勿为瓦全"的态度。

这便是为何继法国之后,俄国成了领导革命者。从俄国方面看,他们的革命成功,也许正因为是历史短的缘故。

四

当我们研究俄国时,我们要记住这是一个"欧亚"的国家。因为地理的关系,在俄国历史上,它受到欧亚的影响,宛如海潮一样,不断的起伏与进退。乌拉山(Oural)横亘在无垠的旷原内,不能阻止外来的侵入,却也没有使俄国加入欧亚的文化生活,欧亚文化的重要交通线,没有经过俄国境内,只有中世纪的丝路,绕俄国南端,即是说从中亚细亚至黑海。所以,在中西交通史上,俄国虽处于中间的地位,却没有发生重大的影响。那时候,真正传播东西文化者,是拜占庭,小亚细亚口岸如达克(St. Jean d'Acre)、叙利亚、红海以及西班牙。

在俄国历史发展时,它所了解的亚洲,不是文质彬彬的中国,也不是幽深潜思的印度,乃是逐水草的匈奴民族,驰骋原野的蒙古。蒙古给俄国的影响很深,不只是俄国受到二百多年的统治,尝到暴力的凶残,最重要的是力的凭依,而此种力不是静的,乃是动的。

不只如此,到俄国成为一强国时,自克里米亚战争后,逐渐向中亚细亚发展,有四十年之久(1845—1885)始完成这种工作。关于这事,布若瓦(E. Bourgeois)分析的很透彻,他说:"许多俄国人的心目中,沙皇应当是成吉思汗,铁木耳蒙古帝国侵略的承继者,拥有中亚。"我们不论俄国向中亚的发展,我们只说蒙古给俄国人留下不可拔除的影响。

也如受到亚洲文化的影响,俄国所受欧洲的文化很浅。在大彼得(Pierre le Grand)前,它所接触到的欧洲文化,不是希腊与罗马文化,也不是中世纪的基督教,乃是衰落时的东罗马文化。由此,俄国民族性上,受到两种影响:一种是过度的忍耐,压抑自己接受任何的苦痛;另一种是意识的觉醒,不是国家的,而是含有神秘性的宗教的。

所以俄国介乎欧亚之间,它却是游离与孤独的,一切反折到自身,形成一种戒惧,所以它有组织极机密的侦探。在另一方面,我们虽不敢说俄国是孤陋寡闻,而缺少切磋琢磨的机会,却是无人否认的事实。它之成为欧亚文化交通的枢纽,那已是西伯利亚铁路完成后的事实了。

此处,我们要附带说一点:当俄国受蒙古统治时,他们民族原始的活力,逐渐转为一种消极的抵抗,伊文第一(Ivan Ⅰ)虽贵为国王,须任蒙古帝国征收税务的官吏,这是一种阿Q的美德,并无损于英雄的本色;但是我们要指出:这种精神,影响以后俄国的政治很深,能够忍受时,一切都是"服从",到不能忍受时,便是"暴动"。

五

我们研究俄国近代史，须要注意它的民众的构成，百分之九十是农民。在 1857 年的统计中，六千一百万居民，却有五千万是农人。这些农民大半无知，却质朴，有一种强烈"爱地"的情感。他们认土地是生存的唯一理由，生命妻子最后的凭依，他们不肯移动，株守着祖遗的土地，也如其他国度的农民一样，唯一的希望，便是增加自己的田产，扩大"所有权"，借此满足他们内心的要求。

这种需要土地的情感，具有两种不同的方式：

第一种是集体的，即是个人自觉力量薄弱，不能保卫自己的所有，须借团体的力量，始能防卫。因之他们的生活，习于团体的生活，他们的社会组织，又多是集体的组织。但是从此个人的意识，逐渐降低，没有欧人那样坚强；而对"人"的观念，亦没有欧人那样超绝，因为欧人看人是超社会的，以有灵魂故。

第二种是游离的，俄国地广，到处是无尽的草原与荒原，景色永远不变，给人一种单调的苦闷，长而无尽的深冬，深厚寂寞的冰雪，夜长，气候很冷，没有野外社会的集体生活，向西南走，始有较肥沃的园地。春天忽然来到，热而短，醉人的春阳，乱歌的春鸟，处处给人一种刺激，一种怀思，感觉到生的可贵，今的可恋，无形中需要逃脱、远游、战争、侵略、占有那繁花遍开的大地。波得来尔（Ch. Baudelaire）《恶之华》中的一首诗，很可形容出这种心境：

> 在秋天微温的晚上，
> 我深闭着眼睛，
> 吸到了你热奶的香味，
> 看到幸福的海岸，延长着，
> 深睡在阳光迟滞照耀之中。

你的香味领我走向美妙的地方，
我看到海岸边充满了桅杆与风帆。

六

因为俄国的民族是新兴的，又因为它受了拜占庭的文化，所以它常在幻想与做梦，由此而养成别一种特质——神秘。自俄罗斯建国以来，受自然环境的支配，荒原、冰雪、奇冷与奇热，同时又受宗教的熏染，讲求精神的价值，俄国民众过度地发展内心生活，《罪与罚》、《前夜》、《红笑》等作品，充分表现这种色彩。所以俄国的基督教，没有罗马教的纪律，但是，却有救世自任的决心，讲求灵性的完美。他们自认是神圣的，他们的目的在苦痛，遇必要时，还要致命。他们相信灵魂的不灭，真正的幸福，便在自救与救人。托尔斯泰便是这种人物。

自1917年后，俄人视宗教为封建的遗留，阻止进步的核心，而实际上，只能脱去宗教的仪式，其本质依然存在的。我们说此，因为一种精神生活，不能受政治与武力的支配，几百年来的宗教，何能断然斩绝；次之，凡是一种宗教，必然超绝，既然超绝，必然神秘，这又是俄国民族性上所有的特点。

为此，在俄国思想的演变史上，我们看到一特质：凡由外介绍来的哲学体系、政治理论、社会思想，立刻无条件地接受，化为一种宗教，与一种绝对的价值；他们重直觉而轻推理，他们有讨论的精神，而缺少批评的态度；到思想变为行动时，立刻即扩大成一种宣传。

从另一方面研究，俄国民族性上表现出实用的精神，也如初期的罗马人一样，在哲学、美术与科学之前，他们首先追求的不是真和美，乃是用。克莱纳（Fernand Grenard）说："俄人探讨理论，其目的乃在行动，他们注重现实，深信证明、较量与计算。由此产生出对统计的嗜好，将一切列为数目，计成百分，似乎感到一种满足与把握。"

我们不要视神秘与实用是一种矛盾。将理想与现实配在一起，是农人的特质,谁曾见过一个真正的农人,不做幻梦哩?鸡生卵,卵买猪,猪换牛……拉凡登(La Fontaine)的这个寓言,并非取笑农人的贪欲,乃是对一种农人心理的解剖。所以俄国人民看自然是无尽的资源,世界是伟大的试验室,他们对一切的态度是实利,没有历史的训练,也不眷恋历史与过去,所以他们自认为是"新的"、"前进的",正像是沙漠内新起的商旅队。雷纳教授引用一段话,很可佐证这种态度:"取消家庭与社会的关系,推翻传统的习惯,所可留存者,只有不能为青年伟力所摧毁的东西。即是说,凡不能支持青年伟力的袭击者,只好任之风化,因为他本身便失掉存在的意义。"

七

过去俄国接受欧洲的文化是模仿的、移植的。它很明白自己文化的落后,也明白欧洲文化的重要,更明白需要这种文化,但是,它不爱它的原因,自然有民族自尊的心理,俄国不全是欧洲国家,而最重要处,恐怕是民族性的不同,反映出对人的观念,对社会组织的冲突。托尔斯泰的女儿萧尼亚(Sonia)游欧时,他要她到巴黎拜谒庙堂,其目的除鉴赏艺术外,在加强她希腊教的生活。

俄国与欧洲文化发生关系时,每个阶段都表现出"不遇时",几乎是命定的悲剧。俄国接受基督教,是从拜占庭的手中转过去的,它含有希腊文化崩溃时的成分,失掉本质,而着重在玄妙的探讨与枝节的理论。东罗马既未与以健全的文化,而反阻碍他与拉丁文化接近,结果使俄国孤独,由此而与人类社会隔离得更远。

一个民族是不能孤立的。在东方,俄国人只感到蒙古人的苦痛;因地理关系,俄国不得不向西南与西北发展,俄国和欧洲接触,是从伊文第三(Ivan Ⅲ,1462—1505)开始的。这是一个善于应付环境的国王,虔诚与狡诈是他整个历史的说明。莫拉达维(Moldavie)大公说:"伊文是一个怪人,他常住在家内,却能战胜他的敌人,而我呢,

169

每天过着马上的生活,却不能保护自己的土地。"

伊文第三一生的工作,我们可归纳到这三点:

(一)统一俄罗斯,取得纳夫高好(Novgorod)、琪维尔(Tver)及索以河(R. Soj)以东之地。

(二)推翻蒙古的统治(1480),毁灭沙拉伊(Sarai)(1502)。

(三)倾向欧洲。

伊文第三的亲欧政策,很受他皇后苏非亚(Sophia Paleologue)的影响;这是东罗马最后一帝(1472)的侄女,长在罗马,曾经呼吸了文艺复兴初期的空气。她聪明,善应付环境,能了解文学与美术的价值,特别是技术的应用。所以,她到俄国时,带去一群意大利人和希腊人,那里边有学者、工程师、军火匠……给俄国展开一新的局面。因为俄国的历史虽短,而徘徊的时间却长。从此后,俄国的政治有一种新的动向,即自认是东罗马帝国的承继者,他们取巴来落克(Paleologue)的双头鹰作为俄国王室的徽章,并非是偶然的。其次,俄国的精神,亦有一种新的转机,当他们看到巍峨的教堂,壮丽的王宫,就明白了科学的重要,这时候,虽是一种接触,但是却给 18 世纪的大彼得开了一条坦阔的道路。

八

因为要整个欧化,因为要在波罗的海与黑海开两个窗户,大彼得(1682—1725)凭着他旅欧的经验和战败查理十二(Charles XII)的功绩,要将这半东方的俄罗斯,立于欧洲列强之林。他成功了,但并非使俄国真正的幸福。

大彼得确是一个天才的领袖,但是他的天才中含有一种蛮性,过度的自信,过度的求速,正好像俄国整个的历史,要他一个人来完结。他的仪表非常庄严,圣西门(St. Simon)1717 年会见他后,给我们留下精确的记述:"身体很高大,长得很漂亮,稍微瘦一点;脸圆,额宽，美的眉毛，鼻微低，但低得合度，唇厚，脸棕色，黑而美的眼睛，生动，放出强烈的光芒；当他留心的时候，他表现庄严与温和的气概，否则非常可怕与凶猛……"

大彼得不只有健强的体格，还有坚强的意志，不怕困难，不休息，永远无昼夜地工作。这些都是构成他伟大事业的条件，但是最足称赞的——似乎很少提到——是他敏锐的直觉，能够把握住俄国人民的灵魂。他明白俄国民族受了蒙古影响后，其特质乃在他们的流动性与团结力。但是，这种流动性，假如没有确定的中心或坚强的组织来维系，其结果必成为民族的一种弱点；蒙古帝国的崩溃，原因虽多，而这实是主要原因之一。反之，假如有一集权的势力，其性质又固定，组织成一种机动的军队，不只可以统治此种游牧民族，而且可以扩展领地，蒙古帝国的成功如此，俄国又何能例外？我们知道在火车未运用之前，俄国侵略最有效的方法，即在可萨克（Cosagues）流动性的军队。

但是，除过我们惊赞大彼得丰功伟绩，我们要注意他欧化的时期正是欧洲文化起了本质变化的18世纪，便是说机械与组织。俄国模仿瑞典的政治，采取德国的军制，建立许多专门学校，培植技术人才，大彼得做了表面上应做的事，而俄国的精神却依然故我，没有革新。当时法国驻俄大使笔记中说："俄国的改革，仅只学到欧洲文化的那层表皮，揭去那层表皮，俄国的精神、情感与性格，仍然与从前一样的……"

没有顾虑到固有文化的重要，这不是大彼得的错过，因为18世纪的思想家，对过去采取一种讥笑的态度，大彼得受了这种暗示，不自觉的跟着走；次之，当时经济扩大范围，各国争夺殖民地与市场，大彼得梦想意外的繁荣与致富，全力交集在知识上，那时的哲人们视知识是人最后的目的，本身便具有特殊的价值，所以他们看研究过去与精神探讨，都是一种奢侈与多余；最后，凡是改革者，都走极端，他们的思想与行动上，拒绝调和、折中的精神。

171

九

在 1547 年，伊文第四（Ivan Ⅳ）开始有沙皇的尊称，这在俄国历史上是一件很重要的事实。从此俄国实行专制制度，一直到尼可拉第二（Nicolas Ⅱ）。伊文第四是迷信武力的，他组织起机密院（Oprichnina），他取消了"人民土地私有权"，真有点视人民如草芥，所以人送他一个绰号："可怕的伊文。"继后大彼得用武力强迫欧化，开创办公制度，以国家名义，便可执行一切，人民不得参预政治，也没有法律的保障。

这种沙皇的专制，产生了极坏的影响，在个人意识觉醒的时候，俄国人民反走向奴化的道路，他们没有意志，要习于贫穷，忍受淫威，一切新生的力量，转向内部隐藏，发生一种憎恨。到了人民不能忍受时，立刻便演成一种急变与暴动。

另外，因为沙皇自视崇高，有如飞升高空，不辨大地的山川，其结果沙皇与民众脱离关系，自己孤独起来。俄国原本孤独，而政治元首又在孤独中孤独，社会为何不产生急变而加速它的崩溃呢？克莱纳看得非常深刻："沙皇统治着无限的空虚，只有用他自己来填补。"

沙皇制是一种静的体制，在太平时候，它所有的只是衙门、军队与警察。在世界急转骤变的时候，它不能应付环境，又何况俄国流动的民族性，而农民没有得到极低的要求：土地权。——我们要记住：俄国历史上最棘手与最重要的问题是土地问题。亚历山大第二（Alexandre Ⅱ）看到这个问题的重要，结果仍只是片面的解决。

事实非常显明，大彼得改革俄国时，将历史截为两段，精神与物质逐渐失掉了平衡。许多人称赞俄国的繁荣，优裕的生活，然而它反增加了内部的矛盾，中产阶级的消逝。大彼得种下革命的因素，其承继者更无特殊能力，不了解人民的需要，而只想追逐欧洲的列强，那时候俄国最羡慕法国，它的人民期待着法国大革命的成功。因为他们也在反抗保守与传统的暴力，憧憬着一种新的理想。哈地契且夫（Radchtchev）刊行的从圣彼得堡到莫斯科的游记（1790）中，到处赞扬法国的思想，法国的自由，以及联邦政治。

十

近代俄国史是一部革命史，其复杂远在人们想像（想象）以外。文艺复兴以后的新思潮，俄国不加考虑地接受了。新思想是一支箭，俄国是一只弓，箭在弦上，大有一触即发之势。所以那种动人的变更，一幕一幕排演在面前，一直到1917年。现在，我们试用以一种简略的总结，借此知道这种根本的改变并非偶然的。

拿破仑的对手亚历山大第一（Alexandre Ⅰ）自认是共和党，他主张的立宪与拥护的自由，都是很脆弱的。

1825年军队的暴动，完全抄袭法国过激党的故智。

尼可拉第一（Nicolas Ⅰ）对政治上起了一种反感，在位三十年（1825—1855），一切措施，都是反欧洲的。他要保卫"神圣的俄国"，将之与欧洲隔离而孤独起来。

便在此时，受浪漫主义的影响与推移，俄国文学上放开艳丽的奇花。这些花开在严寒的北国，也开在每个俄国人民的心上，悲观、阴暗、沉闷，表现斯拉夫民族特有的个性，他们眷恋国土，他们同情苦人，而间接便暴露俄国当时的虐政。如哥哥尔（Gogol）的《死灵魂》（1842），陀思多以维思基（Dostoievsky）的《穷人》（1845），屠格捏夫（Tourguenief）的《猎人日记》（1852）。

这时法国的社会主义、德国的哲学思潮逐渐介绍进来，俄国民族意识觉醒，转成一种革命的潜力，产生秘密结社。于是提出一种新的口号："到民间去。"这些革命分子，深知民众的重要，没有民众，便是没有武器，因为一切最后的目的是为了民众的。更进一步，他们提出具体的口号："土地与自由。"

亚历山大第二即位后，较前开明，海成（Herzen）给他一封公开信说："……你身上没有一点血迹，你心上没有一点悔痛，我们期待着你的人心……你要把土地还给农民，因为土地是属于他们的……你要把奴隶的耻辱洗刷干净……"于是解放农奴，在1861年2月19日下诏，其要点有三：第一，农奴取得国民资格，隶于政府；第二，农奴所用的房屋与器具，归农奴享有；第三，给农奴土地，使他们可以维持生活。当时农奴有句流行的话："陛下，我们的脊背是属于你的，而土地却是属于我们的。"

第二次"土地与自由"的结社（1876），虚无党与恐怖党的出现。

巴古宁（Bakounine）在1873与1874年之间，加强了"到民间去"的口号，这时候由政治革命转为社会革命。

这时候是一惊心动魄的时代，参加革命者狂疯似的卷来，在1878年2月，一位贵族女子察书利契（Véra Zssoulitch）暗杀脱莱包夫将军（Trepov），引起欧洲人士的同情，与革命党一种新的力量。

从此后，革命势力蔓延，急倾直下：亚历山大第二被暗杀（1881）；亚历山大第三即位后的高压政策；马克斯学术的影响；工人解放同盟（1895）；列宁出现；伦敦会议（1903）；日俄战争后的革命；第一次世界大战；俄国大革命（1917）。

十一

1917年，从3月至11月的短期间，俄国经过各种阶段的革命，由布尔乔亚、德谟克拉西革命到社会主义革命。即是说由利勿夫（Lvof）到克仑斯基（Kerensky），由克仑斯基到列宁。

利勿夫与克仑斯基的事业，曾经犯了两种不可补救的错误：

第一，他们摧毁了俄国政治的统一，估计太容易，以为只要沙皇退位，一切问题便可解决。实际上，他们没有握住俄国人民的需要，而妄想将俄国变为第二个英法。他们还是憧憬那些抽象的理论，从未顾及俄国固有的精神，便是说他们抛弃了民众，民众也抛弃了他们。

第二，克仑斯基的错误，在他一面作战，一面革命；在作战三年的国家，如是分散精力，其结果必然失败的。另外，克仑斯基想将俄国完全欧化，在他的心目中，法国大革命是最善的蓝本，而他便是但东（Danton）的化身。他幻想以含有刺激性的语言，煽动士兵，完成不世之勋业，谁想这些士兵，与同盟军既无仇恨，与协约军亦无同情，他们的要求很低：还乡、种地与和平。

列宁是一位天才的领导者，他能把握住俄国问题的核心，完结这种将近百年的紊乱，独树一帜，与新旧一种清算。他明白俄国人民所求者是和平与土地；如果人民达到目的，至少人民便站在中立同情的地位，正像法国大革命时一样。

不仅如是，列宁所以成功的原因，乃在大胆与方法，因之，以极少的人数，能够统治广大的土地。一方面，他们握住国家生命的中心，如工业区、交通线；另一方面，与人民火急的要求：和平与土地。

许多人评论：俄国是一个农业国家，树立马克斯的制度，是一种矛盾，因为马克斯所论到的是普罗阶级，而不是农民，农民最基本的要求，是土地所有权。列宁是一位实际行动者，他非常谨慎，同时又很现实，虽把所有权取消，却给农民土地耕种。

俄国接受了这种新的政治，现代史上树立起新的姿态。

十二

我们的结论如次：

第一，俄国大革命，自思想言，他结束了文艺复兴；自政治言，他是法国大革命的尾声，他是近三百年来的总结束。

第二，1917年革命，自理论言，含有国际性，以马克斯的观念论故；自事实言，它是国家的，它解决了俄国急切的需要，它表现出俄国的国民性：组织、武力、机动、技术、宣传。

第三，俄国历史，特别是从大彼得以后，有两种暗潮争斗，拒欧与亲欧，这次革命是拒欧潮流的胜利。

第四，这次革命是反资本主义的，这一点与法西斯似乎相同，因为国情各殊，在意大利树起别一种作风。共产主义与法西斯主义是法国18世纪哲学思想的孪生兄弟，但兄弟却是仇人。

总之，俄国需要如此，便形成此种史实，以此回答我们开始所提出的问题。

民国二十九年九月

英国文化之特质

一

这次欧战发生后，希脱拉闪电式的做法，横扫了多少国家，只有英国，仍在那儿防御与抵抗。无论战争的意义如何，无论将来的结果如何，这种特立独行、不屈不挠的精神，似当为人惊赞的。

我们惊赞他，因为它像海滨孤立的一座灯塔。

灯塔是伟大的孤独者，在万物深睡后，它始出来，不怕风雨袭击，鼓起大无畏的精神，不断地在黑暗内创造光明，在危险中寻找安全。

我们这种说法是想形容英国奋斗的精神，这种精神来自久远历史的训练，亦即英国文化的结晶。在欧洲的国家中，英国是最难了解的，中世纪的人咒骂它，看它是个野蛮的国家；18世纪的人赞美它，看它又是自由的象征。英国成了一个哑谜，现在仍是毁誉相半，好像它是位置在别个星体上的。

西方人每论到东方时，常以神秘来形容，东方人论到西方时，又何尝不以神秘做解释呢？笔者学识有限，试想揭去这层神秘衣服，给英国文化与民族性一种粗略的说明，可是我们要记住：英国人是最难了解的。

二

英国难以被了解的原因，首先是它那种社会化的个人主义，表现出种种矛盾与冲突。自个人教育言，英人着重在个性的发展，要养成每个"我"内，含有强烈的战斗性，自主、不退让，达到统治其他的目的；自社会教育言，他们启发合作的精神，使企业有强大的组织，每个人有为团体牺牲的决心。

此处我们所提及的个人主义，不是一种自私自利，如法国哲人巴斯加尔（B. Pascal）所恨的——巴斯加尔说："我是可憎恨的。"——英国的个人主义是自我饱和的发展，依据意志的强力，训练成责任的情感。这种特质，没有屏绝人性内所含的社会性，但是它像伦敦的浓雾，将社会性整个地笼罩住了。

爱麦生（Emerson）说："与一个英人旅行，我们以为他是聋子，他不同你握手，他不注视你，每个英国人正像是一座孤岛。"爱麦生的话，并非是一种侮辱或刻薄，我们知道罗素（Lord John Russel）与皮耳（Sir Robert Peel）在下院共事多年，而两人从无私人来往。蒲特米（Boutmy）认这种现象，是胆怯与心冷的混合，此说自有其成立的理由，但最重要处，恐怕是受了岛屿的影响，养成一种孤独的癖性。

不列颠孤立海外，给英国民族精神上一种很重要的影响，这种孤独的地形，我们可看出两种作用，一方面，英国民族同化的很快，产生出民族共同的典型；另一方面，因为渡海交通的困难，缺少与其他民族接触的机会，不易混杂，减少了社会性。嘉利尔（Carlyle）说："英国人是些哑子。"这种说法虽未免过分，却含有几分真理。

我们没有精确的记载，说明健康的纳地（Nordic）人如何来至三岛，与其他民族发生何种关系，但是，自凯萨（Julius Caesar）两次渡海后（最后一次在纪元前54年），不列颠与世界正式发生关系，受到罗马文化的影响。罗马人去后，文化的潜力犹存，却非常脆弱，有如空中遨游的纸鸢。证据是在查理曼（Charlemagne）时代，英国与大陆的关系，完全系商业的。当时英商没有商业道德，既要走私，复参加劣货，这位大帝不得已须诉诸武力。

这种孤独，始终未使英国与其他国家建立起正常的关系，自1066年，纳曼人侵入英土后，我们看到滋养成英法长久的斗争，到15世纪，军旅司令纪录（Debat des Herauts d'Armes）内，犹称："英国为北海之星，本该转运货物，以有易无，谁知却剽劫商船，使各国不得宁静。"

三

英国海岸线甚长，孤立海中，或为一种天然的屏障，外敌难以袭击，在法国战败后，英国政治领袖说：希脱拉要遇到空前的强敌：海。英国的历史，整个受海的支配，自亨利第八后，英人转移意志到海上，那时候普遍的要求，是向海上发展，巴克（Barker）说："英之向海上发展，乃其意向所及，非命中注定的。"当英国取得制海权后，三岛便高枕无忧了。

另外，斐格莱夫（J. Fairgrieve）指出潮汐对于英国的影响，自汉堡（Hamburg）至比斯开湾（Bay of Biscay）沿岸潮汐涨落，每日两次，洗去河口的沉淀，终年四季，可以绕船舶最难通行处，出入于海，有自旷海入河口的利益，货物因此而深入内地，特别是在中世纪。

海与海岸线给英国两种重要的影响：第一，英国受海的保护，对外敌戒惧较少，不必每日提心吊胆，有如近代的德法；因而它可用所有的力量，注意内部，使全岛统一，政治集中，成为欧洲第一个中央集权的国家。第二，交通便利，逐渐使商业繁荣，英商可自海外取得财富，由是而更增加海上的发展，拉莱（Raleigh）与祝拉克（Drake）都是海上的英雄。1558年，西班牙的无敌舰（Armada）毁在伊利沙白（Elisabeth）女皇的素手中时，一世纪后，英国便开始掠取大洋的霸权。

不仅如此，继孟德斯鸠之后，太纳（H. Taine）在他的英国文学史中，也指出英人爱好自由，系受了海的影响，正如同希腊似的。"自由人是爱海的"，波得来尔（Bh. Bandelaire）已在他不朽的诗中赞美过；并且有人解释雪莱（B. Shely）诗的音韵，宛若大海的波涛，我们知道这是一位自由主义者，他曾证明上帝的不存在，他曾陶醉过高德文（Godwen）的社会理论。但是，我们不能据此便下整个绝对的肯定。

为什么？第一，英国的自由制度，确是来自个人主义，这并不减少它的光荣，这只是一种保障个人与团体的利益，而非憧憬自由的理想，或重视自由的价值。在欧洲，英国是第一个反抗君主的国家，1215年的《大宪章》（*Magna Carta*）六十三条，大半又是为了商业的繁荣，反对任意的征税。

第二，英国要维持大陆的均衡，不愿有永久的同盟，因为，它的目的是商业的自由，它最忌世界的统治权落在一人的手中，所以，它所持的态度，是模棱，是反复，是变更，因此，英国传统的外交政策是："没有百世的朋友，也没有百世的仇人。"非里扑第二（Philippe Ⅱ）、拿破仑第一（Napoleon Ⅰ）、威廉第二、希脱拉都曾领教过英国的这种自由风味。

我们所以提此之故，因为岛国人民倾向自由，无意识中受到海的影响，但是不能视为绝对的，柏拉图曾说过："海可养成商人，还可养成双重人格与虚伪的性情。"我们也只能以"可养成"做解释，不能视之为必然的作用。

四

希腊古代的地理学家斯脱拉奔（Strabon），论到英国的气候时说："不列颠的气候，雨多雪少，空中满布了浓雾，每日所见的日光，仅三四小时而已。"古今论英国民族性者，都重视气候的因素。

潮湿、寒冷、银灰色的天，常使感觉痹麻，增加了北国人民的忧闷，中世纪编年史家伏萨尔（Froissart）论到古萨克逊人时说："按照他们的习惯，萨克逊人很悲哀地游戏。"不只古时如此，彭因（Bain）论到英人时，也说："便是英人的欢慰中，也含有说不出的悲哀。"

这种气候的影响，使英人向内心发展，没有拉丁民族眷恋美景的热狂，但也不像德人那样悲观。英国产不出享乐的埃彼克特（Epictete），却也产生不出苦闷的叔本华，因为英国的民族，以应用为主，基建在行为上。

英国的气候是一种长久刺激。这种刺激的反应，表现出两种作用：第一，感觉与想象受了这种气候的训练，神经变得迟缓，感受性亦失掉敏锐的强度。缥缈的玄想，幻变的美梦，在英人视之，都是一种多余，一种病态，将拜仑（Byron）与拉马儿丁（Lamartine）的诗相较，便知英法感觉的不同。第二，从另一方面看，英国人特别培植生活力，野外的游戏，孤独的旅行，都是增加魄力，俾应付现实的困难。他们不愿沉醉在自然的怀内，却也不愿诅咒人生的苦痛，他们的目的，在生活的舒适，养成一种工作的习惯、储蓄的美德、持久的恒心。

为此，哈请顿（E. Huntington）教授论到英国气候与文化关系时，结论认为："英国的气候虽为英人所憎恨，然实为最良好的气候，对身体有益，刺激精力，鼓励工作。"

更进一步，虽然英国的大雾蒙蔽了现实，使线条与色调减少了美点，却养成一种行为，要思想与行动都着落在地上，他们对一切的要求交集在准确与现实，即是说不存侥幸的心理，事事反求诸身，从此与生活以意义，并且得一种乐观与满足，在此"好"与"用"是没有分别的。正好比英国的个人主义，不排除社会性似的。

次之，英国气候变化不定，巴克认为激起带有笑容的愤怒，此种愤怒是善意的。我们无法批评这种解释的价值，但英人善于忍受忧郁的烦恼（Spleen），却是为人所公认的。这不是怯弱，这是一种柔性的抵抗，符野（A. Fouillèe）论到英人的性格时，说："通常英人是沉静的，并且含有几分迟钝；但是，既到激动后，英人的情欲具有特殊的力量。"

五

英国人有创造的趣味，有斯干地那人的冒险，但他们却受了日尔曼的意志说，一切着重在行动上，时时追求实现。英国人并不重视含有抽象性的理论，因为他们视理论是事实的开始。当抽象的理论不能实现，其错过由于理论的不健全，而含有神秘性故，柏尔克（Burke）说："我憎恶抽象，一直到这个字的音调。"

当英人讲求事实时，他的方法是以严肃的态度，集中注意力，冷静的观察，精密的分析，要见微知著——培根（Bacon）便是如此。这种态度，来自英人的实用主义，因为他们不相信抽象的真理，便是说，真理由现实启露出来。

从这种观点出发，英人所重的是意志，形成一种特立独行的性格，因而强力、持久、计划、自信、不妥协等变为伦理的标准，嚣俄（V. Hugo）咏歌海员时，称具有"银灰色的意志"，这句话很可做英国文化史的别名。

意志的对象是善，它的价值是在行为，英人在孤独的岛上，冷酷的气候中，原只将意志视为一种方法，以求卫护生存，结果意志变为一种目的，正像那里边藏有深厚的幸福。丁尼生（Tennyson）说："借意志的力量，要努力、探讨、搜求与决不让步。"

意志发展的结果，便成了"我"的崇拜，"我"非常有力，非常严肃，既不像尼采的超人，因为尼采视人是万能的；也不像巴莱士（M. Barès）的冲动，因为亚罗两省沦陷后，"我"成了逋逃的地方。英人讲的"我"，如薄劳宁（Robert Browning）的"骑像与雕像"，乃是在谴责理想与现实不能调和，即是说：我是宇宙的缩影，而这个缩影是实有的。

从这种精神出发，英人爱动，到处要观察，要访问，其目的乃在实利。为此，他们能建立无落日的帝国。我们知道愈动愈想动，盈余愈多，愈想求实利，结果产生出一种无尽的欲望，永无止境的开扩。英国典型的人物，乃是忍受苦痛，不能玩弄人生，所以他们人生的原则，乃是利物济人，而这个人内，人己并存，遇必要时，先己而后人的。从好一方面看，意志的奋斗，养成冷若冰霜的态度，权利与义务，划分的非常清楚，所谓绅士的作风，处处表现相敬；从坏的一方面看，形成一种自私与骄傲，多少人曾经指责过英人的这种缺点。孟德斯鸠说："法国人不能在英国交到一个朋友，因为英人不能互相自爱，如何能爱外国人呢？"哲人米勒（S. Mill）论到他同国人时也说："每个英人的做法，正像戒惧仇人似的。"

六

康德论到英国人时，曾说："英人缺少法人社会性的优点。"英人不善社交，却能合作，这种精神不是来自情感，乃是来自需要，因为他们明白团体的力量与合作的利益。符野解释英国家庭时，指出亲属关系较为疏远，而真正的朋友，乃是自己自由选择出来的。

团体不得摧毁个性，集体要保证各自的利益，这是英国政治演变的脉络。自从纳曼人渡海峡后，我们看到争取自由的方式，乃是城市与王室的斗争，斗争的结果，须要具体写出，成为一种不可变更的契约，便是在两玫瑰战争时，虽为内战，实以商业利益为主因，帝王的权威是无足轻重的。为此，英国王室世系，只要保障臣属的利益，其来历可以不问的，我看到纳曼、安若文（Angevin）、郎加斯脱（Lancastre）、丢道尔（Tudor）、斯图雅（Stuart）、奥仑基（Orange）、哈纳扶（Hanovre），正像是古庙内的那些罗汉，只要能赐福，便可与以祀礼的。

这在法律方面，表现的分外明白，在 15 世纪时，英国法学家佛脱斯古（Fordescue）将英国法与罗马法对峙，前者着重集体的意志，尊重个人；后者以帝王为归宿，牺牲个人。英国的法理，特别看重经济，很少自然法，而几乎都是法则。所以，政府如欲牺牲个人利益，便要阻碍进步，不能进步，便不能繁荣，因而他们需要自由的政治，纵使他们非常敬重英皇。

从精神生活方面看，新教的胜利，表现出个人意识的觉醒，亦即英人争取自由的成功，英国民族习于内心的反省，精神上带着忧闷与暗淡，深感到事物的虚幻，而想借着客观的律例，进到另一个世界，所以英国人的宗教情感特别发达，却是别具一种风格。这在莫尔（Thomas More）与牛曼（Newman）的作品中，可得到证明。德国的宗教情感，很容易流为空泛的神秘，法国的宗教情感，又多冲动的好恶，唯独英国，着重伦理的成分，按照各自内心的需要，个人直接来同上帝对话。

假如我们说得更具体一点，英国人的宗教精神，也如其他一样，是一种维持个人与社会必需的工具，它的价值在应用：一方面它保存旧教的仪式，另一方面采纳新教的理论，英国的宗教是新旧教之间的连接线，他们需要集体的生活，但是在这个集体内须尊重个人的独立与自由。为此，德人批评英人说："每个英人可做无神论者，但必须有一个无神论的教会。"丁尼生说：

……在朋友与仇人前面，
这块地方上，每个人可说自己的心意。

七

洛朋（G. Le Bon）将英人比诸罗马人是非常正确的，不只是他们爱好现实，不只是尊重政府的组织，最相似处，乃是这两个民族有共同的精神：相信自己的实力与伟大。太纳深深了解英国，他说："在英人的心目中，只有他们的文化是合理的，别的宗教与伦理都是错误的。"

假如我们从历史方面看，英国史是一部"生存竞争"的历史，这种奋斗是英人的活力，每个英人的意识上，深刻这两种概念：自己是最个人化的；自己的国家也是最个人化的。所以，在英国利益发生问题时，内部的矛盾即刻取消，团结为一，准备做任何牺牲，因而伦理的原则，也只归纳为一：英国利益为上。符野论到此时，他说："在政治上，没有一个民族比英人更冷酷、有方法、更顽强的；没有一个民族比英国更轻视情感的。"

在13世纪前，英国人过着一种粗野的生活，土匪、奸淫、赌博、酒醉等缺点，英国一样具备，为何在短的期间内，它会摇身一变与前不同哩？

解释这个问题的因素很多，归纳起来，仍然是一个文化的转变，即是说由农业文化转为商业文化。英法百年战争（1337—1453）共经一百一十六年，虽有六十一年的休战，而两国人民仍然过着战争的生活。这种空前的长期战争，不能仅视为争夺法国的王位，它的动力，继十字军之后，是在中古世纪农业文化的总崩溃，那种采邑制度、家族主义、保守与储蓄的习惯，都是构成农业文化的基调，于今一变为自由市府、个人主义、契约与信用了。贞德（Jeanne d'Arc）之死（1431），在法国是国家意识的觉醒；在英国却是抛弃了大陆政策，转向海洋方面去了。换句话说，从整个英国历史看，贞德之死是由农业文化转入商业文化的划分线。

英国文化的转变，起于百年战争之末，形成于伊利沙白时代，到18世纪，英国的商业文化取得绝对的胜利，所以，雷纳（G. de Reynold）教授说："一直到18世纪，英国是一个农业国家。"巴克也说："在此大转变以前（指1760年），英格兰尚为一农业国家，耕种五谷，养羊产毛……及至伊利沙白时代，英国于农业与游牧之外，新增三种其他职业：纺织、渔业与海外贸易……"

从这一方面看，英国人保守与自由、个人与团体、冒险与稳重种

185

种矛盾的地方，除地理与环境外，这种由农业文化转为商业文化实是一重大的原因。

八

国家意识，自由主义是近代文化的特征，由此而产生社会与经济革命，英国是最先发动的。

当英国还在农业时代，其资源是谷类与绵羊。这种含有诗意的动物，哈若尔（Thorold Rogers）称之为"英国农业的基础"——便成了英国工业发展的原动力，到伊利沙白时代，海军与殖民地的突飞猛进，利用荷兰没落的时机，击碎了西班牙与法兰西的实力，英国不只是海上的霸王，而且是执经济的牛耳，那时候较大的银行已经粗具雏形了。

商人、工业界、银行构成英国社会的基础，今后英国的政治便在这些资产阶级领导下演变。在法国大革命前，英国已实行过它的革命，第一次是克仑威尔（Cromwell）的共和（1642）；第二次是奥仑基的君主立宪（1688），从此后，英皇的意志不是绝对的。英国这两次艰辛的奋斗，价值非常重大，一方面要保障内部的统一，能够领导作战，别一方面可以卫护自由，使生活日趋"繁荣"，这种深远眼光，来自英人实事求是的精神，他们决不肯沉沦在抽象的理论内，忽视了当前的利益，这也便是为什么两次革命后，君主仍然屹立不动。

到1760年时，因为增加生产效率，开始发明机械，最可注意的，起始的发明者，并非学者与教授，乃是些无名的工人，正如曼杜（Mantoue）所说："英国工业革命，乃是将一个实际问题，利用自然的聪明，老练的习惯以及工业的需要所构成的。"

这种变更的结果，其重大出乎人意料以外，只就曼却斯特（Manchester）一城言，在13世纪只是一个村庄；继成为棉花的中心，在1790年已有五万居民；又过了十一年（1801）忽然便增到九万五千，几增加了一半。以后的繁荣，更使人不可想象，在1897年

6月，维多利亚（Victoria）举行六十周年即位大庆，许多统计证明女皇即位后的繁荣，在1836年国家的收入约五千二百五十万金镑；至1896，已增至一万一千二百万金镑。这种特殊繁荣的结果，必然引到农村破产、工人失业的地步，英国成了社会主义的发祥地，并不是没有理由的，但我们所要研究的不在此。

英国所以能维持他们的繁荣，在乎他们辨别现实，善计算与他们积蓄的能力。纳尔逊说："没有钱财是我不能原谅的罪恶。"斯密士（Sydney Smith）也说："英国最憎恶的是贫穷。"这种批评，触目皆是，远在四百年前佛脱古斯便说："假如一个穷英国人，看到你的钱财，可以用武力取得，他一定抢夺过来的。"

九

> 孤存在仙境内的魔术箱，
> 在险恶大海的浪花上揭开了。

英国的这两句诗，很可为他的海军史的题签。从克仑威尔颁布《航海条例》后，英国商务向外发展，遂与大陆各强国冲突，时而法荷联盟抗英，时而英荷同盟拒法，到18世纪后半叶，英国已握有海上霸权。

为什么英国会建立庞大的海军呢？我们只看斐格莱夫的解释，便知不是偶然的。"不列颠之海军，不独有一种海军历史的传统，且有在海上运用及节省能力的传统，英国人所学得之海上战术，较它任何敌人所得者为多……在1653年之六十年间，在该时存在状况之下，产生新海战原则，凡使用其战斗力最为经济者，胜利即归为所有。"

又，"在美国独立之战中，当法国进攻英国时，英之舰队，出于习惯，仍选顺风站，而法国则反是。此种可以作为特征之行动，其差别并非偶然的：一部分为过去经验之结果：英之海上居民，比较熟谙海战及海战之原理……就军事之意言，海面并无阵地（Position）。不列颠之海上居民有丰富之经验，已知悉此一事实。结果彼等出于自觉与不自觉，深知最好之防守即为进攻；攻击的对象，不在敌人海岸，而在于无论何处发现之敌人舰队，因唯有凭借舰队，始得攻击，彼等深知，开始所使用之能力愈多，则最后所节省之能力亦愈甚……"

裴氏解释英国的海军特点，每字每句含义甚深，这便是为何它能维持无落日的领土，操纵世界的经济。近代英国的文化是商业的，它的战争，又都是由商业而起，既起之后，又繁荣商业。

自我们农业国家看，这自然是可惋惜的，但是，在现代机械文化发展下，商业已成了战争的别名，为什么英国不将它的庞大的盈余去扩充它的海军呢？

十

海军是英国的命脉，如果希脱拉击不破英国的海军，一切是徒然的，我们试举历史上的一个证例。

从何西（Hoche）死后（1797年9月），拿破仑亲任征英总司令，利用意大利被侵后的新局面，先渡海征埃及。征埃及的战略，不是拿氏发明，哲人来不尼池（Leibnitz）早已向路易十四提出，借此断绝英印的联络，正像将一条长蛇斩为两段。

拿破仑是很重视这个计划的。他向他的知友布利纳（Baurienne）说："现在，任何人没有这样博大的计划，须要我来给一个榜样。……我明白，假如停止住，即我的威严不久便消逝，……这个小小的欧洲，做不出大的事业，须要到东方去，伟大的光荣都是从东方来的……"从1797年到1811年，拿破仑永远在那儿幻想与做梦。

带着两员猛将——克来泊（Kléber）与狄赛（Desairs）——于1798年5月19日，拿破仑由杜仑（Toulon）出发，当时人们说："这是往乐园去的。"节节胜利，正像风卷残云似的。

直至是年8月1日，法海军逃脱搜索，纳尔逊（Nelson）带领一舰队，相遇于阿部琪尔湾（Aboukir Bay），于两小时内，即将法国海军全部歼灭，将拿破仑的计划摧毁，困居在埃及。

拿破仑毕竟是英雄，他说："我们没有战舰了，好，像古人一样，或者死在此地，或者冲出去，……这种情形，正使我们做想不到的伟大事业，……这正是表现我们特点的时候，我们须自己有办法……也许命运要我们改变东方的面色……"终于拿破仑逃走（1799年8月22日），但是，他的计划却完全失败了。

当拿破仑促成的武装中立失败后，在1805年，英法战事又起，这次拿破仑的计划，要渡海直捣英国，赛桂野（Comte de Seguer）在回忆录中记载着这次事实的演变："纵使是冒险，可是军舰急待这次计划的实现，在拿破仑，没有一件事情是不可能的。……皇帝更为不能忍耐，下车后，只限四个钟头上船，人马随时都齐备了！皇帝说：英国的命运来到了，我们要报五百年前的冤仇，那时候英人曾到巴黎，而今如何？在一夜间，我们要到英伦！"

这个梦非常诱惑，可惜法国海军被毁后，虽说秘密建造，终于为英国封锁，一方面无集中的机会，另一方面无训练的习惯，而顽强的纳尔逊负封锁的责任，两年未曾离过旗舰。当时法国主力舰，系危勒纳夫（Villeneuve）指挥，虽说勇敢，却不坚定，自幽禁在加地克斯（Cadix）后，使拿破仑震怒，于失望之余，危勒纳夫决心不顾危险，冲过直布罗陀海峡，谁想纳尔逊久伏以待，在六个小时内，将法国海军整个毁灭在脱拉伏尔加（Trafalgar），计法舰共三十三艘，十八艘被击沉了。从此后英国取得海上绝对的霸权，成了拿破仑致命的创伤。

历史也许是不会重演的，但是，欧战方酣的今日，常使人联想到这些过去的史实。

十一

繁荣的商业，广阔的殖民地，雄厚的资本，顽强熟练的海军，这都是萨克逊人特质；在精神方面，因为受了环境的影响，进取中要保守，个人在团体中发展，在实事中寻找理想，这不是矛盾，这是从经验内得来的教训，逐渐形成一种传统的习惯，我们在它的文学与哲学内看得非常明白。

大体上说，英国的文学质朴而严肃，单纯而深刻，因为它是内心的，分析的，更因为是实际生活的表现，所以缺少人性普遍描述，反着重个性化。

个人主义的文学，倘使是真的艺术作品，无不将自我看做世界，其孤独与沉默，使人感到悲哀。可是我们要知道，在人与人之间有孤独与沉默的可能；在人与自然和人与命运之间，却不能漠然置之，这便是为什么萨克逊人视快乐如鸟飞，深信人也要返归到尘灰里面去的。所以英国文学中最发达的是抒情诗，是悲剧，而这两者的出发点又完全是个人的。沙士比亚便是好的证例。

沙士比亚与哥德不同，哥德剧中人物，表现一种性格的演变，它是哲学的，即是说它有一种理想；至于沙士比亚，他完全着重心理，将性格与行为连接在一起，表现实际的生活。为此，英国的诗人爱意大利鲍锐亚（Borgias），麦地谢士（Medicis），埃斯脱（d'Este）等时代，因为他们的罪恶、爱情以及流血都反映出人的面目，英国人的精神上得到一种满足。

这种实际的精神是与艺术相反，特别是与音乐相反。我们知道英国是音乐不发达的国家，巴克说："任凭如何解释，音乐失传，不啻英民族失一宝物……其影响所及，足使吾人易生厌烦之心，足使吾人凡事不感兴味，且使吾人在艺术成就上，不为其他民族所推崇……"

同样的精神，在哲学上英国创造成实验主义，一个培根，一个米勒都精细地观察，丰富地收集，小心地分类，他们以一种冷静的头脑研究，逐渐体系化，结果形成斯宾塞（Spencer）的进化论。

假使德国产生进化论的学术，它必然是形而上的，即是说先有正反合的原则，然后再探讨事实的证例。英国的出发点首在现象的配合，而这些现象只是一种精神的直感，正如柏尔克来（Berkeley）所说："Esse est Percipi"（直感是实有），柏氏的哲学首先是心理的，然后始是形而上的，所以实体的存在由于心，心之所求乃是环境的赐予，那便构成达尔文物竞天择的理论！

在伦理方面，仍是以个人主义出发，每个人寻找他的需要，这种需要的最高者为幸福，而幸福须同心协力始能构成的，因而又归结到团体，但团体不得同化个人。

从英国文学与哲学上看，仍是一个"应用"，一个团体的个人主义。英国文化的结晶是"意志"，所以在古时军旗上，萨克逊人写着"我要"（I Will）两字。

民国廿九年十二月

附录：抗战与文化

　　无论敌人南攻与北进，我们只有沉着应付，予以猛烈的打击，第一期的抗战，我们最伟大的收获，便在树立起民族的自信，给自己固有的力量，做了一次公开的测验。

　　除过自我中心者流，谁也不能否认我们民族的意识，即是说，我们有清醒的意识，看透敌人的居心，始终志在灭亡我们民族的生存。我们要明白，敌人的奸烧屠杀是不怕的，所怕者，是他虚伪的和平，离散我们内在的力量。"纵使这是希腊的恩惠，而这恩惠我们一样要戒惧的！"拉丁诗人的名言，不只为特瓦人所说，也许是为二千年后的中国所说！又何况敌人并非如彼温存呢！

　　我们处的局势，是有史以来未有的严重，我们遇的敌人，又是有史以来未有的强悍。所以敢与之对抗，并且深信胜利的原因，为着我们确有了民族意识的武器，而这武器，又是近三百年来，从苦痛与侮辱中所锻炼成的。

　　许多文化理论家，以为西方文化——假定文化有东西的分别——的特点，在于它的物质文明，给予我们文化的影响，也只有物质。这是一种讨巧的说法，因为没有一种物质文明内不含有精神，如果我们确实把精神确看作人类智慧的一种表现。

当欧洲人挟着优越的物质文明来华后,我们的文化上起了强烈的反应,由漠视而对抗,由对抗而屈服,这种步骤,又无通盘计划,只是一种应时顺便的应付,其结果自然演出许多滑稽的悲剧,而我们民族的生活与强国又差下了百年的行程。

谁也不能否认中国文化的存在。但是,中国文化的缺点,又是无人敢否认的。我们文化的中心,交集在偏狭的家族观念内,我们的一切理智与情感,完全束缚在里边。我们决不否认家族在社会上的重要,我们只说过分促进它的发展,逐渐将个人与民族的意识,完全毁了。不只如此,当个人与民族失掉其应有的意识,我们整个的生活,隐退在家庭帐幕之下,最高的理想,也只能做到门设常关的地步。试看我们的艺术,无一不是供给家庭的娱乐,而我们所希望的子弟,也只是安分守己而已。因之,在家庭至上的程途中,我们必须注重在兄弟忍让,妯娌和睦,忍让与和睦本是一种美德,谁想在家族制度下,却产生多少病态的现象,如保守、因袭、虚伪等。谁要过着这种不自然的家庭生活,便知道它的辛辣的味道和它摧毁了我们多少前进的精神。

在另一方面,我们的文化有它的世界性,可惜只在自然方面发展。我们多少诗人与哲学家,他们竭毕生的精力,在自然中寻求情感与理智的满足。比如西洋人是爱花的,但是他们的爱法与我们不同,他们只爱花的色与香,但我们却爱花的性,而这个性又是以自己的性为准则的。我们的庭园与建筑,纵使是雕纹刻缕,亦要有自然的幻觉。它的伟大处,是在物我为一,养成一种兼容并包的风度,它的坏处,却在言不及意,与现实隔绝,将变态带病的行为,反当作是天才与志士了。

重家庭,爱自然,这是我们文化上最显著的特征。受了这两种基本思想的推动,我们文化上表现出容忍与和平的优点,因为我们处世接物的态度,便以此为鹄的。倘如我们往深处探讨,我们就会发现不可救药的破绽,一方面我们看到鄙劣的自私,另一方面,便是怯弱的退缩,我们的文化,不特不能迎头赶上,与世界文化联辔并进,便连我们祖先所遗留的那一点，亦不能赓续，它的演变，渐次走到粗陋的唯物与空泛的清谈。

当我们民族的身心，濡染在这种思想内，我们失掉了组织的力量，我们只是墨守家规，闭门开辟自己的天地。便是在学术上，我们所着重处，不在客观的事实，首先却是宗派与门径。我们像一个蜂窝，虽说同在一起，却是各有各的地方。其次，我们爱自然的结果，在失掉了理智的作用，因为我们爱自然，正像自然是一个情人的素手，会得到宁贴的安慰。本来自然身上，已含有一种神秘作用，这样一来，将我们的想象扩大，多少思想变成一种魔思。我们的长生不老，化石点金，梅妻鹤子，都不是这种现象的插画吗？

到我们家族与自然的文化发达到极点时，正是西方个人与民族的文化向前迈进，他们信任理智，在社会上产生出一种坚强完善的组织。为人赞赏的机械文明，那只是他们文明的片面。他们追求肉体的完美，同时并未忽略了灵魂的完美。他们改进生活的各样工具，同时并未忘掉社会的组织，这只要看他们每个时代的思潮，便可了然这种演变，德人哈斯（Hass）《什么是欧洲文明？》一书，便是好的说明。

欧洲人所以能够如此，自有原因，但是最重要的因素，却在个人意识的觉醒。文艺复兴的伟大处，却在使个人有他自己的意识，而这个意识，完全基建在"人"上，便是说，他是一切组织与生活的起点。当个人意识增强时，民族意识自然增强，可是他的发展，不是因果的，乃是许多客观的条件促成的，如19世纪德意志与意大利的统一，都是从颓废、压迫与苦痛中所造成的。

的确，"太阳下没有新的历史"，我们讲修身，齐家，治国，平天下，西方人又何尝不是如此？只是，在过去，我们修身是为家，我们治国也是为家，而我们将国又看作是天下。这样一来，在我们绞卷在家的观念中时，别人挟着经济与机械逼来，士大夫要卫道，官吏要贪污，结果在近百年史上，我们只留下些惨痛的记录。

可是，我们近百年的历史，其重要性是任何时代望尘莫及的。我们每天在那儿转变，时时刻刻在世界上争取自己的地位。因为变得太快，自然会有许多错误与幼稚的地方。欧洲的学者们，如洛朋（G. le Bon）之流，以为中华民族是无望的，将她列在三等民族，仅较强于非洲的黑人。我们固非天之骄子，但我们亦非昏庸腐溃。许多欧洲人误解中国的历史与社会，认中华民族是低能，这实是一种侮辱，而我们多少忧国的志士，失掉了对自己民族的自信，一切都是欧洲好的，我们应当整个的学他们。他们并且举日本为例，佐证他们这种扣盘扪籥的理论，他们不知道猴子学人，任他千像万像，它仍然逃不脱是个猴子。我们并非刻薄他人，我们只说别人给我们的东西，只是一种方法与参考，而文化基本的实质，须要从自身来培植。

现在参加抗战的人们，曾经感受过被人蔑视的苦痛，幽暗的怀疑与坚强的奋斗。这些人领导着我们的民众，向敌人表示我们的意识。我们抗战，便是信任自己的行为，我们会胜利，因为我们握有胜利的武器：民族意识。

囚拘在家庭与自然内的人，我们肯定他是没有民族意识的，他们仍是三十年前的人物，自己不进步，而将新生的力量便完全抹杀了。他们只知割地赔款，他们却忘掉我们也是"人"，而我们的民族也和其他民族一样的。

日本是必败的，它所以失败，国人已有许多专论，但是，它文化的矛盾亦是重要的因素之一。在文化史上，没有再比日本可怜的，他们没有创造，只有模仿，而这种模仿，又是何等皮毛。我们不敢讥笑任何民族，但日本人所讲的王道与和平，科学与经济，实在不敢赞同。他们没有远大的理想，他们也没有精确的计算，他们只是些有组织的封建土匪，用新式武器，摧毁人类罢了。他们固然看不起中国，认中国不够一击，他们又何尝看得起世界？

这次抗战，直接的目的，是在打倒日本的侵略，间接的目的，却在建设我们的文化。当我们的民族意识形成时，我们的文化同时种下新的种子。我们多少人与物的牺牲，换来一个彻底的破坏，破坏家族主义的"私",破坏自然主义的"空",树立我们民族整个的意识。

抗战是民族意识的行为,只就其本身说,历史家须刮目相看,须以另一种方式来写这段历史。我们深信人类的正义与公理,抗战便是我们对此信任的说明。

我要问:这是不是中华民族的新文化?若然,在多事的今日,是不是对人类文化有不可估量的贡献?

等着吧,时间会给我们说明这些答案,那时候呵,胜利必在我们掌中。

刊于《国民公论》,第一卷第七期,1939年2月。

阎宗临著《近代欧洲文化之研究》,广西建设研究会1941年出版,收入"广西建设研究会丛书"。内收论文五篇,附录一篇。

欧洲文化史论要

伟大文化精神的轮廓，以观察者之不同，常得到各异的印象。倘如论到接近我们的文化，影响犹存，即主观的判断与情绪，必然时时渗透进来，这是绝对不可避免的。在我们冒险的大海上，有许多方向与道路。所以，同样的研究，在别个研究者手中，非特可以有不同的解释与运用，并且还可以得到完全相反的结论。

——Jacob Burckhardt

第一章
绪 论

我们古人是力行者，不大谈"文化"的。他们所讲的是"道"与"教"，如"天命之为性，率性之为道，修道之为教"，这不只是思想，而且是人生，从那里面演变出一切的文物典章。所以孔子说："行有余力，则以学文。"

文化合而运用者，似始于《说苑·指武篇》："凡武之兴，为不服也；文化不改，然后加诛。"但是，对文化作用加以具体解释者，要算王融《三月三日曲水诗序》，他说："设神理以景俗，敷文化以柔远。"从王融的说法来看，文化是民族与国家精神的综合，它含有一种侵略性。

西人称文化为 kulture 与 civilisation，两字的用法，在第一次世界大战前，虽有微许的不同，大体上是没有特殊分别的。近二十年来，德国学者们给这两字一种区别，含有很不同的意义。kulture 是社会生活的一种姿态，可是这个社会不是人类整体的，而是个别的，即失掉他的统一性。

德国人如是解释他的 kulture，有他哲学的理论。第一，他们认定 kulture 是"动"的，有如波涛一样，不舍昼夜的逝去，所以这种"动"从来没有静的时候——倘如有静的话，那便不是 kulture，而是

civilisation 了。每个德国人应当爱他的 kulture，应当服膺那种"动"性。"动"是集体的，不允许有个人的意志，须守纪律，正如黑智儿（Hegel）理解普鲁士国家的重要，完全一样的。为此，德国人对 kulture 的解释，不以"人"为中心，因为他们的哲学视"人"是"物"的象征，一个永无止境变化的个体而已。第二，德国人对 kulture 的概念，失掉它的普遍性，变得分外狭小。自从 1918 年后，德国的社会起了剧烈的变化，使其历史脱节，摸索不住重心所在。又因胜利者没有真诚襄助，法国仍然加以一种敌视，结果德国人如居荒岛，变得更为孤独，从而在他自己有限的 kulture 上，理解人类，将人类置放在日耳曼民族之下。从这里我们看到尼采（F. Nietzsche）超人主义的影响，希脱拉（Hitler）民族主义的理论。对于 kulture 与 civilisation 两字，我们须加以一种研究。

一

Kulture 与 civilisation 皆由拉丁文演变成的，从字根与演变的历史上看，两字统含有"人"的概念。他们发展的历史，却有时间的不同。1930 年，摩拉斯（Moras）研究 civilisation 一字，甚为有趣，第一次用此字作为文化解释者，系 18 世纪法人米拉波（Mirabeau），在 1798 年，法国《国家学会字典》内，始与以一位置，当社会习用此字时，正是法国大革命发动后，科学技术日改月化地进步，城市日见繁荣，虽说它是一个新字，却非常幸运，代表一种特殊的力量。我们译之为"文明"，成了维新必然的途径。其根为拉丁文 civis，含"公民"意，享有城邦合法政权者，因而 civilisation 有城市的象征。

Kulture 的历史较为久远。古法文中已有 couture 一字，后演变为 culture，意为耕种。继后用为"文化"，是将人类智慧看作一块荒田，经过劳力，去莠存薰的意思。其字根本为拉丁文 cultura，有"耕种田园"之意，象征乡村。当 kulture 做文化解释时，必有一补足词，否则，便以"耕种"用。

论到 kulture 与 civilisation 两者的关系，《郝池非尔（Hatzfeld）字典》中，有精确的解释："civliser：由原始与自然的事物，进而演变为伦理、智慧、社会等的 kulture……"即 kulture 分明含有"工作"的意义。从此我们有第一个关于两字的概念：kulture 是属于人的；civilisation 是属于社会的。换言之，人所产生者为 kulture，社会所产生者为 civilisation。

更进一步研究，拉丁文 clutura 一字，系由直接动词 colere 变出，含有三种意义：第一是耕种；第二是居住；第三是祀礼。申言之，这是古代社会生活的方式：耕种土地，居住家室，祀礼诸神。三者互相连贯，不能分离，在物质方面，每个家庭须耕种以维持生活；在精神方面，须有诸神保佑，以赐吉祥，所祀之神，便是每个家庭的祖先。

古代西方人环墓而居，古朗士（F. de Coulanges）语坟墓为人的"第二居所"，因为对生死的观念，别有一种态度。死不是一种毁灭，那只是生的别一种形式而已。"死是一种神秘，引导人至另一个神秘中，因为死的作用，系由有形变为无形，暂时变为永久，人变为神。"所以古人在田园中工作，生者居于斯，死后为神仍然居于斯，与以慎终追远的祀礼，此礼拉丁文称之为：Cultus。

Civilisation 的拉丁字根 civis，意为公民；或 civitas，意为"城市"。从这两字中，我们首先发现者仍然有宗教的意义。古代城邦中，如果要取得公民资格，首先要取得宗教的资格。因为城邦乃是由家庭演变成的，荷马诗中，我们找到有许多这种的资料。宗教共同的信仰，便是城邦唯一存在的理由，古代西方政权的由来，率皆由宗教组织演变成的。因而它的社会，含有浓厚的宗教成分。civilisation 是社会的，同时也是宗教的。只要看希腊、罗马社会中宗教仪式之重要，便知我们的解释不是附会的。

Kulture 以土地满足人类物质的需要，以宗教满足精神的需要。从横的方面看，人类自身发展，以控制物质；自纵的方面，由有形进而

为无形，直达到绝对的真理。在 civilisation 中，包含着整个的社会生活，这方面是政治的组织，那方面又是宗教的机构。从横的方面，由城邦而国家，由国家而天下；在纵的方面，由人间上达到极乐世界与"天国"——奥古斯丁（Augustinus）曾著有《天国》（*Civitas Dei*）一书。

从上面研究，对文化的第二个基本概念，无论 kulture 是属于人的，civilisation 是属于社会的，两者虽不同，却有一共同交叉点，便是"人"。即是说：文化必须人为中心，为此，对人须要有一正确的概念，也只有从人出发，我们始可看到文化的实义。

二

有人类便有文化，人有精神物质种种的需要，以维持生存，适应环境。所以文化的起源，乃是由于人类的"需要"，此理至明，用不着多加赘语。但是，人是什么，却需要加以解释。

哲人巴斯加尔（B. Pascal）论到人时，说了一句很扼要的话："人是一茎有思维的芦苇。"他是脆弱的，同时又是伟大的。人的力量薄弱、需要复杂，偶然不合他的要求，便不能与其他生物竞争，所以他是非常脆弱的。但是人是伟大的，因为他有智慧，不断地"沉思"，他利用两手做自卫的工具，利用语言传播他的思想。原始人虽愚，却不甘于愚，自身虽弱，却不甘于弱。日改月化，努力克服自身周匝的困难，而能向前迈进。次之，人有一种好群性，个人所有的经验，不断地与他人发生比较，渐次发现自己的错误，因而对自己与团体的行为，加以反省，使之合理。这时候语言受空间限制，不能巩固人类的福利，遂产生文字。将人类生活经验广为传播，而个人与社会生活，逐渐发生变化，亦有了均衡的发展，我们珍重文化便在此。

瑞士伏利堡（Fribourg）大学米南克教授（Prof. de Munnynck）论文化构成的因素时说："人类精神要想发展，达到最高峰顶，自当设法取得这五种完美：控制自然以运用物质一也；致力哲学与科学以有正确知识二也；借文艺与美术使情感高尚三也；不断致力社会事业，福利群众四也；借宗教与伦理以接近真理五也。这五种完美为形成文化之因素，划分野蛮与文明的标准，也是构成人类进步的方式。"

此五种文化的因素，按照人的需要所建立，并非是抽象的，乃是具体的。此五种因素，各民族同受支配，并无例外，其所不同者，因时间、空间、种族的不同，各因素遂有程度的差别，这种差别是形式的，并不是本质的，纵使世界文化史上有种种不同的典型，可是世界文化是整个的。

论世界文化者有许多理论，各有特点，要皆不出下列三种典型：第一是人与人的关系；第二是人与神的关系；第三是人与物的关系。代表第一种者为中国文化，以人出发，尧舜为完人，做成最高的理想。人与人是平等的，所以孟子说："人皆可以为尧舜。"这便是说每个人，都应当讲求忠恕之道，尽己与推己，躬体力行，使人类生活有和谐的序位。"致中和，天地位焉，万物育焉"，便是儒家正统的理论。代表第二种典型者，为埃及、中亚与印度的文化，它们看重精神作用，轻视本能，因为本能是罪恶的因素，使人沉沦的原因，必须根绝。我们看人类最大的宗教，率皆从这些地方发轫，如希伯来教、基督教、波罗门教、佛教、火袄教、摩尼教、回教等，视世界为过渡的桥梁，人为兽性的本能所束缚，一致要求解脱。代表第三种典型者为欧洲文化，它的出发点为知识，但是这个知识常与应用相混合。希腊亚波罗（Apollo）庙堂上刻着："你要认识你自己。"苏格拉底（Socrate）说："你不探讨真理，而热心于富贵，你不觉着羞愧吗？"蒙达尼（Montaigne）在随笔中说："我知道什么？"我们从未见过像欧洲人那样疯狂地爱知识，养成了抽象与应用的精神，这方面产生了数学与逻辑，那方面提高了物质的欲望，形成一种"斗争"，两种混合的结晶，便是科学。

这里，我们有一紧要的声明：世界文化虽有三种不同的典型，但并非是绝对的，因为同是以"人"为出发点，受自然共同的支配，有自然共同的需要。假使把它们分割开，势必造成一种对峙，其结果必然有武断与曲解的地方，这是我们时时要注意的。

三

研究文化发展的历史，我们看到文化衰落共守的原则，从这方面，可以确定文化的不可分割性：

第一，米南克所言构成文化的五种因素，如果有一两种特别发达，或特别落后，失掉平衡，即这种文化必然要衰落。

第二，任何国家民族的文化，须以"人"为基调，适应人性的需要，否则，这种文化必然要衰落。

第三，每个民族国家的文化是一有机体，系整个的。外形上受时间空间的影响，可以不同，但在实质上须有历史性，不能脱节；否则，这种文化必然衰落。

第四，为政者需要对时代有了解，有清醒的意识，使民族国家的文化与生活相配合；否则，这种文化必然要衰落。

我们不敢说这是定律，但是，我们敢说这是文化发展的原则，因为人类的需要大致相同。中国以破布树皮造纸，埃及用制纸草，墨西哥又用其他质料，纸虽不同，需要却是一样的。但是需要不是固定的，它受时代与环境的支配，因而各个民族国家，有它自己的生活习惯、风俗思想，形成不同的文化。我们受错觉、成见、下意识等驱使，往往将真相蒙蔽，误将"形"的不同，而认为是"质"的不同，这是非常危险的。巴尔奈（Barnes）说："人心是历史中唯一的统一线。"历史固如此，研究文化更如此。

第二章
研究欧洲文化史的出发点

治欧洲文化史者向有两种不同的态度,一种视欧洲文化为人类文化的一部分,它不是孤立发展的。如代表欧洲文化的罗马帝国,除受希腊直接影响外,受埃及、迦太基、小亚细亚的影响,较之高卢、西班牙分外重大,更无论莱茵河、多瑙河以北的地带了。另一种以为欧洲文化有它自己的生命,与其他文化不同,它的形成与发展,确有它独特的地方。我们在这一章内,试分析这个问题:在何种地步始能成立"欧洲文化"一语。

一

诗人瓦来理(P. Valéry)说:"欧洲只是亚洲的延长,不过是半岛而已。"从地理观点出发,整个欧洲没有中国大,东方的边界常在那里演变,诗人的话是很正确的。

在 17 世纪时,地球上重要的地方亦已发现,许多地理专家讨论俄国的问题,究竟它是亚洲的国家,抑为欧洲的国家?当俄国为蒙古人统治时,固然属于亚洲的国家;蒙古人退后,欧洲人仍歧视俄罗斯。

那时候欧洲的边界，以波兰东界为限。继后大彼得维新，在波罗得海与黑海寻找口岸，接受欧洲科学思想，而政治、军事、外交、文化与经济，无不与欧洲列强发生密切关系，欧洲才视俄国为西方的国家，欧洲的边界进展至乌拉山，一直包括了西伯利亚。1917年俄国革命，利用马克斯的观念造成一种新社会，西方人深惧那种思想的传染，把欧洲东方的边界，又缩到自白海到黑海。马西斯（Henri Massis）著《保卫西方》一书，便是要说明对俄国这个国家，须革除它欧洲的"洲籍"。

欧洲不是洲的问题，第二个证据是土耳其。从君士坦丁堡陷落（1453）后，土耳其在小亚细亚与巴尔干建立庞大帝国，教皇庇约第二（Pius Ⅱ）虽组织十字军，结果没有将领，没有士兵，凄凉地消逝了。到谟罕默德第二死时（1481），巴尔干半岛一大部分，黑海与爱琴海属于这个新兴的帝国，而近东问题成了欧洲最重要的问题之一。可是欧洲人歧视它的宗教与文化，视土耳其为亚洲的国家，而这个亚洲的"病夫"，却拥有欧洲很重要的领土。从洲的区分上看，这是多么滑稽的事实！

别一种事实证明欧洲非"洲"的问题是英国特殊地位。英国为欧洲国家中最重要者，全世界有它的领土，受它经济的影响，它的政治、文化、经济等却是自成风格，属于超洲的或是国际的缩影。可是欧洲没有英国，那将是不可弥补的罅隙，而且是不可思议的。

欧洲仅只是亚洲的延长，它之取得洲的资格，不是天然的而是人为的。

二

我们要挣脱传统的见解。欧洲不是天然的，而是人为的；不是整个的，而是分裂的，便是为此。历史因素特别重要，任何一角发生的事件，必然波及全欧。倘如从历史与地理上着眼，即我们看到有两个不同的欧洲，一方面是大陆的欧洲，以君士坦丁堡为中心，而今移在柏林，别一方面是海洋的欧洲，以罗马为中心，而今移至伦敦。全欧洲的国家中，就自然条件而论，法国是最理想的地方。它具有大陆与海洋的优点，成了两个欧洲的连接线。

法国是欧洲国家中统一最早者，它的政治与文化影响欧洲最大，有人形容法国是欧洲的头脑，并非过言的。查理曼、路易第九、佛朗梭第一、路易十四、拿破仑，都能利用天然的条件，做出自己伟大的事业。大陆欧洲的精神是保守的、宗教的、团体的，所以东罗马特别着重神学，德国发生宗教改革，处处以集体的利益为前提，相信直觉而否认理知，便是在最实利的事业上，我们仍然发现神秘的彩色，将康德（Kant）与笛卡儿（Descartes）或者斯宾塞（Spencer）相较，便发现他们的不同。

海洋的欧洲经商重利，好动，产生了个人主义。好动爱远游，绝对相信自己，不允许侵犯自己的自由，这个自由在某种限度内，便是自己的利益。我们知道文艺复兴与经济的关系，同时也明白何以葡、西人海外的经营如此成功，文艺复兴为何发生在意大利，产业革命为何发生在英国。

通常论欧洲文化者，大半指海洋的欧洲，而以地中海为中心的。

三

地中海介乎欧、亚、非三洲之间，是古代西方商业的中心，同时又是西方文化的摇篮。虽然柏拉图（Plato）讥笑地中海是个内海，无关紧要，可是它对欧洲的历史与文化，发生一种特殊与积极的作用。

第一，地中海代表一种向心力，西方文化的发生，由埃及起，环绕海岸演进，由东向西，为西方开化最早的地方。首先，许多重要河流汇入地中海，如尼罗河、顿河、聂伯河、多瑙河、包河、虹河、易白河等。次之，地中海有三个半岛与许多岛屿，自海本身言构成一种分裂局面，但是这种分裂又为海水连接起来。最后，因为港湾很多，易于航海，遂构成古代经济的中心，发展成一种特殊的文化，由南向北，布满了整个全欧。

第二，地中海有甬道作用，当古人能够利用船舶时，海上交通较陆上节省能力。而东部地中海岛屿棋布，如足踏石，便是胆怯者，亦易航行。古代西方文化的传播，全赖地中海交通作用。及至回教兴起，639年取得叙利亚与埃及，711年渡直布罗陀海峡，地中海逐渐变为死海，而欧洲的历史与文化，沉入中古迟滞状态中。当新航路发现后，地中海失掉中心的地位，商业中心移至大西洋。可是，自1869年，苏夷士运河开通后，地中海成为欧亚交通要道，又恢复昔年的重要。它是沟通人类文化的大动脉，是经济网的中心。

第三，地中海有刺激作用，欧洲历史的动向在争夺地中海霸权，当腓尼基商业发达后，地中海的价值被人发现，波希战争便是争夺地中海的战争；布匿战争便是罗马帝国建立的初步；而近代欧洲事实的演变，几乎都与地中海有关。雅典、迦太基、叙古拉、罗马、西班牙、里斯本、伦敦，交相轮转，都曾有过光荣的历史；而每个光荣时期，便是控制地中海所造成。

第四，地中海有发酵作用，除过沟通各地文化外，欧洲文化起源于地中海，是没有疑问的。希腊教欧人爱好真理与自由，罗马教欧人如何组织，爱好国家，意大利的文艺复兴，法兰西大革命，大而政治文化，小而日常生活，凡起自地中海滨，顷刻弥漫全欧，仿佛传染病似的。

四

欧洲学者们咸认欧洲民族问题的困难，自认为他们印欧人是世界上最优秀的民族。张伯伦（Chamberlain）、戈伯纳（Gobineau）、洛朋（G. Le Bon）主张欧洲人当占优越的位置，视其他民族为有色人种。

这是一种偏见，证据是印度人与欧人同种，结果却变为俎上鱼肉！

欧洲民族问题是复杂的，史前的移居、蛮人的侵入、蒙古的西侵，再加上长期的战争、海外的经营，意大利没有纯粹的罗马人，正如德意志没有纯粹的日尔曼人是一样的。谈欧洲民族，千万不能为考证与有作用的科学所蒙蔽，因为多少欧洲的学者，时常与政策配合，失掉求真的精神。

纵使"欧洲民族非常接近，对社会与智慧的发展，有同等能力"（符野语），从语言与历史上看，大致可分为拉丁、日尔曼、斯拉夫、盎格鲁·萨克逊等民族。因为欧洲历史的演变，各时代精神的动向，强半是由他们发动的。因之，欧洲历史与文化，亦受这种复杂性的影响。

第一，各民族有它自己的历史与环境，形成种种不同的典型与心理。拉丁民族重理智，爱探讨事物的究竟，与以一种体系；日尔曼人好沉思，有神秘的情绪，常将幻想当作真理；斯拉夫民族的冲动，心绪忧闷，喜玄想与极端；萨克逊民族的实利，有机警与进取的特点，意志分外坚固。这些并非是绝对的，却给历史上许多障碍，形成一种对立的局面。

第二，欧洲有过统一的历史，却非由于各民族的合作，更非由于地理环境，往深处着眼，便知完全是人为的。罗马帝国曾统一欧洲，代表强有力的综合，其原因乃在它平等的法律，与人民平等的政权。在213年，加拉（Caracalla）皇帝谕中说："Om nes qui in orbe romano sunt civis romani efficiantur."（凡居留在罗马帝国境内便是罗马的公民。）查理曼大帝后，罗马教皇构成欧洲的统一，其工具乃在与"人"以正确的观念。便是说"人"有相同的精神价值，至为宝贵，其目的不在现世，而在未来。因为人最后的要求，在止于至善，至善便是上帝的别名。也是因为这种精神的统一，所以在不协调中，可以发动八次的十字军。基督教是有世界性的，欧洲无条件地接受它，便在取消古代社会的不平等。古朗士说："基督教的降生，便是古代文化的结束。"这是很正确的。

五

从欧洲历史看，无时不充满了"斗争"与"革命"。斗争是人性的，革命是社会的，任何时代、任何历史都有这种现象，原不当视为欧洲历史所特有。但是从含义与范围上研究，即我们发现与我们不同。我们的争，乃是"其争也君子"，从未有像欧洲人那样激烈，那样持久。由争而所引起的革命，其范围更为深远。雅典锁龙（Solon）变法、斯巴达里古克（Lycurgus）的改革、罗马时代古拉古斯（Gracchus）兄弟提出的土地法、中世纪马赛尔（Étienne Marcel）的暴动、路德与甲尔文（Calvin）的宗教改革、法国大革命，近百年来，无论从哪一方面，无时无地不充满了革命、斗争、冲突，以至流血与残杀……

物竞天择的进化论、阶级斗争的社会主义，只有西方人才能创造出来。欧洲两次的统一，都是人为的。从这种意义上说，欧洲没有统一过，而只是"组织"过。严格地说，欧洲没有民族文化，他们不是发展个人主义，便是倡导国家思想，要不然便是抽象讲自然观念。他们以"人为"为最后的目的，忽视了自然。因为西方人对自然的态度，亦取斗争方式，把人当作"物"，将物只看到用的方面。

六

尽管欧洲存在地理、民族、语言、宗教等分歧，我们深感到欧洲有它独特的然而是完整的文化。这种印象，不是来自天然的条件，而是来自悠久的历史。所以我们说：欧洲是历史的产物，它是特别重视时间观念的。

第一，整个欧洲的文化，由希腊、罗马文化蜕变出来。前者教欧人如何创造，如何致知，使每个人成为独立的人物；后者教欧人如何组织，以建立人与人关系的原则。希腊、罗马的文化，虽为埃及与中亚文化的综合，然自欧洲观点言，却是整个的。

第二，欧洲文化是基督教的文化，自宗教改革后，基督教的统一性被破坏，可是欧洲人的思想与生活，仍然受基督思想所支配。

第三，纵使欧洲各个国家，久暂不同，大小不等，但是文化形式大致上是一样的。如封建制度、文艺复兴、法国革命思潮、浪漫主义等，各个国家有同样的经历，只有深浅的差别而已。

第四，欧洲的国家，如人体一样互相连系，不能孤独。一国发生事变，马上波及别国，当法国大革命时，英俄普奥如何戒惧，想根绝危险思想，现在退后百年，我们看出那是如何幼稚的幻梦。因为布尔扎维克法西斯、纳粹完全是法国革命的私淑弟子。为此，雷纳教授说："欧洲是祖国的祖国。"

从上面所举的事实，欧洲有它独立的生命，欧洲学者们也曾具体地讨论过。碧克拉（Bekereth）认为欧洲是整个的，有其杰出的文化；贾波拉（Coppola）又以欧洲文化是一种力的表现；彭芳（Bonfante）别有见解，以欧洲文化乃在它的帝国思想，凯萨、查理曼、拿破仑，都是欧洲文化的结晶，因为他们都是力的象征。

欧洲是近代历史的作品，可是它的文化却很久远。它的面积虽小，物产贫乏，却有丰富与复杂的历史。

欧洲是历史的，所以对于欧洲文化，有两种看法。一种各个民族与国家有共同的过去，经过类似的阶段，形成一种共同的意识。另一种是现在的，各个民族与国家有它自己的环境与需要，形成一种分裂局面；因而文化失掉中心，表现出矛盾、病态、脱节等现象，将有"弱肉强食，文化为蛮力所屈服"（雷纳教授语）的危险。

为此，我们试从欧洲历史上，钩玄提要，探讨西方文化的所以。

第三章
埃及文化与自然

一

原始埃及的语言与文字，是非常难解的。根据最古的遗物，我们只能得到一个很残缺的概念。其古代文化神髓的所在，仍然是一个哑谜。假如逆尼罗河而上行，两岸自然风景、历史遗物，会给我们一种印象：埃及人直觉的力量很强。以象征的方法，表现这种直觉，便是说，他们受了自然环境的刺激与影响，用习见的事物，把迫不可耐的思想具体地表现出来了。便是为此，埃及人看到尼罗河畔池沼中的睡莲，出淤泥而不染，便把它当作纯洁的象征；他们又看到沙土中的甲虫，孜孜不倦地工作，便以为是创造宇宙的天神。

从另一方面看，埃及原始的居民，想象力非常发达。当他们看到尼罗河上的舫船，便视为是天神所乘的金舟荡漾在尼罗河上，要巡视人间的罪恶。因而由亚拉伯沙漠间涌起的红日，自埃及视之，有如两角间嵌着一个铜盘，不解其故，便以为伊锐斯·阿道尔（Isis Hathor）神，所以这位神的头上有两角，角间复夹有一个圆饼。

埃及地位特殊，居亚、非、欧三洲的十字街口，握着古代交通的孔道，构成侵略者、游人与商人的乐园。亚历山大与拿破仑，曾以埃及为据点，向东进发，寻觅千古的光荣；腓尼基与希腊的商人，结队成群，来此角逐财富；希腊的哲人彼达高（Pythagore）、史学家希和多德（Herodote），相继留学埃及，听曼腓斯（Menphis）与岱卜（Thebes）神职者的训言。便是现在，虽说埃及受外人控制，但是它在军事与经济上，仍然有特殊的地位，苏夷士运河便是形成它特殊地位的原因之一。这是地理环境要求必然的结果，我们知道这在公元前609 年，法老奈柯奥（Nechao）已凿开运河，将红海与尼罗河沟通，只因当时航海的技术幼稚，后继无人，而它的意义，却是很重大的。

二

所以埃及在古代西方占一特别重要的位置，乃在它树立起农业文化，与我国古代颇多类似的地方。因沿大河流的两岸，土壤肥沃，气候干燥。一方面启发合作的精神，从马利脱（Mariette）所发现的浮雕上，证明古代埃及人的生活处处表现出和平、忍耐、辛勤、重家庭、自给自足、不肯与人相争。

埃及文化的特点，是它实用的精神。所以它的伟大处，不在思想与武功，而在它的农业与建筑，在那古远的时代，有特殊的成就。因之，它最引人注意的地方，第一是"大"，第二是"坚"。因为凡是大，没有不宏，其量必能兼容并包；凡是坚，没有不真，所以没有时间观念，它要与天地同春。

大与坚是农业文化的特点，而这种文化又是两只"人手"所造成的。奥斯本纳（Osborn）论到埃及的纪念物时说："……该奥扑斯（Keops）的金字塔屹立在荒凉的尘沙上，墓色苍白，在炎日下放射出强烈的光芒。当夕阳将落时，光渐转弱，无垠的金字塔影拖在荒原上，游人可看到这种纪念物的伟大，人类任何语言不能形容出精神上所受的压抑，正像负着重担似的。可是，无论从哪一方面看，金字塔都不

215

是一堆石头，不是一座丘陵，乃是人的手所造成的！这种大的印象，渗透进恐惧和敬重的情绪。"

这种伟大的建筑，当时虽无具体明言，我们可想象出埃及人付出的代价，到希和多德与地奥道尔（Diodore）时，该奥扑斯变为暴君的别名，正像我国的秦始皇帝之于万里长城。

按照希和多德的记载，建筑该奥扑斯金字塔时，"征用所有的埃及人来工作，平均每块石头重两吨半，共用二百三十万块石头所筑成。经常有十万人工作，每三月换一次，十年准备，二十年来建筑……"我们无法列出费用精确的数字，单就工人食了的萝卜与胡葱的价值，学者估计，约合八百九十六万金佛郎，其他正式的费用，真是不能想象了。

在金字塔完成后的不久，埃及便播散开许多传述，其中之一，便是形容该奥扑斯经济拮据的状态："该奥扑斯将他的财富用尽，想了许多方法筹款，最后异想天开将他的女儿标价出卖，卖给出最大价钱的人。"

我们再举一件证例，便是埃及人所述的"迷宫"（Labyrinthe）。在周围九十英里的摩利斯（Moeris）湖中，建有两座金字塔，迷宫便在湖东。由白石造成，间以花岗石，一进到墙内，便看着许多房屋由奇巧的走廊互相沟通，人们估计至少有三千多间，一半藏在地下。在天花板与墙壁上，满覆着题铭与浮雕，假使没有向导来领路，游人是绝不会走出来的。

在这无数小房间，有十二所殿阁，六所向南，六所向北，便在北角旁，法老摩利斯建立他自己的金字塔，塔上有浮雕，希腊人视此为埃及艺术最完美的代表。希和多德说："我看着迷宫，自觉比他的声望更大，把希腊所有的建筑集聚起来，可说仍是望尘莫及的。"金字塔是伟大的，其中任何之一，超过希腊最伟大的建筑，而迷宫又远在金字塔之上。

三

这种伟大坚固的遗物，不是罗马的斗兽场（coloseum）、克里特米纳斯（Minos）宫所可比拟的。埃及产生不出罗马的法律，也产生不出希腊的艺术。但是，它那种简朴、伟大，特别是持久，除过我们的长城外，人类恐怕没有第二个民族用手创造的遗物可与埃及相比了。

埃及文化所以持久的原因，完全是受了自然地理环境的影响。它的外围，受撒哈拉、亚拉伯沙漠、地中海（在航海未发达前，海的作用与沙漠相等）保护。自公元前 4500 年起至公元前 330 年止，虽有异族侵入——如第十六王朝伊克索斯（Hycsos）的入寇，第二十六王朝波斯大帝于比斯（Cambyse）的侵入——却是为期甚短。在这四千年中，埃及为本土君主统治，人类历史中，除中国外没有一个国家像埃及这样悠久的；相对地说，也没有一个国家像埃及这样少异族侵入。

沙漠与海给埃及一种幸福的保障，同时也有一种不幸，使埃及孤独，失掉抵抗的能力。因为埃及古代的历史独立自存，从自身上发展，没有比较，没有刺激，很少受外来的影响。在另一方面，它受尼罗河丰富的赐予，埃及逐渐失掉奋斗的能力了。我们知道地理对历史发生一种保护的作用，乃是指文化相等而言，设文化不等，或完全不同，虽有很好的地理条件，结果仍然无法持久的。在公元前 330 年时，马其顿承希腊文化的余荫，又得亚历山大天才的领袖，埃及便失掉它的独立，一直到现在。

四

从埃及内部看，它的历史更受着尼罗河的支配。当希和多德到埃及，看了这块奇妙的地方，说："埃及是尼罗河的赠礼。"这句话辗转引申，多少人以为埃及的历史便是尼罗河的历史。

每年夏至的前一月，尼罗河只有平时的一半，浑浊而迟滞，正像它疲倦到万分，将要停止它的运行。此时两岸土色变黑，炎日直射，接连着有月余的沙风，一切植物，伏在尘沙之下，不能分辨出远处的景色，除过人工灌溉的田园外，永远看不到绿色的植物。

忽然风势转过，北风劲起，吹散树叶中的尘沙，尼罗河开始醒来，更换它最美丽的衣裳，由蓝而绿，由绿而红，红得像一块血布，启露出自然界最特殊的现象。

尼罗河的泛滥，感到一种奇突的快乐，河水不分昼夜地增高，庄严地北去，随时可听到土堤崩溃的声音。夏至前几日，达到曼腓斯附近，百物交感，充满了生的情绪。秋飞一起，水位开始退落，到冬至便恢复原状。尼罗河的涨落，将气候分为三季：十一月至次年二月为播种季；三月至六月为收获季；七月至十月为泛滥季。

泛滥冲积成的土地，非常肥沃，滋养万物，成了埃及的生命。埃及得天独厚，虽说缺乏雨量，却有尼罗河定期的泛滥，这是一种矛盾，但这种矛盾是表面的，裴格来（Fairgrieve）说："……在世界上任何地方，其条件都没有像埃及那样更适于古代文化的发展。"

五

亚拉伯大将阿穆仑（Amouron）征埃及时说："埃及是一块尘沙的荒地，是一片娇柔的大海，是一幅繁花遍开的地毯。"埃及人看了这种自然的幻变，在他们单纯的心上，会引起无穷奇异的心绪。埃及人不明白尼罗河的根源，法宏拉莫塞斯（Rameses）胜利的军队，沿河而上，永远是那样深，那样宽，他们开始怀疑：这不是一条河流，而是一片大海。

埃及的司祭者以为尼罗河是来自天上的，他们又认尼罗河是"天"的化身，那上边遨游着许多美丽的神船。因之，它的泛滥亦是一种超自然现象，从爱力芳丁（Elephantine）岛两个无底洞中流出，系女神伊锐斯（Isis）为她丈夫所流的眼泪所构成的。在这种含有诗意的传述上，又加上许多传述，中世纪亚拉伯的商人，以为尼罗河直达印度洋，在这条河内，布满了许多神秘的岛屿，有如蜃楼，住着许多怪物，勇敢而残酷。舟过其旁者，随时有颠覆的危险，旅人至岛上者，便永远与世告别了。

埃及人看了尼罗河这样的神秘，滋养着许多草木鸟兽，呼尼罗为阿比（Hapi）神，古人作歌以赞美他："呵！尼罗河，我们感谢你，感谢你出现于此，使埃及得以生存。河水永涨，全境欢欣，品物咸亨，创造出有益的东西，使人果腹，百草畅茂，六畜繁昌……"

埃及受沙漠与海的保护，内有尼罗河的滋养，它的文化不受外界的搅乱，得以在长时间内自然地发展。居民为了筑堤，或是开凿运河，须互相合作，共同防御外来的侵略及自然的灾祸，所以他们的社会性发达较早，奠定了农业社会的基础。不只如此，因测量土地，埃及人发明了几何学，观察天象与气候，天文与历学都有很深的造诣。

六

由于一种事实的需要，尼罗河畔的居民渐知团集的力量，拥护一强有力者出，做他们的代表，形成政治上的法宏（Pharaon）。

法宏是超人的，系"赫神"（Ra）之子，做人神的媒介；他又是农民的领袖，他亲自以锄破地，以镰割穗，鼓励人民发展农业。据希和多德说，买奈斯（Menes）最大的光荣，是三角洲所筑的长堤；法宏最关心的事，是稼禾的收获、谷物的保藏……法宏是饥馑时人民的"供给者"，战争时人民的"保护者"。取狮身女首为象征，狮代表力，女首代表智。如道脱姆斯三世（Thoutmes Ⅲ）哈姆塞斯第二（Rameses Ⅱ）、奈柯奥，都是英武的法宏，有光荣的政绩的。

为此，埃及人拥护法宏，尊之如神，同时也向他提出一苛刻的要求：牺牲个人。"不久法宏变为宇宙的中心，假使他有错误，宇宙便失其平衡，因而他的生活，必须以繁琐的礼节约束之。"便是说，他的任务在保民，一切动作，须谨守各种戒律。地奥道尔说："法宏生活上极细微之事，亦须受约束，他只能食犊肉与鹅肉，他只能食许微的酒。"这证明他的个体已不存在了。

219

古代埃及史中，第十二王朝不只是最可靠，而且是最统一的。这时的法宏，爱艺术，重农业，时时刻刻图谋埃及的昌隆，开发尼罗河岸，整理运河，分配水量，将岱卜与达尼斯（Tanis）变为美丽的城市，《西纳伊脱的回忆》（Les Mémoires de Sinouhit）可看出古埃及法宏的实况。当他至亚洲，某小国王问到埃及的情形，他回答说："法宏桑纳斯利（Sanouasrit）即位，继其父为政，这是唯一的天神，旷古无比，立意周善，告谕慈和，征服了许多地方……"

　　从君臣关系方面看，我们更可看出农业经济的机构：虽说权利义务明白规定，法宏与臣民以正义，臣民要纳税与当兵；但是这种划分的基调，仍是以情感出发，这只看拔奎（Pagit）对法宏桑纳斯利的忠实便是好的证明。他说："当我随着主人征古西（Kaush）时，我替主人保存胜利品……君王前来，我侍奉他；我收集金矿时，可说没有一个逃兵……许多人夸奖我……"

　　从尚包利庸（Champollion）等搜集的浮雕与图画上，我们可看出埃及古代生活非常繁荣，同时那些劳工生活又如何惨痛。如"金银匠夜间休息时，须仍然点着火把来工作"。在古代东方民族史中，马斯伯劳也说："鞋匠是最不幸的，永远向人讨饭，他的健康像一条破鱼。"因而，领导社会的智识阶级：法绅，成为埃及社会的中心。他们是法宏的耳目，他们握着社会上极重要的位置，如法官、律师、将官、工程师等。一个法绅向他儿子说："看了世间许多惨事，你要把心放在文学中，细思之后，在许多职业中，仍以读书为好。"这和我们"万般皆下品，惟有读书高"，是没有分别的。

　　迟滞、刻板、单调、现实都是这种文化的特点，压抑个性、发展家庭生活，又是这种文化必然的动向，形成西方典型的农业文化。

七

　　在太阳与尼罗河的前面，埃及人有限的生命变得渺小，于是，把赓续生命基本的要求，始而寄托在自然现象中，继而寄托在想象内。埃及人看着太阳由东向西运行，入夜晚便看不见了，以故有奥锐利斯（Osiris 象征太阳）为地峰（Typhon 象征夜晚）惨杀的故事。伊锐斯象征月亮，为奥锐利斯之妻，她在天空中悲哀地徘徊，为她丈夫曾流过多少清泪，一直到日出。奥流斯（Horus）象征日出，系伊锐斯之子，为其父复仇，故将夜晚杀死。这个传述，随着智慧的发展，成为善恶斗争、生死交替的说明。

这种传述，只能视为宇宙最高原则，对个人身心的要求仍是不能解决的。于是，埃及人想象人先有一肉体，然后又有一"复体"。复体存于空间，手不可触，却具有个人的意识。他们用光与鸟象征复体的作用，永远住在地下，感受饥寒，被魔与兽威胁。借着祈祷、食物、伴侣以抵抗复体的敌人，生怕死体的毁灭，乃有"木乃伊"与《死人簿》之设置。在《死人簿》第一二五章中说："呵！真理与正义之主，我向你致敬礼……我没有说谎，没有怠惰，没有渎神，没有存过恶心；我没有欺负过寡妇，没有霸占过土地；……我没有吃过婴儿的奶，我纯洁，我纯洁，我纯洁！"

这是实践的伦理，在《埃及人与其灵魂的对话》中，我们看出灵魂所求于人的，乃在要人有勇气，敢于正面看死，而知道死并非可怕的。"我（灵魂自称）每天向自己说：死如病后的调养，死如花的芳香，又如坐在沉醉的地方；我每天向自己说：死如天晴，又如飞鸟脱网，忽然到不知名的地方。"

由这种实用的精神所产生的哲学当然没有体系的。假如尊重这种学问，并非因为这和学问的可贵，乃是学以致用，它可纠正人类的弱点。埃及第五王朝《发达哈布的训言》（*Instructions de Phatalhot pon*）便是好的证例。他最讲求现实，一切要适应环境。譬如他说："假使你明智，你该永居在家中爱你的妻子，你给她食珍馐，佩金玉，因为服装是她生命的快乐。果使如此，即她永远是你的快乐。"发达哈布承人之旧说，只是他稍微抽象化了。

埃及得天独厚，有四千余年独立的文化，给古代西方许多贡献，成了希腊、罗马的导师。但是，因为自然条件优越，反将埃及民族的创造力、奋斗力都降低了。自公元前330年后，希腊、罗马、阿拉伯、土耳其、英国相继统治埃及，1922年虽争到独立，仍然受英国支配的。埃及古代光荣的文化，也像希伯来寓言家所说"这是一茎枯苇"而已。

第四章
中亚文化略述

一

当埃及文物极盛之时，它的邻居中亚的文物，亦蔚然可观，不只同是沙漠的区域，而亦有河流的影响。幼发拉底河与底格里斯河从尼发岱（Niphates）山中流出，分向东西，并行南下，构成一肥沃的盆地，自古称之为米索不达米亚，意即介乎两河之间。当亚美尼亚冰雪融解后，向南倾泻，灌溉米索不达米亚田野，在强烈的阳光下直射，每年可三次收获。这是一块大平原，天与地合成一片，居民仰视天星丽于天，不与以神话，却用数学方式来解释，产生最早的历算。

米索不达米亚位于亚非欧的中间，古代各民族迁徙必经之地。因而它看了多少兴亡，它的历史充满了血的斗争。这是古代称霸者必争的场所，亚述、波斯、希腊、罗马都尝试过。拿破仑在埃及失败后说："自古伟大事业，须从东方做起。"便是现在，伊拉克仍是兵家必争之地。

按照《圣经》、希腊史学家的著述以及逐渐发现的浮雕，我们晓得中亚的居民，有长的胡须，眼大、唇厚、健壮，有种残酷的蛮性。

特别是亚述人，所以亚述的历史完全是一部战争史。

在最初的时候，米索不达米亚有许多池沼与岛屿，炎热而潮湿，只有巴比伦附近一带，宜于生活。可是居民增加后，向西南行便过亚拉伯沙漠及印度洋，给予一种天然的障碍。并且水草缺乏，只有初春产生许微的植物。为此，米索不达米亚历史的演变，由南向北，它表现出两种显著的动向：第一，由农业文化转而进为商业文化；第二，由和平转而进为战争。我们试加一种解释。

二

从石刻上所有的《扁柏与银山》，从古诗的《战斗之王》，我们看到沙尔恭（Sargon）是不世的英才，纵横小亚细亚。他最大的政绩在于建立巴比伦帝国（前2875年）①。他将土地划分做许多区域，每区十小时可走完，王任命一人管理，称为"殿子"，处理一切事务，定期向国王报告。他们过着和平的生活，种庄稼，学习制造砖瓦，建筑房屋，生活改进了许多。

这几乎是古代中亚史中的定律：假如巴比伦为中亚政治的中心，即它的文化是农业的，表现出和平的景象。一方面巴比伦的土壤与灌溉宜于农业的发展，他方面，凡能掌握巴比伦政治者，必然政治与军事有独出的能力，始能对抗外敌。阿姆哈比（Hammourabi）不只是一位善战的君主，而且还是一位大政治家。他的法典保障农民，如"假使园丁尽心培植蔬菜，四年后有与主人平分收获的权利，但主人有选择的优先权"。又如"假使农人租来的牛和驴在田间为狮子所吃，即主人须忍受损失"。

马斯伯劳叙述这时的城市，充满了农村的风味，人民住在砖屋内，过着简朴的生活，工作在自己的园地，很少互相往来。女子们蛰

---

① 应为前24世纪。——校者注

居在家中，不过问外边的事物，有之者，即便是在枕边起作用了。阿姆哈比说："将荒原变为沃地，使之生产，成一所乐园。"这是他最高的理想。

便是到大巴比伦时代（前626—前538），为时虽短，那布甲尼撒（Nabuchodonosor）亦要装饰巴比伦，以显示太平，希和多德曾游览过，誉之为"城市的皇后"，有七色相间的高塔，《旧约》上给以不朽的叙述：有悬空的花园，在晚风吹来时，深宫禁女相携在那上边散步，那布甲尼撒明白巴比伦的重要，装饰它，正是为了加强政治作用。可惜后继者那包尼得（Nabonid）太庸弱了，无法赓续，而为波斯所灭亡。

因为巴比伦位置在东西交通的十字街心，闭关自守，像埃及受尼罗河那样发展是绝对不可能的。裴格来说："巴比伦人自然与邻人发生关系，以农业为基础之文明逐渐让位于以商业为主的文明。"此后的下加尔地亚，逐渐受北方支配。因为巴比伦人冲破自守范围，沿幼底两河而北上，正是自爱琴海至高加索的居民，酝酿着一种大变化之时，即是说，北部草原中崛起的新势力：亚述人。

三

亚述人居于底格里斯河上游，地虽肥沃，以面积过小故，不足容纳多量的人口，且多山地，"冬则积雪，夏则狂飙"，他们受了地理上的不幸与限制，无法保证自己的生存，不得不奋发图强。他们需要统一，建立集权的政治；他们需要武力，创造强悍的军队。所以它的文化是一种"力的表现"，因为它的特质是流动的，同时也是残酷的。

亚述的民族非常健悍，血管内充满了蛮力，他们虽濡染了巴比伦的文化，却是外形的，与他们民族性上，并没有重要的影响。我们看亚述帝王的特点，大都是征伐、狩猎与享乐。他们有绝对的权力，自认为是神的仆役，崇奉伊斯达（Ishtar）神，也便是神的代表。1843年在高尔散巴得（Khorsabad）发现的故宫，更可证明亚述帝王的生活。

225

马斯伯劳论到亚述人的特性时说："无疑的，亚述人是中亚健壮的民族，他们不及巴比伦人聪明，却比他们能够持久。他们有军事的才能，健壮的身体，机智、冷酷、不可撼摇的勇敢——这是一种自高、肉感、虚伪的民族，焚杀劫掠视为常事；纵使有高尚的文化，却含有蛮性的遗留。"

每年到春醒的时候，亚述人便感到"生"的冲动，由冲动而激起一种怀思，想逃脱冰雪的山地、枯涩的草原，到那野蔷薇遍开的波斯，或绿草如茵的巴比伦。他们结队成群，向外开拓，或向属地征收新的税赋，或重新创立事业。他们所向无敌，因为他们有很好的军队。一方面实行征兵制，另一方面配备很好，除步兵外，尚有速进队、战车队、攻城队；而最精锐与最特别的是骑兵，因为马小，健行如飞。除作战外，还担负侦探、破坏、扰乱的工作。

亚述是侵略的民族，塞尼包斯（Seignobos）语之为"士兵与猎夫的民族"，是很正确的。几乎每个亚述的帝王，都发动过大规模的战争，用一种傲慢的语言，将他们的武功刻在宫墙上，如亚述纳池哈巴（AssurnaxirHabal）的石刻（前882年）说："城门前筑一墙，满覆着叛徒的肉皮，将他们的首级作冠形，残骸作花圈。"太平时，帝王们行猎。亚叙巴尼巴（Assurbanipal）石刻上说："我，亚叙巴尼巴，亚述之王，三军之帅，展开战神伊斯达之弓，射死两狮，以之献祭与奠酒。"他们像以后的斯巴达、普鲁士，"战争为常事，和平反变为偶然"。

四

如何有用，如何舒适，这是亚述最高的理想。这种精神的趋向，在宗教上表现得更为明白。他们敬神，因为神可使他们趋吉避凶。尼尼夫的伊斯达、巴比伦的马尔杜克（Mardouk）是这两个城市的保护者。他们与普通人一样，不是超性的，只是有力，要人绝对服从；又非常忌妒，不欲别的城市有许微的成功。为此，亚述帝王远征，用神的名义，是一种报复的行为。在他们自身说，胜即是褒，败即是贬。亚述有优良的军队，永远是胜利的。这便是说他们是伊斯达最喜悦的人民。亚叙巴尼巴的石刻上说："反叛亚述与我的人们，我要将他们舌头割掉；将他投诸深沟；解他四肢，投之与狗……这样我的天神必快于心。"

在科学方面，巴比伦有特殊的贡献，可是他们的出发点，不在解决宇宙的神秘，也不在探讨高深的真理，他们受了地理环境的刺激，以实用为主，满足自我的要求。如最发达的天文，产生了高深的历学，但它的动机，却在找寻天星与人的关系，即是说一种"方术"。

亚述人以为每个行星是神，有它自己的颜色，土星为黑，金星为白，木星为紫，水星为蓝，火星为红，月为银白，日为金黄。占星可明白神的意志，同时也确定自己的吉凶祸福。因为天星的方位，与人的命运有关，它的运行，有如人的呼吸一样，希腊与欧洲的中世纪，都受到它的影响。

这种实用的文化，自难孕育成高深的理想，因为个性为集体所摧毁。外则，亚述人视思维是一种多余。他是侵略者，他给希腊、波斯、罗马、亚拉伯、蒙古、英、俄，开创了交通的坦路，奠定了中亚的商业性，可是他没有给人类留下永久的贡献，因为它文化的基础在力而不在智，在用而不在真。

亚述帝国，始于公元前 1270 年，终于公元前 625 年，在这六百四十五年间，他们留下许多恐怖的回忆。从亚述自身看，正如塞纳该利卜（Sennacherib）说："吾之过也，有如一阵蹂躏之狂风。"从别人看，正如先知奈乌姆（Nehum）所说："尼尼夫成为一片焦土，又有谁怜之。"亚述只认识了力的价值，没有与"人"正确的意义。

五

希伯来的文化与亚述正相反，他们住在利班（Liban）山南，由土腰与埃及相连。虽说是地脊，可它是古代交通的孔道，容易吸收外来的文化。希伯来从游牧而定居，由定居而形成国家，充分代表古代民族的演进。

希伯来人从亚美尼亚山中出，沿幼发拉底河南下，逐水草而居，继向西行，入埃及，备尝各种辛苦。摩西（Moïse）出，率之远走，定居于西奈伊山（Mt. Sinai），经四十年的奋斗，得"十诫"，构成希伯来宗教的神髓。

纵使《旧约》中有些幻渺的传说，《摩西十诫》是希伯来历史上最重要的史实。因为他给徘徊不定的民族一种具体的组织；同时对个人的信仰，施以一种集体化，加强了民族共同的信念。不只如此，摩西将"人"的观念提高：人是平等的，同时又是自由的。

有了这种坚固的基础，希伯来始有大卫（David）与锁罗门（Solomon）的黄金时代，但是这两位大帝所创的王国，却是很脆弱的。第一，约但河（R. Jordan）流域，只是交通的孔道，缺少地理上保护的条件，不能树立坚强的国家。第二，大卫与锁罗门憧憬着一种幻想，要建立强大帝国，可是他们没有自知之明，希伯来不是战斗的民族，大卫却要他们战争；不是工商业民族，锁罗门却要他们经营，向外发展。为此，他们的事业，只是昙花一现而已。第三，埃及与亚述衰落，腓尼基又有内乱，锁罗门得地尔（Tyr）王伊哈姆（Hiram）之助，在军事与经济上有偶然的成功；这是一种机会，并不是一种实力。为此，自锁罗门死后，希伯来王国便在紊乱中，承继者缺少实力，而政权便落在司祭者手中，正如欧洲中古世纪时一样。此后希伯来历史，树党对立，阿达利（Athalie）的故事便是好的证例。

六

这个希伯来弱小的民族，所以在西方古代史中占重要的位置，完全由于它的宗教。他给欧洲人信仰上一个正确的对象，独立而永存，不受时间与空间的限制。从信仰上说，这不是物质的崇拜，也不是自然的憧憬，这是人类智慧最高的表现，精神向上的凝结、统一、普遍、永存。"它不依据任何物质，而所有的物质依它而得存。"从理智方面说，这是宇宙的基本原则，智慧抽象的结晶。它给哲学、科学、艺术一种不变的原则，奠定西方文化的基础。

希伯来从未组织成一个坚固的国家，在它的历史上，充满了民族的斗争、政教的冲突。它的特点，便在遵守摩西的戒律，崇拜耶和华（Jéhovah）为至尊唯一的天神，它的意志，不能反抗，而要敬重。但是在敬爱之中，有唯一的条件，即信仰者的生活，要不断向上，达到理想的完美。从这种纯洁与高超的观念中，得到两个重要的结果：第一，每个希伯来人，自视为耶和华的天民，"人"的观念提高，个性从而加强；第二，提高伦理的价值，当亚述侵入希伯来后，给予多少灾难，但是，他们安之若素，自认"这是一种惩罚，不是失败"。有一日，耶露撒冷仍会有它的光荣，这种"希望"构成希伯来文化的活力，比它的侵略者更为强硬。这儿已孕育着西方文化的大动脉：基督教。

自摩西之后，希伯来的历史是一部宗教史。据马斯伯劳的研究，原始的希伯来并非一神的，它受了埃及、亚述、腓尼斯的影响，耶和华是民族的偶像，逐渐演变成的。他论到锁罗门时，说："锁罗门并非要使他庙堂消逝，只想看着耶和华在他手边，超过一切对敌……"

巴斯加尔（B. Pascal）想到希伯来命运时，这样说："巴比伦的河流着，落下去，以至消逝。呵，神圣的西荣（Sion），那里的一切都永存，都坚实。应当坐在河上，不要在内边与下边，而是要在上面，不要站着而要坐着……我们便在耶露撒冷的门边。如果看消逝与永存的快乐，如果有消逝者，那必是巴比伦的河流。"哲人言此，乃是指公元前587年，那布甲尼撒毁耶露撒冷城，俘虏希伯来人的史实。这是智与力的斗争，西荣永存便是希伯来文化的象征。

七

　　亚叙巴尼巴戡定波斯后（前643年），中亚东方民族，逐渐团结，做一种强烈的反抗运动，企图摧毁大帝的经营，这便是亚利安民族意识的觉醒，也便是波斯帝国的形成。

　　古时中亚，按着天然的地形分做两部分。一部分是山地，位于底格里斯河与里海之间，四围环山，爱尔堡池（Elbourz）屹立在东边，耸入云霄，古人以此为天的边界。另一部分是平原，介乎印度河与波斯海湾之间，查告斯（Zagros）山，顺底格里斯河南下，至海滨，急转向东北，与兴都库什山相接。其间内河，几乎都不能航行，气候转变得很快，由西伯利亚的奇冷，忽然转而为塞奈加尔（Senegal）的酷热。这对于文化发展，关系很重大的。

　　在航路未发达之先，波斯是东西交通的孔道，古代民族迁徙必经之地，因而兵马相聚，各种文化交集，既适宜于传播，又适宜于同化。其次，波斯有许多沙田，土地肥沃，罗底（Pierre Loti）游波斯后说："草木、禽鸟、春天，都和我们家乡一样。"这里遍开着山玫瑰，乱飞着歌春的黄莺，自古波斯便有花园的名称。从寒冷的北国里，迁移来质朴与英勇的民族，受了气候与景色的刺激，从肥沃的沙田内，滋养成一种肉感与享乐的文化。

　　论到亚利安种何时来到波斯，莫尔干（Morgan）说："很难与以正确的时期，追寻遗迹，似在公元前15至前12世纪间，它原始的一切，可说消失在时间的夜里了。"波斯被亚述征服，吸收了军事与物质文化，青出于蓝，自己也变为一个侵略的民族，创造成一个帝国。正如吴亚尔（Huart）说："形成一个广大的国家，这是有史以来第一件重要的事实。"因为波斯由叙斯（Suse）一个小城市为中心，将不同的民族团结起来。

　　纵使波斯文化为一种混合，由埃及、亚述、巴比伦、希腊所构成，但是有它自己的特点，达麦斯伐尔（Darmesteter）说："碧塞波里

（Persepolis）的遗迹，证明波斯的艺术是混合的；波斯吸收了亚述、埃及、小亚细亚、希腊等文物，成为一种强有力的混合，处处表现夸大的趣味，但是这不能取消波斯的特点：调和与匀称。"在色彩也是如此，波斯爱亚述建筑的色彩，它能更进一步，捉住深蓝的天色，给肉感上一种美妙的刺激。

八

麦地（Medes）与波斯合并，组织成伟大的帝国，它的宗教与伦理较中亚任何民族为高。所以被它征服的民族，乃能保持着原有的宗教与组织。倘若与亚述相对照，更可看出它的价值。我们看那布甲尼撒对待希伯来人，我们看奈柯奥对待失败者，便知"希流士（Cyrus），是历史上伟大人物之一"。他有组织的能力，统一的方法，不只有秩序，还有政治高尚的理想。

波斯帝国，由希流士、达流士（Darius）、甘比斯（Cambyse）创立成功，给亚历山大最好的模范，"亚历山大最钦崇者为希流士"。因为波斯有一种世界观念，给希腊一种刺激，亚历山大也想把他的城市变为宇宙的中心。为此，我们可以说亚历山大的希腊是波斯历史自然发展的结果。在某种意义下，波希战争，虽说希腊胜利，但若从政治上说，希腊却失败了。

古代波斯的政治，基建在波斯宗教的思想上，正如拜耳（Prof. H. Beer）教授所说："波斯军队是宗教革命的传教士。"为此古波斯帝王作战后，从未忘掉他们宗教的教律：宽忍与慈柔。柏拉图、埃西尔（Eschyle）视此为智慧最高的表现，希伯来人视达流士又为耶和华的特使。

波斯的祆教（Mazdeisme），自达流士后，渐具高尚的形式，受珊萨（Sassanides）王朝保护，发展非常迅速。阿莫池德（Ormnzd）虽非唯一的尊神，却是神中的至尊者，以火象征。它是光，永存于太空，

231

它教人为善，与黑暗（Ahriman）为劲敌。便是说要人"善思"、"善言"、"善行"，而善的最高表现为"洁"；这给予伊斯兰教一种很大的影响。诗人雨果（Victor Hugo）说："神之额为光，神之名为爱。"这是火袄教的神学。

九

现在的波斯是 18 世纪末年的产物，因为新航路的发现，交通工具的发达，我们觉着波斯生活在沙漠中，形成一个神秘的世界。在古代的时候，却不是如此，从希流士时代起，波斯是东西交通十字街口，各种神灵集会的地方。因之，波斯的宇宙观念与世界观念，较中亚、西亚、希腊、埃及皆特别发达，到珊萨王朝，此种动向更为加强。"位置在中国、印度、拜占庭三大帝国之间，有四世纪之久，波斯是人类精神交流的枢纽。"在宗教方面，更可看出这种情形。波斯钦崇的火袄教，逐渐失掉它的面目，形成摩尼教，含有婆罗门、希伯来各种宗教的色彩。

波斯的文化是肉感的，却没有罗马衰亡时那样的毒害。原因是它不失农业的基础，保持着质朴、忠勇、清廉的特点。希和多德说："波斯人以说谎为可耻，借债亦属可耻，因为凡借债者没有不说谎的。"他们重家庭、爱子孙，与中国的伦理有许多类似处。波斯古经中说："家无子孙是最可怕的。"这与我国"无后为大"的思想，没有什么特殊的分别。公元前 490 年，波斯发动侵略的战争，节节失利，西方的历史走入一个新的阶段。因为希腊取得马拉顿（Marathon）与沙乐米（Salamine）的胜利，发现了个人的意识，创造出"形的美"。埃及与中亚的文化，亦从此凋零。但是，他们将近四千年的努力，埃及的农业与灌溉、巴比伦的科学、亚述的军事、希伯来的宗教，借腓尼斯的航船，由迦太基的协助，一一传到欧洲。而波斯的侵略更促进古代文化的传播，人在自然中已取得崇高的地位。

第五章
古代希腊文化之特点

一

在 19 世纪初,希腊受欧洲民族思想的影响,伊朴西兰地（Ipsilandi）从事希腊独立的运动。其时欧洲许多知识阶级,寄予深厚的同情,如法国伏波野将军（Gen. Fabier）、英国诗人拜仑（Lord Byron）。他们爱希腊,因为希腊是自由的象征。当时有识之士,既痛恨梅特涅（Metternich）的反动,复追逐政治的理想,深希望希腊脱离土耳其,取得最后的胜利。

其次,在 19 世纪初,浪漫主义发展到饱和点,无论从形式与内容上看,这种文艺思潮与希腊文学很接近。西尼（A. Chénier）的诗内,充满了希腊的情绪；沙多布里扬（Chateaubriand）对雅典有动人的描写。许多史学家竭力证明：希腊是西方文化的源泉,为了爱自己的文化,便不得不爱受痛苦的希腊。

现在的这次大战中,我们看到英勇的希腊人如何抵抗德意的侵略,败黑衫军于般德山（Mt. Pinde）中。希腊虽然暂时屈服,有心者又谁会怀疑希腊未来的光明？我们也要像拜仑所歌："……我来独为片刻游，犹梦希腊是自由……"

希腊蕞尔小地，自公元前146年罗马执政官姆米雨斯（Mummius）将之改为行省，失掉独立。为什么它有这样强的魔力，于每个人意识上激起一群眷恋的情绪？假使希腊是西方文化的摇篮，那么它文化的特点何在？而这种文化给予人类的贡献又是什么？对这些问题，我想概括地叙述己见，试与以一种解释。

二

雅典的立法家锁伦（Solon）旅行到埃及时，当地的一位神职者向他说："你们是些小孩子。"这句话正可形容出希腊民族的特性。我们不能说希腊文化是婴孩的文化，可是我们能说他是青年的。

希腊人（至少是古代的希腊人）是永远的青年，它一方面是好奇，不讲求效用，只探讨事物的本体；另一方面是快乐，不知老之将至，永远在幻想与做梦。从前一种出发，希腊建立起哲学与科学，从后一种出发，构成了不朽的艺术。所以罗郎（L. Laurand）论希腊民族时说："在世界上，希腊民族似乎是最优秀的。"这不是过分的夸奖，希腊文化充分表现出质朴、狂烈、和谐与精密，便是说希腊文化"均衡地发展人的伟大"。

在人类历史上，除中国文化外没有能与希腊文化相提并论的。辜鸿铭在《中国民族精神》一书中说："能够了解中国民族精神者，只有古代的希腊……"钱穆先生论中国文化为青年文化，其特点在孝，我们很同意这种解释。

爱形式的美，讲求健康，狂烈的冲动，喜议论，有时候自私自利，这是青年的独到处，也是希腊文化的特点。无论它有多少可批评的地方，它却是纯洁的，以养成"人的完美"：个性，表现人类最高的智慧。

三

希腊高贵智慧的形成,首由民族的健康。亚里士多德(Aristote)说:"希腊人具有北方民族的蛮力与欧洲民族的聪明。"这句话的含义,指出希腊民族的伟大,系雅利安种的健康与古代中亚文化的混合。

从古代希腊遗留的瓷瓶、杯盘、浮雕上,我们看到希腊人的筋肉很发达,四肢非常匀称,线条很规则,眼大,放出强烈的光芒,发卷而下垂,鼻直与额齐,构成希腊人的特点,亦是人类肉体最完美的代表。

希腊人特别着重体育,在十八岁以前,每个儿童的精力,除音乐与文法外,完全置放在体格的训练上:搏斗、赛跑、跳远、铁饼、标枪、角斗、劈刺、赛马等。他们的目的不只在参加奥林比亚大会,夺取群众所准备的桂冠,而且在培养健康的公民,以负担城邦的重任。

希腊对肉体的训练,我们称之为"美的意识的觉醒"。柴纳芬(Xenophon)说:"只有在斯巴达,始能找出希腊最美的男人与女人。"这便是为何斯巴达首先注重体格,其次始注意伦理的思想。我们知道斯巴达国王阿西达马斯(Archidamos)与身体矮的女子结婚,民众要他受民法的处分,他们所持的理由是未来的国王个子矮,有损斯巴达的威严。

我们不应笑斯巴达人多事,他们需要魁梧奇伟的国王,始能统治他们的城邦。古代希腊民族,荷马与希腊传说中,都有许多资料可证明。如七位壮士反抗岱卜(Thebes),解释腓尼斯的统治。古传说中的岱卜,系腓尼斯人Cadmus所建立。荷马诗中最理想的人物是亚西勒(Achille),不只是美男子,而且是骁勇的武士。亚加麦农(Agamemnon)王是希腊强有力的领袖,他体格的健壮和他的英勇是一样的。

并非我们故意举斯巴达为例,实因它可代表希腊民族。谬来(O. Muller)说得好:"虽说多利人(Doriens)好勇斗狠,但是,并非如常人所思他们是野蛮的，事实上他们的特点与希腊其他民族一样的。"多利人便是斯巴达人。

因为重视体格，希腊人常过着一种竞争的生活，其结果形成一种个人主义。从希腊历史上看，希腊分裂成许多城邦，只有个人与城邦的意志，而缺乏民族与国家的意志，这是非常可惜的。

波希战争后，希腊取得意外的胜利，可是没有利用这个机会奠定统一的基础，其原因虽多，个人主义的影响是重要之一。便是雅典，它不能大公无私，结果仅只有六十年的强盛，这在一个国家的历史上是多么像"昙花一现"啊！

四

古代希腊仅只是民族的团集，从未组织成一个国家。它教育上最高的理想，追求"人"的完美，以实现灵肉的和谐。但是，我们要注意，希腊人重视灵肉，给予不同的态度，便是说先肉而后灵的。他们从人出发，以人归宿，其目的不在人类，而在表现"个性"，为此他们的领导人才，首先要具有完美的体格。

希腊文化史上重要的人才，同时也是可以举鼎的壮士：悲剧家索福克尔（Sophocle）参加沙洛米（Salamine）战争后，狂欢地跳战歌舞；柏拉图（Platon）、克利西朴（Chrysippe）、地莫克来庸（Timocleon）开始都曾做过斗士，彼达高（Pythagore）曾得过运动的奖金；欧里彼德（Euripide）曾夺取过运动的桂冠……

当我们说希腊讲求体格，并非说它忽视思想与灵魂，我们乃是说在古代文化发达的国家内，从未有谁像希腊人那样重视体格，将之作为最后的目的。

从希腊的神话内，我们更可看出它的主角反映出这种精神。希腊人受了自然现象的刺激，如海波的飞鸣、天星的运行、山间的清泉，发生奇幻的心绪，视为是一种超人的现象，将之人格化，与以健壮的身体。亚波罗（Apollon），降服彼东（Python），御金车于天空驰行；埃古来（Hercule）拥有无尽的伟力，取得十二种胜利，结果自焚在奥达山（Mt. Oeta）顶。这些英雄大半是苦痛与不幸的，力有余而智不足，成为命运的玩具。他们是希腊人崇拜的对象，且被寄予深厚的同情与珍惜。

这种丰富的神话不是迷信，因为希腊人重知，永远在探讨为什么。他们的神话亦是以人为基点，我们试做进一步的研究。

五

希腊首先与"人"以正确的观念，视人为一切的中心，而个人又是人的中心。这是彻底人本主义（Humanisme）写于"两无穷"之间，一方面将人比宇宙，有似虚无比无穷；另一方面，人体藏有无穷的原子，自身又成了一个宇宙。希腊人首先发现了人是一个哑谜，他们不能自止地要加解释。

古代文化发达的国家，没有比希腊的假设更多的。但是，任推理如何精密的假设，其结果仍是一疑问，因为是以假设解释假设之故。为此，岱尔夫（Delphe）亚阿波罗庙上刻着："你要认识你自己。"

希腊文化以人为中心，其知识直接间接大都与人以解释。柏拉图伟大的地方，便在提出理性，视人类为一体。因为理性是人与人的连接线，它不只是普遍的，而且是自由的与平等的。

但是柏拉图所说的理性，不是纯抽象的，他虽未明言理性是否独立，然而从他的方法上着眼，他的思维仍是受数学的支配。

柏拉图在他创办学会的门首，刻着含有深意的一句话："没有研究过几何的学者，请不要进来。"柏拉图为什么如此重视数学？他重视数学，并不视数学可以解决实际问题，也不是着重数学本身的价值，乃在数学对人类思想所起的作用，从现实到理想、从个体到统一、从量到质的最好的桥梁。

237

柏拉图排斥个人主义，但他的基本思想仍然脱离不了"形"的影响，便是说希腊人所重视的体格。几何学探讨"形"和"数"的变化，实体虽不存在，却能使各种幻变的关系、复杂的外形，引入理想的领域。我们不妨这样说：有了那样实体的观察，始有他那种思维，从这方面看，他的"共和国"始有意义与价值。

亚里士多德体用的说法，即是柏拉图进一步的解释。他重视运动，犹柏拉图着重"几何"。比这两位思想家更进一步看重数学者是彼达高，解释宇宙一切的现象是一种数的配合：有限与无限、单数与复数、正方形与长方形，由是而人间有善恶，有明暗，有昼夜，有阴阳……

从这些思想家的特点上看，我们看到希腊文化是形式的、匀称的、调和的，它的基点在"人"上。诡辩家朴洛达高哈斯（Protagoras）说："人是度量一切的标准。"这是非常正确的。

六

哈斯（W. Haas）论希腊文化说："由希腊文化着眼，人的均衡发展，不只是他们重要的工作，而且是至高的目的。"人为至上，它是一切的标准。

有人形容希腊是美的世界，这种荣誉是指它的艺术而言。但是它的艺术特质亦是形式的、人的，乃至于数学的。雕刻家裴地亚斯（Phidias）、米宏（Myron）、鲍利克来特（Polyclete）等，他们所表现的人体，线条简朴，修短合度，不是部分的，而是整个的；不是人造的，而是自然的。这种形式的美启露出向上的情绪，宁静而和谐，满足智慧与情感的需要。

泰纳（Taine）在《艺术哲学》中，曾指出希腊艺术亦受数学的影响。雕像长短的比例、绘画色彩的调和、音乐声调的和谐，完全是数字的配合。这种美守着数学的法则，所以能引人入胜，修养崇高的灵魂。

符野（A. Fouillée）研究希腊民族心理时也说："数学是希腊思

想胜利的表现，为理智的理智，由于数的特性、证例，在几何的形体中，发现了形的定律，爱和谐与序位的思想者感到何等的快慰啊！"从"形"的完美，发现了"和"的价值，这是希腊文化的特点。因为"和"是人性的要求、智慧最高的表现，巴岱农（Parthenon）的建筑，没有一柱一石不是表现和谐的情绪，使人无法增减。这雅岱纳的庙堂，自希腊人观之，正如我们哲人所言："致中和，天地位焉，万物育焉。"

希腊首先追求的和是人与人的关系，他们不忍看米来（Milet）为波斯蹂躏，所以雅典要起来反抗；他们政治上可以发现民主，使每个公民可以过问国家的政事，取决和战。虽说这种政治有它的流弊，但是他们的动机却是高尚的。

便是在戏剧中，我们也可看出这种精神。试举悲剧为例：从形式上看，希腊悲剧的特点在合唱（Choras），它在悲剧中占重要地位，其价值在"和"。因为一方面是观众，另一方面又是演员，这样观众与演员合而为一，增加了剧的效果。如《尔地扑王》（*Oedipe Roi*）中岱卜老人合唱队。若从内容上看，即发现使人头痛的悲剧，因为它不只是娱乐与艺术，它是整个人生的说明，却无法得到和的实体。外形的和较易求得，以对方是独立故，内心的和便困难了。

亚里士多德深解此意，所以他解释悲剧说："悲剧使人感到同情与恐惧，同时要解脱人们的情欲。"这便是说人生原当是美满的，而所以不能和谐者，因情作梗故，遂有使人怜惜、使人恐惧的各种事实。英姿多能的尔地扑王，他有绝世的聪明，解答女魔的谜语，他却不明白自己便是弑父妻母的罪人！这是何等的凄惨！索伏克尔以如椽之笔，简朴地刻绘杀死拉尔者（Laius）是无知的，不只无知，而且是尔地扑王所痛恨的。为此他将自己的眼睛剜瞎，将他女儿安地高（Antigone）作为孝女的象征。从尔地扑王没有眼睛后，始知有"命运"的存在，那知其然而不知其所以然的命运，是一种超现实的强力，非唯与"形"脱离，而且早已不属于"人"的领域了。

我们解释希腊民族爱好形式的完美，从他们诡辩派哲学的发达上更可与以证明。基于好奇的心理、政治生活的需要，他们将智慧与学术视为一种工具，重形式、讲修辞、斗意见，注重在技巧上，成为一种堂皇的辩证，便是说将推理变为一种游戏，多少滑稽的故事留给后人作谈资，所以柏拉图讥笑它们没有内容，将真理毁灭了。

七

希腊的这种文化，倘使有集体坚固的组织，其成就必更伟大。无奈希腊受环境的支配，特别是地理的，结果形成一种分裂局面。

古代希腊由海陆两部构成。陆地的希腊，全境多山，如般德、奥林普（Olympe）、奥达（Oeta）、般代里克（Pamtheblpue）、代若（Taygete）等。山势崎岖，构成许多特别的区域，如代沙利（Thessalie）、岱卜、雅典、阿哥斯（Agros）、斯巴达。山是一种防卫，同时也是一种障碍。各地居民的思想与生活，反映出一种孤独的色彩。从好一方面看，各区域有它的特性，爱乡梓、爱独立；从坏一方面看，他们眼光短小，偏执，不能接受外来的影响。

古朗士（Fustel de Coulanges）在他渊博的《古代城市研究》内，指出城邦形成的原因完全由于宗教。他说："若干居里（Curia）既可合为部落，若干部落自然亦可结合，只以各部落中仍旧保存固有祭祀为条件，这种结合成立之日，即城邦组织之时。"我们同意这种解释，但不能概括一切，原因是宗教也不能超脱自然环境，事实是非常显著的，毋庸多加诠释。

希腊每个城邦，如岱卜、雅典、科林、斯巴达，便是独立的国家，有自己的神灵与英雄，作为他们意识的象征。雅典的雅代纳即是好的证例。

为此，当希腊受外人侵略时，他们虽有团结，却并非全体的，亦非持久的。因为他们每个城邦，有自己的特性，不能形成健全的组织。在达流士（Darius）帝王军临希腊时，雅典向斯巴达告急，而斯巴达虽与以同情，却因月未盈满，不肯出兵。结果米尔西德亚（Milthiade）独支危局，孤注一掷，争取到马拉松（Marathon）的胜利。但是，自希腊言，斯巴达的行动并非不友好，他们所爱的，首先是他自己出生的地方。

再举一例，马其顿的强大便是利用各邦的猜忌与分离。当雅典觉悟联络岱卜，斯巴达仍是自私自利，在公元前339年，雅典大败于希何奈（Cheronee）。倘如我们视斯巴达无爱国的热忱，那便完全错了。只要我们回想德尔莫彼（Thsrmofyle）山谷的路碑："过路者，记着这儿有三百斯巴达的英魂是为服务正义而牺牲的！"我们便知道他的伟大，勇于牺牲。他们共同缺乏的是组织。

八

希腊所以割据的原因，缺乏组织，系受海的支配。但是海之支配希腊，与英国完全不同。英国受海的保障，促成内部的团结，隔绝外来的影响，形成强有力的统一。希腊亦受海的保障，因为岛屿很多，其本部与大陆相连，故海起了相反的作用。即是说海对英国加强了向心力，而对希腊却增加了离心力。

大陆希腊的面积约五万五千五百方哩，而它的海岸线却有三千多哩长，每个城邦有自己的港湾、直接出口的海岸。所以希腊承继克利特、腓尼斯航海的经验，建立了许多殖民地，握着地中海的霸权。从这一点上看，希腊与腓尼斯对海的认识不同，希腊视海为领土、保障独立的工具，腓尼斯却视海为通道、致富的方法。

在这一点上，没有比波希战争解释得更明白。当时波斯的海军，由埃及与腓尼斯战舰所组成，却整个失败在沙洛米（Salamine）（前480年）。波希两国海军决定胜负的焦点，不在海军的质与量，而在薛西斯（Xerxes）大帝对海的认识。因为海战后波斯的舰数，仍较希腊为多，唯薛西斯视海军为奇事，不敢卷土重来，做反攻的计划。正如斐格来夫（J. Fairgrieve）所说："非波斯权力所及。"波希战争是海陆的斗争，陆军国家不幸在海上失败了，正等于法国舰队毁在脱拉伏加（Trafalgar）似的。

因为希腊人视海为生命，给予海至上的价值。在他们天马似的思想上，"紫罗兰色的海"（荷马的话），变成了自由的象征。"自由人是爱海的"这句话正可形容出海对希腊的影响。唯其希腊人爱好自由，结果没有统一的纪律与组织。岱洛斯（Delos）同盟，并不能组织爱琴海的岛屿，那些会员国家，仅只是雅典的附庸而已。

大陆给予希腊独立的精神，海洋给予希腊爱好自由，两者形成一种矛盾、分割的局面。我们可以说：希腊整个历史是海陆争雄的历史。

罗马也是海陆兼有的国家，它却能建立庞大的帝国，其原因在有集体的意志、严密的组织。有组织的斗争是一种生的斗争。相反的，在希腊历史上，斗争却促其灭亡。斯巴达与麦斯尼（Messinic）的战争，斯巴达从未恢复了它的元气；波希战后，希腊虽入昌隆的时代，雅典的自私、斯巴达的偏执，结果发生了柏洛奔奈斯（Pelopnese）的战争，两败俱伤，只给马其顿造成了统治的机会。

这是一条定理：统治希腊，须有健全的组织，控制海陆两种霸权。马其顿的兴起，便是腓里卜第二（Philippe Ⅱ）组织军队与人民，亚历山大以陆地的霸权控制海上的霸权，形成西方旷古的勋业。

九

雨利斯（ULysse）说："看看许多城市，可以了解许多人的思想。"这句话含有深刻的意义。希腊人永远过着桃色的青春，对一切的现象感兴趣，爱新奇，喜幻变。有时有点自大，却反映一种天真。他们思想的丰富与想象一样，要在千万的幻变中，得到一个结论：致纯知。所以，狄西地德（Thucytide）说："希腊人似乎只有思想。"

致纯知的代表，没有比苏格拉底更恰当的。雅典失败，以其有伤风化，判处死刑，他在供词内陈述："如果余必停止探讨真理的工作，而后方准释放，则余宣布，余以求哲理为天职，倘使尚有生命与精力，余决不放弃此任务。凡余所遇之人，余必询问：汝不求智慧，而热心于富贵，汝不知羞愧否？"苏氏是希腊文化的灯塔，要在狂风暴雨的波涛上，照耀那迷途的舟船。

我们要注意，柏拉图说"智慧是死的默想"，不只有悖苏氏的训示，而且是反希腊精神的。希腊人视死不是解放，它是丑的与不幸的。斯宾诺沙（Spinoza）说得好："智慧是生的沉思。"智慧是真理的别名，可是希腊文化所表现的真理，是先艺术而后逻辑，先人而后神的。

我们已经说过：希腊文化的结晶为人的完美，而这个人灵肉并具，先肉而后灵的。我们不要估量这种文化的价值，我们只说这种理想的完成，乃在为"美的牺牲"，因为希腊人认为真便是美，美是精神的宁帖。

从这种观点出发，我们始可了解为什么荷马化岱米斯（Themis）为正义；为什么埃锐奥德（Hesiode）视锐斯为万物的原理，他是非常公正的，腓尼斯人的实利、罗马人的利用，自希腊人视之，虽不能说错误，却是次要的。

希腊人讲求美，不只是艺术的，同时也是伦理的。亚波罗忠告："要公正的裁判。"这便是说：心术须正，不能为外力所摧毁。为此，他们讲求动机，如果心正，一滴水便可洗净精神的污垢，否则沧海之水是无用的。

十

希腊的纯知是数学的。这种思想应用到政治上，希腊人发现了平等。他们很明白物是难齐的，人以理性故，可以平等；因为人不能离群而居，他天然地有种社会关系。所以亚里士多德说："人是社会的动物。"拜里克来斯（Pericles）手创雅典的伟大，曾警告雅典人说："一个人不为公共事业着想，我们便把他当作无用的公民。"

这也是为什么亚里士多德反对克利斯登（Cleisthenes）的政治。

他说："如果克利斯登所树立者为民主政治，即这只是建立起新的部落。……因为他摧毁了社会的组织，将人与人的关系完全搅乱了。"

人与人的关系是平等的，因为平等基于正义，不在它的出生与资产，而在它的理知。拜里克来斯规定民主政治说："我们的政治称之为德谟克拉西，它是为大多数利益而设，非少数人私有的。"

在这种制度下，诡辩派与苏格拉底可以自由发言；奴隶受圣水后即取得自由人资格。苏氏向不敢在会议中发言者说："你怕什么？难道说你怕石匠，怕工商人、钉鞋匠、漂布者吗？你要知道会议便是这些人所组成的。"

这种政治要每个人以其最高的智慧，夺取政治的领导权，便是说每个人要表现出他的个性。

十一

个性的发现是希腊文化的结晶。

希腊为美的牺牲，正是为着培养个性。他们不产生罗马的禁欲派思想家，也不能接受基督教的主义，因为这两种思想摧毁个性，以社会为出发点，而希腊城邦的发展，是强烈个性的表现。

希腊历史上，我们看到了多少惊心动魄的人物！在沙洛米战役前，阿里斯地德（Aristeide）反对代米斯托克尔（Themistocle）的海军政策，被雅典逐放，受贝壳制谪居海外。继而雅典陷落，希腊危在旦夕，阿里斯地德不顾法令，回来要求加入战争。他向他的政敌说："代米斯托克尔，我们政治上的斗争，放在他日解决，现在我同你共同奋斗，看哪一个对国家的贡献最大。"

在沙洛米海战后，波斯遣使求和，雅典的领袖说："只要太阳还在天空中走着，雅典绝对不与波斯媾和。"当时亚波罗的神意有利于波斯，于是雅典的海军在米加尔（Mycale）又取得一次胜利。

这种强倔的个性，有如巴纳斯山（Mt. Parnasse）诸神集聚，俯瞰着向岱尔夫问卜的人们。在希腊历史上，苏格拉底很可表现出希腊典型的个性，柏拉图在《裴顿》（Phedon）中，曾留下这位大师逝世的经过。

在夕阳将落时候，许多弟子环绕着这位大师。这时候，刽子手捧来一杯毒药，苏格拉底沉静地接过来，却以一种有力而详尽的眼睛看他，正如看普通人一样的。

"告我说，是否我可用这水献祭呢？"苏氏问。

"苏格拉底，你吃你所应该吃的。"来人回答。

"这个自然的，"苏氏说，"但是，至少要允许我向神祈祷，使我的旅程快乐，同时祝福我的行程，这是我问你的本意，要神满足我的心愿。"苏氏说完此时，举起毒杯，放在唇间，安静地吃下去。直至此时，我们（柏拉图自称）将眼泪停住，但是看到他吃药的景况，我们不能自主地哭出来了。……他向我们说：

"我的朋友们，你们在干什么？为着怕子女们动心，我将他们送走……你们要强一点啊！"

这话使我们内心纷乱，眼泪停止住了。他在地上走着，只觉得两腿麻木，渐次重起来。像普通人一样，他去睡下……身体逐渐发冷发僵；冷至心口，哲人便要与我们永诀了。那时候他说：

"克利顿（Criton）（这是他最后一句话），我们还欠阿斯克来彼奥斯（Asklepios）一只鸡，请你不要忘掉这笔债务呵！"

"自然的，"克利顿回答，"但是，你是否还有别的话来吩咐？"

这时候大师不回答了，过了一会，他动了一动，眼与口开着。克利顿把他闭住。这便是我们朋友的结束。我可说他是我们时代最明哲、最公正、最完美的代表。

十二

当希腊文化过度发展个性后，它想实现政治的帝国与唯美的艺术，因为政治与艺术表现个性最适宜。可是真正的天才与政治家，是稀有的。希腊的繁荣须经过六世纪，不到一世纪半，它便凋谢了。

个性强者，情感必然激烈。假使能够控制自己的情感，其成就必然伟大。无奈自拜里克来斯之后，为政者如克来庸（Cleon）之流，利用无知的民众，自私自利，将雅典断送了。亚里士多德看着这情状，曾竭力攻击当时的政客。符野论希腊说："内战与政治便将希腊结束了。"这是非常正确的。

但是希腊文化是宝贵的，它给人以正确的价值，平衡地发展人体、灵魂与思想，养成了崇高的个性。对希腊古代的文化，我们当说："我爱，故我在！"这个爱的对象，便是自己完美的发展。

希腊文化是诱人的、可爱的。它没有神秘，没有说教，它教人认识，而认识的交点便是自己。谁要不研究它（至少在西方），谁就将感到自己有不可补救的缺陷；谁要接近它，谁就将视之为永远的伴侣。

希腊文化是人类的，假使从国家立场来讲，它之不能持久，自是当然的。第一，个性特别发达，好纯知、无组织，我们虽未敢说它是反国家的，但是至少我们看出它不能加强国家的统一。第二，希腊文化的基调是理性，理性是普遍的、人性的，便是说它超出国家与民族的范围。第三，希腊文化是古代文化的综合。白来伊（Brehier）说："希腊人视为研究自然的方法、命运、正义、灵魂、神各种观念，其实都是来自东方：数与位的配合，也是东方思想的演绎，希腊没有发明了哲学，它只是一种混合。"我们认为不只哲学如此，文化也如此。

十三

自亚历山大死（323）至希腊独立（1822）止，希腊遭受各种痛苦，罗马一次出卖十万希腊人；美丽岱洛斯岛，变为购买奴隶的市场，稍微有能力的希腊人，便移住在罗马。继后罗马帝国失势，蛮人侵入，焚毁斯巴达、科林、亚克老斯许多古名城，而阿拉利克（Alaric）来，又予以无情的抢劫。拜占庭帝国建立，希腊原始的生命早已不存在了。当年强倔的个性，正如蒋百里先生所说"牺牲个人，不牺牲个性"的文化，亦寿终正寝。

但是，只要人类有记忆，希腊永远存在人类的记忆中，所以拜伦作《哀希腊》，取马君武先生所译，作为我们这篇文字的结论：

莫说优佃二族争，繁华一夕尽销沉。
万玉哀鸣侠子瑟，群珠乱落美人琴。
迤南海岸尚纵横，应愧于今玷盛名。
侠子美人生聚地，悄然万籁尽无声。
吁嗟乎，琴声摇曳向西去，昔年福岛今何处？

第六章
古罗马帝国的精神

一

当奥多亚克（Odoacre）攻陷罗马城（476年）后，西罗马从此灭亡，但是它光荣的过去，却永存在人的心内，无意识地支配着后继的人们。查理曼帝国、神圣罗马日耳曼帝国、拿破仑、墨索里尼，多少人以恢复罗马帝国为职志，结果都没有特殊的成就。有些更因为理想过高、能力薄弱，反而失败在他们的幻想之中！

401年，阿拉利克（Alaric）劫毁罗马。六年之后，高卢诗人纳马地颜（Rutilius Namatianus）咏歌这永城的不幸："罗马，你是万国之母……各国分享你的法律，组成一个城市；胜利的彼洛斯（Pyrrhus）见汝逃走，无敌的汉尼拔（Haniba）最后也只有流泪……只要大地永存，天载繁星，你永远存在着，你的不幸正是准备你的复活。"

为什么罗马帝国会有这样大的潜力？为什么后继者运用各种力量，不能使罗马帝国再现？为什么罗马史充满了内乱与战争，而它竟能并吞八荒？换句话说，我们想在这一章内，探讨罗马精神的构成，指出它的特点，同时看到它对人类的贡献。

二

　　罗马精神是罗马文化的反映，概括地说，罗马的文化是意志的，一方面讲求实用，另一方面发明组织。而两者的目的在树立人与人的关系，建立强大的国家，以追求社会的完美。

　　在古代罗马作家中，国家与社会的意义没有明确的界限，是非常含混的。拉维斯（Lovisse）说："国家的观念是近代特有的。"所以，当我们说罗马文化的特点在寻找社会的完美，我们是指在集体的生活上，不分种族与宗教，罗马人能够发现它的共同点，以建立平等的关系。

　　罗马史的演变分外复杂，从地宰尔（Tibre）河畔、潮湿贫瘠的地方，能够应付环境，日新月异的改变。正如他们献祭时说："我吃新酒旧酒，医我新病旧病。"但是，它的变化是外形，它本质的独立性和统一性，却永远保持着。

　　罗马人在初期创造历史时，便能表现合作的精神，克制个人的欲望，服从公众的契约。他们能忍耐，爱劳动，从苦痛中换取经验与教训。所以，他们能继希腊之后，建立庞大的帝国，奠定欧洲文化的基础，克来尼（A. Crenier）说："罗马文化的特点，在逐渐吸收古代文化的实质，与以一种新的形式。便是这种新形式，罗马遗留给现代，至少是在西方，特别是拉丁民族的国家内。"这种新形式便是罗马精神的特征。

三

　　罗马野史叙述这么一件事：当修造加彼多（Capitle）神殿时，工人从地下掘起一颗人头，不知凶吉，求巫人解释，巫人说："此处当为世界的首领。"这个故事，虽无确凿的根据，但是，它可说明罗马历史的动向乃在土地的侵略。

历史上新兴的民族，没有不是侵略的，可是侵略的方式与成就，很少的国家可与古罗马相提并论。多少治罗马史者，认为罗马特殊的发展，完全由于它的军事。诚然罗马的军团有很好的纪律，善于建筑工事，能以守为攻，无处不表现坚固与伟大。多马池维斯基（Domazewiski）叙述叙利亚南部军事建筑时说："在荒野中建设许多军事堡垒，保护公路，其坚如帝都，以自身伟大为目的……"

这种解释，自有成立的理由，却不能视为唯一的。西方的英雄们只羡慕罗马的侵略、顽强的军事，却不进而研究它的基本精神，结果那些英雄们变为悲剧中的人物，既惨且悯。罗马人善于组织自己的力量，不肯滥费，谨慎而有计划地运用。为此，他们能够从"力"出发，得到"秩序"的结果；他们的信心很深，从不肯改变自己的计划，及至计划实现后，施以法律公平的统治。从阿利西（Aricie）战争起（前506 年），至布匿（Paeni）战争止（前 146 年），我们看到罗马的成功与其说是由于军事，毋宁说是由于政治。吕希利斯（Lucilius）说："罗马人常打败仗，可是每次战争的结果，却能够得到胜利。"

四

倘使我们分析罗马胜利的因素，首先发现的是地理环境的赐予。意大利是一个半岛，伸入地中海内，既便吸收古代的文化，又易控制地中海。因之，借海上的交通，罗马从埃及、腓尼斯、希腊、迦太基等国内，逐渐学到工商业，特别是艺术与科学，以启发他们的智慧。我们看味吉尔（Virgilius）的《埃那伊德》（*Eneide*），从形式与内容上看，那是荷马史诗的再现。在公元前 260 年，执政官杜伊利斯（Duilius）鉴于海军的必须，用迅速的方法，模仿迦太基的战舰，在陆上教练水兵，终于取得米勒（Myles）的胜利。

不只如此，意大利北部有不可超越的亚尔卑斯山，有肥沃的平原，从最初的时候，罗马人以农立国，且有农人质朴的优点，如谨慎、忍耐、戒惧与计划。他们爱土地，日日与荒山池沼为敌，用人力来克服天然与人为的困难，他们明白最好的防御，在加强意志，共同合作。便是说：个人是无足轻重的，每个人须兼顾他人的意志与特性。罗马城，位置在地孛尔河畔，是海陆的划分线，到它意识觉醒、实力丰满时，它变为海陆两种文化的综合，以调和保守与进步的思想。

从这方面看，我们看出希腊与罗马的不同：希腊所重者是个人的完美，以发展个性；罗马却在集体的繁荣，以充实国家。当罗马向四周扩张，它能臣服各地，同时又能做必要的统治。斐格莱夫（Fairgrieve）说："罗马根本的观念，在使不同的各单位趋于罗马化，合而为一；同时承认各单位的差别。其进行程序，起始虽缓，但是却很彻底的。"因此在"领土扩张"固定的目的下，罗马逐步实现，构成庞大的帝国，只有马其顿能与之对抗。但是，我们要注意：亚历山大死后，帝国随之而瓦解，它没有罗马帝国的持久性。为什么？马其顿帝国的基础建立在人上；罗马帝国的基础却在政治上，即建立起中央集权的政府。

五

罗马政治的特点，在于国家与公民的划分，规定他们各自的权利与义务。国家是至上的，因为它可保障人民的权利，维持社会的秩序。国家虽可宣布法令，但是，法令的根源仍是来自人民。在帝王时代，独揽大权，可是在理论上，仍然承认人民是他们权威的授予者，锐脱尔（R. G. Gettell）在《罗马政治思想》中说："凡公民都有政治上的权利，国家最后的主权属于全体的公民。"为此，罗马人视帝王特别尊严，并非他身上有不可侵犯的神性，乃因为他是人民的代表、国家的象征。所以，罗马公民唯一的任务，在服从政府与法令。外来者只要能履践这种职责，不问他的种族、宗族与阶级，说一句 Civis sum Romanus（我是罗马的公民），便可取得公民权利，与罗马人受同等的保障，由是而取得人权。

从另一方面看，在初期共和时代，罗马政治机构便能将职权划分清楚，这是罗马精神伟大的表现。政府职责，由执政官担任，遇有急变，即任命一人总揽大权，以便行使。其次有度支官、营造官、法官、监察官，各有专职，颇似斯巴达的政治。但是，我们进一步分析，便知罗马与斯巴达的政治不同，有如西塞罗（Cicero）所说："客东（Cato）论我们的政治优于别的国家，因为别国的执政者，皆以一手一足来建造，如米纳斯（Minos）之于克利特，里古克（lycurque）之于斯巴达。可是我们的政治并非由一人所创，乃系多人的成就，宏图大业，积年累世所缔造成者。"

六

一直到公元前266年，罗马史上有两种动向：一种是对内的，有平民与贵族的斗争；另一种是对外的，发动无止的侵略，构成意大利的统一。这两种动向有一共同的信念，便是以国家为唯一的归宿，每个公民首先须服从纪律。蒙森（Mommsen）论罗马精神时说："罗马精神在使儿子服从父亲，公民服从国家，两者服从天神。他们只求应用，要每个公民在短促的生命上无止境地工作。……国家是他们的一切，他们唯一最高的理想在国家的发展。"

哈斯（Hass）论欧洲文化时，亦提到罗马国家的思想。他说："罗马的教育，开始便着重服务，要使人烟稠密、面积狭小的罗马成为庞大的帝国。"岂只教育如此，宗教亦不能例外。罗马人敬神，因为神可保佑国家，加米尔（Camille）征外伊斯（Veies）后（前395年），他将胜利品献给亚波罗（Apollo），以酬谢他的佑护。同时将雨农神（Junon）移至罗马来供养。

国家的观念虽与今日不同，但是没有神秘性，它具有至上的权威。为此，当儿子代表国家执行任务时，纵使是父亲，亦必须与以崇高的敬礼。布希野（Boissier）说："即使这是短促的时间，多少奴隶披上官吏的衣服，便得到人民的钦崇。"因为国家至上的观念，奴隶亦提高社会的地位，这是很有意义的。

倘如我们追问真正的罗马人为何结婚与生子，其理由必然是为了国家。做一个好公民与好士兵是罗马人最高的理想。在某种意义下，生命与幸福不能私有，它们完全属于国家。

由建筑与诗歌上，更可看出这种精神的表现。罗马的建筑，既没有希腊的和谐，又没有中世纪信仰的象征，它是堂皇的、写实的，同时也是笨重与冷酷的。试看罗马的斗场或巴拉当（Palatin）的破瓦颓垣，便知道如何的庞大与坚固，国家（或者集体的生活）在每个人的意识上，占何等重要的地位！埃尼雨斯（Ennius）的诗亦是如此。纵使味吉尔推重他，我们感到深奥与沉闷，他没有引人入胜的情绪，但每句诗都是一种格言。

七

罗马思想的中心是国家，但是，这个国家的边界是无止境的。以贪欲与意志为动力，将各种不同的民族组织起来。这种成就——希腊多少次梦想过而未实现——并非是偶然的。锐尔斯（A. F. Giles）论罗马帝国的构成："是由自由市府的联合，一方面受皇帝和罗马法普通法规所约制，另一方面，每个地方则又保留其原有的组织和习惯，并得到皇帝颁给的自由权的特许状。"便是为此，我们看到罗马帝国的内部：统一与复杂、普遍与特殊交相并存，而社会随着武力的扩展，亦每天在演变。因为罗马帝国始终卫护法治的精神，造成平等的机会，证据是罗马原初的特权，一般属地也可享受的。

孟德斯鸠形容罗马帝国的繁荣，誉之为"人的对流"。自迦太基毁灭后（前146年），帝国的水陆交通开始建立起来。自不列颠至幼发拉底河、自高卢至埃及，到处公路宽宏，驿站林立，船舶便利，旅人们深感幸福。罗马人外出，到许多新奇的地方，遇不同的事件，他们的意识上激起两种变化：第一，吸收新的思想，常在日改月化地进步；第二，发生了同化作用，去异存同，逐渐发现人类的整体。他们看到种族与阶级都不能说明人的差别，因为每个人的行为同等地受国家来衡量，由是而产生了法律。

初期罗马史所发生的社会改革，便在消除不平的等级，建立人与人合理的关系。克拉古斯（Gracchus）兄弟的改革，便是要解决最棘手的土地问题，树立合法的制度。谁读到地拜利斯（Tiberius）的演说，都能感到法的重要，直如水之于鱼。他说："意大利住的野兽，尚有一块藏身的地方，而为罗马奋斗而牺牲的人民，除过日光与空气外，一无所有。他们须带着自己的妻子到各处流浪。……人们誉之为世界的主人，但是这个主人没有一块立锥之地。"克拉克斯兄弟虽无成就，为土地法而牺牲，但是，他们尽了护民官的责任，这种护法的精神，却是不能磨灭的。

八

罗马史是一部法律史，罗马帝国的发展，由于它平等的法律。符野（A. Fouillee）解释罗马心理时说："对于罗马人，法律是合乎理、诉诸武力的应用。不在追求理想，而在推动现实，其推动的方式，不是用顽强的武力，便是用顽强的法律。"

罗马法的特点，首先是与宗教分离，适应共同的需要。在罗马最古时，法律亦受宗教的支配，因为国王颁布法令，须受僧侣指导故。当国王废除后，僧侣的影响继续存在着。到奥古斯脱（Auguste）全盛时，仍然要兼有僧侣长（Pontifix Maximus）的尊称，这可看出宗教的潜势力。

继后，在公元前449年，由十人委员会编纂《十二铜表法》，一半将原有的习惯法著为成文，另一半采取其他社团的规章与法典。从这些残缺的条文内，我们看出罗马法不受宗教的约束，文句简洁，没有丝毫的神秘。次之，国家对犯人的规定，多半要他自新，如盗窃是私人行为之不端，应由犯罪者沉痛地悔过。法律要顾到当事者的用意与行为，便是说证据。

罗马法的另一种特点，在确定法官的职权。法官是独立的职务，到帝国扩大，刑民诉讼日繁时，司法官由一人而增至十六人。法官的职权有三：提出诉讼令，指定陪审官，以参与有关案件的证明；依据法律叙述案情，凭陪审官判决；最后执行判决。

这种职权的规定，加强法律的信威，相因相成，而法学的研究更发达了。当时有句流行的话："人之可贵，乃在合法。"

九

蒙森说："罗马的精神是在人民服从法律。"其所以如此，一半由于实践的精神，讲纪律、重服务；一半由于禁欲的思想，处处要为国家牺牲。这两种精神动向，使他们发现了人类，可是人类的观念不是抽象的，而是现实的。因此，要保护集体的安全，唯一有效的方法，是用武力执行的法律。自罗马人看，法是集体的意志，它是强的、冷酷的，同时也是非常可贵的。

集体意志所护卫者是"公民的尊严"，这是帝国独立的象征，罗马人视为是神圣的。损害公民尊严的行为，都归在谋反罪内，可以判死刑，这是何等的严厉呵！为此，罗马法律教育，非常普遍与发达，西塞罗说："儿时所学唯一的诗，是《十二铜表法》。"

基于罗马平等的精神，罗马帝国的公民，不是种族的而是法律的，圣保罗即是一例。从罗马的法学家看，著名的法学家，大率不是罗马人。如雨利纳斯（Servius Julianus）是非洲人，该雨斯（Gaius）是小亚细亚人，巴比纳斯（Papinianus）是腓尼斯人，莫德斯地纳地（Modestinus）是希腊人……这是值得我们注意的。到212年后，凡帝国内的人民，一律受《罗马法》的约制。

到后期罗马帝国，《罗马法》有两个重要的阶段：第一是狄奥多斯（Theodosius）的法典，成于 438 年；第二是查士丁尼（Justinian）的法典，成于 534 年，《罗马法》便成了中古及近代欧洲的模范法典了。

十

远在纪元前 8 世纪，意大利的南部已是希腊的殖民地。因此，罗马的思想与生活，都可看出希腊影响的形迹。但是罗马所接受的，多半是比达高（Pythagore）的学派，未能形成一种巨流。自布匿战争后，由西塞罗推动，罗马狂烈地接受希腊的哲学与科学，然而他们的出发点，不是在"知"，而是在"用"，便是罗马第一流的学者，如瓦宏（Varron）与老薄利纳（Pline L'Ancien），他们的精神生活仍不能独立，他们从哲学中所探讨的是伦理的规章，从科学中所要求的是对行为有利的结果。

往深处研究，真知须要有绝对的自由始可获得；现实仅只是真知的开始，而不是真知的结果。自希腊哲人观点言，思想是最高的现实，它是由具体与特殊事物中抽象的结果，逻辑的推理是思想唯一的方法，任何理论是不能阻止它的。罗马的思想家却反是，他们不爱抽象，只需要现实，倘若逻辑推理的结果与他们所希求的相反，他们宁可牺牲真理而不肯牺牲适用。

这便是为什么罗马的精神永远在矛盾中。它要前进，又要保守；它要禁欲，又要享乐。折中与调和是最高的理想，却是非常难实现的。黄金时代的禁欲哲学，那只是柏拉图与比达高思想的配合。罗马思想史上杰出的人物，如吕克来斯（Lucréce），仍然以用为前提，他的《自然论》（De Rerum Natura）博学精深，自成一家之言。可是他著此书的目的，不在探讨真理，乃是为医治国人们由蠢愚促成的不安与痛苦。

从科学上，罗马人也只找求现实，他们看科学是一种技术，是一种应用的工具,既没有理论,亦没有方法。他们接受了希腊的科学,尽管应用它,却没有消化,他们不明白什么是纯科学,正如克来尼斯说:"罗马没有一个真正的科学家,因为他们不愿做一个纯粹的科学家。"

十一

罗马人虽不喜纯知,却善于探讨人的心理,因为他们从社会观点出发,需要分析人的情欲、性情与行为。他们精神上追求者是伦理的思想,他们认此为最显明的现实,其支配行为的作用,如同法律一样。

当希腊哲学思想初传到罗马后,西皮云(Scipion Emilien)与他朋友们所注意者,完全是伦理与心理的探讨。代朗斯(Terence)戏剧的成功、讽刺诗的发达,其理由完全在对人性的反响。这就是古典派的作家,特别是莫里哀(Moliere)何以喜欢拉丁文学作品的原因。

罗马的散文作家,如西塞罗,亦完全以人为对象。他喜分析、善刻画,对情绪的进展或性格的演变,能够捉住基本的线条,精确地绘画出来。他首先着眼处是伦理,对人性有独到的见解,并且很透彻。唯其太善知人,他自己的思想与行为,反而变为不安与不定。

从罗马史学上看,我们更可见到古罗马帝国精神的特点。地特·利夫(Tite Live)在罗马史中所表现者,不是民族而是个体,因为历史种种的演变,假如不以人为基点,他便认为是无足轻重的。自地特·利夫历史思想言,史之可贵,在每个人情欲与行为所发生的悲剧,或行为受了下意识的推动,在社会上所激起的演变,为着精神最高要求是伦理的价值,这与我们的鲁史一样,寓褒贬于其间。

在达瑞特(Tacite)的史学著作中,我们看到情感的重要与想象的影响,因为多少流血的惨事,究其原因,乃是一二人的情感与想象所造成。因此,罗马史学家并不看重史料的搜集、史实的批评,他们仅只解剖人心就认为满足了。他们整个哲学的理想,在了解人性,"有用"于国家，以求社会的完美，他们不是没有智慧，可是智慧的活动，乃在服从精密的规章。

十二

　　罗马的宗教，正如蒙森所论，不是内心的，而是外形的；其本身并无若何重大的意义，只是达目的的手段；它是实利的，同时也是社会化的。

　　罗马宗教的特点，首先是它的契约性，介乎神人之间，双方具有确定的权利与义务。神虽有特殊的力量，却与人平等，人予神以敬礼，乃是因神尽他的责任，否则可以取消契约。希腊的神有他自己的故事，充满活力，罗马则反是，他仅只是事物的标志而已。其优点是没有迷信，所以罗马史上稀有宗教战争；其缺点是缺少纯洁的感情使哲学与艺术发达。

　　罗马宗教另一种特点是它的政治性。它象征国家，有庄严的仪式，国家是力的表现，所以尤彼得（Jupiter）是唯一有力的高神。到凯萨时代，有并吞八荒的伟业，逐渐神化，代表一种不可侵犯的权威。地耶尔（Tiele）说："每个重要的神是尤彼得，在各种不同的形式下，他的威严与帝王敬重相配，变成了帝国普遍的宗教。"这便是为何基督教初传到罗马时，纵使可以补救帝国精神的堕落，却不能阻止剧烈的冲突，因为基督教至尊的上帝，不能与罗马帝王相容，以祭神的礼以祭人的。

　　为此，我们看到罗马宗教的第三种特点在它的独立性，只要不搅乱社会的治安、国家的组织，任何信仰与仪式都可自由施行。同一行为，在希腊是不可原宥的罪行，在罗马是无所谓的。国家支持宗教，因为宗教可以教人为善，规范每个人的行为，其功用与法律相等。

　　因为法律平等的思想、禁欲派重理性的价值，罗马发现了人类，追逐社会的完美，这虽是一种理想，却因实事求是的精神，反给基督教开创一条坦道。到 313 年，纵使帝王有宗教的尊严，也不得不承认基督教的合法地位。

十三

罗马城是罗马帝国的灵魂，正如蒋百里先生所说："罗马是一个文化之海，上下人类历史，纵横全地球，一切美术、哲学、宗教的巨流，都汇集在这里……"可是，自 330 年后，不复为首都，因为蛮人侵入，对阿地拉（Attila）等掠夺，已成了一种荒凉的回忆。

便在这破碎散乱的瓦砾上，基督教培植它的新生命，宛如枯枝上抽出的嫩芽。古罗马的精神虽崩溃，帝国虽然灭亡，但是它过去的伟大：公平的法律、集权的政府、牺牲与实践的精神、追求社会的完美，却永存在记忆中。它庞大的阴影时常刺激后起的野心家，可是只想侵略，而不模仿那公平法治的精神。

在 12 世纪时，高卢的主教来到罗马，想到当年的伟大，发出一种感慨：

> 罗马，虽几全毁，世无与汝相等者！
> 只此残迹，已见汝完全时之伟大，
> 岁月消磨汝当年的豪气，
> 今埋葬在池沼之内，
> 天神的庙堂，帝王的金城，
> 不敢妄加一语，
> 我只能说：罗马，你曾生活过……

我们在这篇简略的研究中，也有同样的感觉，我们也只能说："罗马，你曾生活过。"

第七章
欧洲文化的转型期

一

欧洲"中世纪"一名,创自古沙(Nicolas de Cusa),其时(1469)人文主义者深感到新时代的降临,怀旧恋新,遂将这千年的时间——自西罗马灭亡(476)至君士但丁堡陷落(1453)——语之为中世纪,意义非常单纯,仅欲说明连接古今,承上启下而已。继至18世纪,研究的风气日炽,德国学者们,步塞拉利教授(Prof. Cellarius)之后,中世纪成为欧洲历史分期的定名。

中世纪是一个特殊的时代,似当以10世纪为标准,划为两个时期。10世纪以前是欧洲文化的转折点,外表上是黑暗的、混乱的,失掉了重心。可是骨子里却非常重要,罗马帝国的灭亡,地中海的文化亦告一段落,以基督教故,我们看到一种新文化的形成。它的进展很慢,它的范围却很宽,便是在蜕变的时候,缔造成12世纪与13世纪的文化,正如吴尔甫(M. de Wulf)所说:"12世纪为中古文化的春天,有似阳春三月,百草萌芽,各方面人类的活动,无不欣欣向荣……至13世纪,整个中古文化到极盛时期,显示惊奇的特色……"

构成中世纪文化的要素，概括地说，首先是希腊、罗马文化的遗惠，其次为新兴民族飞跃的活力，最后而最重要的是基督教对物质与精神的支配。这三种动力的接触，并非水乳交融，它们互相冲击、互相排拒，受五六百年时间的锻炼始冶而为一，产生了一种新的意识与秩序。

为此，对中古文化的认识，毁誉相半。誉之者看这个时代为光明的代表，人类智慧最高的结晶，如古尔斯教授（Prof. G. Kurth）的《近代文化的根源》；毁之者看中世纪是一个黑暗的时代，鄙视它的思想与文物。百科辞典派的学者们，承16世纪的偏见，拘泥固执，薰莸不分了，这是非常惋惜的。

中世纪距我们很近，为何会有如是矛盾的认识呢？据我们的意见，首先是中世纪教育的落后，知识愚昧，仅有少数作家的著述，大都简陋与残缺。如克来高（Gregoire de Tours）的《佛郎史》、艾根哈（Eginhard）的《查理曼传》，我们感到冗长、杂乱与支离。次之，中世纪人们的思想与行为，别具一种特殊的风格，他们处世接物，完全以精神的归宿为标准，现实的生活成了理想生活的过程，他们追求着精神的完美、无止境的进展，结果一方面是想象化，产生出多少幼稚的行动，别一方面是抽象化，不失之枯涩，便失之冷酷。所以柏拉图与西塞罗距我们虽远，而他们的思想与行为，却较加贝（Hugues Capet）与亚尔伯特（Albert）更为亲切。

不只如此，治中世纪史的学者们常犯两种毛病，违反最基本的历史批评原则。第一，每个时代有它的特性，学者不能把古人的生活习惯拟之于今人的思想与行为，更不能以一己之好恶，妄评千年的优劣。第二，文化是时代的反映，尽管分析各时代文化构成的因素，却必然要视为有机的整体，做综合的检讨，这样，我们才可看出它的演变、和谐与个性。所以，我们在这篇文字内，试想与这个被人称为"黑暗时代"的初期，加以一种解释，然后指出它的重要性，由是而发现这个时代虽不光明，却也未见得是如何黑暗的。

261

二

彼郎纳（Henri Pirenne）在《欧洲史》中说："于国家解体与分裂之后，在这些破瓦颓垣上以建立一种新的国家。"倘使一个国家的居民，血管内尚有生存的活力，纵使内外潜伏着许多危机，将必有克服困难的一日。这在罗马帝国分裂后可看得更明白。

当蛮人侵入罗马帝国后，唯一的希望寄托在艾西雨斯（Aetius）的身上，只有他可以抵抗外患。不幸瓦楞地南第三（Valentinien Ⅲ）昏聩，将他杀死，刺激起蛮人无上的贪欲。在476年奥多亚克（Odoacre）废罗马幼君，将帝王的服装与徽章寄给东罗马皇帝，并写着说："西方不需要一个特殊的帝王，一个皇帝统治两地便够了。"外表上，罗马帝国似乎又恢复了他的统一，但是，这种统一是脆弱的，竟可说是虚幻的。

但是，在当时人民的心理上，认东、西罗马都存在着，古罗马帝国的幽魂，犹支配着西方人士的情绪。他们回想到车水马龙的时代，绝对不能相信帝国便这样寂然地消逝。便是那些国王的意识上，如意大利的德奥多利克（Theodoric）、西哥德的尔利克（Fcuric）、佛郎的希德利克（Childeric），至少在法律上都自认为是东罗马皇帝直属的军官。试举两种证例：

当希尔供（Borgondes）王西锐斯蒙（Sigismond）即位，随即写信与东罗马帝王说："先人忠于帝国，陛下赐予爵位，引为无上的光荣，其爱护之殷较祖遗者更为珍重，躬率臣民，服从命令……"在另一封信内，他又说："自我父亲去世后，遣去一咨议，这是当尽的责任，因为初次治理，须要有你的保护。"（见《Avitus信集》）在《东西哥德史》中，若达奈（Jordanes）述及蛮人对帝王的批评："……无疑的，罗马皇帝是地上的天神，谁要背叛他，谁将自取灭亡……"罗马人听到这种论调，心上激起一种不可捉摸的愉快感激。

从另一方面看，当时代表智识阶级基督教的哲人们，也设法建设一种理论，以佐证罗马帝国的永存。自从 325 年，基督教取得合法地位，而帝国元首，相继皈依基督教，不再予以仇视与摧残。

这些基督教的哲人们，受过希腊、罗马文化的熏染，深知古文化的价值。他们利用帝国的旧躯壳，以图宗教的发展，他们不明白基督教的胜利，便是古代文化的终结！相反的，他们受了历史潜力的支配，认古代文化的衰亡，便是世界的末日。

在这一点上，没有比若豪姆（Jerome）解释《但以理书》（Daniel）的第二章更有意义的。当巴比伦王那布甲尼撒（Nabuchodonosor）梦见一尊雕像，头为纯金，胸臂为银，腹胯为铜，腿足为铁与泥，一石飞来击之，像裂，化而为山。《但以理书》认此为四个帝国的象征，逐渐失其重要。若豪姆释此，以象征巴比伦、波斯、马其顿与罗马四个时代，罗马代表最后的一阶段，罗马的完结便是天国的开始。

但是，尽管天国相距辽远，帝国永恒不能怀疑，那些感觉敏锐的人，如亚波利纳（S. Apollinaire）与加西道尔（Cassiadore）深感到内心的不安，在他们对帝国黄昏美丽的刻画中，泄露出一个最棘手的问题，究竟罗马帝国的命运如何？在 5 世纪，大多数西方人不会了解这个问题的重要性，同时亦不愿了解。他们有种微弱的希望，给自己一种幻觉，以图忘掉他们的恐惧。亚波利纳赞颂西歌德王尔利克，似乎味吉尔（Virgilius）向奥古斯脱朗诵其巨著的诗歌，帝国升平的再现。

这种希望是脆弱的，有如风中的烛光，只要些微的不慎，顷刻便要灭亡。也是在这个时候，史学家若达奈说："看到不断地更换帝王，国家飘摇不定，尔利克想征服西班牙与高卢，以建立独立的王国。"虽说这是例外，却可看出罗马帝国的惨状。

三

罗马帝国的灭亡是必然的，这不是时间的问题，这是帝国外忧内患交迫，形实分离，它的文化起了一种本质的变化。

罗马的社会，早已失掉了"好士兵与好公民"的理想，沉于一种肉的享乐。这种病症是实用文化必有的现象，满足官感自然的结果。他们没有理想，也没有纪律，外表虽然富丽堂皇，内部却隐藏着不可医救的病症。自帝王以至富人，都没有公德与私德。帝王权限扩大，却受武人与佞臣左右，宫廷成一块禁地，里边泛滥着无数阴谋的洪流。法是存在的，却以军队为后盾，武人知道他们的实力，爱这些流血刺激性的事实，加速度的竞赛、阴谋、暗杀、掠夺变成了一种奇幻的游戏。罗马只觉着无可无不可，假使他们想起西塞罗的《加地利纳》（*De Catherina*），真不知做何感想。

　　至于富人的理想，完全是在自己生活上着想，他们把精力集聚在物质的享受、无尽的田园、高楼大厦。拜拉（Paulinde Pella）举为议员后，描写自己的生活，从没有顾到人民与国家。但是，这些富人也并不幸福，因为他们权势与名望须付重大的代价始能树立。如城市的宴会、游戏、公共建筑的费用，皆由富人输出，这是一种变相的贿赂。当拜拉不能安于故居，迁至马赛后，他又写道："我的房屋非常精美，只有我的房子可以不住哥德人；这反成了我的损失，因为军队离开后，抢劫随来，没有人保护我的房屋……"

　　次之，经过蛮人侵略后，许多肥沃的地方变成了荒凉的草原，佃奴——原本自由，为贫困所迫，终身耕种一块土地——为大地主掠走，所有中产阶级的土地，任其荒废。他们自身，既没有健全的农业知识，又没有安静的生活，有专门职业的家庭，被高利率的捐税所压倒，米谷、皮革、布帛、人口，种种税务强课这些最节俭的中产者，他们感到消灭的危险，设法奋斗，或与佃奴结婚，或加入教会组织，或因特殊关系进入议员阶级。可是政府为了增加税收，采用了最不贤明的方式。即是说：绝对禁止中产阶级脱离他们的社会地位。这真是画地为牢，要他们合法地死去，而整个社会的活动停止了。

　　从政治上看，罗马帝国已走到割据的地步，失掉原有的统一，成了没有生命的躯壳，人民便是这个复杂机构中的零件。从社会上看，中产阶级日见消逝，形成贫富悬殊，失掉了社会的平衡。从经济方面看，因为蛮人侵入，搅乱了社会的秩序，破坏了帝国建立的道路，特别是桥梁，结果沉入冻结的状态，而构成古代经济中心的地中海，很少人做冒险的尝试。从文化方面看，我们觉着更为凄惨，既没有理想，又没有信念，有办法者只贪图肉的逸乐，没办法者只求偷安苟生。过去希腊个性的发展、罗马对社会的服务，现在已不存在了。

有些人称这个时期是"黑暗的时期"，并非没有意义的，可是我们不能以此概括整个中世纪。愈是黑暗，西人心理上愈求解脱，他们期待蛮人的侵入，而蛮人早已冲破藩篱，流入帝国的边疆与内部；他们渴望投入教会的怀中，而教会伸出慈祥的手，抚摩那些苦痛中的人们。

四

有人谓罗马帝国的历史，乃"消灭边疆障碍"的记录。这是它的光荣，在某种意义下，也是它的不幸。当帝国极盛时，瓦洛斯（Varrs）征日耳曼人，三军覆没，奥古斯脱感到刺心的悲痛，喊着说："瓦洛斯，瓦洛斯，还我的三军！"边疆的障碍，既不能消灭，便须要戒惧；而帝国的武力，由攻势转而为守势。

洎自伏洛斯（Flaviens）与安东（Antoniens）朝后，整个的国力应用在绥靖边疆的安全，特别要保卫莱茵河、多瑙河与幼发拉底河。我们知道马古里（Marcus Aurelius）皇帝，为手不释卷、潜思默想的哲人，可是他整个帝王生活却过在马背上。

自从汉朝的窦宪破匈奴于金微山后，匈奴西走康居，至窝瓦河与东哥德相连；东北部的游牧民族，经俄罗斯草原，向西迸发；日耳曼民族受了颠荡，便向南移，西罗马变成各新兴民族的舞台，我们逐渐看到有哥德人、万达尔人、佛郎人、匈奴人、龙巴尔人、沙克逊人、斯拉夫人等……自阿地拉（Attila）与阿拉利克之后，每个人都感到有新事发生，可是绝不相信与蛮人混合建立一种新的文化。亚波利纳在他的诗中，多么刻薄那些蛮人！他说："你想知道谁毁了我的提琴吗？我让蛮人的喉音把我吓倒了……"

蛮人侵入西欧具有两种不同的方式。一种是和平的，当帝国受威胁时，招募边疆蛮人，或耕地或从军，特别是日耳曼人。罗马人不只不拒绝合作，并且欢迎蛮人前来：他们耐劳、好战，还带几分愚蠢，这正可利用做生产与防御的工具。罗马人却不明白他们的环境，予蛮人一种机会。第二种是侵略的，如410年阿拉利克劫掠罗马，阿地拉建立帝国与罗马对抗。当时西方人过着流离失所的生活，便是最深刻的思想家奥古斯丁（Augustin）亦不能把握住时代的真意，看到罗马遭受蛮人的浩劫，他不想有效的对策，而以种悯人的慈心，著《天国》一书，安慰失望的人们。

因蛮人的压迫，西罗马已寿终正寝，而元老院的议员们，莫名其妙地幻想，认东罗马皇帝是帝国统一的象征，只不过人地改易耳。这是一种受了历史潜力支配的幻觉，可是多少人认为是一种事实！拉克坦斯（Lactance）是一位深刻的思想家，他预言说："罗马毁灭了，由拜占庭（Byzande）来承继，西方须臣服东方。"教皇亦犯了同样的幼稚病，506年，教皇希马克（Symmaque）写给东罗马皇帝安纳斯达斯（Anastace）说："教皇与帝王是人类的统治者。"这仍然是奥古斯脱的思想。

蛮人侵入西欧的结果，首先破坏了罗马帝国所缔造的均势，政治与社会的机构都丧失了原有的作用，古代的思想与文物，须重新来估价。其次，蛮人带来了一种创造的活力，不为罗马禁欲与法律的思想所规范，纵使蛮人受罗马文化的同化，但是有权力者却想保持他们的特性，如德奥多利克（Theodoric）与尔利克所刊行的法典。最后，罗马思想失掉了重心，追逐社会的完美，扩展帝国的版图，结果造成贫富不均的社会。基督教与以一种崇高的理想，教人互相友爱，没有贵贱贫富的分别。蛮人侵入造成的灾祸，反变为教会发展的绝好机会，而蛮人如克洛维斯（Clovis）与希加来（Reccared）相继皈依，他们的军队与民众都集体参加，打下了稳固的基础。

追怀古罗马统一的复活是绝对不可能的，唯一的原因是，这么多的蛮人完全是新的因素，有他们自己的历史与背景，构成了帝国离心的强力。真正西方的统一，乃自基督教始。它是新旧民族的连接线，在政治上没有造成坚强的统一，在文化上却发挥了惊人的力量。

五

中世纪初，希腊思想失掉作用，因为探讨纯知的精神，只有少数智识阶级接受，而群众是绝对不能了解亦不愿了解的，当西方社会在彻底转变的时候，群众所需要的不是静观而是行动，群众所发挥的不是理智而是本能，所以真与美是次要的，一切最高的估价是行为表现的善。

安碧瓦斯（Ambroise）是4世纪末的思想家，深解希腊与罗马文化的特点，因为自我的否认，以行为表现基督的伟大，他倡导苦修以建立精神的纪律。他以实际的行动摧毁了对骸骨的迷恋，他要顺着那时的洪流，建设新的文化：灵魂的完美。

希腊思想不能阻止罗马文化的衰颓，却给基督教强有力的赞助，因为希腊以哲学代替宗教，崇理性，抨击偶像的崇拜。基督教是反偶像的，他所钦崇的真理，便是希腊哲人们，特别是亚里士多德所探讨的，在这一点上，希腊给基督教奠定稳固的基础。

次之，罗马禁欲派的思想家，予智慧以无上的价值，提高人的尊严。不问他的出身贵贱，只要能够遵循理性，即可达到人生的真义。人皆可以为圣人，所以人是平等的，这与基督教博爱的思想吻合，以"人皆兄弟"故。

基督教补救旧文化所生的缺陷，希腊思维的方式、罗马政治的组织，使基督教走上了一条新路，哈斯（Hass）说得很正确："没有希腊与罗马的文化，基督教是不可思议的。从罗马方面，它得到一切外形的组织，而它整个的哲学与神学，完全建立在希腊的哲学上。"我们试取当时的名著，如拉克坦斯的《天怒》（*De Ira Dei*）或奥古斯丁的《忏悔录》，我们发现了希腊哲人的推理、罗马思想家的雄辩。也是在这种意义下，史纽教授（Prof. Schuurer）于他《教会与中古文化》的巨著中说："基督教保存了古代的文化。"

基督教保存了希腊与罗马的文化，可是它的个性仍能自由地发展，不为历史的潜力所束缚。古代的宗教含有一种恐怖，常使人至绝望的地步，基督教将信仰的形式改变，由畏惧变而为敬爱，由失望转而为理想，常使人对未来生一种快乐的情绪。它没有地方性，它是全人类的！从此后，宗教不是祖先的产业，神职亦非世袭的官爵，它将"人"的观念扩大，因为它看精神有无上的价值，精神是普遍的。

古代政教不分，国家行政元首，同时亦是宗教的领袖，基督教要打破帝王的神性，凯萨与上帝不能混而为一，即是说凡人都是平等的，不能以祀神之礼祀人。经过三个世纪流血的斗争，基督教留下光荣的记录。

从此，宗教别具一新义，它不受时间与空间的限制，以人类整体为对象，是超时代与超国家的。这是一种精神的革命，政治不受宗教的束缚，结果政治取得自由；个人有独立的意识、绝对的自由，产生出公德与私德的分别。符野（A. Fouillee）说"基督教与思想自由的发展功绩很大"，并不是没有根据的。

试举一个证例：古代宗教与法律相混，各宗教按照自己的经典与习惯自创法律。"基督教是不以法律自属的第一个宗教，它只管人类义务，而不管其利害关系……于是法律变为独立，它可自取条例于自然、于人类良心、于人类原有的公平观念……"（古郎士语）

基督教不能阻止罗马帝国的灭亡与古文化的衰落，相反的，既然古躯壳失掉他的生命，应该从速消逝，使新文化自由发展，以减轻它的障碍。在中世纪初期，蛮人搅乱了故有的秩序，社会在颠荡中，基督教成为一种向心力，它与各民族配合，培植原有的特性，有如狂风中播散的种子，有一日，自能成为一种奇观。

六

自蛮人大批侵入西方后，罗马成为唯一的目标，多少次受暴力的摧残与劫掠！百万居民的都城，到6世纪中叶，仅只留下五万了。教皇克来高利第一（Gregoire le Grand）看到罗马的凋零，发出一种哀鸣："到处看到是悲哀，听到是呻吟。罗马，你曾经做过世界的主人，而今压在剧烈的苦痛下，受蛮人的袭击，葬在你自己的破瓦颓垣中。何处是你的元老院？何处有你的民众？"

罗马狼狈的景象，现在转变到另一种使命上，成为宗教的中心。罗马的主教向居重要的地位，自尼塞（Nicée）会议后（325年），它的重要性更为扩大，以有裁判信仰的全权，一切基督教的理论与仪式须依照它的意志为根据。继后圣本笃（St. Bensit）创修院制，一方面潜修，一方面工作。他尊重个人的意志，每一个入会者，须要三次重复听到这句话："这里是你去奋斗的规章，假如你能遵守，你进来，假如你觉着不能，你自由地离开。"西方人士，感到时局的杌陧，大家逃在修院内，虔祀真主，做一种悲天悯人的工作。史纽教授说："圣本笃教其弟子不是在侵略世界，而是在传播新的文化。"

在这种情形下，佛郎人、日耳曼人，特别是爱尔兰人，相继皈依基督教，他们赞助政治的统一，使分裂的局面消逝；在文化上，他们保存了古代的科学与哲学；在伦理上加强生的信仰与内心的纪律。

教皇克来高第一，纵使服从东罗马皇帝，事实上却是独立，逐渐形成教皇国家，拥有重大的领土。自龙巴多（Lombards）侵入意大利后，地方变成割据的局面，东罗马无法控制，克来高应付蛮人，尽力保护苦痛的民众。民众爱护教会，在它固有神权上逐渐加增了世权，此事虽细，对中世纪的历史影响却非常的重大：第一，教会国家的发展，使政教不分，破坏了基督固有的原则。第二，教会既在西欧拥有

269

巨大的资产与土地，正在国家形成之时，神权与世权不分，构成政教的冲突。第三，基督教绝对尊重个人的自由，在原初并非专制的。在9世纪初，渎神罪可用三十利勿（Live）赎之。但是从权力加强，常以宗教的权力解决政治的问题，如革除教籍。1226年，第一次因宗教而判处死刑。第四，教会财富增加，好处在培植中古的文化，孕育成近代知识的进步；坏处在注重物质，奢侈淫逸，失掉原初淡泊、安贫、清高等美德。第五，查理曼（Carolus Magnus）统一西方后，于八百年终至罗马，由教皇里庸第三（Leon Ⅲ）行加冕礼，从此他有皇帝的头衔，是奥古斯脱的承继者，而灭亡了的西罗马，从此又复活了。

七

中世纪初期的文化，无特别的重要性，它实是一个"黑暗的时代"，自克各岱（Clotaire）死时起（561），至查理曼即位止（768），我们看到的著述，只有一部《佛郎史》，还是那样单调，所有抄本，错误百出，字体草率，非常难读。查理曼写给一位修院的院长说："不了解书写是可怕的，不了解字意是更可怕的……"

便是在政治上，亦是常在紊乱中。当墨好温朝（Mérovingiens）时，大部分仍在割据，传至达高拜尔（Degobert）后（639），国王只有虚名，"长发垂须，坐于宝位，宛若治理万机的样子"（艾根哈语）。继至查理·马岱（Charles Martel）出，击溃萨拉森人（732），其子白平（Pépin）得罗马教皇之助，建新王朝，到查理曼时，结束了这个黑暗的时代。

查理曼所领导的帝国，第一特点是宗教的，自从教皇里庸第三加冕后，西方帝王的概念，含有神圣的成分，而他们的举动与生活须遵从宗教的规则。第二个特点是古罗马帝国的复活。他追念罗马帝国的伟大，模仿他的机构，但是他却不明白，帝国的本质不同，平等的法的观念几乎不存在了。第三个特点是封建制度的形成。自从8世纪末，西欧已回到农业状态，地中海为萨拉森人封锁，大陆上交通处于破坏的状态，土地成了生活唯一的来源，自帝王与教会至百姓，完全依赖土地的生产。所不同者，一部分须劳动，另一部分征收财物，国家的行政制度、军队的征募，皆以土地转移，国家元首的最高权，名虽存在，事实上完全不能保障了。

封建制度是人与人之间建立的立体关系，也是中央权力的分裂，构成许多代理人，正因这些代理人有土地，他们便成了一种实力。这是都市与商业消失后，在离乱时末期必有的现象，自古已然，只不过范围与程度不同罢了。查理曼深知中央权力的薄弱，他必须认识现实，他说："层层必须服从，使政府的命令好施行。"

纵使中世纪初期的文化无特点，但是它十分重要，因为它是一个转变时期，基督教便在此时奠定下深厚的基础，开始启示出一种新的文化：提高了人的尊严。自查理曼死后（814）不久，帝国便分裂，进入封建时代，而同时亦有许多事实发生，如：962年，建立神圣罗马日耳曼帝国；987年，路易第五逝世，加贝建立新王朝，直至法国大革命为止；1066年，纳曼人侵入不列颠，有哈斯丁（Hastings）的胜利；1077年，政教冲突，亨利第四向教皇屈服；1095年，教皇乌尔班第二（Urbain Ⅱ）发动第一次十字军……我们看这些接连重大的事实，便知进入一新时代，便是说新旧交替，产生出真正中古的文明：追逐灵魂的完美，牺牲现在而不牺牲将来。在这种观念下，我们始能了解中古诗人的这句话："大地上没有停居的地方，任你到何处，你是一个旅人，你是一个过客。"

第八章
中古文化及士林哲学之研究

一

查理曼帝国分裂后，欧洲的历史与文化演变到新的阶段，构成真正的中古世纪。受内乱、战争、纳曼人的侵略，在紊乱中寻找秩序，不安中追求和平。碧洛克（Marc Block）以一种敏感的直觉，语之为"几何形的社会"。

无论从哪一方面看，中古世纪的文化形式是"立体的"。中古的封建社会，弱者受强者保护，强者更有其主君，宛若金字塔。理论上国王居于全国最高的地位，事实上与民众脱节，只统治着二三诸侯，有时小国的君主反为大诸侯的附庸。从文化上看，中古最伟大的贡献，在于知识的分类：吴尔夫（M. de Wulf）说："13 世纪的知识分类，正好用三级金字塔作比，底层是一般以观察为方法的科学，哲学位于其中，而神学居于顶点。"再从艺术方面看，建筑是中古艺术的特点，利用重力定律演进为的教堂，它尖拱的窗、双弧的圆顶，一点一线，无不表现它的对称、调和与均匀。但是但丁的《神曲》，其结构亦是一种建筑式，地狱、炼狱、天堂，正好像 12 世纪流行的社会观念："上帝的世界分三重：有战争者，有剥夺者，有劳动者。"即是说骑士、教士与臣民。

中古世纪的文化向为人所反对与鄙视，其理由非常简单，视文化为宗教的附庸，正如宗教被人视为蛮性的遗留，即这种浸渍在宗教内的文化，自然是可憎恶的。这种解释是偏见的，其错误来自不知，更因为将宗教与文化混而为一，不加辨别，遂形成一种传统的观念：中世纪的文化是落后的。

关于此，没有再比哥德对峨特式的建筑批评更有深意的。当他初至斯托斯堡时，他看不起那里巍峨的教堂，视为封建破败时代的遗物，不足一顾的；毕竟哥德是一位好奇者，一天偶然踱进去，他感到一种强烈的吸引力，从未经历过的。他说："轻视峨特式者，不知不觉间养成一种反感，认这种错综的装潢，适足以助成阴惨的启示。……然而在此，却感到一种新的启发，将鄙视一变而为惊奇，这种建筑迷人的优美，乃深刻吾人灵魂之中。"

哥德的自白，很可说明一般人对中古文化的态度。可是哥德是特出的人物，他具有清醒的意识，不为成见所囿，试问多少学者与专家能够独具只眼纠正那种博识的偏见呢？我们要记住：所谓某一时代的文化，乃在看它对身、家、国是否有一种向上的进展，使哲学、科学、艺术有无独特的发展，并非它是迟滞不变，一劳永逸而解决了一切。太纳（H. Taine）说得好："假如别的星体上住有人类，来考察我们进化到什么地步，我们只有举出关于精神与世界五六个观念告诉他们，唯有如此才能给他们一个标准，来测度我们的知识。"对于中古文化亦是如此，我们既不能向它求绝对的完美，也不能求它解决一切，我们只能寻找它的标准，一方面看到它的特点，另一方面看到在全人类进化中，它所占的位置是如何。

二

我们首先要明白中古文化具有一种特殊的形实，希腊、罗马的文化，随查理曼帝国而崩溃。古代含有诗意的宗教，几乎是一种想象的娱乐，而今为基督教与回教所代替，这两种宗教其态度的肃穆、教义的森严，绝对不允许人任意解释的。其次，古代工商业的繁荣，经过蛮人侵入，逐渐衰落，而代之以一种农业文化。彼郎纳（Henri Pirenne）在中古欧洲社会经济史中说："8世纪末起西欧已回到一种纯粹农业的状态，土地是生活唯一的来源，是构成财富唯一的条件。……"那么一切社会生活，建立在土地占有之上，而国家官吏与军队，亦只有从领有土地者中选拔，这样产生了两个重要的结果：第一，国家元首的最高权力失掉保障，构成一种分裂局面；第二，古代城市消失，战士、僧侣与农民退居乡间，剧场与道路不复补修，而聚精会神所注视者，乃建筑教堂。便是在法律方面，日耳曼法蒸蒸日上，教会建立自己的法典，古罗马法典沦为参考的资料。与法律相关最密切的文化，亦失其普遍的作用，拉丁文成为学者与教会的工具，大众即用各自的语言，英德人操日耳曼语，欧洲南部操由拉丁演变出的语言。从这些事实上，我们看到古文化的消灭，而中古文化实别有其特点。

不只如此，中古世纪有几件事实使人难解。从1096年发动第一次十字军，至路易第九领导着第八次完结（1270年），共费一百七十四年，牺牲九百余万人。无论有多少人目的不纯洁，大体上总是为了耶露撒冷，因为断绝这块圣地，便是要断绝天堂路径。为什么那些男女老幼，不辨东西南北，而踊跃地参加呢？那些无知的妇女向骑士说："你们勇敢，你们去与敌人斗争；我们要与基督共苦痛，去侵略天堂。"（见 *Nogent Gesta Dei Per Francos* 第二卷）

当封建制度发展时，教会内部腐败，失掉领导作用，克吕尼

（Cluny）修院立（910 年），树立教皇选举制，从此便与政治发生剧烈的冲突。自 1075 年起至 1266 年止，共一百九十一年的斗争，前后三次冲突，虽说教皇取胜，却真是两败俱伤。在教皇要继持世权，当利用神权以达到个人的目的，结果教皇公正信威失掉，如路易第九之于伊诺增第四（Innocent Ⅳ）；在德国与意大利，那便是无政府的混乱。为什么教会曾有广大的群众不能与帝王合作呢？为什么清一色的基督教社会，多少改革，而不能阻止将来的分裂呢？

最使人赞美的是中古所建筑的教堂，第一个峨特式教堂的代表，为巴黎圣母大教堂，建自 1163 年，完成于 1245 年，共费时八十二年。再举一史实：到中古后期，因承继问题，发生英法百年战争，自 1340 年至 1453 年，共费时一百一十三年。从贞德（Jeanne d'Arc）少女出，使查理第七振作勇气，结果英法恢复意识，明白各自海陆发展的使命。

从上面所举之史实看：第一，中古文化的色彩是宗教的，在这个时代，修会林立，宗派丛生，全部欧洲社会，其精神与物质的动态，无不以基督教为归宿，便是与教皇对抗者，如法之腓里朴·奥古斯脱（Philippe Auguste），日耳曼之亨利第四（Henri Ⅳ）与腓特烈第二（Frederic Ⅱ）等，也一致承认教会为社会的基础。中古史学权威者史纽（Prof. G. Schnurer）教授，论到此时宗教与文化关系时说："此时宗教与文化关系最为密切，领导西方民众，使西方日进于高翔之域。"第二，中古人民的时间观念，只有将来而没有现在，这并不是说现在不重要或不存在，乃是说他们视百年如一日，将现在变为达到目的的手段。刚比斯（Thomas A. Kempis）说："既然没有你休息的地方，为什么你要左顾右盼呢？天堂是你的居所，大地的一切，你只是过路者所看到的……"第三，中古为封建的社会，向心力逐渐减弱，一切的机构成为散漫的，但是它有种强烈的倾向，一切要普遍化，建立一种永远的秩序。这是一种伟大的理想，中古的杰出人物，如叙若（Suger）、路易第九、克来古来第七（Grégoire）无不视"现实的世界乃上帝真实思想的反映"；每一个具体的问题，即刻便演为一种幻想，而这种幻想自中世纪人士观之，没有不可实现的理由；纵使遭遇困难，只要把时间延长，随时都可克服困难的。但丁是一失意的政治家，他并不悲观，他将深心郁郁的心绪，讴歌在《神曲》之中，这是"天声人语的合奏"，这是一部史诗，其真实性还在味吉尔《埃奈》（Énéide）之上。

三

"千年的恐惧"过后，太阳仍然放出美丽的光芒，世界亦未到末日，而人类仍旧过着他平凡的生活。西方人士感觉敏锐者，宛若初生的婴孩，大家有一共同的要求，即普遍秩序的安宁。因为各层的社会生活，皆受基督教的领导与支配，教皇克来古来第七，在1075年宣布教会的使命："要以基督的统治替代凯萨。"

这不是个人或教会狂妄的企图，这实是文化转变，达到一种新的境地，产生了一种新的哲学：士林哲学。士林哲学常被人误解，不认为是教会的工具，便认为是神秘的抽象，斗弄几个空虚的概念。事实上，士林哲学完全有它自己的体系，它的基调是"认识"，它的对象是"真"，当它静止的时候，构成一种新的理论；当它动的时候，又是一种方法。

人之所以有认识，以有"理性"故。理性的作用，自士林哲学者言，非特是知识的源泉，而且是生活的规范；它不只是逻辑的，而且是心理的。

从心理观点而言，理性是普遍的。唯个体为实在，而这种个别实在性之于人，便是"人格"，这是中古文化独特的表现，构成了个人的价值与尊严。人格为个人独特的本质，大家相同，"奴隶和主子是一样的"。当时的哲学家勇敢地向人宣布说："你的人格是属于自己的，它具有无上的价值，要自信，绝对不能放弃，只有自由的契约才能给你拘束。"这种思想的形成，由于基督教重视灵魂，同时亦由于封建制度，吴尔夫说得好："封建制度下人人皆欲求独立，附庸与君王的关系皆以自由契约而定，社会各阶层咸以独立为最大目的，这种倾向，得教会个人生命价值同等。救主为全人类赎罪之说益彰，便是本着这种精神，所以彼得呼其奴隶为兄弟姐妹。"

这种主张是承继柏拉图与亚里士多德的理论加以发扬光大的，可是他们的人性普遍论，舍形而上学的根据外，还有心理的根据。亚伯拉德（Abealard）解释：宇宙间只有个体独特的存在，唯每个人的心却有一种概括作用，使普遍化。心之所以能概括，因理性故。理性还有一种重要作用，即在个体上，揭去时间与空间的外形，得到个体独特的东西，如运动与生命等抽象的概念。抽象是由感觉得来，这是理性力量的表现，到那最高峰顶时，它也是普遍的。

13 世纪最大哲人多默斯·阿奎那（Thomas Aquinas）说："没有知识不是由感觉得来的。"所以知识无论如何完全，都是受了限制，因而我们所追求的真理，亦是局部的，而绝对不能是整个。但是在人类思想生活中，多少思想发生积极独特的作用，如上帝（亦称绝对的真理）等概念，它完全超脱我们感觉之外，我们如何能以不健全的知识，而得到这绝对的真理呢？自士林哲学观点上言，理性的对象为真，它不只是认识，而且还是行为，整个宇宙寄托于其中。我们由类比的方法，推定绝对的真理，我们只知它是"实有"，却无法道出它的本体。多默斯说："我们对上帝所有的知识，只知道它超于我们一切拟想之上。"

但是，士林哲学的基调，完全在"理性"，科学亦是理性活动的结果，它的定律是必然的。科学的真理、哲学的真理以及神学的真理，不特不能互相冲突，互相矛盾，而且是相因相彰，只不过"种类"不同罢了。这比亚里士多德更进一步，亚氏解释知识问题，首当建立秩序，哲人的任务便在知识中建立秩序，多默斯将知识建立一秩序的系统，进而解释它的原因。

当多默斯说："于秩序中随在皆能发现人心的作用。"因为人心可以确定万物的程序，理智说明万物的特点，人心与理智是一个东西，绝对不能分割，只不过是两种不同的出发点而已。所以中古世纪是一个情感激烈同时又是爱好知识的时代。他们追求真理，狂烈地牺牲，正如日望（Jean de Salisbury）所说："世界埋头于此问题之解决，其所费时间与精力，并不减于凯萨之征服天下。"

四

中古艺术史专家马洛（Male）说："13 世纪的制像术，其目的在诉诸理智，而非诉诸情感，它充满了逻辑的成分，没有伤感与萎靡的情调，伟大宗教的作品，乃在动人心而不在动人情……"人心是理性的，人情却是感觉的。

这是了解中古文化的基点：从理性出发，建立兼容并包合乎人性的理论，中古文化的特质，便在它对人的生命与价值的确定。唯个人是实有，它受时间与空间的限制，以故非常脆弱，但是它的本质，却是历万劫而不朽。生命的可贵、人的价值，便是因此而判定的。

因为人有不可侵犯的尊严，在论理方面，便养成与弱者为友、与强者为敌的骑士行为。他们勇敢、侠义、牺牲，充分表现出封建时代的意识。如《罗兰之歌》，叙述查理曼如何的忠诚；路易第九贵为天子，亲身服侍穷人。"荣誉"成为骑士的口号，不爱"荣誉"者便不为人所齿。

我们必须认识理智是中古文化的中心，他们日常的问题归纳在几个简单的方式中：真假的辩论、个人与集体、统一与分裂。他们要求理智的证明，到不能证明时，便诉诸幻想。如中古学者，以地球为宇宙的中心；一切万有都是为着人而存在的；基督教为唯一的宗教，这样的假定很多，积而久之，假定成为真理了。从幻想代替理智后，我们看到中古有许多幼稚的见解：如印度女子没有灵魂说，日望神长统

治庞大的帝国,迷信点金术与符咒。多少人据此便断言中古文化的落后,未免太皮相了。我们试举几个证明:

第一,西方大学的林立证明这是一个爱好知识的时代。西方最古的大学是沙来尔纳(Salerne),于 11 世纪初期成立,以医科最著名,教授亚拉伯著述,但是它的影响并不大。到 12 世纪末,波罗尼(Bologne)、巴黎、牛津诸大学成立,西方学子,千里负笈,形成一种研究高深的学术的狂热。到 13 世纪初,各大城市含有封建意识,要有自己的教堂、宫殿与大学,莫岱纳(Modena)、蒙白果(Montpellier)、里锐奥(Reggio)、剑桥相继成立大学,各有特点,蜚声四溢。便在此时,西方似乎有种大学传染病,1204 年成立维散斯(Vicence)大学;1212 年巴郎西亚(Palencia)大学;1222 年,巴都(Padue)大学;1224 年那波里(Naples)大学;1228 年维塞依(Verceil)大学;1229 年杜洛斯(Toulouse)大学;1234 年沙拉曼克(Salamanque)大学;1245 年瓦郎斯(Valence)大学;1248 年泊来散斯(Plaisnnce)大学;1250 年,阿来曹(Arezzo)、奥尔良(Orleans)、安目(Angers)三大学成立,到 14 世纪泊拉克(Prague)大学成立(1348年);维也纳大学系 1365 年成立;海德拜克(Heidelberg)大学在 1386 年成立;科隆(Cologne)大学在 1388 年成立……

第二,从知识分类上,我们看到中古文化的成就。在 12 世纪以前,每个学校中有七艺的课程,文法、修辞与论理是谓初三艺,继有算术、几何、天文与音乐是谓高四艺。到 12 世纪后,十字军兴起,亚拉伯的文化、希腊古代的思想输入,如亚维塞纳(Aviceune)的《加侬》(Canon);亚利亚巴斯(Ali Abbas)《医学大全》十卷;亚里士多德、柏拉图等之著述,逐渐翻译,西方人士知识上起了很深刻的变化。那时候他们感到传统的智识分类非常狭隘,予哲学以确定的地位。哲学独立,遂奠定高深学术的基础。但是,中古最大的贡献,常为人误解,乃在哲学与神学的分离,哲学始有其完整的生命。因为哲学的出发点是理智,神学却是信仰。信仰固不能与理智相违,但是有许多教义见诸《圣经》，而不能为理智所解决。

我们曾经说过：中古文化是立体的，一般科学居于下，哲学位乎中，神学冠于上。一方面"按照建筑的定律"（哈斯语），另一方面，由感觉的观察进而为智慧的思维；便是说按照抽象的程度，将智识分为种类，各有其研究的对象与所从研究的观点。宇宙间错综的现象，每部分当予以特殊的研究，可是因为基础不稳固，常将经验与知识混淆，所以在当时学术上，常可遇到错误的结论。研究各部门的学问是无穷的，只要发现一个新的方向，或有新的需要，即产生一种新的科学。这需要大众的共同努力，有如建筑一所大教堂，完全是为了大众的。亚兰姆斯（Henry Adams）论到中古教堂时说："那些富丽的堂庙都是为着千万人造的，为着人类祝祷上帝求其赦免罪恶与免于饥渴而造的。"不只教堂如此，在知识发展上亦如此。

进一步为哲学，哲学不是各种科学的综合，而在研究整个事物的关系，借理性作用，在全体中探讨那深入实有内容的某种特质。他们根据亚里士多德的分法将哲学分为三部：为真的知，它是理论的；为善的知，它是实用的；为美的知，它是情感的，含有浓厚的诗意。

假如我们用中古习用的譬喻：一般知识乃游人所见城市中之古迹名胜、楼台殿阁、景物街衢等；至于哲学，乃登高山之顶，俯瞰全城的轮廓与景色；神学乃太阳之光，它照耀万物，没有它，人类永远是黑暗。中世纪的人可以想象人类之绝灭，却不能想象上帝的不存在，这不是一个哑谜，这是根据矛盾律与效因必然的结论；只有承认它的存在，才能说明宇宙万物的变化。

五

在某种意义下，文化是心理力量综合的表现，13 世纪的特点，在加强个体，趋向统一，以建立广大完美的体系。世界是多元的，因为人类生活的需要，家庭、国家、社会是"集多数人而成团体，它的统一是外形的，并非自然的本质"（多默斯语）。假使从作用上看，团体是非常重要的。但丁著《王政》一书，拥护大皇帝出现，组织大国的团体，具有普遍的秩序。当时正在封建时代，王权衰落，无法实现。只有教皇，天下一家，他吸取古罗马帝国政治的机构，以博爱平等之说建立教会帝国，他有自己的法律，自己的领土，他居高俯瞰着当时的一切事迹的演变。因为法王腓里朴·奥古斯脱反抗教皇，因诸曾第三说："各国君王有其邦土，而彼得地位驾乎一切君王之上，因为他代表基督统治着整个世间。"

为何反对教皇如亨利第四、腓特烈第一，他们也承认这种理论呢？为何他们一方面与教皇作战，另一方面又恭顺地参加十字军呢？从士林哲学解释：每个人有圣神的价值，他便是一个小宇宙，一个小上帝。每个人有双层目的，一为世俗的，便在这个世界实现，一为精神的，必须牺牲现世，始能达到。于是四世纪哲人奥古斯丁"上帝之城"便成了中古一代渴望的理想，每个人为着他自己的命运，都把死看成是一种快乐，苦痛是一种幸福。我们看 13 世纪的艺术作品中，常时表现"希望"与"力"。因为力可以支持苦痛，希望引人到极乐的境地。所谓人生的快乐，并不是感觉的舒适，而是"人格"的发展，使精神生命得到正确的归宿。

中古世纪是一个乐观的时代，当方济格会成立后，以快乐为一种道德，各修士们必须遵守的，圣方济格（St. Fransois）所著之《小花集》（Fioretti），每句诗中表现宁静快愉的情绪，有如托斯干纳（Toscane）碧玉的天空；但丁的《神曲·天堂》中充满了和平快乐的心绪，有如在狂风暴雨后看到的郊野；焦陀（Giotto）的绘画，以简朴的条线绘出内心的和谐，开始接近自然；峨特式的建筑，一点一线，显示出清醒合理的精神，四面满墙巨窗，镶彩色玻璃，在温柔的晨光中，每个人寻找他的安慰与希望，正像做着缥缈的梦。

在中古推崇理性运动之下，他们主张：善是每个人最小的目的，正如亚里士多德说："善为一切存在的理由。"可是求善之道甚多，如何能保证善之获得，而不使人堕入歧途呢？唯一有效的保证，便在合理，合理便是反省，由是而产生自由意志说。这便是如何个人为团体牺牲，其人格非特不灭，反而相形益彰。从这个观点出发，我们始可了解十字军的运动永远是牺牲现在而为着将来。

由是产生一个重要的观念：真理是永恒不变的，而宇宙却在日新月异之中，个人知识非常有限、非常渺小，只有全人类共同努力，加以选择、调整与组织，始可接近永恒的真理；从这里所产生的文化，才是真正的文化。吴尔夫说得好："中古人士认真理是座大厦，它是缓缓地建造起来的。"也是为此，他们不相信权威，不相信专家，他们只间接近真理几何，却不问是何人所发明！多少人嘲笑那些权威者，"权威的鼻子是蜡制的，扭之左则左，右则右"。这和今日有一技之长者，便沾沾自喜，真是不能以道里计了。倍根说："一直到世界末日，人间的一切不会达到完美的境地。"又中古有句流行韵格言："完美便是死亡的别名。"许多人以为缺陷的美是浪漫派学者的发明，那才是商人的瞎说，没有了解中古世纪的文物。

六

多少研究欧洲史者，以为希腊、罗马之后，欧洲沉入黑暗时代，至文艺复兴时期，忽放光明，宛如经过深长的暗夜而见旭日东升似的。我们并不否认文艺复兴的重要，但是文艺复兴却是由 13 世纪文化蜕变出来的。

13 世纪文化的支柱，峨特式的教堂、士林哲学的经典，两者都表现人类理性的发展、追求灵魂的完美。这个社会虽然充满了战争、决斗、荒淫、苦困，但是他们基本色调却在与"人"以特殊的价值，追求永恒的真理，因为"现实的世界是真理的一层帐幕"（拜耳教授语），每个中世纪的思想家都想揭开，一窥内边的奥妙。一方面，他们的思想是情感的，另一方面又是理智的。他们着重个体，却要爱护全欧洲共同的教会。他们充满了封建的思想，依附有力的权贵，同时却要求意志的自由。我们看到了分裂与统一并存、现实与理想混合。外表上表现出矛盾、古怪，有时候幼稚，而内部却是沉静、和谐与快乐。士林哲学与以完整的体系，给人类智慧一种坚强的组织。13世纪的哲学著述是《圣经》与希腊、罗马文化两种遗产的综合，到文艺复兴时，那是中古文化逻辑的结果。从这方面谈"人"的发现，那才不致到错误的地步。

第九章
16世纪新时代的分析

一

在文艺复兴与宗教改革之前夕，欧洲历史演进到最复杂的阶段，其可得记载者，有下列两种史事。

第一，当罗马帝国希腊领域消灭后，欧洲人的意识上产生了剧烈的不安。即千余年缔造之东方基督教文化，将为谟罕默德第二的武力所夺取，而发生"近东问题"。此问题使欧洲人陷入紊乱局面，至今仍无一正确的解决。西方人感到问题的棘手，匈牙利王英勇的防守，教皇庇约第二鼓吹十字军，结果威尼斯须将亚尔班尼亚割让（1479），土耳其将东地中海的商业完全独霸了。

第二，因伊沙白尔（Isabelle）与斐迪南（Ferdinand）结婚，形成西班牙之统一。在1482年，成立审检制度，驱逐异教，成为罗马教皇强有力的凭依，君主政体奠定稳定的基础。他们英勇的航海家，即在此时发现了另一个世界。

第三，英法百年战争结束后，以少女贞德故，法国民族意识的觉醒。路易十一，以忍耐的外交，与瑞士缔结同盟，与英人重修旧好，使法国至隆昌地步。其政绩使人注意者：一方面要保护东北与东部的安全，另一方面树立万能的君权，君主即万物，为上帝一半的象征，直至法国大革命时，法国便是向这两方面推进。

第四，构成神圣罗马帝国之核心日耳曼有三百六十多分子，每次举帝王时，不是行贿，便是让予，这样道德与法权无法维持。那些王公卿相，利用联邦间嫉妒与矛盾，均不愿有一强有力之国王。于是，日耳曼人之爱国心，转移在模糊的民族观念与狭小的城市，而哈布斯堡（Habsbourg）依赖机智，将婚姻视为卫护政治权力唯一的方法。马克西米连（Maximilien）的政策，便是以婚姻夺取西班牙与新世界，而欧洲三百年的局面，便受这种婚姻政治的支配。但是，每个民族要求统一的政治，在任何分裂局面之下，无不竭力追求。日耳曼既不能有统一的政治，转而从宗教着手，在著名的瓦姆斯（Worms）宗教会议，虽有查理第五（Charles V）的反对，结果仍然采取路德的路径。可是我们要记住：路德的宗教改革，不久变为政治与经济的改革。而希脱拉不是视路德为他的先驱吗？

第五，自查理曼大帝加冕后，罗马教皇不只是精神的领导者，而且是政治的领导者。教皇自政治言，一为入世的君主，拥有丰富的资产，成为罗马贵族角逐的目标。有几位教皇、如亚历山大第六（Alexandre Ⅵ）的荒淫，雨力第二（Jules Ⅱ）的野心，结果使教皇精神权威降低，而意大利变为斗争的场所，分裂成许多独裁的统治国。可是因为经济的发展，构成艺术与知识的复兴，其功绩在文化史中，留下最光荣的一页。

从上边史实看，我们见到：（一）欧洲统一的崩溃；（二）国家思想的发展；（三）宗教威信的降低；（四）个人意识的觉醒；（五）世界领域的扩大。而这些特点，实是近代历史的开始，凝结在文艺复兴与宗教改革上，我们想予以一种概括的研究，说明这是历史发展的结果，只有从民族性上，始可予以较正确的解释。

二

当英法百年战争结束时，西方旧社会感到新的动向，构成两种强有力的潮流：一种着重在智慧与艺术，另一种着重在宗教与伦理。两种都是对现状不满意的反响，期望改革，造成一种复古运动。从智慧与艺术方面，那些改革者欲使古代希腊、罗马的复活，从宗教与伦理方面，不满意当时基督教的堕落，返归到原始的基督教的生活内。

这种复古运动是外形的。自实质言，这是人类意识对集体强制力的反抗，造成了个人意识的觉醒。为此，我们看这两种运动，不是两种改革，而是两种革命，假如革命的意义不仅限于流血的突变与剧烈的斗争。

从史学方面看，个人意识的觉醒，并非16世纪所专有，圣本笃（St. Benoit）教其门弟子说："院长应该明了每个人的灵魂与个性，这个当用温言来劝导，那个当用严辞来责难，还有的宜用暗示来启发，须因才而教，深切了解每个人的聪明与特性。"次之，中古意大利与日耳曼分裂的局面，骑士制度的发展，封建造成割据的形式，都是构成个性发展的因素，而个性发展便是个人意识觉醒的表现。便是13世纪的士林哲学，提倡抽象无我的理论，可是个人的人格价值，始终没有忽视过。

史纽教授（Prof. Schnurer）在《教会与中古文化》一书中再三申论10世纪新文化运动，始于蛮人侵入。他说："日耳曼侵入罗马帝国，使古代文化崩溃，也使日耳曼民族创立起新的文化。"

我们同意这种说法，因为史实的演变，绝非突然降生，它必有久远难以分辨的因素。可是有两点须加以说明：第一，中古的个人意识，其出发点是形而上学的，人格是它的价值、超性是它的归宿，由是而论，在不同中具有共同点。而16世纪由实用出发，形成个人主义，理性与感觉是并重的，即尊重形式，变为自我的崇拜。从这里始能明白蒙达尼（Montaigne）的"我知道什么？"笛卡儿的"我思故我在"。

第二，通常论16世纪个人意识的觉醒，将之别为艺术的与宗教的。殊不知文艺复兴不必是古典的，它也可以是宗教的；同样，宗教改革不必是宗教的与伦理的，它也可以是社会的与政治的。

16世纪新文化运动虽导源于中古，它的实质与中古完全不同，它范围的广泛，变化的剧烈，实为近代历史的总发动。本来"太阳下没有新的历史"，可是自因果而言，则每时代必然有它的特性。当封建制度崩溃后，政治转向集权君主，经济扩大范围，那种抽象与书本的智识，虔诚与缥缈的信仰，逐渐失掉作用，起而代之者，是以人为本的现实思想，以观察与经验代替了反省与推理。

三

16世纪的思想，外表上错综复杂，宛如走到无尽的森林，而骨子里却有一共同的基点：个人主义所构成的人文主义。人文主义是欧洲精神统一破坏后的产物，要理智与信仰分离，每个人的意识，再不假借士林哲学传统的理论，要自己直接解决自己的问题，支配自己的行为。就每个人自身言，本能要求自然的地位，不再受智慧的约束；而个人生命的价值，仍以超性为本。可是不允许忽视现实，一反中古基督教的思想，不仅要牺牲而且要享受，不仅要服从而且要怀疑，要以自己的意识为人类行为最后的估价。

从空间方面看，无论在佛罗郎萨、巴黎、牛津、鲁文，我们看到有共同的思维，幻想古希腊、罗马文物的再现；从当时特殊人物看，即爱好虚荣的马桂瓦里（Machiavel）、个性倔强的米该郎、虔诚而多疑的意哈斯姆（Erasme）、国家思想狂烈的哈伯来（Rabelais）、崇尚自由的路德与甲尔文（Calvin），虽因环境的不同，各有特殊的发展，但是他们的基调——人文主义——却是一样的。

倘如从这种角度衡量胡斯（Huss）的死，便知不是一种偶然的事件。自魏克利夫（Wyclif）提出关于宗教的理论后，便是许多信心坚固者，亦不能否认问题的严重，胡斯是典型的实践者，给今后的改革家一个榜样。正统的基督徒，深感到问题的重大，温和派由古代经典内探讨宗教的真理，以期校正传统幼稚的思想；激进派以军旅纪律，组织斗士，使基督教枯老的枝干上，抽出嫩芽，这便是罗耀拉（Ignace de Loyola）成立耶稣会的目的。

罗马帝国遗留的统一阴影，中古已感脆弱，现今被路德与甲尔文破坏无余。路德以民族的力量，甲尔文借逻辑的精神，他们破坏了旧教会的约束、阶级的统治，过去基督教会的普遍性，只成为顽固保守者的幻想，因为每个国家要有它自己的教会，再不能忍受"教会国家"所支配，不只旧教会颓废、贪婪与豪华，而且对人生、国家、命运等完全具有不同的意识。魏尔但（Wilden）论到宗教改革与文艺复兴时说："基督教时代的结束，也就是国家时代的开始。"这是非常正确的。

四

研究十字军的史学家，常时强调经济的因素。同样，在 16 世纪的大转变中，经济实为强大的动力，特别是在意大利。从十字军兴起后，意大利欲取得欧洲领导的地位，但是它遭遇到两种困难。第一，教皇正式参预政治，内部发生裂痕，因为神权与世权的冲突，使意大利沦为散漫对立的市府政治；第二，意大利每个城市为政者，如米兰之斯伏查（Sforza）、佛罗伦萨之默地谢士，无不借助外力，以稳固自己权势，结果意大利变成欧洲各国角逐的战场，永无和平的时候。从政治方面看，意大利失掉统一，自难领导欧洲；从经济方面看，意大利与亚拉伯竞争，至少控制东地中海，恢复过去的繁荣，构成经济的中心。

中古经济的基础，建立在土地与手工业上。因为海外贸易，市场扩大，如里昂与日内瓦之竞争，那种迟滞的中古农村经济，逐渐失其重要性，起而代之者为资本主义，佛罗郎萨便是当时金融的中心。这是一种新的组织，资金运用、巨款存放、汇兑与利息，人人都感到方便。即是反对高利贷的教皇，一样协助这种组织的发展，因为这种新组织成了战争中胜利的因素、政治斗争的工具。

物质发展的结果，使精神起了剧烈的变化，一方面阶级代替了自由与不自由的区分，资产阶级变成了社会的中心；另一方面，质朴的生活改变，豪华富丽，养成一种现实与应用的精神，墨西哥与秘鲁的金银，大量地运到欧洲，过去的农村生活，渐为畸形繁荣的都市生活摧毁，造成一种经济恐慌；因为生活繁荣使生产降低，因而失掉购买力。在这种危机下，只促成唯物的个人主义。所以雷纳教授说："15世纪是一个唯物的世纪。"

从唯物的观点出发，我们更可看出宗教改革真正的动机。多少国家的王公卿相，其攻击教会的理由，不就是看到教会富有而想没收它的财产吗？那时流行的一句话"何处有钱，何处下手"，便是宗教改革口号之一。魏尔但说："……在德国，特别是在英国，托辞改革宗教，而实际上是在没收教会的财产。"

不只如此，改革者深知教会弱点之所在。首先教会物质发达，腐蚀了固有的美德：如淡泊与安贫，生活浮华与放荡，不能为人表率。其次士林哲学成了宗教工具，失掉内容，只留下空洞的形式，不能领导当时的思想。最后政治与经济改变，加强国家思想，破坏了中古政教合一的精神，形成分裂的状态。那时候虽有少数理想主义者，如沙文那好（Savonarole），却只有冲动的热情，不能把握历史的潜力，甚至可以说是反时代的。

五

中古世纪末，欧洲人士感到不安与悲观，有时竟至失望。从那时的文学与艺术上，我们看到对"死"的眷恋。文西的《最后圣餐》、米该郎《早夕日夜》的雕像，充满了阴暗与怀疑的心绪，失掉了一切的信心。他们不满意现状，可是并不愿与传统的伦理断绝，从古希腊、罗马的文化内，他们摸索到返归自然的途径。可是我们要注意，这个自然与浪漫派所憧憬者完全不同，浪漫派视自然是一个伴侣，它具一种魔力，可以使不安者宁贴、苦痛者幸福。而文艺复兴时的自然是人性的，以一种分析的方法，解剖那种内心的冲动与需要，我们可以说是本能的解放，不愿再受理性的支配。这便是为何当时文艺的取材，完全以人为对象，很少有自然的描写。这是一种为物质决定的个人主义，而将罗马政治与社会的观念、基督教受苦与淡泊的精神，逐渐摧毁了。所以，符野说"文艺复兴便是伦理的毁灭"，这虽指意大利言，就它对欧洲普遍的影响论，亦是很正确的。

个人主义的发展是必然的，只就欧洲各地方言的崛起，替代拉丁语文，构成了一种离心力，使中古统一的局面，无法赓续。方言的发展，加强了地方性，而骨子内便是民族思想的自觉，但丁的《神曲》、乔叟（Chaucer）的《康多白利故事》、魏隆（Villon）的诗、泰达尔（Tyndale）英译的《新约》、路德翻译的《圣经》，这证明每个民族，可用自己的语言同上帝对话，直接表现自己内心的情绪，这对当时的政治思想，给予了强有力的赞助。自1457年至1557年之间，《圣经》译本印至四百版之多。我们知道方言的发展，便是各个民族个性的表现，因为各个民族生存的需要，由自己所创造成功，并非外力以使然。

从政治方面看，每个民族的方言，便是每个民族团结与自觉的工具，它加强民族的思想与国家的观念。当时每个民族，要依据地理、语言、习惯等卫护自己的权利。所以国界问题、税关制度、国际外交的关系，先后成为国家的要务。其结果罗马教会的统一，中古代议制度，逐渐失其时效，而每个国家需要有强有力的君主，如斐尔迪南、佛郎西斯一世、查理五世……在君主制度尚未隆盛时，民族思想成为唯一过渡的桥梁，罗贝尔孙（C. Y. Robertson）说："自1450年后，吾人进入另一个时代，民族思想的发展构成近世历史演变势力之一，今日之民族思想，实起源于中古时期之末叶也。"

六

民族观念不是指血统的关系，而是指据有共同的语言、思想、风俗等，即据有心理的统一，受历史潜力的支配。也只有从民族观点出发，始能说明16世纪的重要，了解何以文艺复兴产生在意大利，而宗教改革发动在德意志，即是说它取决于历史环境形成的民族性。

欧洲的政治与社会，显然分为南北两部。南部是拉丁的，喜保守，尚形式，偏重世俗，一切从理智出发，怀疑与分析为精神上独特的表现。北部属于日耳曼的，喜改革，重宗教，致力于内心生活，其出发点为直觉，时而做梦，时而幻想，神秘与冲动为精神的特点，因而常在无止境的斗争中。

这两种不同的精神，自始便处在对峙的地位，而中古所以相容并存者：第一，罗马帝国的残影，犹笼罩全欧，幻想统一的再现；第二，基督教统一的思想，教会严密与普遍的组织，构成了强有力的向心力；第三，日耳曼南迁后，以文化较低故，接受罗马与基督文化，而神圣罗马日耳曼帝国的成立，便是一个好说明。可是到15世纪，这两种精神逐渐发展，破坏了中古的平衡，有时又互相冲突，即欧洲思想与国家思想斗争。

意大利是罗马帝国正统的承继者，昔日光荣的回忆、壮丽的事迹，支配了意大利人的生活。在他们的内心，维斯达（Vesta）庙堂、尤彼得神殿与圣彼得圣保罗致命地是一样的。当基督教变为欧洲普遍的信仰，古罗马的破瓦颓垣、孤坟残碣，含有特殊诱惑的力量。拜脱拉克（Petrarca）在他的诗中，表现罗马的复活。史纽教授说："由返归到黄金时代，永远青年的思想中，产生出文艺复兴。"

中古世纪末，意大利人民与国家独具一种风格，正像古代希腊的复活，政教冲突，意大利分裂许多市府，如沙瓦（Savoy）、热那（Genoa）、米兰、威尼斯、波罗尼亚（Bologna）、非拉（Ferrara）、孟都（Mantua）、比沙（Pisa）、佛罗郎萨、那波里、白鲁查（Perugia）、西西里等，与古希腊分裂成许多城邦，从未统一，殊无多少分别的。次之，意大利人醉心于政治，却无政治的定见，以自己城邦的利害，互相忌妒，不能相容，不只意大利失掉统一，并且失掉是非善恶的标准，有如希腊内战时一样。他们失掉罗马组织的力量，团结的精神，却采取了希腊的文学与美术，追求迷恋的"美"，固然净化了意大利粗陋的特质，却领导意大利至享乐的路上。

只要看包地舍利（Boticelli）、拉瓦儿的画，我们看到他们从刺激着手，给想象上一种逸乐。他们完美的形式、鲜艳的色调，虽似希腊的作品，其质量却完全不同。因为希腊没有纯粹的艺人，他们的作品内，充满了正确的思想。可是意大利没有接受希腊的哲学与伦理，如有之者，那便是诡辩派的理论，无确定的是非。马桂瓦利的言论，便是好的证例，他说："如果我教王公们如何做暴君，同样也教人民如何反抗暴君。"

七

与意大利柜反的为日耳曼民族，它的历史很短，又非常复杂，没有丰富文物的遗产，也没有历史纪律的训练，却有生动的活力，充满了宗教的情绪。它以直觉出发，在宇宙与人生问题上，含有朴素天真的彩色。每个幻想，立刻要变为现实。自从基督教侵入后，它接受了罗马帝国的历史，不客气地负担欧洲统一的重任，恢复奥古斯脱黄金时代。可是，它既没有确定的世系，又不放松意大利，结果非常不幸。在16世纪初，日耳曼内部仍有三百六十多单位，他们要找一出路，转向古代的基督教，正如意大利转向古代的文艺是一样的。

当罗马教会取得合法地位，其第一急务便是在恢复古帝国的统治权，树立威信，其精神与组织是非宗教的。因为基督教对人类最大的贡献，首在它一视同仁、平等的精神，同时也在它政教的分离，中古不能坚守这种原则，形成一种特殊的局面，而宗教反变成战争的因素。我们看雨力第二、里庸第十（Léon X）的行为，正像罗马帝政时代的奥古斯脱。就一般论，拉丁民族的宗教是批评的，他们爱堂皇的形式，井然不乱的序位，可是他们所求于宗教者，是逻辑的问题。这便是为什么产生人文主义？为什么从个人主义的发展上，仍然追求理智的统一，以希腊思想为基础，重新建立欧洲精神的统一！

日耳曼民族，倾向于希伯来主义，在神秘的天国上，建立宗教的个人主义。它是急进的、冲动的，它要求日耳曼民族有其独立的宗教，不能为教皇所限制。这不只是个信仰的问题，这也是一个政治问题。因为有民族思想的因素，始产生了瓦姆斯的悲剧。我们知道路德在议场中说："我所说的不加任何修改，否则便违背我的良心。便是那样，愿上帝保佑我！"德意志统一的基础，便在此放下第一块石头。

日耳曼成了新宗教的创造者，这是德国史发展自然的结果，便是路德也未梦想到的。

八

文艺复兴是拉丁民族演进的结果，其傲人的人文主义具体的表现在爱哈斯姆身上。这是一个怀疑者，精分析，善讽刺，没有定念，却能精密地批评；他具有最高的权威，却在两可中建立他的地位，极端地推重理智，并且相信理智的普遍性。因此理智做了欧洲新精神统一的基础，他们要求智慧的解放，破坏中古传统的精神。这是一种形质相违的理论，外表上扩大人的范围——为此米失勒在《法国史》第七卷中论"人"的发现——而骨子里，却是个人主义。

路德从宗教出发，否认理智的权威，因为真理与命运等基本问题，只有信仰可以解决。可是信仰不是普遍的，而是民族的，此种热狂、冲动、神秘的情绪，使路德要建立民族的宗教。魏尔但说："从我们研究的观点出发，宗教改革是国家情感对中古教会欧洲的对抗。"这也是一种个人主义，但它的外形是民族的。

从此，我们看到文艺复兴与宗教改革的相同与相异，相同点在于它们对时代的反抗，基于个人意识的觉醒。在1519年3月18日，路德致爱哈斯姆一信，要求他予以赞助，共举大业。但是这个善于把握时机的人文主义者，绝无此胆量，他以迂回的言词，拒绝路德的请求，他回信说："……向各方宣布，你我并不相识，从未读过你的著述，既不能赞成，也不能反对……我竭力保持中立，为着可以献身于文艺……"相异处乃在信仰与理智的冲突、分析与综合的失调、日耳曼与欧洲的斗争、国家主义与人文主义的矛盾。所以路德与教会断绝关系后，同时也与人文主义者断绝关系，路德与爱哈斯姆处在对立的地位，现在德国人视路德为纳粹的始祖，并非没有他的理由。

从16世纪思想演变中，我们看到现代的缩影，吴塞尔（H. Hauser）语之为"16世纪近代化"并非是过言。

第十章
法国旧制度时代的家庭情况

一

"家庭"的基础建立在两种需要上：一种是人性的需要；另一种是社会的需要。欧洲的社会与历史，从未忽视过家庭的重要性，它的宗教，特别是基督教，把家庭看作是世界的缩影。家庭的形成，始于婚姻，而基督教把婚姻看作是圣事之一，圣保罗说："丈夫们，要爱你们的女子，正像基督爱他的教会似的。"诚以夫妇的爱是绝对排除了"自我"，形成一种最密的团结，所谓一身而两形，有如管夫人歌咏者。欧洲自法国大革命后，个人主义受浪漫派的影响，日见发展，人性中精神的需要，以官感的刺激；物质的发展，受机械的影响，使旧社会到崩溃的地步，因而"家庭"遭受到最大的打击，致有一种错误的见解：欧洲是不重家庭的。

我想在这篇短简的叙述内，说明：在旧制度中家庭所占的地位与实况。第一，它接近我们，又是法国大革命时破坏的对象；第二，近代关于家庭的观念，变化最剧烈，由是而可看出旧时代社会与文化的基础。

二

所谓旧制度,包括路易十四即位起(1661)至法国大革命时(1789)止,有百年多的时间。在这段时间内,含着几个特点:(一)这是法国最光荣的时代,普王语之为"近代罗马帝国";(二)承科贝尔(Colbert)提倡工商业,法国有特殊的繁荣;(三)思想发展很自由,相信无穷的进步,而科学的发明更予以一种证实;(四)这是一个彻底转变的时代,一切宗教、政治、文明、经济都起了质的变化。

旧制度是由封建社会蜕变出来,而封建制度乃自10世纪中叶法国旧家庭演变而成,便是说9、10两世纪蛮人侵入,破坏了旧家庭的组织,形成一种公共的组织。其时,民众离散在幽谷与深林,搅乱了社会的关系,成了一种无政府状态。在此时,支持社会唯一的力量,而也是最强最韧的,便是家庭,因为家庭的力量深植在不可撼拔的"人心"。家庭是紊乱的劲敌,它有种强烈的需要,便在保障它亲属的安全。于是,社会生活已为家庭生活所替代,国家的任务已为家庭所负担,他们田园的疏篱变成了不可侵犯的边界。

生于斯死于斯的家庭,是每个人的圣地,没有他人是无办法生存的。但是自10世纪后,家庭不只限于父母、妻子、子女与奴仆,它的范围扩大,团集族中人口,弱者与幼者,环集在"麦西尼"(Mesnie,意为家族,等于拉丁文的Mansionata)之旁,有家长,据有特殊的权威。"麦西尼"有自己族中基本人物,同时也有最忠实的亲戚,其基本的精神,在家庭化,即是说把小家庭扩大了。封建时代的采邑,便是由"麦西尼"演变出来的。

家庭演为"麦西尼","麦西尼"变为采邑,小采邑扩充至庄园,由庄园构成诸侯的领地,集许多诸侯而形成王国。直至1789年,一方面有封建与地方的特殊的潜力,另一方面有传统家庭的力量,法国始终是个大家庭,没有国家正确的观念。佛拉熙(Jacques Flach)论法国根源时说："君者父，君权的基础，树立在家庭的组织与封建的保护制度上。"

三

在法国大革命以前，法国的社会没有特殊的变更，所以社会不是个人的集合，而是家庭的集合，失掉这个观点，无法了解法国的历史，也是在重理性与爱家庭这两个观点出发，辜鸿铭言近代能够了解中国文化者只有法国。

波丁（Bodin）在《国家论》中开始便说："国家有治理许多家族之权……"什么叫一个家族？波丁又解释说："家族是许多人服从家长统治者。"又说："好家庭便是国家的一个缩影；家庭的力量便是国家的力量，治家如治国然。每个人在家中尽职，即家庭兴旺；每个家庭治理的好，即国家隆昌。"

拉其夫（Retif de la Bretonne）说得更明白："国家是一个大家庭，由许多特别家庭组织成，帝王便是众父之父。"在《百科词典》内，底得罗（Diderot）写道："家庭是一个社会，它是国家的基础，因为国家是由家庭组合成的。"

四

家长的权力很大，除子女外，弟弟们便是有了家庭，一样受家长的"统治"。在西方人视家长是一个神，巴斯桂野（Pasquier）说："看了父母对子女的种种，即可明白地上的上帝。"拉其夫说得更清楚："我服从活的上帝——父亲。"从历史方面看，凡受罗马法的影响者，对家长特别敬重，而家长的权力亦特别大。波丁看到世风日下，要求赋予家长"生死之权"，"否则，绝不要希望有纯正的风俗、高尚的道德与家庭的光荣"。

家长有特殊的尊严，常引起一种恐惧的心理，夏多白里扬（Rene de Chateau briand）在《坟中回忆录》内，描写他父亲说："高大而冷酷，他有鹰的鼻子，唇薄而苍白，深眼有海蓝色，正像狮子的眼睛或蛮人的眼睛似的。我从未见过那样的看法，在怒时，眼内放出的光芒，好像是枪子弹。""我父亲唯一所爱者，便是他的姓名，通常有种深的悲哀，除过发脾气外，永远是沉默的。永远希望有特殊的光荣，对绅士们高傲，对附属者苛刻，对家中专制。看着他所感到者，唯恐惧而已。"

　　拉其夫在《父亲的行述》内，记载着许多事实，我们看到家长有绝对的全权，虽不像夏多白里扬写的那样阴暗，却也可看出旧时父权的威严。父子乘马上市，两马不得并行。父不问，子不敢言。有天，拉其夫未禀明父亲，私向村女要一玫瑰花。其父从旁窥见，整日未言。次晨拉其夫去耕地时，其父要过皮鞭，无言而抽在肩上，拉其夫忍着。在上午，始向其母亲说："这是对恋爱者唯一的办法。"可是这样的父亲，却有慈心，当拉其夫负伤掘地时，忽然听见他父亲说："我的孩子，今天够了，你去休息吧！"拉其夫有生以来听到第一次"我的孩子"，全家充满了狂欢。

　　在某种情形下，举行一种仪式，家长可以解放他的儿子，使他儿子成为家长，外出独立谋生，家长是信仰、思想、家风的保护者，他承继祖业，负担一切婚丧大事，对内外有绝对的责任。

　　扬克（Arthur Young）在《法国旅行记》内说："因为全家住在一起，巴黎的房屋特别大……当儿子结婚后，与父母住在一起，假如女儿非适与别家的长子，亦可住在家中，所以吃饭时非常的热闹……这种方式，在英国一定要失败的。"为什么？在 18 世纪末，法国仍然是个农业国家，而英国已工商业化了。

五

　　旧制度中家庭为一切的中心，每个家庭有它的地位、习惯与家风，因之婚姻一事，非特变得慎重，有时更专制。那时候基本的思想：个人不存在的，一切以家庭为第一。钱穆先生论西方文化特点为爱，举少年维特为例，这是浪漫派运动的作风，绝对不能概括西方。麦西伊在他《巴黎的素描》内说："我们戏剧中少年向少女诉衷情，完全是错误的，关于此，我们的戏剧在说假话，多少外国人被它欺骗了。她们住在修道院内一直到结婚的时候，没有机会说出自己的心愿，普通人也看不着她们。中产阶级者的女子，也住在修道院内，次一点的也永离不开她们的母亲。是从她们父母的手里来接见丈夫，并不征求她们的同意，这是种契约行为。"

法国社会阶段分得很严，"门当户对"是他们婚姻唯一的金科玉律，假如地位不相称，新分子加入后，家庭必然变质，而社会必然发生紊乱。不得父母同意，自由选择的婚姻，要处死刑。1730年法王的布告中说："前王所定禁止自由婚姻，意在保障父权，阻止不相称的配合，因为社会地位不平等，有伤尊荣，许多家庭以之衰落。"解释此谕者说："自由结合的发动，可来自两方，而以弱者最危险，男女皆可处死刑。"

从这些事实上看，法国大革命前的思想是"光耀家庭为唯一的心愿"（米拉波［Mirabeau］语），不明白爱情是什么，原因亦很简单，如达来郎（Talleyrand）说"个人尚不存在"，而个人为家庭毁没了。沙夏（Nivelle de La chaussée）说："没有爱情，一样可以爱他的女人。"所以家庭的幸福不齐，有许多真是不堪想象。门落西侯爵（Comte de Montlosier）回忆中说："我的母亲非常聪明，有学识，敏感，想象丰富，很美，有高贵的灵魂，她慈柔的心从未了解爱情的美，当她结婚时，她并不爱我父亲，便是这样生了我们十二个……在孩子的时候，我们不知道爱。"17世纪悲剧作家高乃伊（Corneille）在《说谎者》中说：

克拉利斯（Clarisse）：我父亲对我的心愿有绝对的力量。

吕克来斯（Lucrece）：一个女儿的责任便是服从。

这是两位少女的对话，虽说是剧词，却道出当时的真情。麦西伊（Sebastien Mercier）叙述父女的对话，很可看出当时的婚姻实况，因为女儿从佣人处得到她结婚的消息。

父：小姐，我看你眼内整夜没有睡觉。

女：不，我的父亲。

父：活该，孩子，结婚的时候是该美的，不睡丑得很。

女：我是不很美。

父：你以为忧闷与苦痛便可好了吗？……我要你强有笑容！

女：我不能。

父：不能？为什么？同一个可爱、有钱、出身好的青年结婚，对你有什么害处？

女：将自己交给一个不认识的人，总是可怕的。

父：好！是不是结婚后两人不认识呢？！你信我，孩子，自由结婚是最坏的，爱情比偶然更为看不清楚。

社会的基础建立在家庭上，家庭又以婚姻为支点，他们不问男女的意志，而只论门户的相称与否。拉碧丹（Bussy-Rabutin）坦白地说："宁愿看他女儿有不规矩的行为，也不愿她嫁给社会地位较低的人。"这也够开倒车了。

当时法定成年的年龄，男子十四岁，女子十三岁。在七岁便可订婚。有些提出许多奇怪的条件，如脱利布地斯（Simon de Tributis）要娶律师的女儿，其条件为将来的男孩各个须研究法律。到法定年龄结婚，莫名其妙，完全是形式。但是也有例外，马伊小姐（Mlle de Mailly）十三岁结婚，十四岁便做了母亲。

布奔小姐（Mile de Bourbonne）十二岁与达梧（D'Araux）结婚，

她的小朋友们向她说："达梧很丑的，假如是我，我不同他结婚！"布奔小姐回答："我要同他结婚，因为父亲愿意；但是我不爱他，那是真而又确的。"这些情形，现在不只我们不了解，便是法国人也不明白了。这是一百五十年前的社会。

六

旧制度的灵魂在保守，维系这种精神唯一的方法，即在使祖业完整，父传子，子传孙永远保存原来的遗产。祖业是神圣的，不只不能变卖，而且不能交换。古德（Antoine de Courtois）在《理性之书》中说："我不能想象子孙们出卖产业，卖祖业便是出卖自己的姓名。不要以为卖出后可由别的来补上，试看多少交换祖业者，结果沦落到败家的地步？"

我们不妨这样说，旧制度的社会建立在这三种因素上：家庭、传统的习俗、祖业的完整。上自贵族公卿，下至乡村愚夫，无不在这方面推进。在 1750 年，奥利尧（Ollioules）的乡民说："所有我祖先的辛苦遗产，我绝不敢毁伤的。"

关于继承权，法国各地不同。就一般论，长子有特殊的权利，而长子也便要维持家风、保护遗产、使家声永远有好的声誉。在勃落达尼（Bretagne）是幼子继承祖产，倘如没有男孩，是幼女来继承。可是有一基本条件，须在家中不间断地住一年零一日，理由很简单，为着继承者可以明白家中的事务，耕种土地，维持家风。但是这种是例外。

长子权很大，领导弟弟们工作，出嫁姊妹，他的弟妹们须绝对服从他。但是人性的自私，常使长子滥用职权。

七

法国家族制度中，其特点要算"村家"了。其形成由于许多家室，各出财产，由一选举出的村长主持。村长有特殊的权威，位列首席，只有他可穿鞋，别人着屐，小孩便是赤足了。他有银钱，结在红绿毛织带上。遇有特殊要事，可以咨询他的会议，议员是由"村家"中选出的。

在荫满草地的橡树下，没有一点声音，较长而较精明者，选举"村长"。选出者，大率以才能、品格为标准，并不限于年龄与资产。同时也举出一位女的，专门领导妇女工作，如烹饪、纺织、洗染、缝衣等，如是即家庭永远保持统一，每家的姓上变为复数，在法国最著名的，有 Janlts、Pinons、Pannes、Pelignats 等。

据我们知道最大的"村家"要算麦斯来（Mesles）了。有三十二家住在一起，每家住处与过道相通，米失勒（Michelet）语之为"农夫结婚的修道院"。这种住处的特点为一很大的"暖室"，有巨大的壁灶，深冬，燃着柴火，四十多人很宽松地坐在旁边，谈论祖先光荣的事迹、地方奇突的惨案、治家种种的规矩。到九点钟，"村长"发令，各个立起，共同祈祷而就寝了。

这种"村家"成了大革命前农村的中心，他们能够合作，勤于作业，许多有六七处田产，每处用八条牛来耕种。彼能（Les Pinons）产业的价值，约六百万金佛郎，所以他们对婚姻特别慎重。底任（Dijon）的议员为他儿子订婚，儿子表示不满意，他严正地向他儿子说："先生，你要过问你的事吗？"几月后，儿子只好同意他父亲所定的结婚。

到 18 世纪后叶，交通逐渐便利，改革的思想深入人心，证以科学上的发明，对这种"村家"制度，渐次加以攻击，在 1783 年，拜里（Berri）开会后宣布："这种制度是危害农业的。"

但是，"村家"有它传统的力量，它是法国大革命的劲敌，如佛利伊（Ferrier）一直支持到 19 世纪末。在 1898 年，它尚有二十三家，"村长"在 1897 年举出，仅三十五岁。经过上次战争，"村家"已成了历史的资料了。彼能村家可以追述到查理曼（Charlemagne）时代，便是说 9 世纪的，可证明古代社会生存的强力。

<h2 style="text-align:center">八</h2>

一人的光荣便是全家的光荣，一人的耻辱便是全家的耻辱，为此，米拉波写信给他的弟弟说："我只是家中的一块而已。"从查理曼时代起，这种情感便很发展。当罗兰（Roland）由西班牙退回，路遇萨拉森人，罗兰所以不敢吹画角求援兵者，恐怕毁辱父母，败坏家中勇敢的风气。

在政治上因一人而全家受累者非常多，傅克（Fouquet）被捕后，全家被逐放，由是财产充公是习所常见的。在 1771 年，莫布（Maupeau）要求取消这种法律，理由是"一人有罪不当涉及全家"。可是在家族思想支配的社会，无论哪一层阶级，都受这种思想支配。当亨利第四（Henri Ⅳ）遭暗杀后，哈瓦亚克（Ravaillac）亲属受最严厉的处分。著名的达米颜（Damiens）暗杀事件发生后，在 1757 年 3 月 27 日的命令中，要逮捕"父亲、子女、妻子、亲友、家人"。因为一个人是不存在的，所存者乃是"家"。曼德农夫人（Maintenon）得宠后（对路易十四影响最大者），不大光顾自己的家属，现在都认为是她的美德，在那时却认为她是刻薄寡情。

法国家庭的观念是很深的，自法国大革命，受浪漫思想的影响，机械文化的摧毁，这种组织被人视为是封建的遗留。浪漫便是个人主义的别名；机械将人看作"物"的一部分，这与科学无关。多少社会学家，如洛碧来（Le Play）追悔失掉这种组织，可是社会本身已变质，而家庭情感、集体尊荣都不存在了。如何在现在社会内建立适于人性的家庭，这是全世界急切的问题。

第十一章
《民约论》与法国大革命

一

近代欧洲历史上最重要的事件，当以法国大革命为第一，它的特征，一方面是国家的，另一方面又是社会的。国家的，便是说从此以后，人民替代了帝王，国家是至极的权威，它是绝对的。社会的，便是说加强农民的所有权，摧毁封建的专利，正如索亥尔（Albert Sorel）说，"1789年的革命是所有权的变更"，这便是为什么农民们眷恋革命，拥护革命。

许多人误认旧制度为封建制度，这完全是错误的。旧制度是封建制度的一种赓续，一种延长，其性质截然不同。当时社会组织与实际社会脱节，逐渐发生不可补救的裂痕，须加以彻底的改革，始能建立起它的重心。

自从路易十四以后，法国社会起了剧烈的变化，工商的发展，机械的运用，殖民地的开拓，新经济制度的确立，如纸币与信用贷款，这些新事物，绝非封建时代的机构所能应付，这儿产生了一特殊的现象：封建制度是有利于贵族的，自从16世纪起，君权扩张，得国家意识的赞助，贵族失掉政治作用，沉沦到苦痛中。惠实里（Riche Lieu）的政治，使法国走上中央集权的道路，形成强盛与近代化的国家，如果帝王庸弱，不能有所作为，控制时代，即民众必然以革命手段，夺取政权，所以法国大革命是由他的帝王与重臣开始的。

革命所以能在法国成功的原因，另外有它的因素。革命需要理论的赞助，更需要领导的人才。在18世纪时，法国的法学家与知识分子，无不要求确定人权，使社会达到美满的地步；而资产阶级，自中古世纪以来，便参预政治，他们有钱，聪明，有清醒的意识，很明白他们所攻击的对象，所希望的是什么。

民众发动革命，以舆论故。思想控制事实，从未有18世纪那样强烈。莫尔奈（D. Mornet）以精确的研究，确定18世纪演变的阶段：起初竭力抨击宗教，认为是反理智，反人性的。自1785年后，政府与宗教不能分离，政府要支持宗教，因而将反宗教的情绪转移在政府身上。自1748年至1770年，许多人提议改革，只限于社会方面，然而社会的改革，必然波及政治。所以从1770年后，虽不倡政治革命的论调，可是改革声浪，逐渐提高，造成一种普遍的不安。这时候，那些名人的理论，小名人的宣传，推波助澜，产生了1789年的事实。

二

18世纪思想家影响大革命至何种程度，至今史学家尚无确定的解决。这个问题，因为时代的复杂性，恐怕永无正确的解决。18世纪是新旧两个时代的交替，他们有改革的思想，需要行动，却看不清楚目标，因为他们只晓得推倒什么，却不明白如何建设。他们有种强烈的要求，将思想实现，可是又怕实现后逻辑上的结果。

便是在这种徘徊的心理上，旧制度仍然有它的作用。路易十四的光荣，经济繁荣后的舒适生活，在那暴风雨快来的时候，每个人感到刹那间的逸乐，所以达来郎（Tallyrand）说："没有在1789年左右生活过的人，不明白生活的快乐。"从思想出发，对政治与社会都有改革的要求，倘如提到革命，那些思想者又觉着可怕。百科辞典派便不相信民主政治，他们认为这种政治，只能在小国家实现，如日内瓦共和政府似的。法国大革命的成功，乃是由于拿破仑的独裁，这不是讥笑，他深明白当时民众的心理。

18世纪的精神是唯理的，那里面含有乐观的情调。他们相信单纯的思想与概念，希望一切都大众化。在这个一切成问题的时代，理智、经验、情感交叉着，经验与情感要校正理智的枯涩。理智却要建立它的体系，观察自然，破坏人的统一。情感开始反抗，摧毁唯物思想，赞助宗教与诗歌的发展。这三种的发展不是同时，起初是乐观的理智，产生了法国大革命，继而是19世纪初期情感的传播，形成浪漫主义，最后是经验的扩大，构成社会主义的唯物论与机械科学。

18世纪哲人们攻击时，从宗教着手，1781年4月3日，地得罗（Diderot）写着说："如果冲破宗教可怕的篱笆，绝对不能停止进行，须要继续努力，以取得地上的主权。"便是拥护宗教者，他们实受时代思潮支配，深信理智与经验，所以若瑟第二（Joseph Ⅱ）解散旧教的修士会。他们不相信理智之外尚有真理的存在，对巴斯加尔的名言，"心有它的理智，而理智是不会了解的"，多少人含讥带讪的攻击。18世纪的哲人，竭力破坏久永情感的对象，不使它有过渡的时代，即刻要代之以人道、自然与人民。他们对理智有绝对的信任，相信无穷的进步，起初仅只是知识分子，继后深入民间，演变到不可收拾的地步。卢骚说："如果你忘掉果子是属于大家的，大地是公有的，那你就完全失败了。"这些话，使人们感到一种愉快。

从这公式内所得到的结论是："小孩统治老人，愚者役使哲人。"如何能使那些哲学家忍受呢？而知识分子又转向信仰，摸索新路。这些哲人的思想是勇敢的，他们的行为却是懦弱的。他们只能破坏，不能建设，可是1789年的事实已发动，断头台已竖立起来。18世纪的哲人们虽不愿如此，而这确是他们的作品。

三

哲人们影响法国大革命者，当以卢骚最为重要，他的《民约论》，深入人心。从个人到集体，无不烙印上他的形迹。他真是代表一个时代，他的理论，以一种病态与矛盾的方式，像传染病似的传播开。

"人生来是自由的，可是他受了束缚"：这是一种矛盾，卢骚要来解决。"社会秩序是神圣的权利，一切人们的基础；这种权利不是自然的，而是契约的。"每个人有保卫他生存的权利，家庭是自然组织，它的作用便在此。但是孩子对家庭是一种需要，到理智独立，便可自由。卢骚基本的假设，乃在自然状态，只有在自然状态中，始可生活，设如违犯，"每个人有反抗义务，否则人类便要灭亡"。为了加强奋斗，摧毁各种障碍，"需要团体，以保护公共利益，每个人总与团体集合，然而在结合中，每个人仍然保持着以往的自由"。

每个团结者是平等的，须要彻底团结，依从"集体的意志"，集体便是国家，它是绝对的。虽然卢骚说"服从集体，便是要个人自由"，可是个体实早已不存在了。这不是矛盾，卢骚分别个体在集体中有两面：主体与附属，以公民资格言，他是主体；以私人言，他是附属，因为集体是由个人构成，集体为个人谋福利，绝不愿危害个人利益，所以不需要保证。在此，本能要求的自由，转为法律的自由，以理智为基础，由国家保证。卢骚认为个人没有任何损失，因为大家是平等的。这种平等是武断的，同时又是数学的。大多数成为绝对，人民至上是空虚的外形，实质却是少数集体的意志。

这种理论，显然与卢骚的个人主义相反，如何解决这种矛盾呢？"只有一条法律，要求全体的同意"，这便是社会契约。"因为人民的结合是任意的，每个人有他天赋的自由，自己是主人，不得其同意绝对不能统治他的。"

"多数票强迫少数票"，设以意志自由者，又如何解决这种矛盾呢？各个不变的意志便是集体的意志，当向人民提出一法律，不是要他承认与拒绝，乃是问他是否合集体的意志，每个人用票来表示，集体意志便由此形成。再进一步言，集体意志完全由法律确定，法律又由人民公开决定，以保障自己的利益，民众是不肯违犯自己的利益。民众产生法律，政府只能执行民众的议决，所以政府是次要的，不论它的形式如何，只要依法治理，这便是共和政体。政府是介乎集体与个人之间，它没有绝对的权力，设如执政者使用绝对之权，政治必然发生紊乱，那时候集体可以干涉，这便是合法的革命。因为人民对政府有绝对的权力。

四

《民约论》与卢骚的个性相违背，因为他是一个个人主义者。

我们须从卢骚的生活与心理上着眼，始可明白他的矛盾。从孩子的时候，失掉母亲，没有家庭生活，所以他不明白家庭的重要。既长，到处漂泊，没有定居，处处遭受社会的刺激，所以他不明白社会。他以一种变态的敏感，对社会本质有错误的认识，而他又是诗人与小说家，想象非常发达，有自己的理想。他要求现实的社会也和他的理想一样，可是这样的时代，或者根本没有，或者早已过去了，卢骚按照自己的认识与要求，深信已成过去，所以也追悔过去的消逝，将幻想放在未来的身上。

卢骚常有这种矛盾的心理：当他同平民在一起，他瞧不起他们那种平庸，自己成为特殊的阶级；当他同贵族在一起，却又觉着自己是平民，积而久之，由心理现象变为哲学的理论。查本纪（J. Chapenthien），论卢骚时说："从原始人出发，他是个人主义者；从文化出发，他又是社会主义者。"这种矛盾也如他的作品一样，《爱弥儿》与《民约论》是冲突的。

《爱弥儿》是个人主义的代表，《民约论》却是集体的说明。按照思想的逻辑，《爱弥儿》是无政府主义，而《民约论》却是共产主义。为此龚纳尔（Gonnard）说："或者个人主义与社会主义不是绝对矛盾的。"就卢骚而论，两者互为因果，没有明确的分别。卢骚的个人主义与社会冲突，与国家并不相反，从1789年后，他的《民约论》控制所谓前进的人物，而他也得到放在伟人墓中的报酬。

五

18世纪基本的思想，在追求幸福，可是他们所讲的幸福与柏拉图所言者，完全不同，没有精神作用，只求物质的享受与官感的刺激。他们看人是合理的，自然的享受是应该的，在现在的大地上，应当有剧烈的变更，用特殊的手段夺取，从没有顾虑到历史上的背景，造成了许多幻梦。这里我们已看到社会主义的萌芽。

18世纪的后半期，法国思想非常紊乱，可是共同不满意现实的状态。日斯奈（Gessner）想象原始牧羊人的生活，或斯巴达公共的制度；耶稣会介绍中国儒家的思想，南美土人的社会。哲人们根据这些资料，加以想象，以建立自己的体系。积而久之，形成一种主潮，公开要求：

（一）要求平等较自由更甚；

（二）同情弱者；

（三）从应用上反对宗教；

（四）自然状态较文化为优；

（五）改革社会上恶劣现象。

从这些理论上，他们要求切实，可是并没有提出具体办法，他们认为只要"动"，便会有结果的。

莫来里（Morelly）在《自然律》中，曾认为原始时代的人是好的，继后所有权确立，将人的优点摧毁。现在补救的办法，只有发展哲学以申理性，借科学以繁荣物质，人类前途是很乐观的。马比来

（Mobly）是个复古者，他醉心柏拉图的学术，痛古人之不再。他以一种严肃的态度，攻击当时流行的思想，他积极主张平等，因为不平等是一切罪恶的根源。卢骚较前两位更激烈，他反对社会与制度，渴望恢复到原始时代，这是如何的幻想，将社会问题看作是艺术问题了。

18世纪相信国家的力量，产生了两种结果：

（一）国家是绝对的，这种观念与旧制度不能并立。一切要合理智，便是过去独尊的帝王，亦不能例外。那么，理论运用到事实，帝王与国家必然分裂，从此国家变成一抽象的名词，知识阶级不允许如是，结果便是提议改革，变为革命，因为国家是大众的，大众的目的在追求幸福。

（二）18世纪思想的结果为社会主义。当时英国自由主义的思想，孟德斯鸠的理论，都是促成社会主义发展的因素。一方面所有权是属于国家的，国家建立在人民上，由是形成了共产主义。另一方面，人的目的是在追求幸福，而个人有极端享乐的自由，如是对物质崇拜，形成了唯物论。

1789年的法国大革命是社会主义与唯物论的结合，《民约论》是有力的推动，可是到思想变为事实，形成客观的力量，思想反为事实控制，这便是为何帝俄接受法国18世纪思想后，产生了1917年的革命。

第十二章
论浪漫主义

一

无论从哪一方面看欧洲近代的文化，都会发现一种强烈的矛盾，那种极端的唯物思潮，过度刺激的享受，使感觉与精神受到不可抵御的压力，而心理的反应亦随之产生：逃遁在幻想内。

幻想是一种不安的表现。不安是内心与外物失掉了平衡，因为在剧烈转变的时代内，每个人感到过去是残酷的，现在是阴暗的，未来更是凄凉的。但是人不能不生，生必接受现实的赐予，而现实却又是那样无情，结果只想遗忘。遗忘吗？谈何容易！遗忘仍是一种希望的变形，希望在蒿草齐人的破瓦颓垣上，建立自己幻想的宫殿，那些平等、自由、和平等美妙的理想，仍然是一种空洞的希望。

克服这种心理现象，只有刺激神经，使心情麻醉。这种现象的根源，仍然是浪漫主义的遗物。事实上，自卢骚之后，欧洲没有解脱浪漫主义的影响，生活在这个特殊时代内。

二

"浪漫的"（Romantique）一字，不是代表新思想，而是代表新情感。它是时代需要的产物，表现对外界自然的情绪。自然亘古存在，但古人未曾认识它，中古亦未介意它，到文艺复兴时，意识到它存在，但丁、碧脱拉克、西尔维斯（Aeneas Silvius）等曾加以一种推动。

自然刺激起的情绪，快乐中夹杂着悲哀，孤独中含着不安。它的出发点，摒绝传统理解的途路，代之以感觉。所以一个诗人或艺术家，在沉默与伟大的自然前，玩味那种孤独的美，深感到自己的神秘与超脱，由是而开始了个人主义。

中世纪末的语言中，有 Romanticus 一形容词，意为"罗马的"，其用法系以散文叙述骑士冒险的事迹，所以有 Gerta Romansrum 的文学。在此，我们看到浪漫的术语内，含有中世纪的意味。

17 世纪的法文中，有 Romantique 一字，指小说中所表现的思想、情感与动作。但是英文中的 Romantic 却形容小说中的景色，含有自然的意思，诗人亚德孙（Addison）、多马孙（Thomason）常运用这个字。18 世纪初期，这个"浪漫的"变为流行的术语了。

法国的 Romantique 是由英国转移过来的。批评沙尔比野（Sorbiere）的《肯特旅行记》，"以浪漫的语来形容"。费奈龙（Fenelon）将此字作"奇突情感"解，而底得罗（Diderot）又用它解释景物。到 1777 年，卢骚著《孤独旅人的幻梦》，说彼野纳（Lac de Bienne）湖"是浪漫的"。卢骚的用意，系指从自然景物内所产生的新情绪，由是配着文学上时代的需要，形成浪漫主义。史达霭夫人（Mme de Stael）在《德国论》中，正式运用，以表现南北文学的不同。到 1878 年，法国《国家学会字典》中，始给它一个位置。

三

　　研究古典主义，我们发现它的原则与统一性，而浪漫主义却非常广泛。因为它的基调，建立在本能、直觉与想象上，换句话说，浪漫主义乃是由情感与个人所构成的。我们晓得社会中最易变者为个体，个体中最易变者为情感，因而浪漫主义的本身，充满了矛盾、冲突与斗争，现象非常复杂，很难以确定的。为此，我们论浪漫主义，首先要从它的心理现象与历史发展着手，始能明白什么是它的意义。

　　17世纪法国思想的结晶，形成一种"完人"的典型。完人便在理智与情感的调和，爱好伟大与雄奇，其动作深合社会的节奏，这是一个骑士，一个人文主义者，同时又是一个入世人。但是，理智与情感的调和，并非一件易事，当理智失掉控制情感力量时，完人变成了小说中人物。

　　到17世纪末，完人典型逐渐解体，笛卡儿理智与信仰划分的理论，构成当时精神的动向。纯理主义发展的结果，构成理智至上与进步无穷的两种幻梦，变为18世纪哲学思想的中心。这是感觉与应用的哲学，唯物论的基础。

　　唯物思想是枯涩的，无穷进步是虚幻的，物极必反，产生了情感与理智、个人与社会的斗争。这种斗争非常剧烈，情感与个人遭受打击，而想逃遁在自然内。在此，自然改变了它的原义，它不是心理的，更不是山川景色，它是要人脱离社会的羁绊、理智的约束，归真返璞，重新过那种原始与本能的生活，这种生活是自然的，也是最理想的。自然既好，人亦当好，人之所以不好，其过错乃在社会。卢骚捉住这种思想，向大家大声疾呼：回到自然的怀内。

　　自然有两种不同的景象：从空间方面说，自然是世界的外形，要从社会逃脱，藏躲在里边；从时间方面说，自然是原始时代，只有那时候，始有真正的幸福、平等与自由，我们倒退到原始时，便没有任何的烦恼。18世纪杰出的思想家，对这两种自然现象，采取两种激进的态度：一种要个人主义化，另一种要革命化。这是浪漫主义的神髓，推而至极，内心生活因之解体，失掉它的统一性，形成了一种精神变态：不安与不定。

四

代古典主义而起的浪漫主义，在文学上诗歌与戏剧皆有特殊的成就。可是它的广泛性，不只限于文学，政治、经济、宗教、社会都含有浪漫主义的成分。所以，我们的研究，着重在它表现的不安情绪。

从法国大革命后，欧洲沉入波动状态，旧制度虽然推倒，新制度尚未产生，而文化随之失掉均衡作用，社会与政治常在颠荡之中，革命与社会主义，应运而起，逐渐发展，便是这种现象的说明。

18世纪的哲学思想，无不以提问题为急务，有问题便要即刻解答，将方法认为目的，将幻想视作事实，将偶然变为定则，意见纷乱，思想交错，有如大海中失舵的孤舟，彷徨歧路，造成一种普遍不安的局面，这正是浪漫主义的色彩。

不安是烦闷的象征，当法国大革命产生后，个体冲破旧制度的约束，刺激了社会的组织，每个有抱负的人深感到孤独，宛如立在沙漠之上。果真能够忍受孤独，有勇气禁锢在象牙塔内，未必不是一种解决的方式，无奈人是社会动物，孤独是违犯人性的，结果加强破坏的力量，没有许微满足的事件，由是非的问题转为好恶的问题了。多少自命不凡者，以自由之名，反抗纪律与思想；以平等扩大集体的范围，那种变态心理：追悔、失望、不安，介乎幻变与不变之间，产生了抒情诗，有如春花怒放，这种浪漫主义，不是一种运动，而是一种革命。

1825年，魏德（Vitet）批评浪漫主义说："这种新革命乃是新百科辞典派，人们语之为浪漫主义，他们要求绝对独立，任性所为……这是文艺中的誓反教。"从这几句话内，我们看到浪漫主义是18世纪哲学的承继者，其根源乃在人文主义与宗教改革，这方面是个体的解放，那方面是自我的觉醒，他们是并行的。

五

当先期浪漫主义发动时，便发生返归自然的理论。那些18世纪的敏感者，怀有快愉的情绪，相信自然的美德，无止境的进步，只要施以一种革命，即刻便能见到曙光，这是如何美丽的希望！可是，不幸得很，这种希望是一种幻想，内心中藏着不可医救的不安。对这些希望，采取一种消极的态度：找孤独，觅遗忘，放浪形骸于山水之间，渴望辽远地域，怀想原始的时代，他们憎恶社会，同时也憎恶文化。

这些新人物的精神是漂泊的，其心境是游离的。18世纪思想家推重的纯理，逐渐失其作用，旧制度的机构，开始倾毁，思想转为行动，心理上激起一种畸形的状态，少年维特真正的烦恼便在此。18世纪末的人士深感到这种失望，形成初期浪漫主义的心理。

到法国大革命时代，不安与不定的情绪，别具一种形式，因为当时最急切的问题，交集在革命与战争所引起的变动。如何建设新秩序，使人民与社会安定，每个人都感到它的严重性。便是为此，一反前此所为，对纯理的哲学，拿破仑的独裁，快愉的观念论，都需要检讨，发现无补于实际，应当斩绝的。当时所注重者，是行为与思想、新与旧的调和。然而时代特别伟大，人力渺小，不能控制，由是产生了一种不安，形成一种悲观，失掉了所有的信心，从而浪漫主义发展到另一个阶段。

当世纪痼疾刺激后，拜伦、哥德、夏多布里扬是有力者，明白奋斗是唯一的出路，他们明白人的价值，不像前辈那样怀疑，却仍然含有怀疑的遗传。他们有宗教的情绪，却没有宗教的原则。看到当时紊乱、苦痛、忧闷的状况，一反那时革命的政治，拒绝宗教的信仰。

反信仰正是他们需要信仰的说明，因为他们不是服尔德，却是卢骚，正如爱弥儿在山顶望到日出，便视为上帝存在的铁证。这是一种冲动的情感，需要无穷来满足，于是人类、国家、自我、爱情、艺术都是信仰的对象，没有纪律，构成内心生活的总崩溃，他们所受的牺牲自然更大了。

六

浪漫主义者需要行动，对政治有深厚的兴趣，可是，结果必然都失败。原因非常简单，他们只能"感动"人，却不能"统制"人；他们喜欢群众，因为群众看他们是特殊人物。

更进一步，浪漫主义与19世纪社会相冲突。自从1815年后，经济成为一切问题的中心，形成资本主义。工商业的发达，殖民地的扩展，工厂与工人成了社会重要的骨干，文化重量不重质，以大众为归宿，这与浪漫主义的个人思想、自然观念是最不契合的，有时两方处在对立的地位。

雨果（V. Hugo）的政治生活，便是如此。他不满意资产阶级的作风；无产阶级亦不同情他。他对政治有野心，不能把握时代，而又有许多幻梦，盼望贵族与帝王来统治，结果变成是反革命的。

浪漫主义者，在政治上是波动的。他们讥笑自由主义，走向资产阶级的途路，却看不起新富；他们怀有种幻想，同情群众以重人道，却又不能降低优越的享受。叔本华（Schopenhauer）与哈脱华（Hartmann）的悲观思想，所以风靡全欧者便以此，这不只是自我的苦闷，乃是人生的不幸。

这种动向便是文化慢性的自杀，浪漫主义者走至末路，必然失掉生的信念，否定了人的关系，因为悲观的思想配备机械的理论，其结果必然摧毁人的价值，而智慧作用根本消失了。

七

欧洲 19 世纪是一个过渡时代，它的政治与社会表现不定，因而时代思想亦不安。新近史学家毛豪（P. Moreau）先生，论到浪漫主义说："两种矛盾的倾向占据了这五十年（指 19 世纪前半期），孤独的高傲与行动的需要，他们连锁在一起，表现出个性的特殊，世界的统一，这种矛盾在整个 19 世纪没有停止过……"岂止 19 世纪！现在我们仍可看到这种矛盾。希特拉不是在做拿破仑的残梦吗？

第十三章
社会主义的发展

一

18世纪哲学思想，演进到行为上，产生法国大革命。它的精神特点为个人主义与国家主义。这不是矛盾，晚近欧洲一切的演变，无非是个人与集体的斗争。

领导法国大革命的思想者，深信个人与集体兼相并存，因为两者是反旧制度的。1791年6月14日宣布的法令中说："禁止某些职业的人民为他们共同的利益集会，只有个人的利益或普遍的利益。"个人利益须设法保障，法国大革命时代，个人主义充分表现出来，较之罗马内乱时的斗争，尤为剧烈。但是个人主义不能见容于舆论，须加强国家——特别是政府——的权力，始能进行。结果对每个人的经济生活与私人生活，国家干预进来，个人意志的自由，压抑在集体意志之下，多数为一切标准，这是反旧制度产生的新事实，视为最神圣的所有权，逐渐落在国家手中。

法国大革命与社会主义的关系，究竟到何种程度，这个问题不只重要，而且是近代史上最难解决的。法国大革命开始时，是资产阶级与自由主义者所主持，当过激党得势后，竭力发展平等的观念，政府落在小资产阶级的手中。从逻辑上推论，当时革命演进程序，自当到共产主义的路上。但是，历史潜力很强，军事参预其中，对取消所有权的理论，有顽强的反抗，遂中止革命的行程。不只如此，法国与全欧作战，拿破仑扩大军事范围，致使外敌侵入法境，破坏了经济的机构，社会起了质的变化。因为军事问题，拿破仑须时时外出，不能专心政治，而政治便为资产阶级所操纵。这些资产者一方面反旧制度，另一方面又在反社会主义，致使拿破仑失败，路易十七不费特殊力量取得王位。从这方面看，法国大革命系资产阶级为首，首先是政治的，其次始是社会的。

二

社会主义在法国大革命时，虽肇生萌芽，却尚未形成何种力量，原因亦非常显明，普罗的意识未觉醒，组织未形成，特别是环境尚不适宜。我们知道此时机械与工业，草创伊始，尚未取得社会主要地位；经济学与社会学尚无精深的研究使社会主义有理论的根据。那时候经济上时髦的论调，仍然是重农与重商的学派。当时政治家口中习用的"人民"一词，是指农人、工人、小资产者而言，所谓社会主义的革命，实际上是中产阶级的社会主义，而普罗阶级，仅只是资产者利用的工具。这种情形，从1830年到1848年间，非常显明。

利用是非常危险的，资产阶级利用大批普罗阶级，结果普罗阶级意识觉醒，他们看到，解决政治问题，必须解决社会问题。因为政治的平等，应当达到经济的平等。18世纪末，城市生活日艰，革命时的急进派，便想解决此问题，与有钱者作战。1793年后，此种动向更为显著，至洛贝斯彼（Robespierre）失败始停止。虽照事实上无所成就，精神上已受刺激，所有权的原则，已摧毁了。证据是1793年的组织中，有明文规定说："所有权当属于全民享受，有如法律所确定者。"洛贝斯彼的政治平等，逻辑上当达到社会的平等。事实上，这时的革命已到小资产阶级者领导的地步。

小资产阶级的要求，着重在平等，与旧社会特殊阶级，享受同等的待遇；同时也保护他们的资产，急进者对此冷淡，而山党以卢骚理论故，幻想原始的幸福，竭力鼓动。巴背夫（Babeuf）从 1830 年以后，煽动普罗运动，虽未形成政治主潮，他取消所有权的观念却深入无产者的意识内，他的口号是"平等与死"。

三

社会主义由法国革命思想形成，但是，它在社会上的地位，却须得英国的机械与工业赞助。直至 17 世纪，英国仍是个农业国家，虽然它制造许多毛织物与染料，可是它的工人阶级并不特别重要。到伊利沙白时代，荷兰商业衰落，英国逐渐发展，与法国竞争，夺取经济与海上的霸权，从此工商业成了英国政治的命脉。

因为英国的领导者是工商界与银行家，所以远在法国之先，布尔乔的革命已经发生。这次革命经过两次阶段：一是克伦威尔（Cromwell）的共和（1642）；二奥郎基（Orange）组织的君主立宪（1688）。可是英国的这种革命须要保障君主与个人的利益，同时又要保证战争的胜利与国家的统一。为此，英国有民主的需要，却忽视外形，经过短促独裁的时候，仍然演进到君主的制度。

约在 1760 年时，英国生产工具改良，那些改良者不是学者与教授，而是无名的工人。孟都（Mantoux）在其巨著《英国工业革命史》中说："在应用问题前，利用天然的聪明，较深的智识，以解决工业的需要。"生产工具机械化后，最显著的结果有二：第一，工人逐渐增加，人民因而亦增加。在 1690 年，估计英国居民有五百五十万人，其中一百五十万为工商人。迨至 1801 年时，英国与加来的居民，增至八百八十七万三千人，便是说在一世纪间增加了百分之六十。第二，人民集聚在城内，乡村凋零，田园荒芜，如曼却斯脱在 1790 年时，约有五万居民；1801 年有九万五千人，岁增了一半。在郎加斯脱，于

18世纪初，每平方哩仅有二十至四十居民，过一世纪后，增至一百至一百五十人。生产改革后，引起社会最严重的问题，不允许采取冷淡态度，所以社会主义发生在英国，并非偶然的。

自宗教改革后，英国贵族取得教会土地，对农民施以压抑，农民起而反抗，投身至工业界。英国农业潜伏着许多危机，但是，它的封建制度却因而摧毁了。次之，18世纪中叶前，英国工业是分散的与简单的，工人生活尚未改良，常有失业现象。当商业向外发展，取得海外市场，产生近代文化中最特别的东西：机器。

从前是商业推进工业，现在正相反，系机器推动工业，激起暴动。在1796年后，英国工人集合起来摧毁新的生产工具，要求政治与经济的平等，那时革命的口号是"血与面包"。1819年曼却斯脱的惨案，次年伦敦亦发生，都是工人反抗机械的表现。须经过很长的时间，工人始知利用机器可以建立社会主义。

当机器摧毁了旧工业，从经济生活方面看，旧工业的工人受了最大打击。可是机器生产的特殊力量，工厂增多，工人势必随之而增加，其意识亦逐渐觉醒，进一步要求自由与平等，形成社会主义。机器运用后的别一种结果，便是资本主义的产生，形成阶级斗争。所以，英国的社会主义与自由主义是同时降生的。

英国的政治经济，受亚当·斯密、马尔萨斯、李嘉图推动，显然地由重商到工业化的地步。社会主义者利用他们的理论，如瓦拉斯（Robert Wallae）、高德文（William Goldwin）、哈尔（Charles Hall）等，渐次注重阶级斗争，欧文（R. Owen）出，从而集大成，社会主义在英国树立下不拔的基础。

四

社会主义的形成，由于英法两国的思潮。法国的哲学，追求现世的幸福，卢骚平等的主张，无不与社会主义以赞助。而大革命予以一种刺激，不能自止的要求有体系的理论。社会主义要求科学的根据，法国除重农学派外，其时未有真正经济组织。而英国正在工业发展时，给世人许多新资料，社会主义虽不喜欢它，却取之为例，建立科学的理论。马克斯的著作受了亚当·斯密等的影响多而且大。英国工业发展，形成资本主义，而工人问题亦为当时最重要之一，他们指出多少具体事实，绝非往昔陈旧的理论所可解决的。

1848年将社会主义发展史划分作两段。是年以前，由法国思想家领导，如圣西门（St. Simon）、伏利野（Fourier）、路易·白朗（Louis Blanc）、普鲁东（Proudhon），他们是情感的，同时也是浪漫的。自1848之后，截至俄国革命，由德国思想家领导，如马克斯、恩格来与拜贝尔（Bebal），他们是科学的，同时也是唯物的。

法国社会主义的特点，仍是赓续大革命的思想，追求平等，由社会组织变更，使个人幸福永存。法国的理论家如圣西门与普鲁东，皆着重在社会哲学方面，承继18世纪哲人的希望，个体的解放。也便是以此，将世纪痼疾的情绪，人生的烦恼，引入对社会的理论内，从1830年后，如拉马儿丁（Lamartine）、雨果的作品，无不将幻想视为事实，不安为普遍的现象，这是浪漫的，社会主义向前迈进了一步。

自1804年后，法国亦走上工业与机械的途径，社会主义者视生产为社会唯一存在的理由，他们以为合作是必然的方法，以达到各尽所能、各取所需的理想，由是而产生了阶级的斗争，给德国社会主义者树立下很坚固的基础。

直至普鲁东时，法国社会主义者不与"大众"接近，不予以组织，随时有革命的危险。路易·非里扑（Louis Philippe）利用普罗阶级即位，同时也产生了第二次共和。资产阶级知工人的重要，停止对旧制度的攻击，羁縻工人，工人意识觉醒，社会问题变为更重要，而阶级斗争变得分外显明。路易·白朗在1841年说："凡是有资本与生产工具者，不依赖他人，为布尔乔亚；反之，即为平民。"这个平民便是普罗的别名。

五

《资本论》的刊行（1867），使社会主义发展史进入科学的阶段。马克斯憎恶浪漫的社会主义，可是他充分利用法国 18 世纪的思想，同时包括卢骚平等的观念。他久居伦敦，了解英国工业发展及社会问题，他将当时的经济、社会、革命等问题，作了有力的综合。《资本论》内主要的论旨，在阐明：

（一）历史唯物论；

（二）阶级斗争；

（三）劳力为价值；

（四）剩余价值；

（五）资本的增加；

（六）普罗阶级的扩张。

资本主义的社会不能支持，必然到崩溃的地步，其演进方式为革命，有如机械一样，这是必然的现象。马克斯要以事实、数字，用算术的态度，以建立革命；他将人看作是一块"物"的变形，一架自然的机器。马克斯对社会主义的影响，与卢骚对法国大革命是一样的。

马克斯视社会主义为经济的理论；但是，自马克斯之后，范围扩大，无不有他的袭击。马克斯主义是社会主义的哲学，物质是人类最后的归宿，在他们看来，这不只是真理，而且是信仰的对象。

当社会主义有科学理论根据后，便开始组织工人，在 1866 年，国际工会成立。巴塞尔（Basel）代表大会（1869 年），向旧社会宣称："社会自有权利废止土地所有权，而土地应归公有。"这已是 1917 年俄国革命的先声。

自是以后，社会主义的演变，形成两大类：一类是行动的，以列宁为代表，配备俄国民族的特殊性，推倒俄国旧政治，开历史上未有的局面。另一类为理论的，德国学者主张工业任其自由发展，各阶级间怨恨愈深,当今问题,不在创造财富,而在分配财富,故社会问题之中心,乃在有合理的法律解决。还有一种理论,在要求工业的自由,劳资关系,应任其自然,国家不得干涉,因为社会问题的实质乃一经济问题。

社会主义是欧洲文化中奇突的一页,从这种学术发生后,文化的动向亦改变面目。就最显著者言,俄国今日的教育、艺术、文学,均须以新事件来研究,其重要性,正不亚于机械的发明。这种运动的正确与否,不是理论问题,而是事实问题。各国有它自己的环境、历史与背景,绝对不能将人家的理论当作自己的真理。

第十四章
近代欧洲文化与机械

一

近代欧洲文化的特征，在它惊人的机械，控制人与自然。深究它之所以形成，无异议的是纯粹科学；因为它搅乱了固有的经济生活，使人更感到它的重要。

从机械发明后，我们看知识领域扩大，变得更为丰富，显微镜与X光，它们揭开多少自然的秘密！旧时的"关系"，介乎人与人、人与物之间，渐次在无止境中变化。而这个"变化"，配备着最高的速度，在人心上搅起一种恐惧与神秘的情绪。

许多新事物中表现出人类智慧之可贵，由观察以假设，借数学以齐物，从那伟大与无穷的自然中，发现了无穷的知识。倍根说："知识是我们能力的权衡"，结果将自然所有的活动，人也在内，归纳到知识体系中。体系是一种组织，那里边含有经济作用，结果知识的目的不是求真，而是求用了。

因为能满足人的需要，有用变为一切价值的标准，形成机械文化的特点，影响到整个欧洲近代的思想。便是艺术，如果不以应用为目的，便有被淘汰的危险，失掉生存的意义。假如追想到古代来斯鲍斯（Lesbos）岛上，于夕阳将落时，橄榄树下的舞蹈，或者中古时代，朝山路上盲诗人的歌咏，叙述英雄美人奇幻的冒险，这些事都使人感到一种快乐，却是没有用的。在现在的环境内，再不允许有那种奢侈的生活，而每个人确实也没有这种心情了。所以，从任何方面看，机械文化与经济作用的配合，是近代欧洲文化的特征。以最快与最贱构成的资本主义，任你恨，它都有存在的理由；至极，也只能改头换面而已。

二

构成机械文化的基础，第一是那种抽象的数理精神，第二是经济的组织。这两种精神，运用到自然上，形成辉煌的胜利，同时也付了很大的牺牲。

欧人数理精神，以纯逻辑方式，用因果律的演变，说明整个自然。当人类知识发展时，仰视天星丽于天，究其运行，取得惊人的胜利。继而由天文降至人类自身，与军事、商业、农业、建筑相配备，数学为最利的武器，支配人类与人类生活，如埃及、巴比伦、腓尼斯、亚述等古国，无不重视数学，不只是应用，而且视知识为人类的目的，其本身拥有无限的价值。

也如其他实验科学一样，数学与实物接触，始能发展，只有希腊人利用经验与应用，将数学看作是求真的工具。希腊人精于知识的分类，认为物质有"量"与"质"的区别，他们深知数学是唯一说明感觉世界的变化。我们知道欧克利（Euclide）的数学，自有应用的地方，但是这种应用是次要的，其重要的目的，乃在训练思维，使之正确，趋向自由之路。

希腊视科学主要的目的，在培养思想，柏拉图是最好的证例。他重视数学，因为数学是由现实到理想最好的路径，它是抽象的。所以，没有应用的目的，纯粹科学知识的发展，是何等困难，而其成就又是何等伟大。

数学是一切知识的基础，只有纯粹数学，在森罗万象的自然前，可以了解自然的变化。这种冷静对自然的态度，不杂有任何情感，是违犯人性的，而这种纯科学的知识，尽管它深奥，亦只是荒山中的宝石，没有价值的。为此，知识愈发达，自然奥妙彩色愈降低，而科学知识愈接近应用的道路。这加重了数学的重要，同时发动了控制自然的欲望。虽说这是科学发展后的结果，但是这个结果是必然的。

三

数学建立起人与物的关系，其态度与方式完全是新的。物是自然的变形，以数学理解自然的究竟，即自然必然失其"质"与"量"，如形象、数目与运动。只有用这种抽象的方法，自然始可成为数学的对象，取得正确的知识。它不是形而上的，它是自然的与物理的，亚里士多德便是采取这种态度。欧洲人以知识为智慧最高的创造，自然随即变为生活的中心，从而将自然视为"死物"，失掉它的生命。

西方古代的文化对自然持有不同的态度：有的看它有种魔术，具有奇幻的能力；有的将人生与自然相混，人的发展与自然完全一样；有的看自然具有人性，善恶兼有支配着宇宙；更有的视自然为神的最高作品。这些解释，各以经验与感觉为基础，虽说法不同，但都是视自然有生命的。

将自然视为没有生命，是纯数理发展的结果，完全是近代的一种新精神。中古时代的思想者，如亚克利巴（Agrippa）与加得拿斯（Cardnus）视自然有种活力，它是有机的，同时也是无机的。士林哲人派（Scholastiques）视自然有种意志，日月山川，草木鸟兽，无不有它的定则，正如人当皈依上帝一样的。所以，士林哲学中论运动，不是盲目的作用，而有一定的目的。自从牛顿之后，人们竭力着重数学，认为一切只有数学始能解释，运动仅只是变更空间而已。

理智与经验受数学精神的训练，逐渐改变旧有的观念，"生命"与"灵魂"等概念摒绝到自然科学之外，从此自然受数学无情的控制，走到精密组织的狭路上，而人也逐渐罗入组织自然中。因为人不是万物之灵，而是自然的一部分，同受数学定律来支配。当文艺复兴时，西方人狂烈地探讨自然，他们如何重视数学！文西说："数与量是控制自然的基础。"哥白尼说："真不是外形的，而是逻辑思想演用到自然现象中。"而加利来说得更清楚："自然这部书是由数学写成的；事物的真相是由形、数、运动而得。"

这种致知的方式，如果只用于无机物中，自无可言；可是知识以精确为贵，只有数学始能达到；于是有机物与无机物等亦以数理来衡量。这样，他们处理心理现象与社会现象，同天体运行、潮汐涨落一样，可以用数字表现出来。这便是为什么统计成了近代知识的基础。

文艺复兴后，无论是谁，只要与学术接近，都须要对数学有精深的了解。哲人笛卡儿是一位数学家，他看从数学所得的知识，始有真正的价值。别一个哲人巴斯加尔，他对数学有伟大贡献，如何注重几何学，因为几何便是分析的别名。斯宾诺莎（Spinoza）运用数学态度，解释心理、伦理与形而上学，他最重要的作品，题为：*Ethica Ordine Geometrico Demonstrata*（《伦理学》）。

这种解释是不能持久的，18 与 19 世纪的思想家，以因果关系解释自然，产生了机械论。他们虽将世界分之为物理的与生命的，可是同为"力"来支配是一样的。自卫是生物的本能作用，所以自我中心的思想是机械的，历史与社会，有如个体一样，也是在"竞争"的演变，它是机械的，同时藏有一种"力"的因素。

四

这种机械论以力为后盾，必将发生一逻辑的结果：个体为集体所消灭。从人言，人变为物的象征；从社会言，只有大众而没有个体，在此所重者为量而不是质，因为适用是必然的法则。再往深看，我们发现近代决定一切问题的经济，它与数学精神配合，控制西方人的生活，情感是第一个牺牲者。宇宙是一个死体，它只有按照物理作用分化好了。

科学技术进步，使人与自然的关系改变，而人原有的力量，逐渐降低。信仰、情感、偶然……被人讥笑，语之为反科学与封建的，而人类行为，受因果律支配，遗传与环境，亦可用数学表出，外力支配行为，其法则是数学的，完全是绝对的，而内在的生命力——如精神作用——逐渐从自然概念中消失了。欧洲学者眼中，无论是有机物，还是无机物，完全是没有生命的，生命是神秘的别名。

以机械统制自然，而日常生活亦由机械完成，除实用外，对人已失掉信仰，这是西人近代控制自然所付的代价。就事实论，人与自然相较，其力甚微，他控制的范围亦仍有限，所以，纯数理方法，绝不能解释思想与人生的本质，这是不可否认的事实。自相对论发明后，使几何失掉它正确的价值，可是机械日益进步，显着伟力，而数学的重要，仍然统制了欧洲的精神，这是它文化上最大的成就，所付的代价也很重。

五

佛罗郎斯国家博物院中，藏有文艺复兴时米该郎的一尊雕像，题为"胜利者"。雕像为一位美而健壮的青年，膝下压着一个奴隶，头向前伸，有似一条耕牛。这位英俊的少年，举起他强有力的臂膀，正要打时，他停止了，脸向后转，表现出厌憎、疲倦、无可奈何的神气，他胜利，他却失败了。罗曼·罗兰（R. Rolland）曾以此解释这位雕刻大师的生活，我们拿他象征近代欧洲的机械文化。

第十五章
结　论

欧洲文化将来的演变，我们不能妄加推测。从我们的研究上，所可言者有三：第一，必须恢复"人"的正常概念，绝对不能视为是"物"的象征；第二，必须与历史衔接，恢复欧洲统一的精神；第三，绝对不能以政治解决社会问题，重犯法国革命的错误。

20世纪谈"和平"与"国际"是最热闹的，可是它的开始便是战争。国家独裁的观念，被视为最平常的事实。欧洲人利用的机械的工具，经济的组织，不特搅乱了人与物的平衡，并且毁灭了人与人的关系，这是个人主义与唯物思想应有的结果，而也是这次战争的原因。

现在欧洲的英雄们，并不比拿破仑进步。拿破仑说"两年之后，我始生存"，因为倘有一事未做完，一地未征服时，他不相信自己的存在。这样"我"是一切的总名，凡碍"我"的"自由"发展者，必须予以粉碎；从我的满足后，始有真正的和平。证诸现在欧洲的事实，和平是欺骗愚人的美名。达尔文的物竞天择，俾斯麦的铁血主义，谁能说这些理论内不是根绝和平的萌芽！我们要绝对认清楚，这不是科学的过错，并且这是反科学的。

从欧洲历史言，希腊对人的认识，罗马公平的法律，基督教博爱的精神，都是极可宝贵的遗产；如果欧洲人不加以发扬，与机械科学文化配合，创造新的精神，则欧洲文化将进入绝灭的阶段。我们毕竟相信斗争不是一个国家与民族的目的，只要看近二十五年欧洲的历史，即知欧洲尚不能做到"交相利"，更毋论"兼相爱"了。

我们看欧洲所走的途路，绝对不能起任何幻想，如复古运动便可补救它的缺陷。我们深知道任何复古是不可能的，因为时间改变，环境易形，而文化的"质"不同了。爱哈斯姆、马丁·路德都不是复古吗？其结果只促成革命加速度的发展，产生了个人主义与人道主义。后者是虚幻的，是基于情感的冲动，强暴者的遁词而已。我们不是刻薄人，我们是说"人道"一词内，仍然是含有浓厚自我的思想，多少人视殖民地不是在拿人道做一种掩护吗？在优越的地位下，始能言人道，这是不是一种个人主义？

欧洲最紧要的问题是经济与经济所引起的问题，他们要造成许多特殊的局面，不能推诚合作，摧毁了自然的秩序——奥古斯丁说："和平是秩序的安宁。"尽管物质繁荣，工具进步，可是"人性"永远是那样的。它"既不是天使，也不是禽兽"，它有生命，其价值相等，而且是不受时间、空间所限制的。我们古人释人："人者，仁也。"其意即此。欧洲人受过这次惨痛，我们深信必然会有觉悟，但是觉悟不是忏悔，须要认识他们的时代已死，有勇气接受新时代的降生：首先要"兼相爱"，必然收到"交相利"的效果。我们期待着这个新时代的降生，那才是真正的 20 世纪。

> 阎宗临著《欧洲文化史论要》，文化供应社 1944 年在广西出版，1948 年上海再版。部分章节先在《建设研究》杂志上发表。

巴斯加尔传略

第一
巴斯加尔思想发生的历史条件

一

今年是巴斯加尔（1623—1662）逝世的三百周年。世界和平理事会决定纪念他，以表彰他对科学与文化的各种贡献，这是十分有意义的。为了理解这位法国的世界文化名人，我们首先应该了解他思想发生的历史条件。

人们提到法国 17 世纪，总是把笛卡儿与巴斯加尔联系在一起的。他们像两座灯塔，照耀着法国的古典文化，他们同是反封建的，对资本主义初期的发展起了促进的作用。

巴斯加尔的家庭是普通的公务人员，家道小康，没有什么特殊的社会地位。巴斯加尔的天资十分聪慧，意外地早熟，有惊人的成就。十二岁独自发明了几何学上的基本原理；十六岁发表了圆锥截形论，引起全欧洲数学界的重视；二十岁创造成数学计算机，减轻计算工作的辛苦；二十四岁研究真空，验证了多利柴利关于空气压力的假设。他同名数学家伏尔玛长久通讯，奠定了或然计算率的原理。继后与任塞尼派接触，住到乡间皇港修道院，过着极简朴的生活。于 1656 年，因为与耶稣会争论，写出《与乡人之书》，开了普通人议论神学问题的先例，起了反宗教的作用。巴斯加尔一生体弱多病，常在苦痛之中，在 1662 年，年仅三十九岁便与世永别了。在死的前几年，他常好沉思默想，记录下闪光似的片断思想。1670 年，经皇港朋友们的整理，题为《思想集》，出版了这部未完成的作品，树立起法国散文的典范。

巴斯加尔是法国资本主义形成过程中的知识分子。他是一位科学工作者，观察事物，分析现象，一切是从怀疑态度出发的。他重视经验，在那封建意识笼罩的时代，起着进步的作用。但是，他受时代的限制，传统势力的影响，他的思想中有浓厚的唯心因素。

二

巴斯加尔的时代，法国仍是受封建残余势力的统治。可是在城市中，市民阶级开始掌握生产资料，有了资本主义的萌芽，但其发展是十分缓慢的。

17 世纪，法国尚未真正统一，经济却发生了重要的变化。封建行会制度解体后，新兴的企业主们感到发展的困难，要求废除不合理的制度。地方封建割据仍是严重的，各地设立关卡，货物运输十分困难。由洛昂到巴黎距离很近，却征收赋税十五次；由奥尔良到南特，征收到二十八次之多。城市有产者支持君主政治的理由，便是为了扫除封建的障碍。

17 世纪初期，在亨利第四统治的时候，法国已是一个君主集权的国家。当时，国内外的形势对法国是十分有利的。西班牙与奥国，由于长期战争，过度耗费人力与物力，使国家处于衰弱的境地。荷兰与英国向海外扩张，无暇顾及欧洲大陆。法国是一个农业国家，确立君主政权后，执行反贵族统治与封建割据的政策，城市工商业得到发展，法国的国民经济有繁荣的景象。

亨利第四统治的十六年间（1594—1610），积极发展工商业，开始了新经济的动向。法国建立呢绒丝织物工场，实行保护关税政策，奖励农作物，积极向加拿大发展，设立东印度公司，这些经济措施，有利于资本主义的形成。路易十三时代（1610—1643），惠石里继续执行亨利第四的政策，保护工商业的发展，占据加拿大的新法兰西，不断地向海外移民。国王经营带有特权的工场，给企业主们带来很大的利润。路易十四继位（1643—1715），年岁尚幼，政权为马萨朗所掌握，继续执行发展工商业、坚决反对贵族的政策。科尔培掌握财政，为人精明能干，协助搜括黄金，劫夺土地，并允许有产者创设工场，设立商业公司，猛烈地破坏了行会制度。有名的亚眠工场，专织军用布匹，规模宏大，有五千多工人。这时候法国的经济虽不及荷兰与英国进展得快，毫无疑问却是向资本主义过渡了。

三

16世纪末，法国君主政权的加强是政治上的特点。当封建贵族趋于衰亡，资产阶级开始形成的过程中，贵族与市民双方势均力敌，斗争无已，君主制度便是这两种势力妥协的表现。君主制度是封建国家的一种形式。可是17世纪的法国的君主制度，在某种程度上，却起了保护资产阶级初期发展的作用，同时促进了工商业的繁荣，扫清了封建的障碍。惠石里建议路易十三，赐予商业家某些特权，以示优待。法国变为一个强大的国家，伏尔泰以"路易十四"与"17世纪"为同意语是有深刻的含义的。工商业者需要有强大的国家，有力的君主，执行关税保护政策，不使荷兰与英国危害本国工商业的成长。

17世纪君主政权的加强，积极执行反封建贵族的割据，以保护海外的安全，维持国内的治安，这是新兴的工商业者所迫切需要的。惠石里与马萨朗两人在政治上重要的措施，最可称赞的是反贵族的割据。对玛琍皇后、奥尔良的客斯顿、蒙摩朗西公爵、投石党运动等，经过残酷的斗争，始镇压了封建贵族的割据。当时新兴的资产阶级要求有一种合理的社会制度。封建贵族的特权是不平等的，因而也就是不合理的。巴斯加尔反对贵族的特权，他以讽刺的语调说："贵族得到多么多的便宜。十八岁的贵族已成名，受到人的尊重，别人也许到五十岁，始能达到。贵族没有费什么力量已赢了三十年！"君主政治的确立是法国17世纪的要求，其发展形成了君主专政，即路易十四的"朕即国家"。路易十四是一个封建统治者，醉心于富丽的宴乐，豪华的宫殿。事实上他的继承者将为前进的人民所推翻。

四

君主政治的发展使财政感受到困难，宫廷的开支，军队与外交的需要，每年国家要支付大量的金钱。只有增加捐税，始能弥补财政上的亏空。惠石里执政时期，只人头税一项便增长了四倍[①]。农民借债纳税，包税者将利息附加在土地上，称为"指定地租"。承包捐税者为官绅与资本家，利润丰厚，任用的许多税吏，真是横征暴敛，欺压人民，其苦痛是十分惨重的。拉封登叙述樵夫时说："生活有什么乐趣呢？谁能像我这样的苦痛？妻子、儿女、军队强迫我工作，我从来没有自由生活过……"[②] 这是当时劳动人民的实况，因而常掀起人民的暴动，反对陷害他们于破产境地的君主政治。

17世纪的前半期，法国各地发生了多次的暴动。1637年，诺曼底农民掀起暴动，杀死税吏。政府看到事态严重，派了四千多军队始镇压下去。1639年，法国各地发生"赤足者"起义，很快传播开，震撼了法国政府，经久始"平定"下来。1648年，巴黎发生投石党运动。议会向国王提出要求，凡增加赋税，事先必须取得议会的同意。法国议会与英国不同，英国的议会为代议机构，而法国的议会却是法院。法国有产者购买议员位置，形成一种强大的力量，组织军队与国王对抗。他们武装市民，图谋夺取政权。有些地方农民行动起来，响应投石党的运动。

[①] 1610年的人头税平均为1150万里勿尔。到1643年便达到4400万里勿尔。
[②] 拉封登：《寓言中的樵夫》。

但是，新兴的有产者是软弱的，充分表现出他们的两面性。当他们看到人民行动起来后，又恐惧人民。他们即刻与贵族妥协，反对革命，拥护君主政权。这并不奇怪，因为资产阶级是从封建经济制度内发展起来的。新兴的有产者与贵族虽有矛盾，在拥护君主政权这一点上，却是一致的。正因为如此，17世纪40年代，法国仍有强大的封建残余势力，君主政权又延续了一百四十多年。

法国是一个农业为主的国家，在巴斯加尔少年时期，天灾与瘟疫给人民带来许多苦痛。1636年是灾年，只能下种，却不能收获。1637年，又是特大灾年，一个职员写道："人们吃园子里和田间的杂草。……死牲畜为极珍贵的东西。路上躺着许多垂死的人……有卖人肉者。"也是在1636年，政府军队侵入布尔告尼后发生了瘟疫，居民死亡甚多。经过调查，"只在伏拉西一村内，死亡男女老幼一百六十人，留下的还不到二十人"[①]。路易十四时代，因投石党引起的内战，"在洛昂发生瘟疫，一年内死了一万七千多人"[②]。因为有这些情况，法国的精神动向走上享乐与悲观的道路，给巴斯加尔少年时期留下深刻的印象。

五

17世纪法国的反封建者，有许多主张是空想的，带有宗教的色彩。他们常以宗教家的姿态出现，进行宗教改革运动。任塞尼派的发生与发展，反映了群众的愿望，以期有一种较好的社会风尚。这便是巴斯加尔参加任塞尼派的理由，这一活动占据了他的晚年生活。

从16世纪起，法国传统的信仰动摇了。1598年，亨利第四颁布的"南特敕令"，规定天主教为国教，胡格诺派有信仰的自由，这是破天荒的大事，也是长久宗教斗争的结果。

---

① 鲁朴奈尔：《十七世纪第戎城市与乡间的居民》。
② 佛伊：《投石党时期的苦难》。

17世纪初，法国人口有一千五百多万。根据1626年的回忆录，法国有一百个教区，一千四百多修道院，一万三千二百多小修道院，六百六十七所女修道院，这些数字是十分惊人的。[①]教会有广大的土地，大量的财富，却不重视教育，僧侣们几乎都是愚昧无知，过着腐朽的生活。圣西兰为任塞尼派的中坚人物，他曾感慨地说："自从五六百年以来，教会是一片烂泥滩。"[②]17世纪初期的群众，对宗教是淡漠的。1618年，巴都的群众对新旧教都不相信。法国新起的知识分子，感于贵族生活的腐化，僧侣道德的堕落，为了复兴宗教，企图恢复原始的基督教。任塞尼派正是在这样的思想基础上建立起来的。任塞尼派是禁欲思想的发展，其目的在表彰道德生活的伟大，它的理论是与加尔文派相类似的。为此，耶稣会刻薄他们，称之为"加尔文主义的再沸腾"。

17世纪前半期，任塞尼派在法国的发展，吸引了许多知识分子，巴斯加尔即为其中之一。任塞尼派否认意志自由的理论，含有宿命论的成分。这种宿命论的思想反映出当时企业主们的认识，他们认为工商业上的成功与破产，不决定于个人的能力，而决定于客观的各种情况。否定主观能动性的力量，当然成为机械的宿命论了。

任塞尼派与代表政府的耶稣会处于对立的地位，双方的矛盾是十分尖锐的。1638年，任塞尼派遭遇到不幸。领导皇港修道院的圣西兰为法国政府逮捕。惠石里说："圣西兰比六支军队还危险。"从此开始了对任塞尼派的压迫，一直延续了七十多年。

任塞尼派与耶稣会的斗争，表面上是宗教理论的分歧，实质上是对思想领导权的争夺。当1656年双方斗争剧烈的时候，巴斯加尔发表《与乡人之书》，揭露耶稣会道德的腐化。在政府的压迫下，任塞尼派是失败了；在社会舆论前却得到意外的成功。在执政者马萨朗的心

---

① 阿维奈尔：《惠石里与君主专制政府》。
② 马来：《十七与十八世纪史》。

目中，任塞尼派是宗教的异端，也是政治上的强敌，因为任塞尼派与其政敌雷池是有联系的，1660年，经国家法庭审判，刑警焚烧了《与乡人之书》，封闭皇港修道院及所办的学校。便在这样的暴风雨中，巴斯加尔去世了。但是，斗争继续到1710年。任塞尼派尽管为君主专制政府所不容，对法国17世纪的影响却是十分巨大的。

六

17世纪新兴的资产阶级迫切需要科学，不再求助于宗教了。自然科学的成就，可以促进工商业的发展，如远程的航海，殖民地的开拓，决定于科学技术的改进。如何提高天文、物理、机械等学科的水平，成为先进知识分子的中心问题。17世纪前半期，刻普勒、伽利略、多利柴利等在科学上的贡献，给新时代带来强烈的信念：社会制度是可以改变的。

巴斯加尔是这时期的杰出人物。在科学与文学上都有出色的贡献。在这个过渡时期，他表达了资产阶级的意图，促进了资产阶级的形成。尽管如此，在他的思想上仍脱离不了唯心的观点，但是，巴斯加尔善于观察事物的变化，分析变化的原因，他在科学上的成就，对当时科学技术发展起了积极的作用。

巴斯加尔是一位实行者，一生在疾病与苦痛之中。他受到历史条件的限制，常与他的环境做斗争，更强烈地与自己做斗争。因之，他的作品与他的生活是分不开的。我们试从他的生活中，进一步了解他的作品。

第二
少年时期的巴斯加尔

于1623年6月19日[①]，布来斯·巴斯加尔生在法国乌勿尼省的克来蒙城。

这座古城的位置在倾斜的山下，苍黑的屋顶耸入天空。街道曲折而狭窄，起伏不平，有许多精致的水泉。气候变化较为剧烈，冬天严寒，夏天却很炎热。当春天来到的时候，旅人越过多尔山，可看见古城的周近，有许多栗子树、胡桃树，间杂着嫩绿的大麦。这种景象与四十多个火山遗迹相映照，形成一种壮丽的景色，唤起一种强烈矛盾的感觉。

克来蒙古城是爱国史学家克来古来（538—594）的故乡，他著有《佛朗王国史》，为研究墨罗温王朝重要的史料，反映了西罗马帝国崩溃后，封建制度开始形成的实况。克来蒙古城也是十字军侵略战争发动的地方。十一世纪末，法国封建势力达到强大的时期，教皇乌尔班第二于1095年秋，在克来蒙召开了人数众多的会议，借着向"异教徒"的战争，可以征收大量的捐税，掠夺东方的财富。这种不义的战争，经历了一百七十多年。

[①] 关于巴斯加尔出生的日期，有两种说法：一种是6月19日，是他出世的日期；一种是6月27日，是在教堂登记的日期。

克来蒙是一座老而更老、新而更新的城市，充满了热烈与战斗的精神。巴斯加尔秉受着这样自然与历史环境的影响，一直生活到1631年，培育了狂热的心情和战斗的活力。锐豪说巴斯加尔具有"火山般的天才"。

巴斯加尔的家庭是古老封建的，受到地方上的敬重。从路易十一时代（1461—1483）起，便定居在克来蒙。他的曾祖父若望·巴斯加尔，以经商为业，为人十分正直。祖父马丁·巴斯加尔曾为克来蒙的税吏，继后做了里奥姆地方的会计。父亲爱基纳·巴斯加尔，生于1588年，系兄弟十人中的最长者，承受了法国传统的教育，爱体面，能吃苦，兴趣多端，特别长于数学。当巴斯加尔出世的时候，爱基纳为乌勿尼省的议员，为人勤慎，善于经营，累积了约有六十万佛郎的资产[①]。他关心子女的教育、爱好工作，在洛昂时，他写道："有四个月了，只有六次不在夜间两点钟后睡觉。"1614年，爱基纳与安朵奈特·拜贡女士结婚。

巴斯加尔的母亲仪表很庄严，虔诚而仁慈，言谈间表现出高贵的风度。巴斯加尔的外祖父维克多·拜贡，亦以经商为业，有作为，很早便住在克来蒙，逐步发展，1606年被举为地方的职官。可是不幸得很，巴斯加尔的母亲在他三岁时便去世了。

巴斯加尔的家庭没有封建贵族的色彩，却有古老传统的风味，自认为是有教养的。在封建社会解体的时候，巴斯加尔的家庭属于市民有产者的类型，有进步与软弱的两种性质，经常摇摆不定，很容易与传统势力妥协。

巴斯加尔有比他大三岁的姐姐锐白尔（1620—1687），长得十分大方。1641年，嫁给她表兄佛罗朗·拜里伊，系克来蒙福利委员会的委员。又有比他小两岁的妹妹杰克林纳（1625—1661），贤而多慧，性格十分顽强，到二十六岁上，便入皇港女修道院出家了。

---

① 保略拜尔：《巴斯加尔及其在洛昂的家庭》。

巴斯加尔有中常的身材，体质多病，他说："自从十岁以来，每日在苦痛之中。"从尚白尼（1602—1674）绘的像来看，巴斯加尔发长而乱，额宽，鼻高，腮瘦，面色苍白，却表现出沉思的神态[1]。他有特殊的记忆力，爱分析复杂的现象，忘我地工作，当他制造数学计算机时，因工作过度，损伤了他的健康。

17世纪初，法国经过胡格诺战争（1562—1598）后，知识分子的思想意识起了深刻的变化。对中世纪的传统事物，常以怀疑的精神，分析研究，以发挥理性的作用。巴斯加尔从幼年时候起，接受了新的时代精神，锐白尔回忆她弟弟巴斯加尔的幼年说："只能接受他（指巴斯加尔）所认为是正确的，如果别人不给他说出充足的理由，他自己去寻找，一直到满足而后止。他做其他事情也是如此。"

事实正是这样。巴斯加尔十一岁时，有人在厨房内用刀敲击磁盘，发出声音。可是，当人将手放在盘边，声音便立刻停止了。他看到这种现象，始而惊奇，继而探索，寻找其中的原因，终于得到声学上震动的理论。

不仅只此，当笛卡儿（1596—1650）与其父争论数学问题时，巴斯加尔虽然年岁尚幼，却已懂得争论的原则，在数学与物理学上，应该如何去实证。巴斯加尔认为争论最高的原则是思想与事实的符合，而不是思想与精神的符合。也只有这样，事物的真相始能显示出来。巴斯加尔写给数学家巴伊的信，也重复了这种意念。他说："只能判断显明的事实，禁止承认不显明的事实。出乎这句格言外，人们是不会获得真理的。便是在这样恰如其分的当中，你胜利地生活着，寄托着你的幸福。"[2]

巴斯加尔的母亲去世后，他父亲爱基纳辞脱乌勿尼省议员的职务，带着他的三个儿女，移居到巴黎，专心培育他的子女。他决定在

---

[1] 关于巴斯加尔的相貌，有四种材料：一为名画家尚白尼所绘的，二为多玛特以红铅笔在书皮上所绘的，三为爱德林克的铜版像，四为巴斯加尔死后脱下的石膏像。
[2] 《巴斯加尔全集》第3卷。

巴斯加尔十二岁前，不让他学习希腊文与拉丁文；十六岁前，不让他学习数学。但是，爱基纳深知巴斯加尔有数学的天资与爱好，为了不影响学好语文，不在他面前谈论数学问题，并将数学书籍隐藏起来。

锐白尔写的《巴斯加尔传》中，叙述了这样一件事情：有一天，巴斯加尔问他父亲，什么是几何学？如何学习几何学？他父亲回答，一般说，几何是作图正确的一种方法。介乎这些图与图之间，寻找它们相互的正确比例。接着不让他再往下追问，并且劝他不要去思索。但是，关于几何学的几句话，启发了巴斯加尔的思想。他回到别的房间内，用炭在地板上画图。将线叫作"棍"，将圆叫作"圈"，自己创造了些定理，独自发现了欧几里德几何中的定理。他父亲看不见他，到各处去寻找。及至到了这间房内，看到巴斯加尔正在地板上计算。他父亲问他做什么，巴斯加尔恐惧地说明棍与圈的事。爱基纳深为感动，一言未发，跑到他朋友巴伊的家中，含着眼泪说："你知道我多么关心孩子的教育，不让他学习几何，生怕妨碍了其他的功课，谁想他独自发明了几何学。"这时候，巴斯加尔仅只十二岁。

几年后，青年锐白尔已担任家庭的任务，管理弟弟妹妹的生活。1641年，她二十一岁了，与她表兄拜里伊结婚，过着极为简朴的生活，受到克来蒙居民的敬重。伏来西野回忆乌勿尼省时，曾提到锐白尔，说她是最合理的人。她女儿马克利特也写道："自从两三岁以后，我没有带过金银的装饰品，也没有在发上结过丝条与花带。"

杰克林纳别具一种风格。锐白尔说她妹妹从会说话时起，即表现出意外的聪明。杰克林纳爱诗，喜欢诗韵的节奏。在初认字的时候，她问锐白尔："什么时候你教我读诗呢？你让我念些诗吧，我能做出你要我所做的功课。"当古赞研究杰克林纳时，说她在八岁上曾作过一本五幕的喜剧，系同桑岛夫人的女儿合写的。儿童的剧本引起了巴黎文坛的重视。[①] 杰克林纳十三岁时出版了她的诗集，受到名剧作家高奈依

---

① 古赞：《杰克林纳·巴斯加尔》。

的推重。她的诗很自然，不修饰，得过1638年诗的特等奖金，她不肯出席受奖，只好由高奈依代表她向大会致谢。也是在这一年，杰克林纳同桑岛夫人的女儿，在惠石里面前，表演过喜剧《专制的爱情》，获得意外的成功。

爱基纳在巴黎的物质生活是简朴的，精神生活却是丰富的。他有许多科学界的朋友，经常在家中讨论，这已打破教会垄断科学的藩篱。有时，他带着巴斯加尔去麦尔斯纳家中，听科学上的专题报告。经常遇到鲁白瓦尔、巴伊、加尔加维、哈尔地等。巴斯加尔从少年时候起，就了解到欧洲科学发展的情况，这对他的知识成长起了很重要的作用。他们尊重培根，但是对伽利略更为尊重。这是一个学术开始繁荣的时期，1637年，笛卡儿发表他的《方法论》，得到欧洲学者们的赞赏，巴斯加尔只有十四岁，已能理解笛卡儿的论证。

巴斯加尔语言的知识是丰富的，他能用希腊文与拉丁文写作，又懂得意大利文。巴斯加尔并不重视文学，也没有系统地研究过那种专门学问，掌握大量的资料。但是，他善于独立思考，能从实际出发，提出不可推翻的论证。

1639年，巴斯加尔十六岁了。爱基纳接受惠石里的任命，充任诺曼底省的总监察官，巴斯加尔全家移居在洛昂城，这是一次重要的变化。这年，诺曼底省的农民掀起暴动，社会经济受到严重的破坏，产生了尖锐的阶级斗争。"赤足者"与政府的斗争虽未获得胜利，却给诺曼底的社会留下阴暗的景象。巴斯加尔青年的心理上，并不理解这种变化的实质，却感到问题的严重，他认为是社会道德的堕落，这同他以后接近任塞尼派是有密切关系的。

第三
巴斯加尔的科学工作

　　16世纪的欧洲，经过地理的发现，宗教改革，它的社会变化是剧烈的。封建贵族的统治被市民阶级代替，最初出现于荷兰，继后实现于英国。这种新的力量是十分强大的，却不为法国统治者所理解，惠石里与马萨朗的政策，实质上还是维护君主政权，即旧政权的赓续。但是，对中世纪所形成的各种概念，引起新兴知识分子的怀疑，因为这些概念逐渐丧失了现实意义。如何理解自然，如何了解社会，什么是理智，什么是道德，这些问题经常使人感到困惑。所以蒙达尼自问："我懂得什么？"笛卡儿经过长期的研究后，始知"我思故我在"。巴斯加尔不断地沉思默想，最后认识到："我是可恨的！"纵使如此困惑，可是这些杰出的思想家们有种雄心壮志，企图从实际出发，不再为经院学派所纠缠了。

　　中世纪一切以宗教为中心，虽然经过宗教改革，到17世纪依旧占重要的地位，可是那种精神上的独裁，却被击破了。由于资本主义的发生，对远程的航行，采矿冶铁的需要，科学技术的提高成为发展生产的决定条件。自然科学再不是好奇，而是要解决现实问题。所以科学工作者不断地实验，寻找规律，形成了时代的精神。1666年，法国国家自然科学学会的成立标志着这种伟大的精神。

17世纪初，亚里士多德学派，代表传统，为政府所支持，仍居学术界重要的地位。他们的科学工作中仍含有迷信，脱离现实的需要。瓦尼尼倡导无神论，主张事物的和谐，被视为异端，于1610年焚死在杜鲁斯，为他的主张殉道了。培根重视经验，用分析方法，探究事物的实质。1620年，培根发表《新工具》，给予新的科学分类，置自然科学于首要的地位。当时最伟大的科学家为伽利略，不顾教会的摧残，坚持哥白尼的理论。在欧洲，这真是一个科学上百花初放的时代，哈维宣布血液的循环，笛卡儿建立解析几何，伽桑狄传播唯物思想。便在这样科学发展的时候，十六岁的巴斯加尔开始了他的科学工作。

封德奈尔写道："研究哲学的兴趣很普遍地发展起来。在这些学者之间，很愿意交换他们的意见。有五十多年了，在巴黎麦尔斯纳的家里，联系着一批欧洲知名的学者：伽桑狄、笛卡儿、霍布士、鲁白瓦尔、巴斯加尔父子、李仑德尔，还有别人也常去他那里。他们经常研究数学问题，做某些实验，从来没有见过那样关心科学，把几何与物理结合起来。"[①] 巴斯加尔受到这样环境的影响，发明了"圆锥截形"的理论，便是说复杂的图形是简单图形的结合。

1640年，巴斯加尔写成"圆锥截形"论文，麦尔斯纳十分重视少年科学家惊人的创造，将论文就正于笛卡儿，笛卡儿却不敢置信，认为抄袭了笛沙尔克的理论。巴斯加尔对此深为恼怒，他说："在这方面，我承认很少接触到笛沙尔克的著作；以后，我努力模仿他的方法好了！"

巴斯加尔"圆锥截形"理论，形成了几何学中有名的巴斯加尔定理："对于任意内接于二阶曲线的六点形，它的对边的交点落在一条直线上。"[②] 约在1676年，哲人莱布尼兹看到这篇论文，深为感动。锐白尔写的《巴斯加尔传》中说："自从阿基米德以来，未见如是有力的作

---

① 碧特朗：《巴斯加尔》，第21页。
② 叶菲莫夫：《高等几何学》，下册，定理59。

品。"又过了一百多年，白良松始做了巴斯加尔定理的补充①。

巴斯加尔的科学工作是从经验出发的。他认为"经验是真理的导师"，应从经验中寻找普遍的原则。巴斯加尔自信心很强，圆锥截形论文结尾时说："如果人们以为这事值得继续时，我们将要研究到这种地步，便是说神给我们力量来继续它。"

在洛昂住的时候，巴斯加尔看到他父亲计算工作的辛苦，他设计了一部计算机，以减轻劳动量。他坚信如果数学不能解决现实问题，那就是空想。巴斯加尔取算术的各种可能的变化，物理与机械的运动知识，寻找各种规律，成为有规则的运动，实现齿轮的机械计算。

17世纪法国的计算机仅有纳比式，以乘法变为加法，用签来计算。关键为操算者，由人操演，始能取得答数，有如我国的珠算似的。巴斯加尔计划的计算机是自动的，其模型现在仍陈列在巴黎博物馆中。用了两年的时间设计这部计算机，却用了十年的时间始将计划变为现实，制造成功。在制造的过程中，遇到了许多困难。巴斯加尔亲自动手，身兼数职，自己是设计师，又是工程师；是工人，又是采购，一直做了五十多种模型。1645年，计算机初制成时，献给司法大臣塞桂伊。1652年，计算机最后定型，献给瑞典皇后利斯地纳。在献辞中，巴斯加尔热烈地赞扬她对科学工作的支持与爱护。

1646年10月是巴斯加尔生活上重要的时刻。拜蒂总管法国的防御工程，系巴斯加尔父亲的朋友，来到洛昂，谈到多利柴利对真空的实验，巴斯加尔受到感染，即刻着手研究真空问题。

17世纪，无论是物理学上或是哲学上，真空问题是十分引人注意的。传统的哲人们，以形而上学的推论，视真空为"虚无"，"虚无"是不存在的，因为与"实有"相矛盾。如果认为"虚无"存在，那么是谁创造了"虚无"？创造"虚无"者自身必然是虚无，始符合因果

---

① 白良松举出："对于任意外切于二阶曲线的六边形，连接它的对面顶点的直线通过一个点"。见前著，叶菲莫夫：《高等几何学》，下册，定理60。

律的要求。其结论是虚无创造"虚无",这又是显然不合理的。有人说真空与实有并不矛盾。问题是自然本身有怕真空的性能,客观上真空是不存在的。至于原子论者主张的真空,亦仅是一种推论,介乎原子与原子之间,要实验真空是不可能的。

但是,在1644年,意大利科学家多利柴利,为了解决佛罗伦萨的喷泉,他实验真空成功,推翻了当时流行的主张,这是一种很重要的发现。其法取一玻璃管,一端封闭,一端开着,管内满盛水银,塞住,倒竖在半水与半水银的盆中。随着提起试管,管仍留在水银内,打开塞子,则水银下降,管内上面露出了真空,下面仍满装水银。如果将试管提到水面,水即刻侵入,管内两种液体排挤,水银终于下落,试管为水充满了。法国知道这个实验很迟,只有麦尔斯纳知道得较早一点,因为那时候他住在罗马。当法国科学界知道后,对实验所发生的现象,却不能有正确的解释。

拜蒂视察底野朴防御工程后,回到洛昂已见巴斯加尔做真空的实验。为了置信于人,难以提出任何反证,巴斯加尔用各式各样的试管,如排气筒、抽气筒、风箱等;又用各种液体,如水、水银、油、酒等,面对着五百多群众,进行真空实验,其结果是十分完美的。试管中的空间是"真的真空,排出去一切物质"[①]。从实验中,巴斯加尔得出这样的结论:任何理论不及经验,任何概念不及事实。巴斯加尔宣布他的实验,1647年10月,出版了他写的《关于真空的新实验》,对当时的学术界起了推动的作用。认为真空不能存在的旧说法,在实验前面,不攻自破了。由于真空实验的成功,无神论者有了最可靠的武器,如解释运动等现象,不像过去归之于虚无或不可知了。

耶稣会士纳埃反对巴斯加尔证实的真空。他提出这样的意见:真空既然具有"物"的作用,那它便是物体了。这样似真空的物体何以能进入试管中?他又说,空气是由两种东西组合成的,一种是细微的,

---

① 《巴斯加尔全集》第2卷。

一种是粗陋的。当水银下降时，空气受到压力，挤出粗陋的部分，留下细微的部分。纳埃认为真空就是空气细微的部分，有如试纸上滤下去的水似的。

纳埃的意见是唯心的，他的论证是经院学派的默想。巴斯加尔答复说："在科学上只能相信感觉与理智。……凡是感觉与理智不能有任何怀疑的原理，这才叫作原理。凡是根据原理得出的结果，这才叫作结果。"关于真空实验的结果与纳埃的假设是矛盾的，这证明纳埃的假设是错误的。纳埃在物理学上屈服了，但是在哲学上坚持他的意见，著了本《实的真空》。真空的争论是新旧社会的斗争，是先进与落后的斗争，巴斯加尔胜利了，起了进步的作用。

巴斯加尔证实了真空的存在，进一步研究真空形成的原因。巴斯加尔认为真空系物体的重量与空气的压力所形成的。为了证实这种假设，巴斯加尔采用两种不同的方法进行实验。第一种方法是求异法：用两根粗细不同的玻璃管，互相套起来。如果粗管中充满了空气，则细管中的水银保持原来的高度。反之，如果粗管中成为真空，细管中的水银便降落下来。那么，空气的压力系液体升降的原因。第二种方法是同异相交法，即用同样的管子与水银，在同一时间内与不同的地点，或在最高的山顶，或在平地，以观察水银升降的情况。如果试管的水银在山顶较平地低，那是山顶空气稀薄的原故。1648年9月19日，巴斯加尔的姊丈拜里伊在多模高山做实验的结果，与其所预期者完全相同。继后，又在巴黎圣杰克教堂与有九十六级台阶的高屋，做过多次试验，巴斯加尔观察到往高处渐渐上升时，管中的水银便徐徐下降，与多模山的实验是完全相同的。

由于对真空的实验，巴斯加尔加深了流体力学的知识。他说："如果流体在两个管中，将管连接起来，互相沟通，即两管的流体互相平衡。"又说："如果一只船装满水，将门紧密封住。只开两孔，一个孔较别个孔大一百倍。每个孔子装上合适的唧筒。一个人推动那个小的，等于百个人推动那个大的，便是说要超过九十九倍。"物理学上的巴斯加尔定律，即"加在密闭的液体或气体上的压强，能够按照它原来的大小由液体或气体向各方向转递"。以后水压机便是根据这个原理制造的。

在 1654 年前，巴斯加尔总结他的实验，写了两篇论文：一为《空气的重力》，一为《流体的平衡》。两篇论文的刊行却在他死后，1663 年。

由于过度的工作，巴斯加尔病了，身体受到严重的损伤。他在科学上的成就也引起些不愉快的纠纷。1647 年 9 月 23 日与 24 日，笛卡儿来探望青年科学家，巴斯加尔病得很沉重，但是也谈了些科学的情况。1649 年 6 月关于真空的实验，笛卡儿写给加尔加维说："我比你的期待更合适些。有两年了，是我劝他（指巴斯加尔）做这些实验。我虽然没有做，可是我深信是可以成功的。"巴伊特写《笛卡儿传》时提到此事，以为巴斯加尔不能专享他的发明，笛卡儿似应有一份的。但是，实验是巴斯加尔做的。法国国家自然科学院的创立者麦尔斯纳，写信给荷兰、意大利、波兰及瑞典的科学家们，赞巴斯加尔的实验，引为科学上重要的发现，既没有提到笛卡儿，也没有否定巴斯加尔的功绩。

巴斯加尔的科学工作是他生活的一部分，十分丰富的。他有强烈的情感，需要扩大他的生活知识，认识古老的社会，以满足他的要求。

第四

巴斯加尔思想的转变

17世纪的法国，在外表上，像是中古文化传统的继承者，生活与思想没有起什么重大的变化。但是，深入这个时期的社会实际，便发现时代精神是紊乱的，有强烈的反宗教的动向。

反宗教的动向的形成不是偶然的。欧洲经过宗教改革后，法国反封建贵族的割据，资产阶级开始得到发展，许多优秀的知识分子，沉醉于理性的发展，关心工商业实际的需要，用尽各种方法，通过君主政治的形式，建立一个强大的国家。因之，法国的反宗教运动出现了两种形式，有的是按照自己的认识，冲破清规戒律，以求得到思想的解放；有的是以宗教反对宗教，树立严谨的道德纪律。两种途径虽然不同，而反对当时的传统宗教却是一致的。

路易十三时期的哲人们属于前一种类型。加桑狄倡导享乐主义，要人掌握现实，不要幻想飘渺的未来；瓦耶尔主张不能迷信，一切要保持怀疑的态度。风行一时的笛卡儿派，从神学统治下解放哲学，表面上虽与传统妥协，承认上帝的存在与灵魂的不灭，实质上却认识到理智为最高的权威。因而对灵与肉，现实与理想的认识，需要有新的概念。当时的复古运动，特别是如何理解希腊与罗马的文化，重新建立人与人的关系，就成为每个新知识分子的要求了。这样，在文艺复兴后形成了人文主义。礼节、和谐、完美等特点成了时代的风尚，泄露出启蒙运动的曙光，这是十分宝贵的。

后一种类型为任塞尼派。他们主张以严格的纪律，树立道德的尊严，类似加尔文的主张。法国的宗教掌握在耶稣会的手中，对皇室是阿谀，对群众是压迫与放纵。任塞尼既反对耶稣会的权贵路线，将宗教变为一种形式，成为君主统治的工具；又反对追逐逸乐，降低了人的尊严。这已体现出新兴资产阶级初期的理想，一方面蔑视贵族与僧侣的特权，他方面鄙视劳苦大众，觉得他们愚昧与庸俗。任塞尼派有种抱负，要以禁欲的思想，挽救将要沉沦的人类。

任塞尼（1585—1638）是荷兰有名的学者，曾任鲁文大学的教授，伊普尔城的主教。感于时代精神的衰退，精研圣奥古斯丁的作品，要以严肃的生活，树立精神的纪律，振兴道德，恢复原始基督教的简朴作风。在17世纪的法国社会，占重要的地位，有广泛的影响。

巴黎近郊石弗洛兹山谷中，有所建立在1204年的女修道院，成为任塞尼派活动的场所。塞维尼夫人写道："皇港修道院是埃及的隐居处，是天堂，是一块荒地。"久已荒废的修道院，在1608年，安杰利克·阿尔纳出任院长，进行改革。1626年，皇港女修道院移入巴黎圣杰克区。继后受圣西兰指导，接受了任塞尼派的理论，发展禁欲派思想，度着一种严肃刻苦的生活。

乡间皇港修道院，在任塞尼派的发展下，成为知识分子爱好沉静隐居的地方。皇港隐居者不是僧侣，也不属于修会，他们有理想，以伦理道德反对中世纪的迷信。任塞尼派的学者们，如兰塞洛、勒麦特、尼可拉、阿尔纳以及后来的巴斯加尔等，他们坚信人类精神的价值，科学的真理，以为普通人可以体现出宗教家的生活。这种思想反映出宗教改革后的过渡时期的精神，奠立了个人理性的权力，成为人文主义的基础。他们办了一所学校是法国教育史上的奇花。他们教儿童首先要学好祖国的语言，其次是古典语言，特别是希腊文，最后是自然科学知识，逐步加宽加深。拉辛在皇港学校学习，是他们教养成功的，后来成了著名的戏剧作家。

由任塞尼派特殊的成功，领导了法国的知识界，耶稣会利用政府的权力，竭力加以摧残。法国执政者是仇视任塞尼派的。为了避免政治的分裂，必须镇压任塞尼派。1638年，首先逮捕了圣西兰；1656年，禁止任塞尼派活动，封闭了所办的学校，放弃乡间的皇港修道院。此后斗争十分激烈，起伏不平，终于在1709年，解散了皇港女修道院，次年又铲平了皇港修道院，路易十四不允许有不服从的表现。任塞尼派法国17世纪精神动向的主潮，影响很深，当时人们敬仰的乡间皇港修道院，现在成为潮湿与荒凉的山谷，除猎人外，很少有人的踪迹。巴斯加尔思想的转变，并非如布脱户或石瓦里等所说的"皈依"，而仅只是与任塞尼派的接触，树立一种新型的道德，其过程是十分曲折的。

1646年正月，为了阻止野蛮的决斗，巴斯加尔的父亲爱基纳在冰上跌伤，调养在德斯兰的家中。德斯兰为圣西兰的朋友，坚信任塞尼派的主张。这样，爱基纳在病中，通过德斯兰的关系，也便接触到任塞尼派的理论。他认识到每个人应该有正确的归宿；荣誉与财富为身外之物，是暂时的，不能满足精神的要求。

1646年，巴斯加尔二十三岁了。虽然体弱多病，却已成为欧洲知名的科学家。看到他父亲思想所起的变化，巴斯加尔也受到感动，亦接触到任塞尼派的著作。他还向他妹妹杰克林纳宣传，那时候，她二十岁了，正在考虑婚姻问题，因为巴斯加尔的劝说，她放弃了。我们觉得这时候的巴斯加尔，并未深刻理解任塞尼派，他只是好奇地拥护这种理论而已。

1647年9月，巴斯加尔由洛昂回到巴黎，不久便病了，医生禁止他工作。在养病期间，笛卡儿带着孩子来看他。笛卡儿比他长二十七岁，却像是老朋友，劝他多喝水，静睡在床上。他们的谈话常涉及科学问题，管中的水银不上升的地方，笛卡儿以为不是真空，而是有种玄妙的物质。巴斯加尔正相反，坚持是真空。他们开始有礼貌地争论起来。因为争论得很深刻，竟至巴斯加尔忘掉了头痛。巴黎深秋的阳光，无力地照在窗上，室内分外沉静，谈论的声调时起时伏。正午的钟响了，笛卡儿停住谈话，站起来告辞，因为有人请他午餐，须赶赴圣日耳曼的约会。

雷布尔与圣克兰亦常来看巴斯加尔，他们是任塞尼派的拥护者，有深厚的友谊。巴斯加尔很坦白，承认对任塞尼派有好感，比较是接近的，对耶稣会却是有距离。雷布尔认为任塞尼派是正确的，应当以道德为主。耶稣会依附权门，使用权术是使人憎恶的。巴斯加尔同意这种看法。

爱基纳·巴斯加尔病愈后，辞脱了洛昂的职务，于 1648 年 5 月回到巴黎，看到他的孩子们，察觉出孩子们思想上有了变化，而变化剧烈的是杰克林纳。爱基纳的挚友桂洛白尔，系任塞尼派的笃信者，与皇港修道院隐居者过从甚密。由于这种关系，杰克林纳接近皇港女修道院，动了出家的意念。爱基纳赞成任塞尼派的主张，却不愿他女儿出家，因而父女间的思想斗争，或显或隐是十分剧烈的。1648 年 11 月，杰克林纳写给给她姐姐说："你知道因为出家这件事，怎样地扰乱了家中的安静呵！"

17 世纪法国所谓有教养的家庭，子女出家认为是光荣的。事实上，却是违反自然的。1649 年 5 月，为了改变环境，以期转变女儿的思想，爱基纳带着他的儿女回到克来蒙。杰克林纳住在故乡，思想未起什么变化。她过着简朴的生活，剪短长发，着低跟鞋，穿暗色的衣服。这些琐事却表现出她的决心。爱基纳看着女儿的这种情况，苦痛地说："我的生命不会久远了，你忍耐着些吧！"[①]

过了一年后，1650 年 5 月，爱基纳带着两个孩子回到巴黎。生活是安静的，思想却是沉重的。到 1651 年 9 月，爱基纳病了。杰克林

---

① 锐豪：《伟人们的姊妹》，第 28 页。

纳尽心看护，十分劳累。锐白尔因为临近分娩时期，不能离开克来蒙。在这年 9 月 24 日，爱基纳病势沉重，挽救无术，便与世永别了。

巴斯加尔心情十分苦闷，精神疲累，既感到丧父的苦痛，又受到杰克林纳出家的威胁。锐白尔分娩后，于 1651 年 12 月底来到巴黎，看护她的妹妹，但是杰克林纳决心离开家庭，到巴黎皇港女修道院出家。

锐白尔以简朴的笔调，叙述杰克林纳离开家庭的情形。她说杰克林纳离开的那一天，"要我在晚上向我弟弟说清楚，不致使他（指巴斯加尔）感到意外。尽我所能，我慎重地告知他，只说去住几天，稍微了解点那里的生活。可是弟弟不能不感动，悲哀地回到他的房中，也没有去看妹妹。那时候，妹妹躲在别间房子内，不敢出来，怕伤着他的心。弟弟走开后，妹妹出来，我告知她那些最动人的谈话。以后，我俩都睡觉去了。虽然我满心赞许她的行动，我相信这是一件好事。可是，这样重大的决定，如是感动我，精神被侵袭，竟至通夜失眠。早上七点钟，妹妹尚未起来，我想她也没有睡着，又怕她是病了。我到她床边时，她还睡着。声音将她惊醒，她问我什么时候。我告知她，并问她的身体怎样，睡得怎样。她说身体很好，睡得很好。她起来，穿好衣服，便走了。也如平时一样，她的动作表现出从容的态度与安静的精神。怕我们难受，她也没有告别。当我看到她要出门时，我将脸掉转过去。便是这样的情形，她离开了家庭。这是在 1652 年 1 月 4 日，那时候，她二十六岁又三个月"[①]。

17 世纪法国的知识分子，反抗封建的传统是广泛的，只是态度有所不同。莫里哀所讽刺的人物与拉辛所赞美的人物，处理不同，反映时代的要求，却是一致的。杰克林纳的行动教育了巴斯加尔。她的行动是时代现实的反映，走出家门到皇港修道院说明了她的选择，是以自己的生活对传统生活的一种反抗。在这一点了上，巴斯加尔并不理解杰克林纳的行动，希望她在家再停留两年，杰克林纳拒绝了。1652

---

① 拜里伊夫人：《关于杰克林纳的回忆》。

年3月7日，杰克林纳写信给巴斯加尔说："你不要夺掉我那你不能给我的东西！……我尽心请求你的同意，并非因为这件事非得到你的同意不行，而是你同意了，这件事做得愉快些与安静些！"

最后，巴斯加尔屈服了。巴斯加尔理解现实的真实是从实验中所得的真实。从接触任塞尼派后，通过杰克林纳的行动，巴斯加尔思想起了变化，接触到精神的动向常受"心"的支配。如何理解这个"心"的真实，首先要深入社会，分析现象，累积经验，最后他发现"心有它的理智，而理智是不能了解它的"[①]。

---

① 巴斯加尔：《思想录》，第277条。

第五
巴斯加尔生活范围的扩大

巴斯加尔做科学工作的精神是十分严肃的。1648 年 2 月，他写给巴伊说："要想一个假设是正确的，只是与所认识的各种现象不矛盾，那还不够。因为，如果假设与一个现象有矛盾，而这个现象是我们不认识的，那这个假设便是错误的。"因此，深入了解事物，说明事物发展的必然性，这是他工作中的要求，也是当时科学工作者共同遵守的法则。

自从巴斯加尔的家庭起了剧烈的变化，他感到生离死别的苦痛。由此，他认识到"物"的世界之外，还有"心"的世界，而他在这方面的知识是十分贫乏的，须要扩大他的生活的范围。事实上，从克来蒙回到巴黎后，巴斯加尔已经开始了这种转变，只是尚未意识到这种转变的重要性。

《乌特来克杂记》中说："因巴斯加尔杰出的天才和精湛的科学知识，有两个人同他亲密地往来，一个是洛奈兹公爵，一个是多玛。"[1]

洛奈兹公爵约生于 1630 年，虽是知名的贵族，却没有封建传统的

---

[1] 《乌特来克杂记》，第 272 页。

习尚。他父亲死于战争，母亲又不大关心家事与子女的教育，所以洛奈兹从幼年起，便任性所欲，兴趣多端，有种豪放的气概。他住在巴黎圣麦利区，与巴斯加尔住的圣杰克区只隔着两条小路。由于爱好科学，于1651年他们结为朋友。巴斯加尔的甥女马克利特·拜里伊说："在我舅父与公爵（指洛奈兹）之间，有一种深厚的友谊。……科学成为他们的快乐和谈话的资料。"①

在1652年6月，洛奈兹要回他治理的领地巴都，约巴斯加尔与麦来骑士去巴都旅行。麦来年岁较长（生于1610年），熟悉当时的风尚，他笑巴斯加尔脱离社会实际。麦来说："洛奈兹是个有数学修养的人。为了旅途不寂寞，邀请了一人做他精神的粮食，那人是大数学家，他所知道的仅只数学而已。"②

在旅行中，巴斯加尔感到不协调，他所认识的现实是单纯的，又不善于同他们谈论，但是他能运用科学方法来观察现实，分析现实。深入到社会的内部，他的认识逐渐起了变化。麦来告诉巴斯加尔说："数学法则不能认识社会的真实。慧眼所见到的东西，实证是无法说明的。所以有两种方法认识真实，一种是实证，一种是感觉。"但是巴斯加尔并不能理解麦来的意思，相反的，他认为一切以理智为主。他说："理智比权力更强固地统治着我们。不服从权力的后果是不幸，不服从理智的后果却是个蠢货。"

巴斯加尔深入社会，感到自己社会知识的缺乏。麦来写给他说："你要尽心倾听人们给你叙述宫廷与军队，丰富你的精神世界。"③麦来有渊博的知识，自负是有教养的。懂得希腊与拉丁古典语言，也懂得意大利与西班牙语言，他喜欢游历，到过英国、德国与美洲等地。他有许多独特的主张，推崇如希腊的演说家狄摩西尼，认为其价值在荷马之上。他交游很广，往来的朋友又很复杂，如米敦。米敦受了蒙达

---

① 见马克利特·拜里伊所写的回忆。
② 麦来：《论精神》，第100页。
③ 麦来：《通讯集》，第107页。

尼学派的影响，以期做一个正人君子，实质上有时是古怪的，有时又是虚伪的。巴斯加尔与米敦接近后，启发了他对"我"的认识。巴斯加尔用逻辑式的语言，表达对"我"的理解："我是可恨的，米敦，你常站在我上，所以你是可恨的。"

在巴都旅行生活的锻炼中，巴斯加尔受麦来的影响，感到细微的事物也含有不可捉摸的真理。枫德奈宫收藏的两幅画的背面，有巴斯加尔写的诗，系感谢一位妇人，其中有一节这样说：

> 在此胜地，可爱的年轻主人，
> 你给我绘出了一幅肖像，
> 我要随着你那纤纤的手，
> 到你所绘的地方。
> 天空中绘出了这些天神，
> 为了使仙女更可爱而美丽，
> 为何不将你的容颜给了她？①

这首诗可以说是巴斯加尔所作的唯一的诗，是十分宝贵的，因为反映出他内心的激动与含蓄，这是一反巴斯加尔往日的性格的。事实正是这样，在巴都的旅行中，巴斯加尔思想起了变化。麦来以后写道："自从这次旅行后，他（指巴斯加尔）再不去想数学问题了。"②

17世纪，哲学仍受神学的支配，是没有独立地位的。可是新兴的知识分子要求哲学脱离神学的羁绊，独立成为一种科学，特别着重在伦理方面。在此时期，巴斯加尔开始研究禁欲派的思想，强调意志的重要，灵魂的伟大，这是一方面；另一方面，却要深入社会，理解现实生活的意义，使自己的知识丰富起来。为此，巴斯加尔对社会持一种深思好奇的态度，有急切体验现实生活的要求。1652年底，巴斯加

---

① 引自布脱户：《巴斯加尔》，第57页。
② 锐豪：《巴斯加尔英雄的生活》，第73页。

尔回到克来蒙，按照伏来西伊的记述，巴斯加尔认识一位女学者，别号为沙弗。当时的习尚，沙弗自视为风雅人物，憎恶粗陋，巴斯加尔能符合她的风趣，说明他已不是纯粹的数学家了。

巴斯加尔逐渐认识社会，对这方面，他思想上重视起来。"善于生活"是17世纪的时代精神。麦来有丰富的生活经验，懂得如何满足人的要求。他写给巴斯加尔说："除去我们感觉到的自然世界外，还有一个看不到的世界，在那里你能找到最高深的科学。沉醉现实世界的人，往往不善于判断，落在粗陋习俗之中，如你所推重的笛卡儿……你晓得在看不见的世界内，深藏着真理，可以找着事物的原理、理智、妥帖、公正、相称等……"① 毫无疑问，这些思想启发了巴斯加尔对事物的观察。巴斯加尔认为人有两种精神，一种是几何的，以原理衡量各种现象，属于理智的；另一种是精致的，直接概括各种现象，深入事物的本质，属于感情的。

不仅如此，麦来深入到社会，接触到人的现实。对中古那种玄虚的、技巧的理想，常引起一种憎恶与苦恼，而想解脱。他在《通讯集》中说："在巴黎，我时常寻找孤独！"② 他又说："一个美的白昼与温和的夜都使我快活。"③ 这种醉心于孤独与自然的意识，已超出古典主义的范围。或者说，这是古典主义中的浪漫主义。巴斯加尔与麦来等往来，阅历既多，观察又深，使他感到人心的复杂，常在不安与恐惧之中。他对自然所持的态度，已失掉自然科学工作者的那种冷静，表现出诗人热情的惊赞。他说："无尽空间永久的沉静使我恐怖。"④ 宇宙是沉默的，人心是敏感的。宇宙的不变，人事的幻变，使巴斯加尔感到苦痛。所以他又说："觉着所有的东西消逝了，那是最可怕的。"⑤ 巴斯加尔的这种思想反映出资产阶级初期的意识形态。在渺茫的大海上，

---

① 锐豪：《巴斯加尔英雄的生活》，第74页。
② 麦来：《通讯集》，第78页。
③ 同上书，第163页。
④ 巴斯加尔：《思想集》，第206页。
⑤ 巴斯加尔：《思想集》，第212页。

带着许多幻想向外开拓。到不认识的地方后，忽然致富，转眼又失败，这种变化使人感到深刻的苦闷。

巴斯加尔生活范围的扩大，理解到"真"不是唯一的，因为如果将"真"绝对起来，它会使人感到疲倦与烦恼。为此，人们所找的不是真，而是爱，因为爱是生命的跃进，常在动荡之中。但是，他又认识到动与静不是绝对的，而是统一的，问题是如何统一起来，对此，巴斯加尔并未得到正确的解决。由于同麦来的接触，巴斯加尔受到很深的教益。麦来的思想，已超出古典主义的范围，他说："现在我另有一种快乐安慰我的缺陷。我爱丛林中歌唱的小鸟，我爱清澈与流动的溪水，我爱草地上叫喊的家畜，这些都使我感到自然的端庄的美。"[1]

麦来虽生在17世纪，却已启示出卢梭对自然的憧憬，并希望有良好的社会制度，改变那些束缚人的法令。的确，对传统的权威与秩序，需要重新估价。麦来叙述一件事实，已反映出新的意识形态。在一位高贵的妇人家中，有许多宾客谈心。忽然有一位穿破衣的穷人来了，举动粗陋，要求会见主妇。主妇出去，知道是远方的亲戚，亲热地拥抱，邀请到室内，介绍给那些客人。她坐在他旁边，问他家中的情形。麦来在叙述完后说："她从来没有比这次更可爱。"[2]

巴斯加尔深入到生活实际后，扩大了生活知识的领域。但是，他与麦来的思想有所不同。麦来理解的生活是外形的，有中古骑士的风格，充满了修饰与学究的气味。巴斯加尔继承了优良的传统，敢于正视人的弱点与残缺，不将人美化，这又是人的可爱与伟大的地方。

---

[1] 麦来：《通讯集》，第107页。
[2] 麦来：《论愉快》，第53页。

第六
巴斯加尔艰苦的摸索

　　17世纪，法国的文学已开始了光辉的一页，形成了古典文学。1634年，法国国家学会建立，进行纯洁法国语言的工作。吴若拉刊行了《关于法国的语言》。1636年，高奈依的《瑞德》在马莱剧院上演，标志着戏剧的革命。1637年，笛卡儿发表《方法论》，是思想方法上的一次跃进。1646—1658年，莫里哀在乡间巡回演出，不久成为巴黎人喜闻乐见的剧作家，至今人们仍欣赏他在艺术上的成功。1656年，巴斯加尔发表《与乡人之书》成为散文的典范。这些变化，表面上趋于完美与和谐，实质上却表现出剧烈的转变，即是说由封建制度向资本主义的过渡。路易十四（1643—1715）开始统治之时，年岁尚幼，马萨朗执掌政权，加强"朕即国家"的专制政治。1648年与1651年两次投石党运动，说明新旧派所拥护的君主政治，已开始失掉"妥协"的意义，不只罗马教会与贵族受到猛烈的攻击，便是当时法国的耶稣会与君主政权亦受到反抗。巴斯加尔为任塞尼派的中坚分子，反抗耶稣会，受到政府的镇压，那是完全可以理解的。17世纪经济文化的发展，给启蒙运动准备了改革的各种条件，资产阶级又向前发展了一步。因此，在17世纪后半期的动向，社会制度成为分析与研究的对象，反映出新旧势力矛盾的加剧。法国的君主政权像建立在一座壮丽的桥上，奔腾澎湃的时代思潮，有如洪水从桥孔中涌过去，再过一世纪，经过1789年的革命，这座大桥便摧毁了。多少人视巴斯加尔为封建制度的卫护者，以为他卫护了基督教，殊不知罗马教皇视他为异端，巴斯加尔的主张，代表了任塞尼派的主张，法国政府禁止他们的活动，因为他们阻碍了君主专制政权的发展。事实上，巴斯加尔是被人误解的，他有局限性，放松科学的研究，以宗教来反对传统的宗教，但是他不是封建制度的卫护者，不能因为他谈基督教，便说他是这样或那样，而要看谈怎样的基督教。巴斯加尔所谈的基督教是原始的、奴隶时代晚期穷苦大众所信仰的基督教，也就是说公元4世纪圣奥古斯丁以前的基督教。因而他的主张不能见容于当时的政府与教会。这在他的《与乡人之书》中表现得十分清楚。他首先是一个科学工作者，他反对盲目地服从传统，他要人克制情欲的冲动，以彰伦理道德的伟大。

大约在1652—1653年间，巴斯加尔写了一篇《爱的情欲论》，内容十分新奇，却没有引起当时人的注意，这是很可惜的。1843年，古赞发现了原稿后，做了精确的考证，发表在这年的《两个世界杂志》上，引起了许多争论。这篇论文开始说："以爱情开始，以雄心终结，这种生活是最幸福的生活。倘若我要选择，我便选择这种生活。"巴斯加尔认为伟大的灵魂，不是自我的陶醉，常沉溺在爱中，而是在强烈的爱中，不要自私，却要泛滥出去，震撼或填满了别人的灵魂。

巴斯加尔为何写这篇论文？是否有切实的对象？论文中反映出有实际的体验，如："不敢说出爱的幸福是苦痛的，但是也有些美味。"又如："有时去她那里，情绪高涨，超过在自己的家中，可是不敢告知她。"那么，谁是巴斯加尔所爱的对象，至今仍是个谜。米邵是研究巴斯加尔的专家，他引用哈瓦特的话说："巴斯加尔真爱过一个女子。很显明，他受到感动，才写出这篇文章来。可能她没有看到这篇文章，但巴斯加尔写出就像是她已看到了。因为在那里边，他可写出当面不敢说的话。至于要猜这个女子是谁是不可能的，而我也不愿去猜。"①以后，马克利特说到她舅父巴斯加尔，有一个时期想结婚，曾找寻过对象。

法国17世纪的婚姻是不自由的。父亲有绝对的权力，女儿的责任是服从。沙夏说："没有爱情，一样可以爱他的女人。"巴斯加尔的家庭属于中上层类型，自然受当时习尚的约束。相反的，他的《爱的情欲论》是冲破封建的藩篱，是对传统爱情的一种挑战，要求解放人的情感。巴斯加尔认为人的特点是思想，思想又支配了人的行为。但是在现实生活中，事物变化无穷，抗拒我们的思想是困难的，却又是必须的。变与不变是不能对立的，而要统一起来。要有爱的情欲，我们始能有满足，因为爱的情欲是动的思想，能够满足人心的需要，而这种需要又非理智所能控制。

按照巴斯加尔的思想，爱情的对象是美，而美须寄寓在似自己而又非自己之中，那只有异性者始具备这个条件。巴斯加尔说："各个人有特殊的美，在世间人们寻找自己的类型。妇女们具有特殊的美，对男子的精神领域有特殊的力量。"② 在爱情上是变化无常的，这没有什么重要，因为"真的或假的愉快，一样可以满足了精神"。但是，巴斯加尔又说："因为怕失掉一切，在爱情中不能侥幸，应该前进。然而谁能说出前进到哪里？"③ 17世纪的转变中，即使是进步学者，仍然脱离不了封建思想的束缚。巴斯加尔经过实际生活的锻炼后，认识到很难用数学来解释情感与理智的矛盾，这对他是十分新奇的。

巴斯加尔认识洛奈兹公爵后，同时也认识了他妹妹洛奈兹女士。当古赞发现《爱的情欲论》手稿后，经过他的研究，便断定是为洛奈兹女士所作的。法国的学者们对古赞的意见有不同的看法，却不能否定巴斯加尔和她的关系及给她所写的九封信。从那遗留的九封信内，

---

① 米邵：《爱的情欲论》的序言。
② 巴斯加尔：《爱的情欲论》。
③ 同上。

也可看出巴斯加尔同她的关系，即使没有爱情，至少也有深厚的友谊。

洛奈兹女士和她哥哥一样，没有受过严谨的教育。她很急躁，有时却又忧闷。她二十三岁时认识了巴斯加尔，待之如长兄，她曾征求他的意见，以解决身心的烦闷。巴斯加尔写信给她说："没有受苦痛是摆不脱现实的。圣奥古斯丁说得好：当人愿为别人牵连时，不会感到镣链的苦痛；可是，如果开始反抗和离弃时，苦痛变得分外沉重。"①他关心洛奈兹女士内心的发展，真是体贴入微。巴斯加尔告诉她说："尽我的所能帮助你不去苦恼，要把眼光放远些，我相信这是一种责任。不这样做，那便是犯罪的。"②洛奈兹女士很理解这种心情，而她的心情随着平静下来。巴斯加尔愉快地写给她："对于你，我十分放心，我有种意外的希望。"③有时候，她埋怨巴斯加尔不写信，他回答说："我不清楚你对我不写信为何苦痛？我同你和你哥哥是永远不分开的，我经常想念你俩。你看已往的信，还有这一封，我是如何关心你啊。"④他们这种纯洁的友爱，是十分珍贵的。那时候，巴斯加尔正写《与乡人之书》，为了正义，反对虚伪的耶稣会，在暴风雨般的斗争中，这种友谊是一种力量，是一种高贵的安慰。

洛奈兹女士受到巴斯加尔的影响，成为任塞尼派的坚信者。于1657年7月，没有告知她母亲，便离开家庭，进入巴黎皇港女修道院。耶稣会忌妒任塞尼派的成功，利用政府的权力，打击任塞尼派的威信。他们压迫洛奈兹女士返回巴都。在离开修道院的前夕，1657年11月2日，她将头发剪去，发了出家的誓愿。既回巴都后，她穿着朴素的衣服，完全与乡人一样，过着简朴的生活。巴斯加尔死后（1662年），她自行取消前愿，嫁给伏亚德公爵。婚后的生活是不幸福的，她生了四个孩子，常在疾病与痛苦中。自1671年起，她又与任塞尼派的旧朋

---

① 见1656年9月24日巴斯加尔给洛奈兹女士的信。
② 见1656年10月巴斯加尔给洛奈兹女士的信。
③ 见1656年10月巴斯加尔给洛奈兹女士的信。
④ 见1656年11月5日巴斯加尔给洛奈兹女士的信。

友们接触，往事不堪回想，这时巴斯加尔去世已九年了。1683年，她五十四岁，在这年，她含着悲愤与悔恨的心情与世永别了。

在1652年以后，巴斯加尔深入社会后，并未放弃数学的研究，他发现了"数学三角形"——前此四百多年，我国宋朝杨辉著的《详解九章算法》已有数学三角了。巴斯加尔的"数学三角形"为"或然计算"的基础，这种方法是"既具体而又普遍的"。巴斯加尔经常与伏尔玛通讯讨论。那时候，伏尔玛住在杜鲁斯，写给加尔维说："我将我的原理与初次的论证，一齐寄给巴斯加尔先生，我先告诉你：从那些上面，他会发现不只是新的事实，而且是惊人的事实。"[1] 在法国，这时是数学与物理创始的时代，数学三角形用处很广，可用于或然计算与微积分中。以后统计学中高斯定律，亦可以此解释。巴斯加尔将成就告知麦来，麦来谦逊地回答："我坦白地说，这些知识超出我的能力，我只能赞赏，请你抽时间完成它。"[2]

巴斯加尔在科学上的成就，原应使他得到满足，达到幸福的境地。但是，事实并不如此，所谓幸福，又能增加什么？杰克林纳在写给她姐姐的信中说到巴斯加尔："自从一年以来，他（指巴斯加尔）憎恶这个世界，尤其憎恶住在里边的人们。"[3] 是在两年前吧！杰克林纳要离开家庭时，巴斯加尔阻止过这种行动。当时，法国有地位的家庭是鼓励子女入修道院的。杰克林纳以一种倔强的言辞向巴斯加尔说："你不要拒绝这种光明，你不要阻止别人做好事，而要你自己也去做。如果你没有力量来追随我，至少你不要阻挡我！"[4]

人总是要发展的，相距两年多的时间，巴斯加尔变了，身心感到空虚与不安，对科学与世界，他觉着不是眷恋的对象，"要从情欲的对象上，逐步解脱"[5]。他觉着人是伟大的，却又是脆弱的。巴斯加尔在

---

[1] 摩里亚克：《巴斯加尔与其妹妹杰克林纳》第10章。
[2] 摩里亚克：《巴斯加尔与其妹妹杰克林纳》第10章。
[3] 见1654年12月8日杰克林纳给锐白尔的信。
[4] 见1652年3月7日杰克林纳给锐白尔的信。
[5] 《乌特来克集》，第258页。

摸索中，以实证的方法，对理想与现实，永久与暂时，理智与感情，做了严肃的分析。在 1654 年 11 月 23 日深夜，他发现了他所应遵循的道路，找着了他的上帝，"不是那些哲人与鸿儒的上帝"。他所要坚持的是真理，而这个真理既不是传统所说的，更不是教会所宣传的，他需要解脱情欲的束缚，抛弃心上的一切。"经验是物理学中唯一的原理"，他用这个原则，解决人的问题。几年的经验，强者压迫弱者，权贵扑灭真理，耶稣会利用政治地位，打击任塞尼派，1653 年 5 月 31 日，罗马教皇伊诺森第十，为了讨好法国的政府与教会，宣判任塞尼派为异端，而任塞尼派，正是巴斯加尔所要走的道路。这种转变，实质上是脱离了封建思想，进入一个新的历史时期，纵使如此，巴斯加尔仍然是属于唯心的。

也是在 1654 年，巴斯加尔经过长期的斗争后，发现了他所摸索的真理。他说："既然没有比你（指真理）更永久的，也就没有哪种爱抵得过你。"他觉着他所眷恋的都是些偶像，应该毁灭掉。

家庭、财富、声誉等都是偶像，自 1655 年初，巴斯加尔要从这些羁绊中逃脱。1655 年 1 月 7 日，他接受了圣克兰的劝告，与吕伊奈斯公爵走上任塞尼派的道路，他们不是出家，也不是入会，他们在乡间皇港修道院中，只是爱好沉思默想，度着简朴的生活。亲自收拾自己的房间，取送自己的饮食，一切由自己料理。这种剧烈的转变，锐白尔说她弟弟"取消了生活上一切无用的东西"。[①] 杰克林纳经多次接触后，看她哥哥变得十分谦虚，说巴斯加尔藐视自己，想毁掉人们对他的敬重。事实正是如此，简朴与谦虚永远是人类灵魂伟大的标志。他不是说过吗？"在一个伟大的灵魂中，一切都是伟大的。"[②] 这就是为何任塞尼派虽受政府与教会的摧残，却得到当时广大群众的拥护。道德的威力战胜了传统的信仰。

关于此，在《思想集》中巴斯加尔举"人之子"耶稣为例：耶稣

---

① 拜里伊夫人：《巴斯加尔传》。
② 巴斯加尔：《爱的情欲论》。

在最后的夜间，苦痛在橄榄园中。在这个可怕的时刻，据传述他的三个弟子却在那里睡觉。巴斯加尔说："耶稣至少想在他最爱的三个朋友中，寻找点安慰，可是他们睡觉了。他请他们帮助，而他们却毫不关心，没有一点同情心阻止他们睡觉……在这样可怕的夜中，他忍受这种苦痛与这种遗弃……"

这样一幕悲剧，巴斯加尔以"火山似的情感"寻找他的真理。仍是在《思想集》533 条中，巴斯加尔似乎觉着耶稣对他这样说："我在痛苦中想你，我为你流了那么些血。……你想不流点眼泪而常耗费我人类的血吗？……"

巴斯加尔的摸索，最后他所找到的是"人之子"，而这个"人之子"的"灵魂悲哀得要死"。这里可看出 17 世纪过渡时期中，像巴斯加尔那样顽强探讨真理者，他所追求的是个体解放，他所得到的是深刻的悲观。他沉醉在渺茫的传说内，摸索到"人心"的幻变，增加了他悲观思想的发展。

第七
《与乡人之书》

1656年1月27日,巴黎街上叫卖着八页的小册子,题为《与乡人之书》,获得意外的成功。这种形式的信,陆续发表了十八封。第十九封方开始便中止了。作者巴斯加尔,化名蒙达尔脱,将任塞尼派与耶稣会的斗争,向社会公开,要求群众来判断,这种做法是不寻常的。

这次剧烈的斗争,是法国宗教改革的继续。耶稣会卫护君主政府的利益,随其所好,使社会道德日趋堕落。任塞尼派鉴于道德的崩溃,生活已走向不健康的道路,失掉意志与理智的支配,任塞尼派认为这是法国的危机。17世纪新兴的资产阶级,反对粗暴的决斗、对妇女的轻佻行为、自私的高利贷,迫切要求新的道德来振奋人心。为此,对任塞尼派的申理智、重意志、树立严肃的生活纪律,是十分需要的,而且也是有益的。正因为如此,耶稣会忌妒任塞尼派的威信,憎恶他们的严肃生活。任塞尼去世后,他的朋友们于1640年刊其所著《奥古斯丁》一书,耶稣会惧其影响,利用巴黎大学,即刻采取反对的态度。阿尔纳为任塞尼的拥护者,发表两种著作为任塞尼辩护,得到社会的同情。耶稣会将《奥古斯丁》一书归纳成五条罪名,利用罗马教皇的权力,限制此书的流传。任塞尼派认为这是耶稣会的陷害,不能从书中逐字逐句找出来的。因此罗马教廷处罚五条的罪行,不能涉及任塞尼本身,因为他是没有这样说过的。

阿尔纳为任塞尼派的领袖,任教巴黎大学,有很高的资望。根据这种论证与耶稣会正面冲突起来。耶稣会千方百计罗织罪名,欲打击阿尔纳的威信。利用宫廷权力,于1656年1月14日撤销阿尔纳巴黎大学的职位,并宣判阿尔纳为异教徒。阿尔纳回到乡间皇港修道院,向朋友们申诉,朋友们为之不平,并说:"你让他们如对待小孩似的随便处罚你吗?你不该站出来辩护吗?"

阿尔纳的自尊心受到创伤,当朋友们这样鼓动他时,他便用三天的时间,写出他的辩论,向皇港诸友宣读,巴斯加尔亦在座。大家听完后,空气沉闷,默然无声。阿尔纳伤感地说:"我清楚,你们以为这篇东西写得不好,我相信你们是对的。"

阿尔纳在苦闷之余,转头看到巴斯加尔,恳切地向他说:"你年少而好奇,你应当写点东西!"巴斯加尔在沉默中接受了这样的重托,潜心著作。因为他不是神学家,所以他不去争论神学上特定的概念。他以一个普通人的姿态,根据常识来论证神学上的问题,运用如剑的利笔,解剖争论问题的实质。这在当时是一件破天荒的大事。自从一千多年来,神学的问题只有神职者可以议论,而今普通人亦可提出自己的意见。这种变化不是为了教会,而是为了社会;不是为了宗教,而是为了伦理;不是为了信仰,而是为了理智。因此,维尔曼说:"皇港的隐修者,表面上讨论经院哲学的玄妙。实质上,他们仍是自由意识、实践精神、爱好正义与真理的代表。"事实正是这样,皇港隐修者所关心的是道德堕落,巴斯加尔揭露耶稣会的罪恶对当时社会恶劣的影响。写成第一封《与乡人之书》,他向大家宣读,阿尔纳惊喜地说:"写得十分好,这才值得读,快些印出来!"

十八封《与乡人之书》的内容,概括起来,前四封是讨论阿尔纳的问题,并分析反对阿尔纳的理由。他指出,耶稣会所以反对阿尔纳,不是为了真理,而是为了忌妒。从第五封到第十六封,谈道德问题。

道德是社会的反映，巴斯加尔申述原始基督教的伦理思想，意识到与封建时代不同，即反对中世纪的迷信，痛斥耶稣会的虚伪。最后两封转到神学问题上，辩论任塞尼派是否为异端，应该如何处理所存在的问题。

巴斯加尔不懂得神学，却成了有利的条件，因为没有受经院学派的束缚。当时辩论神学与哲学问题者，咬文嚼字，纠缠在玄虚的概念上。巴斯加尔一反这种方法，从现实生活着手，以严谨的逻辑，生动的语言，向群众说明问题的真相，同时也便有力地发动群众，要群众关心这次的辩论，所以第一封信便得到意外的成功。

《与乡人之书》出版后，得到文学家夏伯兰与仑克维尔夫人的支持，认为任塞尼派的主张是正确的，压迫阿尔纳是不义的，巴斯加尔爽直地说："这不是神学问题，这是人的问题，如果阿尔纳离开巴黎大学，一切问题便解决了。"

巴斯加尔的写作是十分认真的。他研究各种资料，对证引用的原文，反复修改写作。第十八封信，修改了十三次。这种严肃认真写作的态度，运用现实生活中所反映的资料，巴斯加尔无情地揭露言行不符的耶稣会士的罪行。他说："你们穿上僧侣衣服，向人民说道，而自己心上却充满了仇恨！"

耶稣会在初期感到惊奇，束手无策，只好抱着沉默的态度。继后出来辩驳，仅只诘难引用原文的不准确，空洞叫喊渎神，却又举不出实证。巴斯加尔忿怒地说："为何说我渎神呢？难道不该讥笑假道学者吗，谁能禁止攻击错误而用讽刺的手法呢？你们想要例子吗？看看你们的著作，你们会得到无数的证据。你们是强者，我是弱者；你们人多，我只一个；你们用武力，我只有真理！奇怪的争论！武力要消灭真理！"

第十四封写得最为尖锐。耶稣会首长纳埃特读后，竟至晕倒，丧失了知觉。第十七封信，揭发了耶稣会的虚伪，说他们不敢攻击圣奥古斯丁，却攻击阿尔纳。耶稣会缄默，不敢出来辩论，却种用罗马教皇来压制。巴斯加尔并不屈服，他说："你们使罗马将我问罪，但是上天将向你们问罪！"

1656年4月，法国政府解散了皇港修道院，取消附设的小学校。巴斯加尔在忿怒中，毫不退让，他静待着大屠杀。1658年《与乡人之书》译为拉丁文后，注释中偶然涉及路易十三，借不敬的罪名，将书焚毁，逮捕译者尼可洛。在暴力压迫之下，任塞尼派失败了。可是在群众面前，巴斯加尔的著作却是胜利了。耶稣会从创立以来，从未受过这样惨痛的打击。巴斯加尔很明白他的行动，也明白他所写的价值。在他死的前一年（1661），他正在病中，有人和他谈起《与乡人之书》，并问他是否追悔写了这些东西。巴斯加尔胜利地说："追悔？远些吧！如果我再写，我要写得更强硬些！"这不是高傲与负气，而是意识到他的写作，对耶稣会的揭露是有深远意义的。

启蒙运动时期的反对耶稣会，是巴斯加尔精神的继续。伏尔泰不喜欢巴斯加尔，却继续了反耶稣会的活动，这从他的《路易十四的世纪》中得到证明。为了政治的目的，耶稣会用各种方法取悦于人，使人感到轻松，滋长了享受与自私的思想。生活严肃者在当时的风尚中必然是同情巴斯加尔的。事实正是如此，17世纪的法国避免了走上西班牙精神衰落的道路，任塞尼派的运动是主要的力量，《与乡人之书》起了决定性的作用。1656年，洛昂神职界集会反对耶稣会，巴黎也有同样的举动，提出38条罪状。1658年，巴黎神职者受《与乡人之书》的影响，向议会控诉耶稣会，反对道德的堕落。这证实巴斯加尔所起的作用。耶稣会较有价值的答复，系1694年达尼耶所写的，可是已经晚了四十年，这说明了《与乡人之书》的正确性。推翻耶稣会的活动继续进行着。1773年，解散了耶稣会，仿佛搬掉了人民身上的一座大山。其理由之一，就是耶稣会使道德堕落，即百年前巴斯加尔所指责的。

《与乡人之书》的写作是客观的，文体简朴，立论严谨，坚持说理的风格。有原则，又必须有充实的证例，否则，巴斯加尔是不提出的。他的方法是数学的，以数学方法解决神学问题，今天读起来依然感到作品的美丽与新鲜。他坚持了说理，有情感而又诙谐，树立起古典散文的典范。他不谈作者，而只谈所讨论的题目，不杂幻想，以清楚为首，使人能理解。巴斯加尔争取到了当时广大的正直者。《与乡人之书》的语言，是马来尔亭理论的实践，马来尔亭主张语言"要来自群众"，巴斯加尔是法国散文中第一个表现出质朴、单纯、精确、清楚，特别是合理的特点。朗松认为巴斯加尔的散文在希腊狄摩西尼之上。[①]

当 1657 年 3 月对任塞尼派禁令发表后，皇港隐修者感到苦痛。巴斯加尔正执笔写第十九封信，才开始向耶稣会神长安那特说："你安慰吧！你恨的人在苦痛中。"这封信就这样停止了。《与乡人之书》也便这样结束了。巴斯加尔的作品从来没有写完，无论是科学的还是哲学的，都是中途而辍，留下断简残篇。多少人曾推测巴斯加尔放弃战斗的原因，我想是徒然的。圣贝夫评论《思想集》时，以为没有完成比完成更为伟大。对《与乡人之书》也应当如圣贝夫对《思想集》的看法。

---

① 朗松：《法国文学史》，第 463 页。

第八

巴斯加尔最后的生活

1657 年 3 月底，巴斯加尔刚开始写第十九封《与乡人之书》便停止了。他感到苦痛，同时也感到乏味。他觉着这个世界是虚伪的。他希望得到安静，可是事与愿违，他只感到混乱。他多病，身体衰弱，牙痛使他不能成眠。有一天夜间，巴斯加尔牙痛，坐卧不宁，为了减轻痛苦，思想专注在转迹线（亦称旋轮线）上，这个深奥的问题是麦尔斯纳提出的，任何人尚未解决，而巴斯加尔用立体几何的方法在病中解决了，得出不少的积分变换公式，随着牙痛也便停止了。

巴斯加尔接受洛奈兹公爵的建议，1658 年 6 月公布了转迹线问题，广泛征求解答，期限为一年半，并附有奖金。一年半过去了，没有得到任何答案，只好公布了自己的解法，以奖金印了他的作品。1660 年，他写信给伏尔玛说："数学可以做试验，费力则不必。"这并不是轻视数学，而是数学不能作为人的归宿。他很谦虚，称赞伏尔玛当代科学界的第一人。

巴斯加尔是微积分学的建立者之一。莱布尼兹微积分学的成就与巴斯加尔的转迹线是分不开的。17 世纪，数学仍然是哲学的一部分。巴斯加尔认为一个连续的变量中，有无尽不同的蕴度，其中蕴含关系，相互影响，有如点和线一样。在有尽的量中，可看出是无尽量的合成，而每个无尽量又可以当作初量是有尽的。他把这种关系归纳到一句名言："一切是一，一切是变。"

自从 1657 年的暴风雨后，皇港修道院又恢复了正常的状态。政治上他们处于劣势，社会上却得到信任。耶稣会掌握实权，得到政府的支持，怀着忌妒的心情，必置任塞尼派于死地。到 1661 年，也就是巴斯加尔死的前一年，任塞尼的旧问题又重新提出，因马萨朗视皇港修道院与其政敌雷池有联系，须予以彻底的打击，因而要求皇港有名望者签名承认自己的错误。

巴斯加尔的妹妹杰克林纳是一个叛逆的女性。现在要她签字，否认她所追求的真理，她的思想是通不过的。她反对这种虚伪与欺骗，她不能向当权者屈服。她忿怒地说："我们怕什么？解散、放逐、充公、监狱以至于死，要怎么办便怎么办！这不是我们的光荣吗？这不是我们的快乐吗？"人们以她是出家人，应当服从。她听了这种论调，更为忿怒。她说："我很清楚，几个女子是不能保卫真理的。但是，主教们既然有女子们的勇敢，女子们也应该有主教们的勇敢。如果我们不能保卫真理，那么我们也要为真理死去！"[①]

杰克林纳的倔强性格，使她反抗法国古老的社会。圣贝夫赞美她说："她不允许人们讥笑她。"[②] 她勇敢地反抗，但是她失败了。她周围的人们屈服，她很明白可以反抗敌人，却不能反抗她的同伴。因而她为同伴被迫签字。但是，她也明白签字就是死亡。签字后，她苦痛了三个月，于 1661 年 10 月 4 日，死在乡间皇港修道院，活了三十六岁。

我们不知道杰克林纳病的情形。她死的时候，巴斯加尔亦在病中。再过十个月，他也要与世分别了。当他听到妹妹的死，态度十分镇静，简单地说："好，她死了。"自从杰克林纳死后，巴斯加尔不肯提到她，因为语言不能形容他的苦痛。当他看到阿尔纳与尼可洛等妥

---

① 见杰克林纳于 1661 年 6 月 22 日写给安吉利克的信。
② 原文为摩里亚克所引用，见其所著《巴斯加尔及其妹妹杰克林纳》。

协,他也感到忿怒。阿尔纳采取妥协的态度,想挽救他们的组织与财产,而巴斯加尔却要卫护真理,不使失掉社会的同情。他内心苦痛,看不起这些怯弱的人们,他说:"如果皇港的人们缄默,石头要起来说话!"①巴斯加尔与他的朋友们展开了斗争。他甥女马克利特说:"巴斯加尔多爱真理,许久以来患着头痛病,当他要皇港先生们了解他的主张时,一种剧烈的苦痛侵袭进来,竟至失掉了语言与知觉,人们惊慌起来,急速救护,恢复知觉后,大家便退出去了。……我母亲问他怎样产生了这种变故,他回答说:'当我见这些人既然懂得真理,就应该保护真理,谁想他们动摇与妥协,我感到一种不能支持的苦痛,便晕倒了。'"②

杰克林纳的死,与朋友们的决裂,这些剧烈的苦痛给他精神上深刻的创伤。1661年10月以后,巴斯加尔与皇港的朋友们断绝了关系。从此,他的生活变得更孤独,更简朴,而他的健康已至绝望的境地。有时,由于禁欲思想的发展,竟至有意识地损毁自己的健康。

四五年以来,巴斯加尔经常在病中。锐白尔关心弟弟的健康,注意他的饮食,使口味合适,增进他的食量。但是巴斯加尔从来没有说过对饮食的意见。每到新水果上市时,锐白尔给他买来,他吃完后,也不说一句话。偶然锐白尔问他:"你喜欢这种水果吗?"他简单地回答:"你该早点问我,现在我想不起来了。实在说,我一点也没有留心。"③

巴斯加尔的家庭是克来蒙中等富有的家庭,生活简朴,没有浮华的习尚,他的家庭承袭了尊敬穷人的传统。那个时代,贫富是命定的,还没有认识到是阶级压迫的产物。富而不骄是难能的,至于热爱贫穷,那更是稀有的了。在最后的几年中,巴斯加尔认识到贫穷是锻炼道德

---

① 原文为摩里亚克所引用,见其所著《巴斯加尔及其妹妹杰克林纳》。该保护真理,谁想他们动摇与妥协,我感到一种不能支持的苦痛,便晕倒了。
② 《巴斯加尔全集》第1卷《马克利特的回忆》。
③ 见锐白尔著的《巴斯加尔传》。

品质最好的方法。生活上非必需的东西，一概取消了。他常说："倘使我的心也如我的精神贫穷时，我是何等的幸福！因为我确实认为：贫穷是解救自己唯一的办法！"他觉着穷人的灵魂是伟大的，也是纯洁的。他劝他姐姐锐白尔，佣人以贫穷者为最好。当时的习俗视施舍为美德，巴斯加尔无止境地施舍，钱不够了，将他甥女的衣服也送给穷人。巴斯加尔在死前，他同洛奈兹公爵和克来南侯爵发起公用马车，成为巴黎交通运输重要的企业，第一条路线，自圣安东门至卢森堡，1662年3月18日试车，每张票25生丁，解决了交通的困难。这件事，说明巴斯加尔的精神时刻联系着现实，反映出新型知识分子的动向，从他的数学计算机起，这种现实的精神是一贯的。[①]他曾借支过一千佛郎送给孛洛哇穷人。

　　巴斯加尔热爱穷人不是虚伪的慈善，如以后的传教士，施以小恩小惠，而实行更强的掠夺。巴斯加尔认识贫富的悬殊，不是天然的，而是社会的。1660年，吕奈斯公爵的长子十四岁了，受巴斯加尔的监护。有一次，巴斯加尔对这个青年说："你所有的财富是偶然得来的。就你和你的实质而言，你无权力占有这些财富。财产是你祖先们遗留给你的，那是一种制度。船夫和公爵的灵魂与肉体并没有什么区别。你的自然情况与别人一样。"巴斯加尔藐视贵族，在一百多年前已启示出卢梭的思想，是十分可贵的。

　　巴斯加尔死前的三个月，做了一件让人想不到的事情，精神上得到很深刻的安慰。一个早上，巴斯加尔在街上走着，遇到一个约有十五六岁的女子，举动活泼而端庄，向他要钱。巴斯加尔问她的情况，知道她来自乡间，父亲死了，母亲病着住在病院中，家中无法维持生活。巴斯加尔怕这女子受骗，送她到一所修道院内，留下钱，嘱托院长照顾她。以后，派去佣人给她做衣服，将这个流浪的女子嫁给一位诚实的青年。巴斯加尔始终未向她说出姓名。是在巴斯加尔死后，佣

---

① 拜里伊夫人于1662年3月21日写给般保纳先生的信。

人和院长始告诉她,将这件事宣布出来。

巴斯加尔晚年的生活变得很拘谨,有时几乎是不近人情的。他的甥女马克利特特幼时,对她母亲亲昵一点,巴斯加尔看着便感到苦痛。他认为爱的方式很多,何苦要亲昵抚摩呢?杰克林纳死后,锐白尔提及她时,巴斯加尔觉得是多余的,不应该眷恋死者。有时候,锐白尔从街上回来,无意中说:"我看到一个美丽的女子。"巴斯加尔听着便发怒起来,并向他姐姐说:"在杂人与青年面前,你不应该说这些话,因为你不知道在他们思想上起什么作用。"在日常生活中,他们的认识逐渐有距离了。锐白尔不理解她弟弟的思想的变化,有时便疑惑起来,以为巴斯加尔不爱她。她感到十分的苦恼,却又无可奈何,只好忍耐着。

巴斯加尔的病一天一天的加重了。旧病之上又加膀胱症。他意识到死的来临,有如一匹灰色马在他眼前奔驰。他觉着个人是无足轻重的。他不眷恋别人,也不愿别人眷恋他。他说:"纵使别人眷恋我,那是很不对的。因为对眷恋我的人,我将欺骗了他们!我不是人的归宿,我不能满足他们,我不是快死了么?他们眷恋的对象要死去的!"

巴斯加尔的这种思想是消极的,他不敢正视现实,或者说已无能力理解现实了。他放弃了往昔科学的实证态度,而想逃脱现实,这正是往后 19 世纪初年浪漫主义的萌芽。对人无所眷恋,亦即对人无恩怨,巴斯加尔丧失了与耶稣会战斗的精神。有时候,朋友们偶然提及别人的流言蜚语,他一笑置之,并不申辩。他说:"你们不要奇怪,这不是由于道德,而是由于遗忘,我什么都想不起来了!"果真想不起来吗?不是的。在 17 世纪的转变中,个人对旧社会的实力的斗争太微小了。他同耶稣会的斗争,虽然取得社会的同情,可是皇港的朋友们并不能坚持下去,由于时代的局限性,他也不能坚持下去,他们失败了。

巴斯加尔多年在病中,睡在床上,不能动,成为孤独者。在死的前几个月,为了减少孤独,常时希望有穷朋友在旁边,他接待了一家穷夫妇住在他的寓所,不收房租,供给他们燃料。可是住了不久,新居者的孩子出天花,病势很重,锐白尔感到十分为难。她既要常来看她弟弟，予以照护；她却又有孩子，怕天花传染。如果要新居者移走，孩子的生命必然要有危险。在这样困难的情形下，巴斯加尔决定离开住所，向锐白尔说："移动住址，对我是没有危险的，我应该离开。"1662年6月22日，巴斯加尔移居在他姐姐锐白尔的家中，一直住到死的时候。

巴斯加尔住在他姐姐家中，病势严重起来。他以极度的忍耐，勇敢地与病魔斗争。朋友们看到他挣扎的苦痛，不能帮助他，他微笑地说："你们不要同情我！"

巴斯加尔守着中世纪的传统，穷人是高尚的（这是封建统治者虚伪的道德），他想找个穷苦的病人，同住在一起，死在穷兄弟的身旁。这当然是一种幻想，绝对不能实现的。当巴斯加尔知道不能实现时，他想移住到医院中，实现死在穷人身旁的理想。医生坚决不准移动，巴斯加尔感到恼怒。

巴斯加尔的病势变得分外沉重。8月14日增加了头痛。17日病势急转，到了半夜，死去，又还复过来，语言已不清了，只是等时间而已。又苦痛了一日半，在1662年8月19日上午一时，巴斯加尔结束了战斗的与苦痛的行程，活了三十九岁又两个月。过了两日，巴斯加尔埋葬在巴黎圣爱基纳教堂中[①]。

---

① 1699年，名剧作家拉辛死后，也葬在这所教堂内巴斯加尔的旁边。

第九

余论——写在《思想集》之后

17世纪，欧洲在资产阶级形成的时候，个人主义得到迅速的发展。每个人要求脱离中世纪传统的理论，从现实出发，解决自己的问题，支配自己的行动。如何尊重理智的独立，如何解脱信仰的迷信，如何恢复人的本来面目，成为当时急切需要解决的问题。那时候的法国在经济与政治上有特殊的地位，其伟大来自生产力得到发展，并非来自被人誉为太阳的路易十四。因为这个封建王室已临近黄昏的时候了！另一方面，法国的伟大，在于那一群古典的作家，如笛卡儿、巴斯加尔、莫里哀、拉封登、波绪伊等，他们敢于反抗封建的传统，大胆的怀疑，形成一种新的精神，巴斯加尔便是这种精神体现者之一。

巴斯加尔的寿命不永，活了三十九岁。他是世界上最智慧的人之一，他有科学的天才，在数学与物理学上有独特的贡献；他是一个思想家，他证明纯粹的科学不能消除漠视道德的悲痛；他是一个杰出的作家，用人民的语言，准确的言辞，表达出情感最深刻的要求。总之，巴斯加尔是一个不平凡的人，他既反抗封建的迷信，又揭露耶稣会的虚伪。在法国资产阶级发展的初期，他认为信仰与理智并不是矛盾的，这对于启蒙运动是一个有益的启示。巴斯加尔承袭了文艺复兴时期的精神，一切须从理智出发，分析现实，将伦理生活置放在首要的地位。《与乡人之书》便是对当时伦理思想的一种批判，从而开创了反耶稣会的运动，起了决定性的作用。1764年，法国统治者被迫解散耶稣会的论证，基本上是巴斯加尔所提出的。耶稣会的解散是法国近代史上的一件大事，距1789年的法国革命，仅只有二十五年了。

巴斯加尔死的前几年，经常思索有关人的问题，随时散乱地记录下来，内容非常复杂，也没有组织系统。1670年，皇港的朋友们及其家属，为了整理出版，不致引起风波，将原文修修，致使许多地方，丧失了作者的原意，题名为《思想集》，冠以他外甥拜利伊的一篇序文。在1776年与1779年，《思想集》相继再版，并未校正内容，对理解巴斯加尔起了阻碍的作用。到了1842年，古赞提出异议，认为流行的《思想集》与原稿不同，应该重新研究，根据原手稿反映出巴斯加尔真实的思想。从1844年起至1899年止，许多学者竭尽心力，有的倾毕生的精力，如米邵等认真校对，恢复作品的原状。从此研究巴斯加尔者有了可靠的版本。

巴斯加尔曾说，《思想集》一书，需要有十年的时间始能完成，不幸事与愿违，巴斯加尔寿不永年，仅留此残缺的作品。但是仅此作品已足见作者的才华与作品的奇突了。

《思想集》表现了17世纪的新精神，巴斯加尔认为信仰和理智是没有矛盾的。他深入研究蒙达尼的著作，特别是《雷蒙·德·斯本的辩护学》，认为一切的理智都须以感觉为基础。巴斯加尔首先是一个科学工作者，经验与分析起着重要作用，形成了他的思想方法。因此，巴斯加尔企图解决宗教问题，证明宗教是可爱的，与理智是和合的。可是，巴斯加尔的这种企图失败了，并没有解决了宗教问题。他所运用的资料是陈腐的，他的论证是薄弱的。但是《思想集》的重要处，是在对人作了深刻的分析，推动了思想的解放。这样，说明人是可以研究的，不能盲目地当作神的仆役，巴斯加尔急切地希望解决人的问题。

根据巴斯加尔的手稿，按照每条的内容，孛宏斯维克最后编写十四类，924条，成为现在习见的《思想集》。这部名著有如一座森林，历来见仁见智，认识非常不同。既然巴斯加尔与萨西的对话中，涉及对人的分析，也便是《思想集》的提纲，我们试想从这座散乱与无尽的思想森林中，寻找出他对人分析的要点，也可看出法国的古典文化是如何开始的。

解决人的问题，巴斯加尔认为是最重要的。他这样说："每个人应当懂得自己。懂得自己，即使找不到真理，至少可以确定自己的生活，再没有比这个更真实的。"（66）[①] 真正懂得自己是不容易的。唯心者视人披着神秘的外衣，将人的真实性隐蔽起来，自古是如此的。所以，希腊最早的哲学家说："你要认识你自己。"对着这个问题，巴斯加尔自然脱离不了唯心的范畴，因而在他分析这个问题时，遇到难以克服的困难。他说："我不清楚谁把我送到世间，也不清楚这个世界是什么，我自己是什么。对一切事物，我是在可怕的无知之中。"（194）他又说："我所晓得的东西是我不久要死去。但是，我所最不清楚的是这个不能避免的死。"（194）

巴斯加尔对人的问题，果真是这样无知吗？不是的。巴斯加尔根据他的思想方法，认为了解人的首要条件，是从人的身体着手。他这样推断：我的身体便是我自己。我的身体的存在是真实的，不能置疑的，因为身体是一个实体，非常具体的。既然是一个实体，它便占有一个位置。这样的位置，我们便认为是宇宙的中心。但是，将视线放到无尽的天空，人的"视线停止住了，想象已到无尽的空间"（72）。于无数星体之间，我们所见的太阳，也仅只是微弱的一点，那么我们所住的地球，更是小到无可形容了。既然在宇宙的深心，"有形的世界只是一条看不见的线"（72），那么我们的身体所占的地位，真是微不足道了。如果我们的身体与地球相比较，不过是"一个微弱的小点"；如果与宇宙相比较，几乎是一个虚无而已。这样，我们很难认识自己

[①] 文中括号内的阿拉伯数字，系指字宏斯维克所编《思想集》中的条数。下同。

的身体，身体变成了一个难解的谜。事实上正是如此，在无垠的空间，宇宙是无尽的。如果我们的身体与宇宙相比较，真是成了"虚无对无穷"（72）。但是，从另一方面看却又相反，成了"无穷对虚无"（72）。谁都知道我们的身体是由无数原子构成的，而每个原子又含有无数的电子，每个电子又含有无数的世界，每个身体的复杂性并不亚于我们现实的世界。那么，我们的身体又成了"一个世界或一个万物"（72）。由此可见，我们的身体一方面小至无穷，他方面又大至无穷。我们的身体兼有两种并存的无穷，不是相互堆砌，而是浑然为一、不可分割的整体。于是，我们的身体成为一个不可思议的怪物。

除过物质之外，人是否还有别的东西？对于这个问题，巴斯加尔觉着很难解答。尽管如此，可是巴斯加尔又追问：为何我们会意识到自己的身体呢？更难理解的是为何我们会判断这个或那个的是非呢？这些问题迫使我们必须理解现象与实质的关系，也就是"量"和"质"的关系。

人是一种物体，可是与其他物体不同。巴斯加尔说："我可以想象一个没有手，没有脚，没有头的人，却不能想象一个没有思想的人。如果不是，那将是一块石头或者是一只野兽。"（339）笛卡儿说："我思，故我在。"人能思想，这是十分真实的。但是，人是为思想吗？思想是人的实质吗？对于这些问题，巴斯加尔保持了慎重的态度，需要深刻地观察。

当巴斯加尔观察人的特点时，他发现人是变的，复杂的，根本上是矛盾的。人希望幸福，得到的却是不幸；人要求快乐，得到的却是苦痛；人爱好动，却又要静。为了满足自己的欲望，人有种种要求所设想的各种方法来工作，转瞬间却又被别一种欲望代替，永无止境地纠缠在矛盾之中。为什么会有这些矛盾呢？巴斯加尔是唯心地理解矛盾的，并不认识到矛盾是事物发展的法则，而认为是想象所构成的。想象使我们要求幸福，而我们却得不到幸福。想象有强大的力量，不仅能制造出美、正义与幸福，而且"能将虚无扩大变成一座高山"（85）。

当巴斯加尔深入分析后，他又认识到想象的作用是局部的，不能解决矛盾的问题。如果探究矛盾的由来，人们会认为是来自天性。但是，巴斯加尔又指出："习惯是第二天性，第二天性可以毁灭了第一天性。"（93）他又要我们知道，习惯来自模仿，其实质是偶然的。倘如人的实质是"思想"，思想自身是非物质的，那么有谁能说明精神的模仿是来自偶然呢？这样，人的实质问题并未得到解决。

笛卡儿的"我思，故我在"对人实质的解释，巴斯加尔是不同意的。巴斯加尔认为"人是一茎有思想的芦苇"（347），人是脆弱的，却又是伟大的。但是，当人们观察时，常放弃了思想的本身，而只谈思想所起的作用，当然这是不能解决问题的。比如为了卫护正义，国家制订了法律。如果考察正义本身，所得到的结果却正相反，执行的法律却是非正义的。人民相信法律，那是很正确的。但人民看到法律执行下去，却又是非正义的，或者是武力的变相。由此而得到认识：人间是没有正义的，而仅有暴力。因此，所谓正义实现后的和平，那只是武力的成功。巴斯加尔说："当强的军队占有它的财富时，它所占有的在和平之中。"（300）巴斯加尔自然不理解法律是阶级斗争的武器，他却说出在阶级专政中，法律所起的作用。

巴斯加尔根据这样的认识，认为道德同法律一样。如果人们不盲从，深究善是什么，道德家们是禁不住追问的。他们只能引用古人的理论，作为他们主张的论证，其结果他们会认为："真正与唯一的道德是恨，因为情欲是可恨的。"（485）

感觉也不是人的实质，因为感觉常是欺骗我们。为此，巴斯加尔理解为"人是充满错误的东西"（83）。笛卡儿的"我思，故我在"，巴斯加尔认为正相反，应当是"我在，故我思"。当笛卡儿说"我们是些思想的东西"时，他丢掉了物质，便是说他只看到普遍的一面，却没有看到特殊的另一面。关于人的问题的争论是很古老的，巴斯加尔将争论归纳为两派：一为怀疑派，一为定理派。

怀疑派认为世间只有一个真理，可是这个真理是靠不住的。因为认识真理是思想能力的体现，而人是没有这种能力的。当我们说这是一尺长，同时附带着个条件，要假定尺的存在。要判断这个事物，首先要假定那个事物。事物是相互关联着，正如石子投入大海，必然要波动全面。如果要真懂得一粒小砂，需要有全部宇宙的知识。但是有谁能具备全宇宙的知识呢？又有谁能依靠思想而能认识真理呢？

定理派反对这种怀疑的态度。他们主张："人不能怀疑自然的原则。"（343）怀疑派的主张是没有基础的。怀疑一切吗？"如果烧你或钳你，你感到苦痛，那也是做梦吗？"（434）世间有许多事是不能证明的，而它本身也不需要证明的。怀疑可以引人探讨问题，却不能解决问题。怀疑多久，问题不能解决，世间果真没有解决过一个问题吗？那又是不可能的。

对这两派的主张，巴斯加尔认为"他们的原则是对的，他们的结论是错了"（394）。一切不能证明与一切不能怀疑，这种矛盾正好说明了人的本质。这两种理论虽然不同，却有共同的地方，即共同认为是思想的表现。但是，思想的活动是理智的体现。那么，为何我们要思想？为何我们要受思想的控制，即要这样或那样运用理智呢？对于这些问题，巴斯加尔觉得很难回答。可是有一事实是很明确的，即我们时时刻刻在运用理智，有时是自发的，有时又是有意识的。这种强力迫使我们自然与不自然地运用理智，巴斯加尔认为是"我们的意志，要我们如此而不如彼"（99）。理智是受意志的支配，如果丧失了意志，人类行为也便停止了。

意志的实现是一种运动，因为"人的本性是在动，纯粹的休息便是死亡"（129）。动是有目的的，因此人的行动常在追求目的的实现，又想脱离开自己的现实，转入新的境地内。人究竟在追逐什么呢？巴斯加尔认为"想跳舞，吹笛子，歌唱，作诗，划船，做皇帝"（146）。每个人有他追逐的对象，争取成功。可是意志的领域是广泛的，满足意志的要求也是困难的。

这样，我们的生活常是复杂迷离的变化，使人感到苦恼。巴斯加尔说:"在各种情况中,我们的本性使我们苦痛。欲望所要求的幸福,即刻便感到达不到幸福的苦痛。当我们得到幸福时,我们不愉快了,因为又有别的欲望提出我们新的要求。"(109)不能满足意志的要求是苦痛的,因之,我们的行动常是错误的。巴斯加尔分析到这里,感到无所依存,似乎走入绝境。一方面他觉得"我是可恨的"(455);他方面又觉得"无尽空间永久的沉静使我恐怖"(206)!当巴斯加尔感到无能为力之时,不可避免地踏上经院学派的旧路。他认为善是意志的对象,独立长存,含宏万有,永久不变的。这个善是事物的本体,是经院学派所称的"上帝"。

关于上帝存在的问题,巴斯加尔认为应该赌它的存在与不存在。在这两种肯定认识的前面,不能采取旁观的态度,必须选择其一,含有强制性的。赌博中要计算胜负的次数及得失的代价。巴斯加尔运用或然计算方式来推算,创造了"赌的论证",以证明上帝的存在。巴斯加尔认为赌上帝的存在,便是赌永久幸福的有无。假使赌上帝存在所赢次数少至一次,而所得的代价却是无穷的,其方程式为:$1 \times \infty$;假使赌上帝的不存在所赢的次数,多至若干次,作为 n,而所得的代价是有限的,作为 a,即其方程式为:$n \times a$。两式相较,应该赌上帝的存在,因为所得的代价是无穷的。

巴斯加尔深知这样的论证是不能服人的。人们依然不肯赌上帝的存在。他分析这种现象的原因,以为要赢得永久的幸福,必须放置赌金,即使这点赌金是微不足道的。赌上帝存在的赌金,不是金钱,而是要去掉阻止道德进步的情欲。巴斯加尔认为去掉情欲,信仰便能产生了。由此可见,巴斯加尔的宗教论证是传统的。以或然计算的推论,实质上是一种怀疑。当理智拒绝所怀疑的对象后,又不能从传统势力中自拔,其行动采取了禁欲态度,这种方式是完全可以理解的。但是,像巴斯加尔情感那样丰富的人,由禁欲思想引起的自我摧残是十分剧烈的。所以,蒲鲁东说:"巴斯加尔的信仰仅只是一种奇突的苦痛。"所谓奇突的苦痛是怀疑的折磨,其方式是禁欲的。

《思想集》的内容是复杂的，各个学者对它有不同的认识。有的看巴斯加尔是虔诚的基督教徒，守着传统的风尚；有的看他是怀疑者，运用科学的实证，揭露出深心的矛盾。17世纪的思想家，不可能理解矛盾是事物发展的法则，总是唯心主义的。但是，巴斯加尔以生动简洁的言辞，准确地分析人心，给事物做了综合，说出深入细微的、却又是剧烈的苦痛，树立起法国散文不朽的典范。沙多布里扬语之为："可怕的天才。"[①]

　　巴斯加尔死后，他的影响扩大起来，莱布尼兹与拉孛留耶等，尖锐地刻画社会的苦难，大胆地反对传统的教会。伏尔泰认识巴斯加尔很深，只觉着过早生了一百年，错误地理解了人的本性。在法国革命的前夕，1776年《思想集》再版后，龚多齐责备巴斯加尔著作中的迷信，有损良知。卢梭正相反，他赞扬巴斯加尔对人心深刻的理解，将感情置放在重要的地位，给浪漫主义者起了有益的影响。

　　法国革命进行的时候，沙多布里扬视巴斯加尔为浪漫的，因为他要冲破纪律的约束。又视他为悲剧的，因为理智与情感经常是矛盾的。沙氏在《基督教特点》一书中，备极推重巴斯加尔，并非因为巴斯加尔对宗教的卫护，而是因为那样伟大的天才，却受疾病的折磨，嫉恶如仇的战斗，对事物抱着怀疑的态度，内心永久在苦痛之中。

　　不只沙氏如此，1862年，蒲鲁东读完《思想集》后，在他日记上写着："巴斯加尔，你属于我了！我爱你，我深入到你心里，我在你思想上思想。如暗夜深沉的悲哀，由于你充满了微光，请你指导我，我有无穷的苦痛……"蒲鲁东视巴斯加尔是战斗的，从他的《思想集》中，找到摸索真理的途径。勒麦脱却是另一种情况，对事物持着阴暗忧闷的态度，也有战斗，却是悲观的。勒麦脱说："在埋着你（指巴斯加尔）的理智、光荣与天才的墓中，你树立了一个十字架。但是，在这些活的残骸堆下，充满了恐怖的深渊揭开了，救主的十字架像芦苇

---

① 沙多布里扬：《基督教的特点》第3卷，第6章。

那样发抖。"①

  19世纪40年代，古赞研究巴斯加尔手稿，揭露出许多错误，恢复巴斯加尔的面目。许多学者，如哈瓦特、拉维松、米邵与锐豪等，对巴斯加尔做了认真的研究，一致予以最高的评价。巴斯加尔受到时代的限制，他是唯心的，却也是前进的，反中世纪迷信的。他有科学的天才，在数学与物理学上做出不朽的贡献，但是他又证明科学不能解决漠视道德的悲痛，他坚信任塞尼派的理论，狂烈地反对耶稣会，建立新的道德，这正是法国资本主义兴起时所需要的。他是一个哲学家，他又认为不重视哲学者才是一个真正的哲人；他是一个杰出的作家，他又认为舞文弄墨会使读者厌倦。他理解人不是神秘的，人是一切的中心，是无限大与无限小的连接线。但是也要明白：无穷与虚无是物的两个极端，是逻辑的推论，却不是现实的。巴斯加尔相信人类是前进的，伟大的灵魂使人类事业不断地前进。在前进的过程中，有退，也有进。前进不是循环的，巴斯加尔又说："前进的事业仍为前进所代替。"

---

① 布脱户：《巴斯加尔》，第199页。

后　记

　　巴斯加尔是法国文化史上杰出的人物。在 17 世纪，他对自然科学与社会科学都做出了有益的贡献。今年是他逝世的三百周年，世界和平理事会举他为今年纪念的世界文化名人之一。

　　我将旧日搜集的资料，试写这本《巴斯加尔传略》，想通过他的生平事迹，说明在法国资本主义形成的初期，他对科学与文化的发展上所发生的积极意义。在写作的过程中，关于数学上的问题，郑广盛同志给予了有益的帮助。商务印书馆编辑部同志们，对初稿提供了不少的宝贵意见，使本书得到修改，谨此深为致谢。书中所用的资料，多系法国所习见的，参考书中，仅举出几种主要的作品。译文力求通俗，以期不失原意。当执笔之时，原想深入浅出，介绍巴斯加尔的面貌。既写完之后，又觉得自己的历史唯物主义的水平有限，难于做到深入，亦难于做到浅出，其间有错误是难免的。倘使读者纠正其中的谬误，作者是万分感激的。

参考书举要

一、《巴斯加尔全集》，14 卷，哈石特书局。
Œuvres de Blaise Pascal, 14 vol., Hachette.

二、圣贝夫：《皇港》，7 卷，哈石特书局。
Sainte-Beuve: *Port-Royal*, 7 vol., Hachette.

三、布脱户：《巴斯加尔》，哈石特书局。
Emile Boutroux: *Pascal*, Hachette.

四、石瓦里：《巴斯加尔》，布隆书局。
J. Chevaler: *Pascal*, Plon.

五、锐豪：《巴斯加尔英雄的生活》，克来书局。
Victor Giraud: *La vie héroïque de Blaise Pascal*, Crès.

六、米邵：《巴斯加尔各时期的思想》，封特蒙书局。
Gustave Michaut: *Les e poques de la Pensée de Pascal*, Fontemoing.

七、斯脱维斯基：《巴斯加尔及其时代》，3 卷，布隆书局。
M. F. Strowski: *Pascal et son temps*, 3 vol., Plon.

八、孛宏斯维克：《巴斯加尔〈思想集〉校注》，哈石特书局。
L. Brunschvicg: *Blaise Pascal*, Pensées. Hachette.

译名对照表

Amiens	亚眠	Blondel（G.）	孛仑德尔
Annat（P.）	安那特	Bossuet	波绪伊
Archimede	阿基米德	Bourgogne	布尔告尼
Aristote	亚里士多德	Brianchon（C. J.）	白良松
Arnauld, Angelique	安杰利克·呵尔纳	Brunschvicg（L.）	孛宏斯维克
		Carcavi	加尔加维
Arnauld（A.）	阿尔纳	Champaigne	尚白尼
Augustin, St.	圣奥古斯丁	Chapelain	夏柏兰
Auvergne	乌勿尼	Chateaubriand	沙多布里扬
Avenel	阿维奈尔	Chaussée（N. de la）	沙夏
Bacon	培根	Chevreuse	石弗洛兹
Baillet	巴伊特	Christine	克利斯地纳
Beaurepaire（Ch. de）	保略拜尔	Cid	瑞德
Begon（A.）	拜贡	Clermont	克来蒙
Begon，Victor	维克托·拜贡	Colbert	科尔培
Bertrand（J.）	碧特朗	Condorcet	龚多齐
Bloio	孛洛哇	Copernicus	哥白尼

Corneille（P.）	高奈伊	Germain, St.	圣日尔曼
Cousin（V.）	古赞	Giraud（V.）	锐豪
Grenan	克来南	Grégoire（de Tours）	克来古来
Daniel	达尼耶	Guilleberte	桂洛白尔
Demosthene	狄摩西尼	Hardy	哈尔地
Desargues	笛沙尔克	Harvey（W.）	哈尔维
Descartes（R.）	笛卡儿	Havet（E.）	哈瓦特
Deslande	德斯兰	Hobbes（Th.）	霍布士
Dieppe	底野朴	Homer	荷马
Dijon	地戎	Innocent X	伊诺森第十
Domat	多玛特	Jacques, St.	圣杰克
Dore	多尔	Jansenius	任塞尼
Edelink（G）	爱德林克	Kepler（J.）	刻普勒
Esteve（Ed.）	埃斯太扶	La Bruyère	拉孛留耶
Etienne, St.	圣爱基纳	La Fontaine	拉封登
Euclide	欧几里德	Lancelot	兰塞洛
Fermat（P.）	伏尔玛	Lanson	郎松
Feuillade	伏亚德	Leibniz	莱布尼兹
Feuillet（A.）	佛伊	Le Maître	勒麦特
Flacey	伏拉西	Lemaitre（J.）	勒麦脱
Flechier	伏来西伊	Longneville	仑克维尔
Fontenay	枫德奈	Louis XI	路易十一
Fontenelle	封德奈尔	Louis XIII	路易十三
Fronde	投石党	Louis XIV	路易十四
Galileo	伽利略	Louvain	鲁文
Gassandi（P.）	加桑狄	Luxembourg	卢森堡
Gaston（d'Orleans）	客斯顿	Luynes	吕伊奈斯
Gauss	高斯	Malet（A.）	马来

Malherbe	马来尔孚	Pascal, Martin	马丁・巴斯加尔
Marais	马莱	Périer（F.）	拜里伊
Marie de Médicis	玛琍皇后	Périer Margueritte	马克利特・拜里伊
Mazarin	马萨朗		
Mauriac（F.）	摩里亚克	Petit（P.）	拜蒂
Méré	麦来	Poitou	巴都
Mérovée	墨罗温	Pomponne	般保纳
Merry, St.	圣麦利	Port-Royal	皇港
Mersenne	麦尔斯纳	Prudhomme（S.）	蒲鲁东
Michaut（G.）	米邵	Ravaisson	拉维松
Miton	米敦	Retz	雷池
Molière	莫里哀	Richelieu	惠石里
Montalgne	蒙达尼	Riom	里奥姆
Montaite	蒙达尔脱	Roannez	洛奈兹
Montmorency	蒙摩朗西	Roberval	鲁白瓦尔
Nantes	南特	Robours	雷布尔
Napier	纳比	Rouen	洛昂
Nicole	尼可拉	Roupnel（G.）	鲁朴奈尔
Noël	纳埃	Rousseau	卢梭
Normandie	诺曼底	Saci	萨西
Orléans	奥尔良	Saint-Antoine	圣安东
Pailleur（Le）	巴伊	Sainte-Beuve	圣贝夫
Pascal, Blaise	布来斯・巴斯加尔	Sainte-Cyran	圣西兰
Pascal, Etienne	爱基纳・巴斯加尔	Saintot	桑多
Pascal, Gilberte	锐白尔・巴斯加尔	Sapho	沙弗
Pascal, Jacqueline	杰克林纳・巴斯加尔	Sebonde（Raymonddo）	斯本
		Séguier	塞桂伊
Pasual, Jean	若望・巴斯加尔	Sévigné	塞维尼

Singlin	圣克兰	Vanini	瓦尼尼
Strowski（F.）	斯脱维斯基	Vaugelas	吴若拉
Thomas	多玛	Vayer（Le）	瓦耶尔
Torricelli	多利柴利	Villemain	维尔曼
Toulouse	杜鲁斯	Voltaire	伏尔泰
Urbain Ⅱ	乌尔班第二	Ypres	伊普尔
Utrecht	乌特来克		

阎宗临著《巴斯加尔传略》，商务印书馆1962年出版。